KB169954

기대의 발견

데이비드 롭슨

이한나 옮김

THE
EXPECTATION
EFFECT

| 믿는 것이 현실이 되는 마인드셋 |

THE EXPECTATION EFFECT : How Your Mindset Can Transform Your Life
by David Robson

Copyright © David Robson, 2022
All rights reserved.
Korean translation copyright © 2023 by Kachi Publishing Co., Ltd.
Korean translation rights arranged with FELICITY BRYAN ASSOCIATES
LTD through EYA(Eric Yang Agency).

역자 이한나(李韓娜)

카이스트와 미국 조지아 공과대학교에서 컴퓨터공학을 공부했다. 덕성
여자대학교에서 심리학 학사를 받은 뒤 미국 UCLA에서 인지심리학으
로 석사 학위를 받았다. 동 대학원 박사과정에 재학 중 번역에 입문하여
지금은 뇌 과학과 심리학 도서 전문 번역가로 일하고 있다. 옮긴 책으
로『이것은 인간입니까』,『뇌 과학의 모든 역사』,『중독에 빠진 뇌 과학자』,
『긍정심리학 마음교정법』등이 있다.

편집, 교정_ 권은희(權恩喜)

기대의 발견 : 믿는 것이 현실이 되는 마인드셋
저자/데이비드 롭슨
역자/이한나
발행처/까치글방
발행인/박후영
주소/서울시 용산구 서빙고로 67, 파크타워 103동 1003호
전화/02 · 735 · 8998, 736 · 7768
팩시밀리/02 · 723 · 4591
홈페이지/www.kachibooks.co.kr
전자우편/kachibooks@gmail.com
등록번호/1-528
등록일/1977. 8. 5
초판 1쇄 발행일/2023. 1. 5
    3쇄 발행일/2023. 2. 15
값/뒤표지에 쓰여 있음
ISBN 978-89-7291-791-5 03180

로버트에게

차례

들어가며

"마음은 제자리에 머무르며
지옥을 천국으로, 천국을 지옥으로 만들 수 있다."
— 존 밀턴, 『실낙원*Paradise Lost*』

기대란 마치 숨 쉬는 공기와 같아서 우리가 가는 곳은 어디든 따라다니지만, 우리는 그 존재를 거의 의식하지 못한다. 어쩌면 여러분은 자신의 몸이 회복력이 뛰어나다고 생각할 수도 있고, 반대로 병에 잘 걸린다고 생각할 수도 있다. 타고나기를 군살 없고 민첩하다고 생각할 수도, 물만 먹어도 살이 찌는 체질이라고 생각할 수도 있다. 또 생활 속 스트레스가 건강을 좀먹고 있다고 믿으며 하루라도 잠을 설치면 다음 날에는 꼭 좀비가 되고 만다고 믿을 수도 있다.

이런 믿음들은 달리 생각할 도리가 없는 객관적인 사실처럼 보일지도 모른다. 그러나 나는 이 책을 통해서 실제로는 우리가 그렇게 믿기 **때문에** 우리의 건강과 안녕감이 송두리째 달라질 수 있으며, 이 문제들에 대한 우리의 기대를 재설정하는 법을 익히고 나면 건강과 행복, 생산성에 정말 깜짝 놀랄 만한 변화가 일어날 수 있음을 보여주고자 한다.

이 말이 믿기지 않는다면, 하버드 대학교에서 진행한 흥미로운 연구를 하나 살펴보자. 실험 참가자들은 호텔 청소부로, 이들의 일은 보통 체력적으로 강도가 높은 편이지만 헬스장에서 하는 운동과는 전혀 다르게 느껴진다. 이에 연구진은 참가자들이 자신의 운동량에 대한 인식을 바로잡을 수 있도록 청소부가 일주일 동안 바닥을 청소기로 밀거나 침구를 교체하거나 가구를 옮기는 데에 들어가는 에너지가 일반적으로 건강을 위해서 권장되는 운동량에 손쉽게 도달한다고 설명해주었다. 한 달 뒤, 연구진은 참가자들의 체력이 눈에 띄게 증가했으며 체중과 혈압에도 유의미한 변화가 나타났다는 사실을 발견했다. 꽤나 놀랍게도 자신의 신체에 대한 믿음이 달라지고 일에 대한 새로운 기대를 가지게 된 것만으로 실제로 생리학적인 혜택을 얻은 것이다. 일상생활은 전혀 달라지지 않았는데도 말이다.[1]

이 책에서 우리는 이 같은 "기대 효과expectation effect"가 어떻게 질병에 대한 취약성이나 체중 조절 능력, 스트레스와 불면증으로 인한 단기 및 장기적인 결과에 영향을 미칠 수 있는지 알아볼 것이다. 뒤의 이야기를 통해서도 알게 되겠지만, 기대의 힘은 너무나도 강력해서 우리의 수명까지도 좌지우지할 수 있다.

● ● ●

1970년대 후반에 접어들면서 미국 질병통제예방센터에는 그 무렵 입국한 라오스 이민자들 가운데 걱정스러울 정도로 많은 수가 잠을 자던 중에 사망했다는 보고가 들어오기 시작했다. 사망자 대다수가 20대 중반에서 40대 중반의 남성이었으며, 대부분 공산당이 정권을 잡은 파테트라오 운동 이후 라오스를 탈출한, 박해받던 소수민족 허몽족이었다. 유족들이 눈치챈 유일한 징후는 숨 쉬기 힘들어하는 소리와 더불어 이따금 들리던 헉 하는 소리 또는 신음이나 울음소리였다. 그러나 도움의 손길이 도착했을 때는 이미 이들이 사망한 뒤였다.

전염병학자들은 백방으로 노력했지만, 이 "원인불명 야면 돌연사 증후군Sudden Unexplained Nocturnal Death Syndrome, SUNDS"을 설명할 마땅한 의학적 원인을 찾지 못했다. 부검 결과 독극물 성분도 검출되지 않았으며, 식습관이나 정신 건강과 관련해서도 특이한 점은 없었다. 그런데도 허몽족 젊은 남성들의 사망자 중에서 SUNDS로 인한 사망자 수가 그밖의 사망 원인 1위에서 5위까지를 전부 합친 것보다도 더 많았을 정도로 사태는 아주 심각했다. 겉으로는 건강하게만 보이던 많은 성인들이 어째서 자다가 사망한 것일까?

의료인류학자 셸리 애들러가 마침내 그 수수께끼를 풀었다. 허몽족의 전통문화에서는 밤이면 "다초dab tsog"라는 사악한 악령이 돌아다닌다고 믿었다. 그러다 희생자로 삼을 대상을 찾으면 그 위에 누워 몸을 마비시키고 더 이상 숨을 쉬지 못할 때까지 입을 틀어막는다는 것이었다.

라오스의 산속에서 생활하던 시절, 허몽족은 주술사에게 악령으로부터 자신을 지켜줄 목걸이를 만들어달라고 부탁하거나 다초의 공격을 막아달라며 조상에게 동물을 제물로 바칠 수 있었다. 그러나 미국에서 살게 되자 이들은 이제 주술사도 곁에 없는 데다가 조상에게 제물을 바치는 의식도 할 수 없게 되었고, 이는 곧 다초로부터 스스로를 지킬 방법이 없음을 의미했다. 한편 이민자의 상당수는 미국 문화에 더 잘 녹아들기 위해서 기존의 전통을 전부 무시하고 기독교로 개종했다.

자신의 전통을 버렸다는 죄책감도 그 자체로 만성적인 스트레스로 작용하여 건강에 전반적으로 악영향을 미쳤을 것이다. 하지만 무엇보다 다초에 대한 공포는 밤이면 현실이 되었다. 불편한 악몽은 정신은 마치 깨어 있는 것처럼 또렷하지만 몸은 전혀 움직일 수 없는 수면마비 경험을 낳았다. 사실 수면마비 자체는 위험할 것이 없으며, 인구의 8퍼센트가 수면마비를 겪는다고 한다.[2] 그러나 허몽족 이민자들로서는 꼭 다초가 보복하러 온 듯이 느껴졌을 것이다. 그 결과 엄청난 공포로 인해서 부정맥이 악화되어 심장마비를 일으킨 것이라고 애들러는 결론을 내렸다.[3] 더욱이 사망자 수가 계속 증가하자 허몽족 남성들은 점점 더 두려움을 느꼈을 것이고, 일종의 집단 히스테리가 발생하여 사망자가 더욱 늘어나는 결과를 초래했을 것이다. 이러한 설명은 현재 많은 과학자들 사이에서 정설로 받아들여지고 있다.[4]

당시 신문에서는 "멈춘 시간 속"에 머무른 채 "미신과 근거 없는 믿음에 지배당한" 허몽족의 이 같은 "문화적 미개함"을 상세히 묘사했다. 하지만 이제 과학자들은 우리도 모두 다초에 대한 두려움만큼이나 강력한 믿음에 빠질 수 있다고 주장한다. 꼭 악령이 아니어도 자신의 몸 상태에 대한 생각과 장기적인 건강에 대한 기대 수준이 심장병 위험은 물론이고 장수에도 실질적인 영향을 미칠 수 있다. 이것이 바로 기대 효과가 지닌 엄청난 힘이다. 이러한 영향력을 정확히 인식해야만 비로소 더 오래 건강하고 행복한 삶을 살기 위해서 이 힘을 이용할 수 있다.

이런 도발적인 주장은 어쩌면 3,500만 부의 판매고를 올린 베스트셀러, 론다 번의 『시크릿*The Secret*』과 같은 여러 뉴에이지식 자기계발서에 담긴 내용과 위험할 정도로 비슷하게 들릴지 모른다. 번은 이를테면 부자인 자신을 상상하면 더 많은 돈이 따라온다는 개념의 "끌어당김의 법칙"을 내세웠다. 이 같은 개념은 순전히 유사과학에 불과한 반면, 이 책에 실린 연구 결과들은 전부 탄탄한 실험을 바탕으로 동료 연구자들의 검증을 거쳐 학술지에 게재되었으며, 신경계나 면역계의 작용 등 정설로 알려진 심리학 및 생리학적 기작機作으로 설명이 가능한 것들이다. 이 책에서 우리는 우리의 믿음이 어떻게 초자연적인 힘에 전혀 기대지 않고도 삶에서 중요한 여러 결과들에 영향을 미칠 수 있는지를 알아볼 것이다.

무슨 생각을 하고 있는지 따위가 오늘날과 같은 혼잡한 세상에서 어떻게 의미 있는 영향력을 행사할 수 있는지 아마 의아할 것이다. 나는 이 책의 대부분을 많은 사람들이 가까운 이들의 죽음에 비통해하고 생계를 막막해하던 코로나−19 유행기에 써내려갔다. 또한 우리는 정치적으로 매우 불확실하고 불안한 시기도 마주했으며, 지금도 많은 사람들은 극심한 구조적 불평등과 계속해서 씨름하고 있다. 이 모든 장애물 앞에서 우리 자신이 품은 기대와 믿음쯤은 아주 미약해 보이기도 한다.

"긍정적인 사고"가 이 모든 불행과 불안을 없애줄 수 있다고 우기는 것은 바보 같은 짓이다. 설령 지구의 모두가 그런 주장을 펼친다고 해도 나만은 절대 그러시 않을 것이다. (단순히 지금 처한 어려움을 부정하는 행위는 오히려 결과를 악화시킬 뿐이라는 과학적 연구 결과도 계속 나오고 있다.) 그러나 곧 알게 되겠지만 자신의 능력에 대한 믿음은 실제로 매우 다양한 경로로 도전 과제에 대처하는 우리의 방식에 영향을 줄 수도, 신체적, 정신적 건강에 해를 입힐 수도 있다. 오늘날 겪는 위기 중 상당수가 우리가 통제할 수 없는 영역에 있지만, 힘든 상황에 대한 우리 자신의 반응은 보통 우리가 품고 있던 기대의 산물이다. 이런 사실을 이해하기만 해도 수렁에서 빠르게 헤어나와 가장 건설적인 방법으로 눈앞의 문제에 대처할 수 있게 된다.

앞으로 계속해서 강조하겠지만 무엇보다 중요한 것은 이 책에서 묘사하는 기대 효과가 일반적인 낙관주의나 비관주의가 아닌 구체적인 믿음이라는 점이다. 우리가 가지고 있는 기대가 어떻게 우리의 삶을 특정 방향으로 나아가도록 하는가에 관한 과학적 지식으로 무장한다면, 그 어떤 자기기만 없이도 자신의 생각을 재구성하고 재평가하는 법을 익힐 수 있으며, 굳이 폴리애나(엘리너 포터가 쓴 고전 소설의 주인공/옮긴이) 같은 명랑소녀가 되지 않더라도 충분히 삶을 바꿀 수 있다.

● ● ●

내가 개인적으로 기대 효과의 엄청난 힘을 깨닫게 된 것은 7년 전, 내 인생의 암흑기를 겪고 있던 때였다.

많은 사람들처럼 나 역시 그 전에도 여러 차례 우울과 불안으로 고통받은 적이 있기는 했지만, 대부분의 경우 불행의 파도가 무사히 지나갈 때까지 그럭저럭 잘 견뎌냈다. 그러다 어느 순간 오래도록 극심한 스트레스를 겪고 나자 기분이 더 심하게 가라앉았고, 그 기간도 오래 지속되어 더 이상은 버틸 수 없는 지점에 이르렀다.

이 같은 증상들을 인지한 나는 동네 병원을 찾았고, 의사는 내게 항우울제를 처방하며 편두통을 비롯한 약의 부작용과 관련된 일반적인 주의사항들을 일러주었다. 아니나 다를까 기분은 안정되는 듯했지만, 약을 복용하고 처음 며칠간은 마치 얼음송곳이 두개골을 관통하는 것처럼 극심한 두통이 동반되었다. 두통이 너무 심해서 나는 내 뇌에 정말 무슨 끔찍한 일이라도 생긴 줄 알았다. 이렇게 지독한 아픔이 뇌의 이상을 알리는 경고 신호가 아니면 무엇이겠는가?

그런데 마침 그 무렵은 내가 플라세보 효과에 관한 대중 과학 기사를 쓰기 시작한 때이기도 했다(플라세보placebo는 라틴어로 "낫게 할 것이다"를 의미한다). 이제는 많이들 알다시피 아무런 약리 작용이 없는 가짜 약도 순전히 약이 몸을 낫게 해주리라는 환자의 기대만으로 종종 증상을 완화하고 회복을 도울 수 있으며, 그 과정에서 혈액 순환, 호르몬 균형, 면역 반응에서의 생리적 변화도 함께 일어난다는 것이다.

기사를 쓰던 나는 플라세보 약을 복용한 사람들 중 많은 수가 자신이 먹었다고 생각한 약의 효과뿐 아니라 메스꺼움, 두통, 실신부터 때로는 치명적인 수준의 저혈압 등의 부작용도 경험했다는 사실을 알게 되었다. 게다가 이 같은 부작용에 대한 이야기들을 들으면 들을수록 실제로 부작용을 경험했다고 보고할 확률도 높아졌다. 이런 현상은 노세보 효과라는 이름으로 알려졌으며(노세보nocebo는 라틴어로 "해를 입힐 것이나"를 의미한다), 플라세보 반응과 마찬가지로 단순한 "상상"이 아니라 호르몬과 신경전달물질의 유의미한 변화를 포함하여 수치상으로 확인된 생리적 변화의 결과였다.

상당수의 항우울제에서 나타나는 부작용 대부분이 약물 자체의 불가피한 작용 탓이라기보다는 노세보 반응으로 설명이 가능하다. 다시 말해서 내가 약을 복용하는 동안 겪은 최악의 두통은 틀림없는 현실이었지만, 그 원인은 실제 약의 화학적 작용이 아닌 내 마음속 기대였던 것이다. 이러한 사실을 알고 나자 두통은 곧 사라졌다. 항우울제를 복용한 지 몇 달이 더 지나자(그 사이에 더 이상의 부작용은 없었다), 우울과 불안도 나아졌다. 금단증상 역시 많은 부분은 노세보효과로 인해서 발생할 수 있음을 알고 있었던 것이 결국 약물 치료를 끊는 데에도 도움이 되었음은 두말하면 잔소리이다.

그때부터 나는 건강과 안녕감, 그리고 신체적, 정신적 능력을 형성하는 마음의 잠재력을 살펴본 연구들을 주의 깊게 찾아 읽었다. 그리고 이제는 약물에 대한 플라세보와 노세보 반응도 믿음이 우리의 삶을 더 좋게도, 더 나쁘게도 바꿀 수 있는 자기 충족적 예언이 될 수 있는 수많은 사례들 중 두 가지에 불과하다는 사실이 점점 분명해지고 있다. 과학계에서는 이러한 현상을 "기대 효과expectation effect", "예상 효과expectancy effect", "오이디푸스 효과Oedipus effect"(소포클레스의 유명한 비극에서 묘사된 자기 충족적 예언에서 차용), "의미 반응meaning response" 등으로 다양하게 부르고 있다. 이 책에서는 쉽게 첫 번째인 "기대 효과"라는 용어를 사용하여 실생활에서 나타나는 우리의 믿음의 결과물 기저에 자리한 모든 과학적 현상을 설명하기로 한다.

호텔 청소부 연구는 이 같은 최근의 연구 동향을 보여주는 하나의 예일 뿐이며, 그밖에도 흥미로운 연구 결과들이 아주 많다. 가령 매일 밤 잠들지 못하고 깨어 있는 시간을 스스로 지나치게 과대평가하는 사람들을 일컫는 "불면증을 호소하는 숙면자complaining good sleeper"는 낮 시간 동안 더 피로감을 느끼고 집중하기 힘들어하는 반면, "불면증을 호소하지 않는 비숙면자non-complaining bad sleeper"는 수면 부족에 별다른 부정적인 영향을 받지 않는 것으로 나타났다. 다음 날의 활동 능력만 놓고 보면 스스로 잠을 잘 잤다고 생각하면 잘 잔 셈인 것이다.

한편 극심한 불안이 결국 일을 망치고 말 것이라는 믿음은 스트레스에 대한 생리적 반응을 변화시켜 단기적인 수행 능력뿐만 아니라 장기적인 정신적, 신체적 건강에도 악영향을 끼칠 수 있다. 아울러 긍정적 및 부정적인 자기 충족적 예언은 기억 능력, 어려운 정신적 과제를 수행하는 동안의 집중력과 피로도, 문제 해결 과정에서의 창의성도 좌우할 수 있다. 심지어 예전부터 불변의 특질로 여겨지던 지능까지도 기대에 따라 높아지거나 낮아질 수 있다.

이런 연구 결과들을 놓고 일부 과학자들은 과연 뇌에 근본적인 한계가 있는지에 의구심을 제기했다. 또한 올바른 마음가짐mindset만 발전시키면 이끌어낼 수 있는, 아직 발휘되지 않은 잠재력이 우리에게 있을지도 모른다는 생각을 품게 되었다. 이런 생각은 직업과 교육 환경, 그리고 기존에 경험해보지 못한 스트레스 상황에 대처하는 방식과도 직결된다.

무엇보다 가장 인상적인 연구 결과는 나이듦과 관련된 것이다. 자신의 인생 후반기를 긍정적으로 생각한 사람들은 나이듦을 노쇠나 장애와 연결시켜 생각한 사람들보다 청력 손실, 신체 쇠약, 질병, 심지어 알츠하이머병을 겪을 가능성이 낮은 것으로 나타났다. 이는 곧 스스로 젊게 느끼면 실제로 그만큼 젊게 살 수 있다는 의미이다.

하버드에서 호텔 청소부를 대상으로 했던 연구 결과가 보여주듯이, 우리의 기대는 언제든 변할 수 있다. 우리도 일단 기대가 우리 삶에 미치는 영향력을 깨닫기만 한다면, 여러 연구들을 통해서 밝혀진 단순한 심리 기법들을 적용하여 신체적, 정신적 건강을 증진하고 지적 잠재력도 전부 봉인 해제할 수 있을 것이다. 이 분야의 권위자 중 한 명인 스탠퍼드 대학교의 앨리아 크럼 교수의 말처럼, "우리의 마음은 현실을 단순히 있는 그대로 지각하기만 하는 수동적인 관찰자가 아니다. 우리의 마음은 사실 현실을 바꾼다. 다시 말해서 우리가 내일 경험할 현실은 부분적으로는 오늘 우리의 마음가짐이 만들어낸 결과물이다."[5]

자, 그렇다면 과연 우리의 몸과 뇌, 그리고 문화는 어떻게 상호작용하기에 이토록 강력한 자기 충족적 예언을 실현하는 것일까? 우리의 신체적, 정신적 안녕감을 지배하는 믿음과 기대에는 어떤 것들이 있을까? 어떻게 하면 이처럼 흥미로운 연구 결과를 우리의 삶에 도움이 되게 적용해볼 수 있을까? 이러한 것들이 이 책에서 답하고자 하는 핵심 질문이다.

우선은 뇌를 하나의 "예측 기계prediction machine"로 바라보는 것에서부터 시작해보자. 이 혁명적인 신이론은 극지 탐험가가 겪었던 기이한 환각에서부터 일상적인 고통과 질병의 경험에 이르기까지 우리가 지각하는 현실에 의식적, 무의식적 기대가 어떻게 강력한 영향을 미칠 수 있는지를 설명해준다. 여기에서 중요한 점은 이 예측 기계라는 것이 우리 몸의 생리도 변화시킬 수 있다는 사실이다. 따라서 수술 후 회복 기간을 단축시켜줄 놀랍도록 간단한 심리적 중재법을 비롯해서 의학적 처치의 효과에 믿음이 미치는 영향력도 살펴보도록 하자. 기대가 이른바 사회적 전염을 통해서 사람에서 사람으로 전파되는 방식과 더불어 음식물 알레르기가 당혹스러울 정도로 많아지는 현상과 같이 최근 두드러지는 건강 문제의 심신성psychosomatic 요인을 찾아보고, 이러한 기대 효과의 늪에 빠지지 않으려면 어떻게 해야 할지도 함께 알아보자.

그리고 나서는 의료 환경에서 한 걸음 더 나아가 일상 속 건강과 안녕감에 기대 효과가 미치는 영향력을 탐구해보자. 식품 표시 방법을 달리하는 것만으로 우리의 몸이 영양분을 처리하는 양상이 어떻게 달라지며 직접적으로는 허리둘레에까지 영향을 미치는지, 어떻게 마음가짐만으로 훈련을 덜 힘들어하며 약물 없이 운동 능력을 증진시킬 수 있는지, 또 어떻게 하면 스트레스에 신체적, 정신적으로 더 잘 대응할 수 있는지도 살펴보기로 하자. 인도와 같은 나라들에서 국민 사이에 널리 퍼진 문화적 신념이 어떻게 집중력 및 의지력을 높이는 결과를 낳는지도 알아볼 것이다. 아울러 세계 최고령 아크로바틱 살사 댄서의 사례를 통해서 "슈퍼 노인"의 비밀을 들여다보고, 세포 하나하나에서 노화의 시계를 늦추는 데에도 믿음이 지닌 잠재력이 얼마나 많은 역할을 하는지 알아보자. 마지막에는 다시 허몽족의 이야기로 돌아와 어떻게 하면 이들의 사례를 교훈삼아 우리도 자신만의 자기 충족적 예언을 만들 수 있을지 생각해보도록 하자.

각 장의 끝에는 기대 효과를 실생활에 이롭게 적용하는 기법들도 정리했다. 세부적인 측면에서는 조금씩 차이가 있지만 대부분 반복해서 실천할수록 더 큰 효과를 거둘 수 있다. 여러분도 열린 마음으로 편안한 상황에서 아주 작은 효과부터 목표로 삼아 시도해보기 바란다. 곧바로 써먹을 수 있는 보다 실용적인 신기술이 당장은 눈에 더 들어올지 모른다. 그러나 성공적인 결과의 밑바탕에 깔린 과학적 원리를 제대로 이해하기만 한다면, 이 같은 기대 효과의 힘이 훨씬 클 가능성이 높다. 이 기법들은 개개인의 고유한 경험과 상황에 맞추어 내 것으로 소화하려고 노력할수록 얻을 것이 많으므로, 여러분도 자신의 삶에서 어떻게 적용하면 좋을지 구체적으로 적어보면 도움이 될 것이다. 남들에게 자신의 기대 효과를 이야기하고 또 그들의 경험을 듣는 경우에 그 효과가 더욱 커질 수 있다는 연구 결과도 있으니 #expectationeffect 해시태그를 달거나 내가 정기적으로 업데이트할 예정인 웹사이트 www.expectationeffect.com에 글을 올려 경험을 공유하는 것도 좋은 방법이다.

한 가지만 분명히 해두자. 마음은 그 자체로 기적을 일으키지는 않는다. 단순히 산더미 같은 돈을 떠올리는 것만으로 부자가 되거나 긍정적인 상상을 하는 것만으로 불치병이 나을 수는 없다는 말이다. 그러나 우리의 기대와 믿음은 그밖의 아주 놀랍고도 강력한 방법으로 우리의 삶에 영향을 미칠 수 있고, 실제로도 이미 많은 영향을 미치고 있으므로, 이를 이용해서 삶을 더 나은 방향으로 변화시키는 방법을 알고 싶다면 부디 계속 읽어주기 바란다. 여러분도 자신이 가지고 있던 잠재력에 깜짝 놀라게 될 것이다.

1

예측 기계

우리의 믿음은 어떻게 현실을 바꾸는가

크리스마스를 며칠 앞둔 그날 밤, 드론은 어디에나 있었지만 어디에도 없었다.

2018년 12월 19일 밤 9시, 런던 개트윅 공항의 보안요원이 외부 울타리 인근에서 한 대, 공항 내부에서 한 대, 총 두 대의 무인 비행물체를 발견했다고 보고하면서 이 한 편의 드라마 같은 사건이 시작되었다. 당장이라도 닥칠지 모를 테러 공격에 겁먹은 관계자들은 곧바로 활주로를 폐쇄했다. 맨체스터 아레나에서 이슬람교도가 폭탄 테러를 일으킨 지 19개월밖에 지나지 않은 데다가 IS가 상업용 드론에 폭발물을 실어 날리려고 계획 중이라는 보고가 잇따르던 터였다.

10건 이상의 목격 보고가 추가되면서 공항에 봉쇄조치까지 내려지자 이후 30시간 동안 혼란은 점차 커져만 갔다. 그러나 보안요원과 경찰이 아무리 헤매고 다녀도 드론들은 마치 목격 즉시 증발해버린 것처럼 어디에서도 찾을 수가 없었다. 게다가 더욱 경악할 만한 사실은 드론 조종사들이 무슨 수로 군의 추적 및 비활성화 시스템을 피했는지, 목격 보고가 총 170건에 달했는데도 해당 지역에서 평소와 다른 어떠한 움직임도 탐지되지 않았다는 것이다. 이 뉴스는 금세 해외 언론으로 퍼지며 다른 나라에서도 유사한 공격이 일어날 수 있다는 경고가 이어졌다.

12월 21일 오전 6시가 되자, 마침내 위험 상황은 지나갔다는 판단에 따라 공항 업무가 재개되었다. 공격의 배후가 테러리스트였든 조커였든 간에 어쨌든 그 누군가는 1,000편이 넘는 항공편을 결항시키며 14만 승객의 발을 묶었으니 혼란을 일으킬 목적이었다면 성공한 셈이었다. 경찰은 제법 큰 보상을 내걸고도 용의자에 관한 정보를 전혀 찾을 수 없었고, 공격이 실재했음을 증명하는 사진 한 장 발견되지 않자 일각에서는(경찰 포함) 과연 현장에 정말 드론이 있기나 했던 것인지 의구심을 품게 되었다.[1] 실제로 어느 시점엔가 공항 인근에 드론이 있었다고 한들 대부분의 목격담이 거짓이었다는 사실은 명백하며, 그에 따른 혼란 역시 전혀 불필요한 것이었다.

수십 명의 서로 다른 사람들이 그토록 동시다발적으로 목격했다는 점에서 이 사건이 단순 거짓말이나 어떤 음모론일 가능성은 쉽게 배제할 수 있다. 그보다는 기대 효과의 힘이 너무나도 강력한 나머지 우리의 지각까지 변화시킬 수 있으며 때로는 완전한 거짓 시각 경험까지 초래할 수 있다는 사실을 증명한 사건으로 보는 것이 타당하다.

신경과학계에서 점차 많은 지지를 받고 있는 주장에 따르면, 뇌는 감각기관을 통해서 들어오는 아직 가공 처리되지 않은 데이터와 더불어 자체적으로 가지고 있던 기대와 과거의 경험을 바탕으로 세상을 정교하게 시뮬레이션하는 일종의 "예측 기계"이다. 대부분의 경우 이런 시뮬레이션은 객관적인 현실과 일치하지만, 때로는 물리적인 세계에서 실제로 벌어지는 일과 괴리가 생길 수도 있다.[2]

이 예측 기계의 작용 원리를 알고 나면 귀신을 보는 경험에서부터 스포츠 경기에서 왕왕 벌어지는 아주 형편없는 오심은 물론, 그 겨울 하늘에서 존재하지도 않는 드론이 목격되었던 기이한 사건에 이르기까지 모든 일이 설명 가능해진다. 어째서 맥주의 브랜드에 따라 맛이 다르게 느껴지며, 또 공포증에 시달리는 사람들이 어떤 원리 때문에 이 세상을 실제보다 더 두렵게 느끼는지를 이해하는 데에도 도움이 될 수 있다. 이렇듯 뇌에 관한 전부를 아우르는 위대한 최신 이론은 우리가 이 책에서 살펴볼 모든 기대 효과의 기본 토대이기도 하다.

우리가 보는 것의 비밀

뇌에 대한 이 기발한 개념을 처음 떠올린 인물은 19세기 중반 독일의 박식가 헤르만 폰 헬름홀츠였다. 안구의 해부학을 연구하던 그는 우리가 망막에 닿는 빛의 패턴에만 의존하여 주변 사물을 인식할 수 있다고 하기에는 이 정보가 너무나도 모호하다는 사실을 깨달았다. 본디 관찰자로부터 다양한 거리와 각도에 사물들이 위치한 삼차원 세상이 두 개의 이차원 원판 위에 담기기 위해서 압축되면서 윤곽선들이 서로 가려지고 겹쳐지는 바람에 해석하기가 난해해진 것이다. 더구나 같은 물체라도 광원에 따라 아주 다른 색의 파장을 반사하기도 한다. 가령 여러분이 이 책을 황혼 무렵 실내에서 읽고 있다면, 책의 종이는 밝은 햇빛 아래에 놓인 짙은 회색 종이보다도 적은 양의 빛을 반사할 테지만, 그럼에도 여러분은 이를 분명한 흰색이라고 인식할 것이다.

헬름홀츠는 우리의 뇌가 이른바 "무의식적 추론unconscious inference"이라는 과정을 통해서 과거의 경험을 기반으로 이 같은 시각적 혼란을 다스리고 감각기관을 거쳐 들어온 정보에 확률적으로 가장 그럴듯한 해석을 도출한다고 주장했다. 우리는 스스로가 세상을 가감 없이 곧이곧대로 바라본다고 생각하겠지만, 헬름홀츠의 주장대로라면 시각은 사실 눈앞에 무엇이 있으리라는 추정을 바탕으로 마음속 "어두운 배경"에서 꾸며진 것이다.[3]

헬름홀츠의 광학 이론은 조르주 쇠라와 같은 후기 인상주의 화가들에게도 영향을 미쳤으나,[4] 신경과학계에서 본격적으로 주목을 받기 시작한 것은 1990년대 들어 뇌의 예측 기제가 시각 처리의 전 과정에 영향을 미친다는 근거가 발견되면서부터였다.[5]

우리의 뇌는 우리가 방에 들어가기 전부터 이미 그 안에 무엇이 있을지 다양하게 시뮬레이션하고, 이어서 시뮬레이션한 내용을 실제로 마주하는 것들과 비교한다. 그러다 어느 시점에는 망막으로 들어온 데이터와 부합하도록 기존의 예측을 다시 조율해야 하는 경우도 생기지만, 그외에는 뇌가 스스로 내린 예측에 강한 확신을 가지고 일부 신호는 무시하고 또다른 신호는 약화시키는 선택을 하게 된다. 이러한 과정을 수없이 반복하다 보면 뇌는 눈앞의 장면에 대한 "가장 그럴듯한 해석"에 도달한다. 이 분야 연구의 권위자인 이스라엘 바르일란 대학교의 신경과학자 모셰 바르의 표현처럼 "우리는 실제 눈앞의 대상이 아닌 우리가 예측한 것을 본다."

이제는 이 가설을 뒷받침하는 증거들이 상당히 많아졌는데, 뇌의 해부학적 구조에서도 이를 찾아볼 수 있다. 가령 우리의 머리 뒤편에 자리한 시각피질의 신경 회로를 보면, 망막에서 보낸 전기적 신호를 받아들이는 신경의 수보다 뇌의 다른 영역들에서 계산해낸 예측을 받아들이는 신경 연결의 수가 훨씬 많음을 알 수 있다.[6] 그러므로 정보의 양의 측면에서도 시각의 대부분은 우리 두개골 안 "어둠 속"에서 만들어진 것이며, 눈으로 들어온 정보는 상대적으로 적은(그렇지만 틀림없이 꼭 필요한) 비중을 차지한다.

바르와 같은 신경과학자들은 뇌의 전기적 활동을 측정함으로써 우리의 예측이 시지각에 어떤 영향을 미치는지를 실시간으로 관찰할 수 있다. 일례로 바르는 시각 자극이 의식에 도달하기 한참도 전인 시각 처리의 가장 초기 단계에서부터 기대를 만드는 데에 관여하는 뇌의 전측 부위에서 시각피질로 신호가 전달되는 것을 관찰했다.[7]

우리가 이런 방식으로 세상을 보도록 진화한 데에는 여러 가지 타당한 이유들이 있다. 그중 하나는 예측한 바를 지표로 삼아 시각 처리 과정을 거치면 실제로 처리해야 하는 감각 정보의 양이 줄어들어 뇌가 가장 중요한 세부 특징, 그러니까 사전에 미처 예상하지 못한 탓에 시뮬레이션 내용과 괴리가 생긴 정보에 집중할 수 있게 된다는 점이다.

헬름홀츠가 처음에 언급했듯이, 뇌가 예측한 것을 토대로 세상을 보면 시각 자극에 내포된 엄청난 모호성을 해결하는 데에도 도움이

될 수 있다.[8] 위의 그림은 색이 바래서 화질이 떨어지기는 하지만 실제 사진인데, 이렇게만 보면 무엇을 찍은 것인지 분명하게 알아보기가 어려울 것이다.

그러나 내가 만약 이 사진이 화면의 왼쪽에 정면을 바라보고 있는 젖소의 커다란 머리가 위치하도록 찍은 것이라고 알려준다면, 그 순간 무엇인가가 "번뜩" 떠오르며 갑자기 사진이 담고 있는 장면이 제대로 보이기 시작할 것이다. 여러분도 방금 뇌의 예측 기제가 새로 추가된 지식을 활용하여 심적 모형을 재조정함으로써 눈앞의 그림을 의미 있는 무엇인가로 탈바꿈하는 과정을 직접 경험한 것이다.

그렇다면 다음의 그림에서는 무엇이 보이는가? 답을 보기 전에 적어도 10초는 고민해보기 바란다.

여러분도 아마 나처럼 처음에는 아무런 구체적인 형상이 보이지 않아 상당히 애를 먹을 것이다. 만약 이것이 어떤 대중적인 반려동물을 찍은 사진이라고 힌트를 주면 어떨까? 그래도 여전히 잘 모르겠다면

원본 사진(51쪽)을 한 번 보고 오자. 이제는 무슨 사진인지 훨씬 분명하게 보일 것이다. 여러분의 뇌가 예측을 수정하고 이를 활용하여 혼란스러운 정보를 단숨에 정리해준 덕분이다.[9] 일단 그림의 내용이 눈에 들어오고 나면 이제는 오히려 어떻게 그 전에는 보지 못했는지 믿기지 않게 되며, 수정된 예측의 효과는 오래도록 지속된다. 심지어 1년이나 지나서 다시 이 장을 펼치더라도 그저 불가해한 검은색과 흰색의 얼룩으로만 보였던 처음과 달리 그림의 내용이 바로 눈에 들어올 가능성이 높다.

뇌는 가용한 모든 맥락 정보를 활용하여 예측을 정교하게 다듬고, 이는 즉각적으로 우리가 보는 세상에 영향을 미친다. 여러분이 만약이 그림을 동물병원이나 반려동물 용품점에서 보았다면 훨씬 높은 확률로 첫눈에 개의 모습을 발견했을 것이다. 시기적인 요인마저도 뇌의 모호한 시각 자극 처리에 영향을 줄 수 있다. 일례로 스위스 과학자들은 취리히 동물원 정문 앞에 서서 실험 참가자들에게 다음과

같은 유명한 착시 그림을 보여주고 무엇이 보이는지 물었다.

10월에 설문을 진행했을 때에는 동물원 방문객의 90퍼센트가량이 왼쪽을 바라보는 새의 모습이 보인다고 응답했다. 그러나 부활절에 같은 질문을 하자, 새가 보인다는 비율은 20퍼센트로 떨어진 반면, 오른쪽을 바라보는 토끼가 보인다는 응답이 대부분을 차지했다. 부활절 토끼를 특히나 중요한 상징으로 생각하는 10세 미만의 아동은 부활절 주말에 진행된 설문에서 토끼가 보인다고 응답한 비율이 100퍼센트에 가까웠다. 우리의 뇌는 예측 기계로서 눈앞의 모호한 그림에 대한 여러 해석 후보들 중에서 어느 것이 가장 관련성이 높은지 가늠해보았을 텐데, 이때 계절이라는 변수가 끼어들어 결정적인 역할을 함으로써 의식적인 시각 경험에도 실질적인 영향을 미친 것이다.[10]

현재는 뇌의 기대에서 비롯된 "하향식top down" 영향이 비단 시각뿐 아니라 모든 감각기관에서의 지각을 좌우한다는 사실이 알려져 있다. 그리고 그 효과는 놀랍도록 강력하다. 가령 여러분이 안개가 잔뜩 낀 날 운전을 한다고 가정해보자. 길이 익숙하다면 과거의 경험이 도로 표지판이나 다른 차를 보는 데에 도움을 주어 사고가 나지 않도록 해줄 것이다. 아니면 지직거리는 전화기 너머로 들려오는 말을 알아들어야 하는 상황을 떠올려보자. 이때도 상대의 어투나 억양에 이미 익숙하다면 알아듣기가 훨씬 수월할 것이며, 이 모두가 뇌가 예측 기계로서 활약한 덕분이다.

또한 뇌는 신체 각 부위의 움직임이 어떤 결과로 나타날지 예측하여 자신의 신체 일부들이 서로 접촉할 때에는 촉감을 상대적으로 약하게 느끼도록 조치한다. 덕분에 우리는 한쪽 다리가 다른 한쪽 다리를 스치거나 한쪽 팔이 다른 한쪽 팔에 닿을 때마다 소스라치게 놀라지 않을 수 있다. 스스로 간지럼을 태우면 별다른 느낌이 들지 않는 것도 같은 이유에서이다. 이에 더해 뇌의 시뮬레이션에서 발생하는 오류는 팔이나 다리가 절단된 사람들이 종종 사라진 부위에서 여전히 통증을 느끼는 현상도 설명해줄 수 있다. 이는 뇌가 미처 신체에 대한 지도를 완전하게 업데이트하지 못해 해당 신체 부위가 매우 고통스러운 상태라고 잘못된 예측을 하기 때문이다.

주변 환경에 대한 뇌의 시뮬레이션에는 어쩔 수 없이 조금씩 오류가 생기기 마련이다. 따라서 사물을 잘못 보거나 말을 틀리게 알아듣는 일이 생기지만 보통은 금방 바로잡는다. 그러나 때로는 시뮬레이션이 완전히 엉뚱한 방향으로 흘러가 현실에서 존재하지 않는 대상에 대한 생생한 환상을 빚어내기도 한다. 영국에서 두 번째로 큰 공항 위에 떠 있는 드론의 형상처럼 말이다.

한 실험은 기발한 방법으로 이런 현상이 실제로 일어날 수 있음을 증명했다. 이 실험에서 연구진은 참가자들에게 마치 채널이 제대로 맞추어지지 않은 아날로그 텔레비전 화면처럼 깜빡이는 임의의 회색 점들이 가득한 화면을 제시했다. 이때 적절한 암시가 주어지자 전체 실험의 34퍼센트에서 참가자들은 이 무의미한 시각적 노이즈에 불과한 자극이 사람의 얼굴로 보인다고 보고했다. 화면에 얼굴 형태가 나타나리라는 기대로 인해서 뇌가 회색 점의 물결 속에서 특정한 점들의 패턴을 선명하게 인식함으로써 놀랍도록 높은 빈도로 어떤 의미 있는 그림을 보도록 일종의 환각을 빚어낸 것이다. 게다가 뇌 영상 기법을 통해서 뇌가 이런 환각을 만들어내는 과정을 실시간으로 확인한 결과, 일반적으로 얼굴 지각과 관련된 뇌 영역에서 신경 활동이 증가했음이 관찰되었다.[11] 이로써 명백해졌다. 사람은 보는 대로 믿는 것이 아니라, **믿는 대로 본다**.

우리는 또한 믿는 대로 듣는다. 네덜란드의 연구자들은 한 실험에서 학생들에게 백색소음을 들려주며 빙 크로스비의 "화이트 크리스마스"가 아주 희미하게 들릴 수 있다고 말했다. 그러자 객관적으로 들어보면 음악 비슷한 소리도 없는데 참가자의 3분의 1 가까이가 정말로 그 곡을 들었다고 보고했다. 무엇을 듣게 될지에 대해 연구자들이 심어준 믿음으로 인해서 실험에 참가한 학생들의 뇌가 백색소음의 특정 소리는 강조하고 또 어떤 소리는 약하게 처리하여 크로스비의 노랫소리가 환청으로 들리게 만든 것이다. 흥미롭게도 후속 연구에서는 이런 유의 환청이 카페인을 섭취하거나 스트레스를 받았을 때 더욱 흔하게 나타난다는 사실이 발견되었다. 실제로 카페인은 미약하게 환각을 일으킬 수 있어 뇌가 나름의 예측을 보다 확신하게 만드

는 물질로 여겨진다.[12]

다시 개트윅 공항의 사례를 떠올려보면, 금방이라도 테러 공격이 시작될지도 모른다는 공포가 하필 새나 헬리콥터처럼 모호한 형상들이 잔뜩 떠 있어 우리의 예측 기계, 즉 뇌가 잘못 해석할 여지가 많았던 회색빛 겨울 하늘에서 어떻게 드론의 모습을 빚어낼 수 있었는지 쉽게 상상할 수 있다. 게다가 목격담이 자꾸 늘어나자 자신도 드론을 볼 것으로 기대하는 사람은 점점 더 많아졌을 것이다. 이때 만약 과학자들이 이들의 뇌를 들여다볼 수 있었다면, 이들의 뇌에서는 실제로 드론을 바라볼 때와 완전히 동일한 뇌 활동이 관찰되었으리라.[13]

이러한 순간적인 환각은 예측 기계가 범한 오류의 결과로서 이밖에도 수없이 다양한 상황에서 나타날 수 있다. 이를테면 극지 탐험가들 사이에서는 아무것도 없는 새하얀 풍경이 언제까지고 이어지는, 이른바 "하얀 어둠white darkness"이 이 같은 예측 기계의 시뮬레이션과 환장의 컬래버레이션을 이루며 기이한 시각 경험을 흔하게 일으킨다고 한다.

그중에서 가장 인상적인 일화가 바로 로알 아문센이 남극을 탐험하던 중에 겪었던 사건이다. 1911년 12월 13일, 남극점까지 이제 엎어지면 코 닿을 거리에 있었던 아문센 탐험대는 혹시라도 경쟁자인 로버트 팰컨 스콧 탐험대에게 선수를 빼앗길지도 모른다는 생각에 조바심을 내고 있었다. 그러던 중 아문센의 대원들이 베이스캠프를 설치하고 있을 때, 그중 한 명인 스베레 하셀이 멀리서 사람들의 움직임이 포착되었다고 소리쳤다. 곧 나머지 대원들도 모두 이를 볼 수 있었다. 하지만 대원들이 달려가 보니 방금 전에 본 것의 정체가 그냥 자신의 개들이 눈 위에 싼 똥 무더기였음이 밝혀졌다. 탐험대원들의 마음이 개똥 무더기를 그들 스스로 두려워하던 대상으로 바꾼 것이다.[14]

초자연적인 경험이라고 여겨지는 것들도 많은 경우 이와 유사한 과정을 거쳐 일어날 수 있다. 가령 2019년 4월 15일 파리의 노트르담 대성당에서 불이 났을 때, 많은 이들이 화염 속에서 예수의 형상을 보았다고 보고했다.[15] 이를 두고 일부 목격자들은 갑자기 터진 불미스러운 사건에 하느님이 불쾌해하신다는 신호라고 생각했으며, 또 어떤 이들은 피해자들을 위로하기 위해서 나타나신 것이라고 믿었다. 그러나 과학자들은 순전히 목격자들이 내면에 품고 있던 믿음으로 인해서 그들의 뇌가 불빛의 모호한 패턴들로부터 무엇인가 의미 있는 형상을 빚어낸 것이라고 주장한다. 누군가 귀신을 봤다거나 주파수가 맞지 않는 라디오의 잡음에서 망자의 목소리를 들었다거나 구름 속에서 엘비스 프레슬리의 모습을 봤다고 한다면, 이는 대부분 우리의 예측 기계가 과민 반응한 탓일 수 있다. 물론 이미 종교나 초자연적인 현상을 믿는 사람들에게 훨씬 더 나타날 가능성이 높기는 하지만, 이러한 현상은 모두 뇌가 정상적으로 세상을 인식하는 과정에서 비롯된 자연스러운 결과이다.

선수와 심판들도 시합 중에 일어나는 오심 논란에서 예측 기계가 어떤 역할을 하는지 기억해두는 편이 좋을 것이다. 가령 테니스 경기 중에 선수와 심판이 하나의 포인트를 두고 다툴 때면 둘이 서로 완전히 다른 지각 경험을 했다는 사실이 드러난다. 한 명은 공이 코트 안쪽에, 다른 한 명은 바깥쪽에 떨어진 장면을 "본" 것이다. 어느 쪽도 억지를 부리거나 거짓말을 하는 것이 아니다. 그저 그들의 마음이 그들을 둘러싼 세상에 대해서 각기 다른 시뮬레이션을 함으로써 동일한 사건에서 극단적으로 다른 경험을 하게 했을 뿐이다. 두 사람 모두 자신이 지각한 장면이 잔디의 초록빛이나 하늘의 푸른빛만큼이나 "진짜"처럼 느껴졌을 수 있다. 실력에 자신이 있는 선수라면 더욱이 공이 원하는 지점에 떨어졌다고 볼 가능성이 크다. 선수들이 의식적으로 속임수를 쓰려는 의도가 있었던 것이 아니라 그저 자신의 실력에 대한 기대로 인해서 지각에 영향을 받을 수 있기 때문이다. 이 같은 현상을 심리학에서는 "소망적 보기wishful seeing"라고 한다.[16]

개트윅 공항이 "공격"을 당했을 때, 경찰은 목격자들의 증언이 신빙성 있다는 데에 무게를 두고 싶었겠지만 뇌를 예측 기계라고 보는 이론에 따르면 세상에 완벽하게 객관적인 목격자란 있을 수 없을지도 모른다. 신경과학자 아닐 세스가 말했듯이, "우리는 단순히 수동적으로 세상을 지각하는 것이 아니라 능동적으로 세상에 대한 상을 만들어낸다. 우리가 경험하는 세상은 외부 못지않게 내면에서 비롯된 것이다."[17] 우리의 뇌가 가지고 있는 기대는 우리가 경험하는 모든 것에 복잡하게 얽혀 있다.

이렇듯 우리가 지각하는 세상에 내재된 주관성은 철학적으로 많은 생각할 거리를 던져준다. 그런데 뒤에서 곧 알게 되겠지만, 뇌가 예측 기계라는 이 이론은 기묘한 착시 현상을 설명하는 것을 넘어 우리의 안녕감에도 많은 영향을 미친다. 과연 어떻게 영향을 미치는지 살펴보기에 앞서 먼저 한 환자의 놀라운 이야기를 만나보자.

"눈이 멀었었는데 이제는 앞이 보여요"

사라(가명)라는 여성은 10대 후반이던 어느 날 잠에서 깨어나 보니 앞이 거의 보이지 않았다. 사라의 시력은 6개월에 걸쳐 서서히 나빠지고 있었고, 그날을 기점으로 해서는 특정 광원 주위로 어슴푸레한 불빛만 보일 뿐 모든 것이 암흑으로 변했다. 하지만 안과 전문의는 그녀의 눈에서 아무런 이상도 발견하지 못했다. 눈에 문제가 없다는 사실을 안들 집 안에서 움직일 때조차 조심스레 걸음 수를 세어가며 가구 주변을 더듬더듬 짚어야 하는 그녀의 일상에는 아무런 도움도 되지 않았다.

수많은 검사 끝에 사라에게는 해부학적 손상의 흔적 없이 뇌와 신경계의 기능에 심각한 문제가 발생했음을 가리키는 "기능성 신경학적 장애functional neurological disorder, FND" 진단이 내려졌다. 이 장애에 속하는 증상의 다른 예로는 청각 손실, 팔다리의 감각 및 움직임 상실, 통각 상실 등이 있는데, 이들 모두 해당 증상 외에는 생리학적으로 건강한 사람에게서 나타난다. 게다가 이 장애를 진단받는 환자의 수는 생각보다 적지 않으며, 대중에게 다소 생소한 편임에도 불구하고 실제 신경의학과를 찾는 두 번째로 흔한 원인이다(첫 번째는 편두통과 두통이다).[18] 과거 지그문트 프로이트는 이런 증상들이 억압된 스트레스나 트라우마의 결과라고 보았다. 반면 오늘날 신경과 전문의들 사이에서는 사라와 같은 FND는 뇌의 예측 오류가 직접적인 원인이며, 이로 인해서 정상적인 감각 신호의 처리가 약화되어 더는 감각 경험을 하지 못하는 지점에 이른 것일 수 있다는 견해가 많다. 그러니까 사실상 사라의 뇌가 그녀의 눈을 가린 것이다.

자신의 증상이 "심인성心因性, psychogenic"이라는 소견을 들은 사라는 이것을 쉽게 받아들이지 못했다. 그전까지 정신의학적 장애를 겪은 적이 없는 데다가 시력을 잃고도 놀랄 만한 회복탄력성을 보인 그녀로서는 정신적 문제라는 진단이 생뚱맞게 느껴졌기 때문이다. 하지만 결국 사라는 FND 치료의 권위자인 에든버러 대학교의 신경과 전문의 존 스톤을 만나게 되었다. 첫 면담에서 스톤은 사라가 시력을 잃기 전 빛이 촉발한 것으로 여겨지는 만성 편두통을 앓고 있었다는 사실을 알아냈다. 그러다 보니 사라는 점점 더 어두운 방에서 생활했고, 어느 날 아침부터는 아무것도 볼 수 없게 되었던 것이다.

이에 스톤은 사라가 "광공포증photophobia, 빛에 대한 두려움"이 심해지면서 계속해서 어두운 곳을 찾자, 그녀의 뇌가 어느 순간 자신은 아무것도 볼 수 없다는 믿음에 사로잡힌 것이라는 가설을 내놓았다. 나아가 이 같은 틀린 기대가 무의식적으로 생기기는 했지만, 지속적인 촉진과 면담을 통해서 이를 바로잡을 수 있으리라고 판단했다. 치료를 위해서 스톤은 사라가 그와 눈을 맞추거나 그의 몸짓을 따라하는 등 무의식적인 수준에서는 그녀의 뇌가 여전히 일부 시각 정보를 처리할 수 있음을 나타내는 증거를 보여줄 때마다 그 사실을 일러주며 그녀의 가족에게도 집에서 똑같이 해달라고 당부했다.

더불어 스톤은 촉진 요법의 일환으로 두피에 전자기 코일을 부착해서 두개골 안의 뉴런들을 활성화시키는, 비침습적인 뇌 자극술도 활용했다. 시각피질의 전기적 활동을 증폭시키면 눈으로 들어오는 외부 자극 없이도 밝은 빛이 번쩍이는 듯한 감각을 일으킬 수 있다.

따라서 스톤은 이러한 자극을 활용하여 사라의 뇌가 여전히 시각적 인식 능력이 있다는 직접적인 증거를 보이는 동시에, 사라에게 무엇인가를 본다는 것이 어떤 느낌인지 다시금 일깨워주었다.

결과는 성공이었다. 첫 번째 뇌 자극술 치료를 마치자, 사라는 자신의 휴대전화 화면에서 나오는 빛이 전보다 강하게 보인다고 보고했으며, 세 번째 치료가 끝나고는 눈이 멀고 나서 처음으로 사물의 색깔을 보기 시작했다. 이후 진척이 더딘 것처럼 보였지만 치료가 시작된 지 8개월이 지난 어느 날 아침, 잠에서 깨어난 사라는 마침내 시력을 완전히 회복했다. 주목할 만한 점은 만성 편두통도 덩달아 사라져 그로부터 2주일 뒤에는 아무런 증상 없이 이전의 평범했던 삶으로 돌아갈 수 있었다는 사실이다.[19]

공포심 줄이기

사라의 사례는 예측 기계의 힘이 얼마나 강력한지 보여주는 한편, 이토록 심각한 오류도 얼마든지 바로잡을 수 있다는 사실을 증명했다. 다행스럽게도 대부분의 사람들은 평생 이렇게까지 강렬한 지각 오류는 겪지 않는다. 그러나 소소하게는 좋은 방향이든 나쁜 방향이든 다양한 방식으로 날마다 그다지 건강하지 않은 기대로 인해서 지각이 편향되는 경험을 한다. 사소한 착각이라고도 할 수 있는 이런 경험들은 지각에서 발생한 작은 오차들로서, 기존의 느낌을 더욱 굳히고 증폭시킨다.

간단한 예를 하나 들어보자. 최근 나는 두 번이나 집에 도둑이 들 뻔한 경험을 했는데, 두 번 다 자다가 도둑이 현관 자물쇠를 강제로 열려고 하는 소리를 들었다. 그 뒤로 몇 달 동안 나의 뇌는 밤낮을 가리지 않고 작은 소음만 들려도 꼭 현관문이 열리는 소리로 지각했다. 심지어 다른 방에서 프린터가 출력을 시작할 때의 소리조차 자물쇠의 찰칵거리는 소리와 비슷하게 들려서 또 도둑이 든 것은 아닌지 확인하러 뛰어나가고는 했다. 모두 예측 기계가 또다른 위협 요소를 확인하기 위해서 지나치게 열심히 일한 탓이다.[20]

그러다 시간이 흐르고 현관 자물쇠까지 바꾸고 나자 나는 더 이상 도둑이 침입하는 듯한 환청을 듣지 않게 되었다. 그렇지만 주변 환경 속에 위험이 도사리고 있다는 왜곡된 지각이 계속될 경우 수많은 만성 불안과 공포증이 수반되며, 어쩌면 그 같은 지각이 불안과 공포의 부분적인 원인이 될 수도 있다는 강력한 증거가 있다. 가령 한 실험에서는 높은 곳을 무서워하는 사람들에게 8미터 높이의 발코니에서 밖을 내다보게 한 뒤 지면과의 거리가 얼마나 되어 보이는지 물었다. 그러자 이들은 고소공포증이 없는 사람보다 평균 1.5미터가량 더 높은 추정치를 댔다.[21] 마찬가지로 거미공포증이 있는 사람들은 실제보다 거미의 크기와 속도를 과장되게 보는 경향이 지속적으로 관찰되었으며, 두려움이 클수록 착시도 더욱 두드러졌다.[22] 바로 옆에 있는 벽에서 기어가는 모습을 마주하면 집에서 흔히 볼 수 있는 크기의 거미도 돌연 아주 위협적인 타란툴라처럼 보일 수 있다.

뇌의 편향된 예측으로 인해서 왜곡된 지각은 사회불안의 원인이 되기도 한다. 실제로 사람들은 부끄럽거나 슬프거나 긴장한 상태에서는 차분한 상태인 사람들에 비해서 무표정한 얼굴 사진을 좀더 적대적으로 받아들이는 경향을 보인다.[23] 설상가상으로 다른 사람들에게 거부당할 것이라는 기대(의식적이든 무의식적이든)를 가진 경우에는 우호적인 미소는 무시하고 쌀쌀맞아 보이는 표정을 오래 주시하게 된다. 이와 관련하여 대학생 참가자들에게 방학을 맞은 청소년들의 영상을 보여주고 이를 시청하는 동안의 안구의 움직임을 추적한 실험이 있다. 실험 결과는 상당히 인상적이었는데, 사회적으로 얼마나 잘 적응하고 있는지가 이 같은 영상을 볼 때의 경험에도 큰 영향을 미친다는 사실이 밝혀진 것이다. 다른 사람들과 좋은 관계를 맺고 있다고 느끼며 자신의 삶에 만족한 참가자들은 영상 속 인물들이 고개를 끄덕여 상대에게 공감을 표하고, 수다를 떨고, 미소 짓는 모습 등을 응시한 반면, 고독과 외로움을 느끼는 참가자들은 이런 온정의 신호들을 거의 알아차리지 못했다. 후자의 경우 오히려 불친절하거나 거부감을 나타내는 표정이나 몸짓에 훨씬 더 시선이 오래 머물렀다.[24] 심리학자 미치 프린스틴이 언급한 것처럼 "두 집단은 마치 전혀 다른 영상을 보고 있기라도 하듯, 서로 다른 쪽 집단에서는 거의 알아차리지도 못하는 단서에 훨씬 더 집중했다."[25]

여러분도 특히 사람들 앞에서 발표를 하는 것과 같은 스트레스 상황을 앞두고 이런 경험을 한 적이 있을 것이다. 즉 우리 내면의 두려움으로 인해서 청중의 표정이 못마땅하거나 무척 지루한 것처럼 보일 수 있다. 아니면 그냥 왠지 아침부터 기분이 좋지 않아 그날 출근길 열차에서 스치는 모든 사람이 유난히 불친절하다고 느낀 경험도 있을지 모른다. 이 경우에는 지각의 왜곡이 일시적이다. 그러나 많은 경우 상대의 적대감에 대한 기대는 어릴 때부터 마음속 깊이 새겨져 있을 수 있다. 과거 누군가에게 거부당했던 기억이 사회적 경험 전반에 기나긴 그림자를 드리워 주변의 친근한 표현을 진심으로 받아들이는 경험을 평생 하지 못하는 것이다.

위의 사례들 모두에서처럼, 세상에 대한 왜곡된 시각은 본인에게는 완전히 사실처럼 여겨진다. 기분, 뇌의 예측 그리고 실제 감각 정보가 상호작용한 탓에 불안하거나 우울한 사람들은 개트윅 공항에서 드론을 목격했던 사람들과 똑같은 기제를 통해서 정말로 세상을 훨씬 더 위협적으로 "보게" 된다. 게다가 이처럼 편향된 정보 처리는 실질적으로 행동에 영향을 미쳐 뇌의 예측을 재조정하는 데에 도움이 될 수 있는 상황들을 도리어 피하게 만든다. 가령 에스컬레이터가 실제보다 한참 더 높게 느껴진다면 쉽사리 첫발을 내딛지 못할 것이며, 주위의 모든 사람들이 얼굴을 찌푸리고 있다고 느껴진다면, 옆에 앉은 사람에게 말 한번 걸기도 힘들 것이다.

다행히 이러한 사소한 착각들도 훈련을 통해서 얼마든지 무효화시키는 법을 익힐 수 있다.[26] 실제로 두려워하는 대상을 직면하게 하는 노출 치료는 왜곡된 지각을 재조정할 기회를 줌으로써 효과를 본다. 일례로 2016년, 독일의 한 연구팀은 거미공포증이 있는 사람들에게 가상현실 헬멧을 착용하고 진짜처럼 묘사된 거미들이 있는 방 안을 걸어다니도록 했다. 목표는 단순했다. 그저 차분함을 유지하며 두려움의 대상으로부터 도망치지 않는 것이었다. 그렇게 횟수가 거듭되자 참가자들은 현실에서도 거미를 덜 두려워하게 되었을 뿐 아니라 거미의 크기도 훨씬 실제에 가깝게 지각하게 되었다.[27]

인지 편향 수정cognitive bias modification이라는 기법을 이용하면 왜곡된 지각을 직접적으로 교정할 수도 있다. 이를테면 불안 수준이 높은 사람들에게 산속에 숨어 있는 요정 그림 등을 통해서 일련의 얼굴 표정을 제시하는 단순한 컴퓨터 게임을 시키는 식이다. 이때 참가자들은 적대적인 표정은 무시한 채 미소를 짓거나 행복한 표정을 신속하게 찾는 과제를 수행한다. (여러분도 관심이 있다면 뉴욕 시립대학교 연구진이 개발한 퍼스널 젠Personal Zen이라는 앱을 다운로드해보기 바란다. 이 책을 쓰고 있을 때를 기준으로 대부분의 스마트폰 기종에서 무료 체험판을 받아볼 수 있다.) 이 같은 치료의 목표는 어떤 장면에서 위협적인 정보에 더 이상 중점을 두지 않도록 뇌의 시각 처리를 재조정하는 것이다. 실제로 많은 환자들이 이 치료법이 도움이 되었다고 보고했다. 퍼스널 젠과 같은 프로그램을 한 회차만 시행해도 사람들 앞에서 더 편안하게 발표를 하는 등 감정 및 행동에 단기적인 변화를 경험할 수 있으며, 정기적으로 훈련할 경우에는 보다 장기적인 효과를 볼 수 있다.[28]

개인적으로 나는 뇌가 본래 주관적이라는 사실을 깨닫는 것만으로도 가라앉았던 기분을 회복하는 데에 도움이 되었다. 유난히 불안하거나 우울하고 마치 이 세상이 내가 가진 두려움을 더 확고하게 만들어주는 것만 같을 때면, 나는 나의 감정과 그에 따른 기대가 나의 지각을 왜곡시켰을 수도 있다는 사실을 나 자신에게 납득시키려고 노력한다. 부정적인 기대는 우리가 주의를 기울이는 대상까지도 좌우할 수 있으므로, 나는 분명한 친근함의 표현들에 집중하기 위해서 의식적으로 더 애를 쓴다. 사실상 실생활에서 편향 수정 게임을 실천하는 셈이다.

당연히 이러한 전략이 중증 정신 질환에도 만병통치인 것은 아니다. 그래도 내 경우에는 종종 가라앉은 기분을 악화시키고 오래 지속되게 만든 원흉이었던 부정적인 사고의 소용돌이 속으로 빠져들지 않게 막아주었다. 그리고 이는 그저 기대 효과의 힘을 이해하는 것이 어떻게 기존의 예측을 재조정하여 우리가 세상을 보다 건강하고 행복하게 경험할 수 있게 해주는지를 보여주는 하나의 예일 뿐이다.

맛은 맛보는 자의 입 속에 있나니

미식의 영역에서는 특히 기대 효과의 힘이 잘 알려져 있어서 마케팅 전문가와 셰프들은 이미 오래 전부터 예측 기계의 특성을 활용하여 자신의 요리를 고객들이 더욱 잘 즐길 수 있는 여건을 조성해왔다.[29]

미각의 하향식 효과를 증명한 최초의 실험 중 하나는 1960년대에 미국의 과학자 두 명이 단백질, 탄수화물, 비타민이 함유된 초콜릿 향 건강 셰이크 등 우주비행사들이 먹는 음식을 보통 사람들이 어떻게 지각하는지 살펴본 연구였다. 음식의 정체를 모르는 상태에서 이를 맛본 사람들은 주로 일반적인 초콜릿 우유와는 비교도 되지 않는다며 혹평했다. 그러나 "우주 음식"이라고 명확히 표기를 해두자 맛에 대한 대중의 평가가 극적으로 달라졌다. 최첨단 과학 기술을 연상시키는 비범한 명칭이 시식자의 기대를 끌어올려 결과적으로 강력한 맛 증진 효과를 가져온 것이다.[30] 이제는 여러분도 이 같은 차이가 하향식 처리의 직접적인 결과이며, 기대에 따라서 실제 느끼는 맛이 달라진 것임을 알 수 있을 것이다.

이보다 최근에는 MIT의 연구진이 학교의 대표 펍인 머디 찰스와 서스티 이어에서 술을 마시는 사람들을 대상으로 간단한 시음 실험을 진행했다. 실험 참가에 동의한 사람들에게는 일반적인 맥주(버드와이저 혹은 새뮤얼 애덤스)와 "MIT 브루"라는 낯선 이름의 맥주를 한 잔씩 주었다. 앞선 "우주 음식"의 경우와 마찬가지로 MIT 브루라는 이름은 왠지 첨단 기술로 양조한 인싸들만의 멋진 술인 것 같은 인상을 주었다. 그러나 참가자들에게는 비밀이었지만 사실 발사믹 식초를 몇 방울 탄 것을 제외하면 MIT 브루는 함께 제공한 보통 맥주와 동일한 술이었다.

식초를 탄 맥주는 마셔보지 않아도 맛이 별로일 것처럼 느껴지지만, 결과적으로 실험 참가자들의 약 60퍼센트가 일반 맥주에 비해 MIT 브루에 강한 선호를 보임으로써 의외로 이 조합이 좋은 반응을 얻었다. 식초가 들어갔다는 사실을 시음 後에 알게 되더라도 여전히 선호도에는 변화가 없었다. 하지만 시음 전에 이 "비법 재료"의 정체를 알려주자 결과는 완전히 뒤집혔다. 이 경우 MIT 브루의 독특한 향의 조합이 일반 맥주보다 더 좋았다고 평가한 비율은 약 30퍼센트에 불과했다. 맥주 맛이 별로일 것이라는 기대 효과의 힘은 MIT 브루의 선호도를 절반이나 깎아내릴 만큼 강력했다.[31]

여러분도 값비싼 와인을 마실 때 아주 비슷한 경험을 해본 적이 있을 것이다. 비싼 와인은 질도 좋을 것이라는 편향된 기대로 인해서 높은 가격에 대한 정보는 실제 술의 질과는 별개로 맛 경험을 눈에 띄게 향상시킬 수 있다.[32] 외관의 차이 또한 유사한 효과를 가져올 수 있다. 이를테면 연구자들이 붉은 색소를 탄 화이트 와인을 주자, 실험 참가자들은 "프룬"이나 "초콜릿" 혹은 "담배"와 같이 일반적으로 진짜 레드 와인과 연관된 향을 언급하며 훨씬 풍부한 뒷맛이 느껴진다고 보고했다. 기대 효과의 힘이 얼마나 강력한지 심지어 와인 전문가도 이 같은 미각의 착각에 속고는 한다.[33]

맛의 예상 효과는 음식에 대한 뇌의 반응을 살펴본 뇌 영상 결과에서도 분명하게 드러났다. 이를테면 일부 실험 참가자들에게 기본적인 감칠맛을 내는 MSG를 주면서 이 감미료의 "풍부하고 훌륭한 맛"을 자세히 묘사하는 문장을 덧붙이자, "글루타민산일나트륨"이나 "채소 국물"이라는 설명을 들은 참가자들보다 미각적 즐거움을 처리하는 뇌 영역의 활동이 더 크게 나타났다.[34]

때로는 완전히 똑같은 물질이 기대에 따라서 강렬한 미각적 즐거움을 낳기도, 즉각적인 혐오 반응을 유발하기도 한다. 예를 들면 이소발레르산과 부티르산의 혼합물은 살짝 시큼한 향이 나는데, 우리에게 익숙한 물질 중에서 이런 향을 풍기는 것 두 가지가 바로 파르메산 치즈와 토사물이다. 하지만 냄새의 근원이 무엇이라고 적혀 있는지에 따라 같은 향이라도 우리의 뇌는 극과 극으로 처리하여 군침이 돌게 하기도, 구역질을 일으키기도 한다.[35]

이 같은 지각적 기대 효과는 사실상 우리가 26-27쪽에 실린 그림을 보았던 방법과 크게 다르지 않다. 앞의 그림도 무엇을 묘사한 것인지에 대한 설명이 자칫 다양한 방식으로 해석될 수 있는 모호한 신호를 올바르게 처리하여 그림의 내용을 이해하는 데에 도움이 되지 않았던가. 이러한 사실을 바탕으로 보면 음식에 대한 사람들의 입맛이 제각각인 이유도 이해하기 어렵지 않다. 즉 음식에 어떤 기대를 품었으며 무엇을 연상했는지에 따라서 실제 느끼는 맛도 천차만별일 수 있는 것이다.

만약 여러분이 어떤 음식을 태어나서 처음 먹어본다면 이러한 연구 결과를 적용하여 그 음식에 대한 정보를 사전에 찾아보는 것도 좋은 방법이다. 다른 사람들이 왜 그 음식을 좋아하는지를 미리 알아두면 미각 신호를 올바르게 받아들여 익숙하지 않은 맛과 향의 조합도 온전히 즐길 수 있게 될 것이다. 이 방법은 여행을 하며 평소 접해보지 못했던 낯선 요리를 먹을 때면 특히나 더 요긴하다. 이를테면 톡 쏘는 강렬한 향으로 유명한 두리안을 처음 맛볼 때도 흔히 그렇듯 상한 고기와 비교하기보다는 일부 전문가들이 묘사한 "헤이즐넛과 살구, 캐러멜화된 바나나, 달걀 커스터드가 농축된 맛"을 느껴보라고 일러주면 거부감이 훨씬 덜할 것이다.[36]

여러분이 누군가를 식사에 초대할 때도 같은 원리를 적용해볼 수 있다. 생각의 전환이나 기도만으로 물을 와인으로 바꾸는 기적을 행할 수는 없겠지만, 여러분이 요리를 내놓을 때 덧붙이는 말은 분명 여러분이나 손님이 맛을 음미하는 방식에 강한 영향을 미칠 것이다. 그러니 요리를 내갈 때에는 입맛을 돋우는 말 몇 마디를 곁들여보자. 어쩌면 이 언어적 조미료가 실제 물리적으로 첨가한 재료만큼이나 중요할 수도 있다. 우리의 기대가 소화와 대사, 체중 감소에 미치는 영향은 제6장에서 살펴보기로 하자.

감각 기능의 업그레이드

지금까지 알아본 예측 기계의 성질을 이용하면 우리의 시력과 청력을 전반적으로 예리하게 다듬어 보다 정교하게 보고 듣는 일도 가능할지 모른다. 이 말이 터무니없이 과장된 것 같다면, 선글라스나 헤드폰에 브랜드를 덧입히는 작업이 시기능 및 청기능에 얼마나 큰 영향을 줄 수 있는지 다음의 연구 결과를 한번 살펴보자. 2010년대 초반, 이스라엘과 미국의 연구자들은 밝은 빛 아래에서 선글라스를 쓰고 84개의 단어를 읽는 실험을 진행했다. 이때 참가자들이 착용한 선글라스는 모두 동일한 성능의 제품이었지만, 자신이 받은 선글라스가 유명 브랜드의 제품이라는 말을 들은 참가자들은 중저가 브랜드의 제품이라는 말을 들은 참가자들보다 실수 횟수가 절반가량 적었으며, 과제 수행 속도도 소요 시간이 이들의 60퍼센트에 불과할 만큼 빨랐다.

놀랍게도 연구진은 노이즈 캔슬링 기능이 탑재된 헤드폰을 이용한 청력 과제 실험에서도 완전히 똑같은 결과를 얻었다. 자신이 비교적 이름이 알려진 브랜드(3M)의 제품을 착용했다고 믿은 참가자들은 공사 소음 너머로 들려주는 단어 목록을 싸구려 제품을 제공받았다고 믿은 참가자들보다 더 잘 알아들을 수 있었는데, 이번에도 마찬가지로 참가자들이 착용한 제품은 동일했다.[37]

두 실험 모두 (자신이 착용했다고 생각한) 고품질 제품을 향한 신뢰가 제품 덕분에 과제와 관련된 시각 또는 청각 자극을 잘 지각할 수 있을 것이라는 믿음으로 이어져 제품의 기술력에는 아무런 차이가 없었음에도 실제로 그러한 결과가 나온 것이다. 다른 브랜드 제품을 썼을 때보다 더 잘 보고 들을 수 있을 것이라는 참가자들의 기대가 뇌의 시각 및 청각 처리에 영향을 미쳐 뇌가 눈과 귀를 통해서 들어온 정보를 바탕으로 더욱 풍부하고 정확한 시뮬레이션을 해내기 위해서 최선을 다하게 만든 셈이다.

이 같은 발견은 하버드 대학교의 엘렌 랭어가 발표한, 우리의 믿음이 원거리 시력에 놀라운 영향을 미칠 수 있다는 연구 결과와도 흡사하다. 랭어의 실험에서 참가자들은 MIT의 ROTC 후보생이었다. 이들은 기준선 설정을 위해서 먼저 표준 시력 검사를 수행한 뒤 본격적으로 비행 시뮬레이션 훈련을 시작했다. 실제 비행이 아닌 컴퓨터 시뮬레이션에 불과했지만, 연구진은 참가자들에게 진짜로 조종석에 앉아 있다고 상상하며 진짜 조종사들처럼 가능한 한 진지하게 임해달라고 요청했다. 이어지는 훈련에서는 4대의 비행기가 앞쪽에서 다가오면 그 비행기들의 날개에 적힌 일련번호를 읽는 과제가 주어졌다. 참가자들에게 알려주지 않았지만 이것 역시 또 하나의 시력 검사여서, 날개에 적힌 숫자의 글자 크기는 표준 시력 검사표의 맨 아래 네 줄의 글자 크기와 동일했다.

랭어는 훈련생들이 비행기를 조종하는 경험 자체를 뛰어난 시력과 결부시켜 생각할 것이며 그러한 연상 작용이 결국 시뮬레이션 훈련 중 시력을 향상시키는 결과를 낳을 것이라는 가설을 세웠고, 이는 적중했다. 실험 결과 참가자의 40퍼센트가 표준 시력 검사표에서 지각할 수 있었던 글자의 크기보다 작은 크기의 글자(비행기 날개에 표기된 숫자)를 정확히 읽어낸 것이다. 반면 비행 시뮬레이션 환경 대신에 단순히 정지된 화면에서 비행기의 날개에 적힌 숫자를 읽도록 했던 통제 집단에서는 시력 향상 효과가 전혀 나타나지 않았다.

효과를 검증하기 위해서 랭어는 두 번째 실험을 진행했다. 이번에는 어쩌면 활동적인 운동이 시력 향상에 도움이 될지도 모른다고 말하며 참가자들에게 팔 벌려 뛰기를 하도록 했다. 이런 운동이 그토록 짧은 시간 내에 실제 시력에 변화를 가져올 가능성은 거의 없었지만, 일반적으로 운동선수들의 시력이 뛰어나다고 믿었던 참가자들은 또다시 이어진 시력 검사에서 처음보다 향상된 정확도를 보여주었다.

최종 검증 차원에서 랭어는 단순히 위에서부터 작은 글자를 배열하는 방식으로 검사표의 순서를 바꿔보았다. 그러자 참가자들은 표준 검사표에서 읽을 수 있었던 것보다 더 작은 글자를 읽어냈다. 이 같은 결과는 과거의 검사 경험들을 바탕으로 상단에 배치된 글자는 아래쪽에 있는 글자보다 읽기 쉽다는 믿음이 생긴 덕분으로 보인다.

랭어가 진행한 각 실험에서 시력이 좋아질 것이라는 기대는 뇌의 시각 처리 능력을 끌어올려 망막에 맺힌 다소 흐릿한 글자의 상도 또렷하게 볼 수 있게 해주었다.[38] 놀라운 사실은 처음부터 양쪽 눈 모두 1.0을 넘는 뛰어난 시력을 보여준 다수의 참가자들뿐만 아니라 그보다 시력이 좋지 않았던 사람들도 유의미한 향상 효과를 보였다는 점이다.

그렇다고 성급하게 안경이나 콘택트렌즈를 버리지는 말자. 이러한 심리적 요법은 중증 시각장애에는 서의 아무런 효과도 없기 때문이다. (근시는 일반적으로 안구 기형이 원인인데 이 같은 영구적인 해부학적 변화가 마음먹기에 따른 것이라는 근거는 어디에도 없다.) 다만 랭어의 연구 결과는 어떤 특정한 기대를 가짐으로써 적어도 기존에 착용하고 있던 시력 보조 장치의 효과를 극대화하여 세상을 훨씬 더 선명하게 지각하게 될 수도 있음을 시사한다.

이 책을 통해서 우리는 흔히 자신의 능력을 과소평가하는 경향이 있으며, 단지 마음가짐을 조금 바꾸는 것만으로 이런 한계를 뛰어넘는 일이 가능하다는 사실을 깨닫게 될 것이다.

다원적 현실

아나이스 닌은 자전소설 『미노타우로스의 유혹Seduction of the Minotaur』에서 주인공 릴리안과 화가 제이의 지각 차이를 훌륭하게 묘사했다.

"릴리안은 제이가 그림의 모델로 삼은 대상과 그가 그린 그림이 엄청나게 다른 것에 어리둥절했다." 닌은 이렇게 서술한다. "똑같은 센 강 주변을 걷는데도 그녀는 매끈한 회색빛의 구불구불한 물결이 반짝이는 풍경을 보는 반면, 제이의 그림은 흙탕물로 불투명해진 강 가장자리에 와인 코르크와 물풀이 잔뜩 뒤엉켜 고여 있는 장면을 담고 있다." 닌은 제이가 세상을 가능한 한 객관적으로 화폭에 담고자 하는 "현실주의 화가"라고 말한다. 그런데 정말 제이의 지각이 릴리안보다 더 현실적이라고 할 수 있을까? 릴리안은 "우리는 사물을 있는 그대로가 아닌 우리 자신의 성향대로 본다"는 명대사로 나름의 결론을 내린다.

예측 기계에 관한 새로운 지식을 습득한 우리는 이제 이 문장에 담긴 심오한 진실이 인간의 다양한 경험에서 모습을 드러낸다는 사실을 알 수 있다. 극단적인 경우에는 사라와 같은 환자의 사례에서처럼 기대가 시각을 완전히 차단할 수도 있다. 또 때로는 존재하지 않는 대상을 지각하게 만들기도 한다. 일상에서 우리는 선입견으로 인해서 음식의 맛, 사람들의 표정에 담긴 감정 상태, 센 강의 풍경 등 앞에 있는 대상을 실제와는 다소 다르게 지각한다. 이처럼 사소한 기대 효과는 심각한 환각에 비하면 그다지 극적으로 느껴지지 않을 것이다. 그렇지만 이 장에서 줄곧 살펴보았듯이, 하루하루 악순환 또는 선순환이 쌓여간다면, 우리의 삶에 생각보다 큰 영향을 미칠 수 있다. 이를 바탕으로 닌의 설명에 조금 덧붙여보면, 감정과 사고가 경험을 좌우하고, 경험은 다시 감정과 사고에 영향을 주며, 영원히 순환하게 되리라.

이런 지식은 우리가 다음 장부터 우리의 내면에 초점을 맞추어 기대 효과가 신체 건강에 미치는 영향을 살펴볼 때에도 매우 중요한 역할을 할 것이다. 예측 기계로서 뇌는 신체에 해가 가해지거나 가해질 위험이 있을 때 반응하는 통각 수용기를 비롯하여 체내의 수많은 부위들로부터 신호를 받는다. 기대는 시각, 청각, 후각, 미각, 촉각에 대한 경험을 변화시킨 것과 똑같은 방식으로 이 신호들을 처리하는 과정에 영향을 미쳐 뇌가 신호의 세기를 때로는 강하게, 때로는 약하게 해석하게 만들 것이다. 어떤 경우에는 아무 일도 일어나지 않았는데 환상통을 일으키거나 눌리적으로 상처를 입고도 고통이 사라지게 만들기도 한다.

더욱 불가사의한 점은 뇌의 예측 기제가 측정 가능한 수준의 생리적 변화를 일으킬 수도 있다는 사실이다. 앞으로 보게 되겠지만 예측 기계의 경탄할 만한 영향력으로 인해서 우리의 주관적 기대는 신체상의 객관적 현실이 될 수 있다.

- 자신이 목격한 것이 과연 객관적인 사실인지 자문해보자. 우리를 둘러싼 세상에 대한 뇌의 시뮬레이션은 대부분의 경우 정확하지만 이따금 틀리기도 한다. 이러한 사실을 알고 있기만 해도 감각에서 생긴 착각을 알아차리는 데에 도움이 될 수 있다.

- 만약 어떤 대상이 두렵다면, 자신의 뇌가 위협의 정도를 지나치게 부풀려 그 대상을 실제보다 더 크고 무시무시해 보이게 했을 가능성이 있음을 떠올려보자. 노출 치료가 이 같은 지각적 편향을 감소시키는 데에 도움이 될 수 있다.

- 불안 수준이 높다면, 주변 환경의 위협 상황에 대한 주의를 다른 곳으로 돌릴 수 있게 돕는 퍼스널 젠과 같은 앱을 활용하는 방안도 고려해보자.

- 나쁜 일이 있을 때에는 자신의 기분과 그로 인해서 형성된 기대가 사건에 대한 자신의 관점을 편향시킬 수 있다는 사실을 생각하자. 물론 어떤 상황들은 말할 것도 없이 나쁠지도 모르지만, 기대 효과에 따라 조금은 다르게 볼 여지가 있는 사건들도 분명 있을 수 있다. 이 두 가지 유형을 구분하는 것만으로도 지나치게 부정적인 사고에 빠져드는 일을 예방할 수 있다.

- 언어의 힘을 이용해서 식사와 같은 감각 경험의 즐거움을 극대화하자. 음

식은 어떻게 묘사하느냐에 따라 그 맛이 달라지므로 자기 자신과 손님에게 대접할 요리에 품격을 더해줄 미사여구를 곁들여보자.

(이 불도그를 알아보겠는가? 27쪽에 나온 그림의 원본이다.)

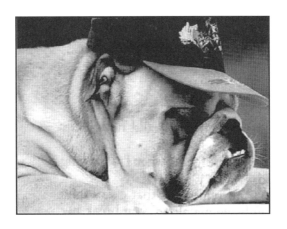

2

선의의 거짓말

우리의 믿음은 어떻게 치료 회복을 돕는가

이제껏 플라세보 효과나 마음과 몸의 잠재적 연결성만큼 크나큰 관심(혹은 분노)을 불러일으킨 과학적 개념도 별로 없을 것이다.

현대 의학이 탄생한 18세기 무렵부터 의사들은 특정한 유형의 "가짜" 치료가 그 치료에 대한 환자들의 믿음만으로 증상을 호전시킬 수 있다는 사실을 분명하게 인식하고 있었다. 하지만 이 같은 가짜 치료가 과연 증상의 원인까지 말끔히 낫게 할 수 있을까? 그리고 실제로 효과가 있다고 한들 환자를 속이는 행위는 의사의 윤리규범을 어기는 것이 아닐까?

이런 회의적인 시각 탓에 대단히 근심했던 인물은 다름 아닌 미국 제3대 대통령 토머스 제퍼슨이었다. 1807년 친구에게 보낸 서신에서 그는 일부 의사들이 수은이나 아편 등의 공통 약제 처방을 점점 더 남발하고 있다며 득보다 실이 많아 보인다고 우려를 표했다. 그는 상당수의 증상은 의학적 치료가 이루어지고 있다는 **환상**을 이용하는 편이 오히려 더 효과적일 수 있다고 믿었다.

제퍼슨은 "내가 아는 가장 뛰어난 의사 중 한 명은 자신이 지금까지 다른 모든 약을 합친 양보다 빵 부스러기와 색소 탄 물, 히코리 나무 재를 더 많이 썼을 것이라고 장담했다"라고 덧붙였다. 환자를 속이는 것 자체는 윤리적으로 옳다고 말하기 어렵지만, 어느 선 이상 호전시키지도 못하면서 독성을 띨 가능성이 있는 약물을 마구 처방하는 것보다는 낫다는 판단이었다. 제퍼슨의 말대로 "선의의 거짓말"인 셈이다.[1]

그러나 시간이 갈수록 믿음의 치료 효과에 대한 의사들의 시각은 훨씬 더 회의적으로 굳어져갔다. 의사들도 플라세보가 환자들에게 정서적 안정 효과를 줄 것이라고는 생각했지만, 생물학적 지식에 기반을 둔 현대 의학에서 가짜 약은 관심의 대상이 아니었다. 오히려 일각에서는 꾀병이나 건강염려증 환자를 가려낼 진단 도구로 생각했는데, 가짜 치료를 받고 증상이 완화된다면 진짜로 병에 걸린 것이 아니라는 논리였다. 20세기 중반에 들어서는 의학 학술지에 게재된 논문들이 너 나 할 것 없이 플라세보 효과를 보인 사람들을 "어리석다", "신경증이다", "무식하다", "어딘가 모자라다"와 같은 말들로 조롱하기에 이르렀고, 특히 「랜싯*The Lancet*」에서는 플라세보 효과 자체가 "천박한 사기"라고 묘사했다. 세상에 어떤 바보가 이따위 무의미한 현상을 연구하며 시간을 낭비하겠는가?[2]

이렇듯 회의적인 시선이 이어진 결과, 플라세보의 과학이 마침내 꽃을 피우기까지는 오랜 시간이 걸릴 수밖에 없었다. 그래도 우여곡절 끝에 이제는 우리 모두 긍정적인 기대가 단순히 정서적 안정감을 넘어 정말로 천식, 파킨슨병, 심장병, 만성 통증 등으로 인한 신체 증상들을 완화할 수 있다는 사실을 알게 되었다. 더욱 기막힌 점은 실제 치료에 쓰이는 약물의 작용과 플라세보 효과가 동일한 기작으로 일어난다는 것이다. 즉 마음과 몸의 연결성은 실재하며 그 잠재력 또한 엄청나다.

우리가 이처럼 놀라운 자기 치유력을 가지도록 진화했다는 사실은 신비 그 자체여서, 진화론적으로 어떻게 이런 능력이 발현되었는지를 놓고도 과학계에서 많은 논쟁이 일었다. 불가사의한 점은 그뿐만이 아니다. 플라세보 효과는 시간이 갈수록 점차 강력해지는 특성도 보인다. 말 그대로 "아무런 약리 작용이 없으며", 화학적 "활성을 일으키지 않는" 가짜 치료가 대체 어떻게 갑자기 효능이 증가하는 것일까? 심지어 자신이 가짜 치료를 받는다는 사실을 아는 환자에게서도 플라세보 효과가 나타날 수 있다는 연구 결과가 속속 보고되고 있다. 이성적인 사고로는 도무지 이해할 수 없는 현상이다.

이 같은 수수께끼에 대한 해답은 예측 기계로서의 뇌의 특성을 충분히 이해하는 데에 있었다. 이로써 굳이 환자를 속이지 않고도 긍정적인 믿음의 이점은 활용하는 정말로 획기적인 전략들이 등장하게 되었다. 다시 말해서 가짜 약은 기대 효과를 발휘하는 여러 방법들 중의 하나일 뿐이며, 다른 아주 단순한 전략들을 활용해서도 얼마든지 자신의 질병에 대한 생각을 바꾸고 회복 속도를 높일 수 있다는 것이다. 약물 남용이 점점 많은 우려를 낳는 현 상황에서 이러한 심리요법은 더없이 중요하다.

제퍼슨이 빵 부스러기와 색소 탄 물의 위력을 칭송한 지 200년도 더 지난 지금에서야 우리는 그 어떤 속임수나 거짓말도 없이 마음과 몸의 연결성을 우리에게 이로운 방향으로 활용할 수 있게 되었다.

믿음이 곧 약이다

플라세보 효과에 다시 관심이 집중되기 시작한 것은 헨리 비처라는 미국의 한 마취과 전문의 덕분이었다. 제2차 세계대전이 끝나갈 무렵 이탈리아와 프랑스에서 복무했던 그는 당시 피부가 뜯겨나가고, 뼈가 산산조각나고, 포탄의 파편이 머리, 가슴, 복부에 박히는 등 정말 끔찍한 부상을 입은 병사들을 자주 맡아야 했다. 그런데 이상하게도 그중 약 32퍼센트에 해당하는 적지 않은 수의 환자들이 아무런 통증을 느끼지 못했고, 44퍼센트의 환자들은 아주 약하거나 그럭저럭 참을 만한 수준의 불편감만 경험했다. 심지어 이 환자들 중 4분의 3은 진통제를 권해도 필요 없다며 거절했다. 비처가 보기에는 격전지에서 살아 돌아왔다는 안도감이 일종의 마약 같은 강렬한 희열이 되어 부상의 고통을 마비시키는 듯했다. 자신의 몸 상태에 대한 환자들의 해석이 어떤 영향을 미쳐 뇌와 몸이 자체적으로 천연 진통물질을 내뿜은 것으로, 이는 당시의 의학 지식으로 이해할 수 있는 수준을 한참 넘어서는 현상이었다.

　모르핀 공급량이 부족해서 병사들이 좋건 싫건 진통제 없이 수술을 받아야 할 지경이었기 때문에 비처가 이 현상을 알아차렸다는 것은 신이 내린 선물이었다. 치료가 제대로 진행 중이라는 환상을 심어주기 위해서 비처의 지시를 받은 간호사는 이따금 환자들에게 생리식염수를 주입하고는 진짜 진통제를 투여했다고 안심시켰다. 환자들은 대체로 놀랍도록 치료에 큰 반응을 보였다. 비처가 추산하기로, 플라세보는 실제 약물 대비 약 90퍼센트의 효능을 나타냈다. 또한 진정제와 진통제 없이 수술할 때에 발생할 수 있는 치명적인 심혈관계의 쇼크 위험까지도 낮추는 것으로 보였다.[3]

　나라를 위해서 목숨과 사지를 내걸었던 이 병사들은 일반적으로 플라세보 효과가 나타나리라 여겨지던 꾀병이나 신경증 환자의 전형으로는 보기 어려운 사람들이었다. 이들이 전쟁에서 입은 부상이 상상에 의한 것도 아니었다. 플라세보 반응은 사람들이 흔히 생각하는 것보다 훨씬 광범위하게 일어나는 흥미로운 현상이었다. 비처는 환자들의 증상 완화에서 기대 효과가 보여준 힘 자체에도 경이로움을 느꼈지만, 사실 그보다는 새로운 치료법을 시험할 때 이 현상을 활용해야 한다는 생각이 더 컸다. 유효약(유효 성분이 포함된 진짜 약/옮긴이)은 값이 비싸고 부작용도 많았으므로, 최소한 가짜 약이나 생리식염수보다 효과가 월등해야만 사용 가치가 있었다.

　비처의 연구는 결국 임상시험에서 가짜 약을 투여받는 집단 또는 실제 임상 중인 치료를 받는 집단에 환자들을 무작위로 배정하는 방식의 플라세보 대조 시험이 널리 쓰이게 되는 발판을 마련했다. 이때 누가 어느 집단에 배정되었는지는 의사도 환자도 시험이 종료되고 결과가 공개되기 전까지 알지 못한다. 자료 수집이 끝나면 연구자들은 플라세보 효과와 실제 치료를 받은 환자들이 경험한 효과를 비교한다. 플라세보 효과보다 유의미하게 큰 효과를 보인 치료법만이 이후 사용 승인을 받는다.

미국 식품의약국은 1970년대에 이 같은 절차를 받아들였으며, 곧 플라세보 대조 임상시험은 의료협회에서 규정한 절대적인 기준이 되었다. 이로써 효과가 검증된 치료만 받을 수 있는 데다가 일반 환자들에게 널리 쓰이기 전에 연구자들이 약의 안전성을 확인하게 되었으니, 환자들로서는 두말할 것 없이 이득인 셈이다.

그러나 안타깝게도 이런 절차 역시 플라세보 반응을 성가신 현상으로 여겨지게 만들었다. 약물이 가짜 치료보다 나은 효과를 내는 한 플라세보 효과는 주목을 받기보다는 철저히 무시의 대상이 되었다. 다만 적어도 효과에 대한 정보는 기록으로 남아 의료 환경에서 기대의 역할에 관심을 품었던 연구자들에게 풍부한 자료가 되어주었다. 그리고 이들이 지난 수십 년간 발견한 결과는 실로 놀라웠다.

비처가 전장에서 목격한 강력한 진통 효과를 떠올려보자. 이 같은 효과는 진통제 관련 플라세보 대조 임상시험에서 수없이 반복 검증되었다. 전반적으로 연구자들은 플라세보 반응이 실제 약이 주는 진통 효능의 50퍼센트까지 통증을 줄일 수 있다고 추산했다.

제1장에서 보았듯이, 이런 진통 효과는 예측 기계로서 우리의 뇌가 고통에 대한 기대 수준을 재조정함에 따라 주관적인 경험이 달라져서 발생한 것일 수 있다. 그뿐만 아니라, 약의 작용을 모방하는 뚜렷한 생리적 변화도 동시에 발생하는 것으로 보인다. 이를테면 환자들이 모르핀 대신 플라세보를 복용하면 뇌가 통증을 가라앉히기 위해서 자체적으로 체내 오피오이드(opioid, 아편성 물질/옮긴이)를 생성하는 식이다. 이를 확인하기 위해서 연구자들은 날록손naloxone이라는 화

학물질을 플라세보 진통제와 함께 투여했다. 날록손은 뇌의 오피오이드 수용체를 막음으로써 해당 물질이 더 이상 신경에 작용하지 못하도록 해서 주로 모르핀을 과다 투여했을 시에 치료제로 사용된다. 아니나 다를까 날록손은 진짜 진통제의 효과를 반전시키는 것과 거의 동일한 방식으로 플라세보 진통 효과를 대폭 감소시켰다. 만약 플라세보의 진통 효과가 단순히 심리적인 것이었다면 이런 결과는 절대로 나올 수 없었다.[4] 이는 뇌가 마치 자신만의 "내부 약국"이 있어서 필요에 따라 오피오이드와 같은 특정한 화학물질을 생성하는 것처럼 보였다.

파킨슨병 환자들의 치료 사례에서도 이에 못지않게 놀라운 효과가 발견되었다. 파킨슨병은 뇌 내의 도파민 결핍으로 발생한다. 쾌락과 보상에 관여하는 것과 별개로 도파민은 신체 부위들 간의 원활한 협응 운동에도 필수 요소인데, 파킨슨병 환자들이 흔히 불수의적 떨림을 겪는 것도 이 때문이다. 따라서 파킨슨병 치료제는 뇌 내 도파민 농도를 증가시키거나 도파민 대신 일반적으로 도파민에 반응하는 뇌 영역을 직접 자극하는 방식으로 작용한다. 이러한 작용은 아무런 화학적 효능이 없는 가짜 약으로는 도저히 따라할 수 없어야 마땅하다. 그러나 실제로 여러 임상시험 결과, 플라세보 치료가 파킨슨병 환자들의 증상을 20-30퍼센트가량 호전시킬 수 있다는 사실이 밝혀졌다.[5] 이번에도 마찬가지로 증상이 나아지리라는 기대로 인해서 뇌가 "내부 약국"을 뒤져 자체적으로 도파민 공급을 증가시킨 것이다.[6]

플라세보는 뇌의 화학적 변화를 이끌어내는 데에 더해 면역계에도 영향을 미칠 수 있다. 가령 알레르기는 일반적으로 무해한 물질을 몸이 위험한 병원체로 착각해서 과민 반응한 탓에 발생한다. 보통 알레르기 약을 쓰면 이 과민 반응을 진정시킬 수 있는데, 그저 알레르기 증상이 완화될 것이라고 믿기만 해도 같은 효과를 낼 수 있다. 예를 들면 알레르기성 피부염이 생겼을 때 염증을 가라앉히는 약이라고 설명하고 플라세보 약을 처방할 경우 실제로 처방된 약에 유효 성분이 전혀 없음에도 가려움과 발진을 완화시킬 수 있다.[7] 한편 내용물이 없는 흡입기를 사용한 천식 환자들은 살메테롤 흡입제(기관지 확장 작용을 하는 약물/옮긴이)를 투여했을 때와 비교해 약 30퍼센트 수준의 증상 완화 효과를 보였다.[8]

플라세보 현상은 동맥 스텐트 삽입과 같은 특정 유형의 시술이 효과적인 이유도 설명할 수 있다. 스텐트 삽입술은 먼저 동맥을 통해서 혈관의 막힌 부위까지 카테터를 밀어넣는 과정으로 시작된다. 카테터가 정확한 위치에 도달하면 와이어 메시로 둘러싸인 작은 풍선이 카테터를 따라 혈관 안쪽으로 이동한다. 그러고는 풍선이 부풀어 동맥을 확장하고, 그 자리에 와이어 메시, 즉 스텐트가 남아 확장된 벽을 떠받친다.

이 시술은 보통 심근경색과 같은 위급한 상황(플라세보가 즉각적인 도움을 주기 어려운 상황)에서 필수적이다. 그러나 스텐트는 협심증 환자들의 혈액순환을 개선하여 계속되는 통증과 불편감을 줄이기 위한 목적으로도 쓰인다. 바로 이때가 기대 효과의 역할이 훨씬 중요해지는 상황이다.

이런 사실이 알려진 것은 아주 최근인데, 이 분야에서는 약품 개발과 달리 의사나 연구자들이 새로운 치료법을 도입하기 전에 플라세보 대조 임상시험을 해야 할 의무가 없기 때문이다. 일반적으로 플라세보 대신 "기존 치료" 등 다른 대조군을 활용할 수도 있지만, 이 같은 대조군의 경우 증상이 완화될 것이라는 환자들의 기대 수준이 새로운 치료법에 대한 기대 수준과 같지 않을 가능성이 있다. 동맥 스텐트 시술의 효과에 혹시 플라세보 효과도 일정 부분 영향을 미쳤을 가능성을 알아보기 위해서 영국 내 여러 병원의 심장병 전문의들은 총 230명의 환자들을 두 개의 집단으로 나누어 절반은 일반적인 시술을, 나머지 절반은 스텐트 삽입 없이 카테터만 넣었다가 빼는 "가짜" 시술을 받게 했다. (플라세보 대조 약물 임상시험과 마찬가지로 연구진은 실제 스텐트 시술이 시행되지 않을 수도 있다는 사실을 모든 환자들에게 사전에 고지했으며, 시술 후유증을 최소화하기 위해서 최선을 다했다.)

실험 결과는 「랜싯」에 실렸다. 러닝머신에서의 운동 능력을 측정해 보니 두 집단 모두 시술 이후 더 강도 높은 신체 활동을 할 수 있게 되었고, 가짜 시술 대비 스텐트 시술의 효과는 통계적으로 유의미하다고 할 수 없을 만큼 미미했다.[9] 당연히 이런 결과는 지금까지도 심장병 전문의들 사이에서 엄청난 논쟁거리이며, 이를 반영하여 의료계의 가이드라인이 바뀌기까지는 현재 진행 중인 연구들을 통한 반복 검증이 더 필요할 것이다. 하지만 이처럼 주의 깊게 통제된 연구 결과를 보면 협심증 환자들을 대상으로 한 스텐트 시술의 효과가 상당 부분 혈관 확장이라는 물리적 변화보다는 시술 이후 몸 상태가 좋아지리라는 환자의 기대에서 비롯되었을 가능성이 높다는 사실은 분명해 보인다.

어떤 경우에는 심지어 플라세보 치료가 목숨을 구하기도 한다. 한 베타 차단제(교감신경의 베타 수용체를 차단하여 혈압과 심박수를 감소시키는 약물/옮긴이) 임상시험에서는 플라세보 약이라도 규칙적으로 복용한 환자들이 복용을 소홀히 한 환자들에 비해서 사망 확률이 절반밖에 되지 않았다. 플라세보 약과 진짜 약을 똑같이 자주 복용했다면 확실히 플라세보가 유효약만큼 효과적이지 못했겠지만, 어쨌든 소위 "플라세보 신봉자"라는 사람들은 유효약이든 가짜 약이든 아무 생각 없이 불규칙적으로 복용한 사람들보다는 생존 기간이 길었다.[10]

이 "플라세보 신봉자들"의 기대 수명이 상대적으로 긴 현상은 다른 연구들에서도 수차례 관찰되어 더 이상은 단순한 통계적 요행으로 치부할 수 없다.[11] 한 가지 생각해볼 수 있는 것은 플라세보 치료에 잘 따라준 사람들이 그냥 전반적으로 남들보다 생활방식이 건강할 가능성이다. 그러나 소득이나 교육 수준, 흡연이나 음주 여부, 과식 성향 등 사망률 예측에 사용되는 다른 온갖 변인들을 통제하고 나서도 여전히 이들의 기대 수명은 남들보다 길었다. 이는 곧 좋은 치료를 받고 더 건강해질 것이라는 환자들의 희망 덕분에 규칙적으로 약을 복용하는 행위 자체가 신체를 보다 건강하게 유지하는 데에 도움이 될 가능성이 있음을 분명하게 보여준다.[12]

정확히 어떻게 그리고 왜 우리가 이와 같은 방식으로 플라세보에 반응하는지에 대해서는 격렬한 논쟁이 계속되고 있다. 그래도 많은 연구자들이 이런 유형의 기대 효과를 낳은 요인으로 최소 두 가지를 든다. 첫 번째는 일반적인 치유 반응으로, 눈앞의 위험에 몸이 적응할 수 있도록 진화 과정에서 습득한 반사적인 반응이다. 이를테면 부상을 당하면 우리의 몸은 더욱 심한 상처를 입지 않도록 위험으로 부터 벗어나기 위해서 통증 반응을 일으키며, 그 결과 우리는 움직임에 더욱 주의한다. 그러다가 안전한 상태에서 다친 부위를 치료받으면 통증 반응이 더는 중요한 기능을 하지 않으므로 통증이 누그러진다. 염증 반응도 마찬가지로 병원체와 접촉한 상황에서는 이에 맞서기 위해서 반드시 필요하지만, 한 고비 넘긴 뒤에는 오히려 치유에 필요한 신체 반응들에 방해가 될 수 있다. 따라서 면역계에 신체가 이미 회복 단계에 접어들었다는 정보가 도달하면, 염증을 억제하는 편이 이롭다. 그러다 보니 적절한 의학적 치료를 받고 있다는 느낌을 비롯해 질병에 대한 두려움과 불안을 줄여주는 것이라면 무엇이든 이 같은 일반적인 치유 반응을 일으킬 수 있으며, 이는 그 자체만으로 아주 강력한 효과를 발휘할 수 있다. 비처가 치료했던 병사들이 전장에서 멀어졌다는 사실만으로 통증이 대부분 사라지는 경험을 했던 것도 이와 유사한 현상으로 보인다. 꼭 그렇게 극단적인 경우가 아니더라도 의학적 처치를 받을 때면 우리도 언제든 같은 경험을 할 수 있다. 이 이론대로라면 플라세보는 이 치유 반응을 촉발하는 아주 강력한 치료의 상징인 셈이다.

중요한 사실은 우리의 뇌가 조건화conditioning라는 학습 과정을 통해서 특정한 경험을 바탕으로 이 반응을 정밀하게 조정하도록 진화했다는 점이다. 예를 들면 모르핀의 효능을 기대하며 플라세보 진통제를 투약할 경우, 과거에 모르핀을 사용했던 경험이 있다면 체내 오피오이드 물질이 훨씬 왕성하게 분비된다. 마찬가지로 기존에 파킨슨병 치료제를 복용한 경험이 있는 환자에게서 플라세보로 인한 도파민의 분비가 훨씬 왕성하게 나타났으며, 이식 거부반응을 줄이고자 할 때의 플라세보 또한 적절한 면역억제제 사용 경험이 있는 경우 더욱 효과적이었다. 모두 과거의 기억과 연합 학습의 결과를 토대로 뇌가 분비체계들을 활성화하여 신체 자원을 최대한 효율적으로 운용한 결과이다.[13]

상황에 맞는 과거의 경험을 불러올 적절한 설명만 곁들인다면, 플라세보 효과는 그 어떤 것으로든 만들 수 있다. 가령 컬럼비아 대학교와 스탠퍼드 대학교에서 공동 진행한 실험에서는 참가자들이 아무것도 첨가되지 않은 생수 한 병을 200밀리그램의 카페인이 함유된 에너지드링크라고 믿게 되자, 이들의 혈압도 그에 따라 반응했다.[14] 플라세보 효과는 심지어 신체에 어떤 물리적인 처치가 가해지지 않아도 경험할 수 있다. 스위스의 한 연구진은 가상현실 환경에서 투여한 플라세보 진통제로도 환자들이 현실에서 느끼던 손의 통증이 줄어든다는 결과를 보여주었다.[15]

그렇지만 일반적으로 뇌가 예측 기계로서 무엇인가에 대한 기대를 할 때에는 생활의 다양한 영역에서 연합 학습한 풍부한 사전 지식에 기대어 수많은 단서들을 바탕으로 그 내용을 결정한다. 다시 말해서 이는 플라세보 중에서도 특히 특정한 방식으로 제시된 것이 일관되게 강력한 효과를 낼 수 있다는 사실을 의미한다.[16] 여기에는 크기나 형태와 같은 아주 사소한 요인들도 포함된다. 이를테면 많은 사람들이 흔히 클수록 더 좋다고 여기다 보니 약도 알약의 크기가 큰 것이 작은 것보다 효과가 클 수 있다. 또한 일반 알약보다 캡슐 형태가 더 효과적이다. 가격에도 영향을 받을 수 있다. 예를 들면 "저가"라는 라벨이

붙은 파킨슨병 치료제는 플라세보 효과가 "고가"라고 쓰인 동일한 약의 절반에 불과했다.[17]

비슷한 이유로 약의 마케팅도 효과에 엄청난 영향을 미친다. 번드르르한 디자인에 "통증만 빠르게 완화합니다"라고 적힌 "뉴로펜" 상자에서 꺼낸 약이 특정 상표 없이 "이부프로펜"이라고만 표기된 약보다 훨씬 효과적인 식이다. 상표의 효과가 어찌나 강력했던지 한 연구에서는 뉴로펜 상자에 담긴 경우 플라세보의 효능도 진짜 유효성분이 포함된 진통제와 맞먹을 정도였다.[18] 이는 딱히 놀라운 일은 아니다. 뉴로펜이라는 이름과 진통 효과에 대해서 너무 자주 듣다 보니 이 약의 효능은 믿어 의심치 않는 반면, 같은 성분의 일반 약은 다소 생소하고 품질이 좋지 않을 것처럼 느껴지는 것이다.

일반적으로 주사약이 경구약보다 효과적이며, 수술은 그보다 더 큰 효과를 보이는데, 아마도 수술의 경우 복잡한 화학 작용을 수반하는 약물 치료보다 환자 스스로 치료의 기작을 이해하고 상상하기가 쉽기 때문인 듯하다. 또한 우리는 어떤 치료법이 얼마나 오래 전부터 사용되었는지에도 휘둘리고는 해서 같은 약이나 의료기기라고 해도 갓 승인을 받은 인기 있는 것이 30년 전부터 써온 치료법보다 더 큰 플라세보 반응을 이끌어낼 수 있다.[19] 마지막으로 앞에서 언급한 요인들만큼이나 중요한 것이 환자와 의료진의 관계이다. 환자가 의료진이 유능하고 환자를 위한다고 느낄 경우 플라세보의 효과는 한층 더 강력해진다.[20]

우리의 뇌는 예측 기계로서 놀랍도록 포괄적인 방식으로 회복에 대한 기대를 강화해줄 단서들을 총동원하여 시뮬레이션 결과를 업데이트하고 신체의 반응을 조정한다. 우리의 기대가 물리적인 현실을 바꿀 수 있으며 실제로도 바꾼다는 데에는 이제 의심의 여지가 없다.

물론 무엇보다 가장 중요한 문제는 이 기대 효과를 과연 우리가 책임감 있게 활용할 수 있느냐이다. 제퍼슨은 가짜 치료를 선의의 거짓말로 보았는지 몰라도, 환자에게 거짓말을 하는 행위는 의사의 윤리 규범에 어긋나므로 예전부터 일반적인 의료 환경에서 의도적으로 플라세보 반응을 이용하려는 것은 적어도 공식적으로는 말도 안 되는 일이라는 분위기가 조성되어 있다. (다만 현장에서 실제로 플라세보를 이용하는 사례는 생각보다 적지 않은데, 영국에서는 일반의의 12퍼센트가 최소한 한 번은 식염수 주사나 가짜 약을 환자에게 처방한 적이 있다고 보고한 바 있다.[21])

그러나 만약 환자를 꼭 속이지 않아도 된다면 어떨까? 환자 스스로가 가짜 치료라는 사실을 알고도 나을 수 있다면 어떨까? 모순적인 이야기처럼 들릴지도 모르지만, 지금부터 보게 되다시피 플라세보 효과에 관해서 아는 것만으로도 치유 반응이 일어날 수 있다. 환자가 자기 치유력을 발휘할 수 있도록 일종의 심리적인 도구를 갖추게 하는 것이다.

속임수 없는 플라세보

사실 이처럼 속임수 없이 치유 반응을 이끌어낼 가능성은 이미 의학 문헌에 숨어 있었다. 그저 제약회사들이 새로운 치료제를 찾는 과정에서 벽에 부딪히기 시작하면서 눈을 돌리기 전까지는 어느 누구도 살펴볼 생각조차 하지 못했을 뿐이다.

임상시험이 도입되고부터 수십 년간 다양한 증상마다 시험만 했다 하면 효과적인 신약이 발견되며 약물 개발의 황금기가 펼쳐졌고, 대형 제약회사들은 대형 정유회사보다도 더 많은 돈을 벌었다. 그러나 21세기에 들어서면서 연구자들은 임상시험의 실패 확률이 점점 높아지고 있음을 알아차리기 시작했다. 어찌나 짧은 시간에 많은 시험들이 실패했던지 일부 의학 연구기관에서는 미래의 재정 상황을 우려할 지경에 이르렀다.[22]

치열하게 자료를 분석한 끝에 연구자들은 마침내 그 이유를 알아냈다. 임상시험의 설계는 완벽했지만 왠지 플라세보 집단의 참가자들에게서 점점 더 약의 효과가 커져서 실제 약의 효능과 통계적으로 유의미한 차이를 증명하기가 갈수록 어려워졌던 것이다.[23] 예를 들면 1990년대에 진행했던 진통제 임상시험 결과들을 살펴보면 유효약이 플라세보보다 27퍼센트가량 뛰어난 효능을 보이고는 했다. 그러나 2013년이 되자 그 차이는 고작 9퍼센트로 줄어들었다. 여기에서 핵심은 이 같은 결과가 거의 전적으로 가짜 치료제의 효능이 증가한 데에서 비롯되었다는 사실이다. 플라세보 약의 진통 효과는 1990년대와 비교해서 2013년에 약 20퍼센트 상승한 반면, 같은 기간에 유효약에서는 이러한 증가 추세가 관찰되지 않았다. (유효약은 이미 약으로서 낼 수 있는 통증 완화 효과의 최대치에 다다른 듯했다.)

그러니까 만약 둘이 달리기 시합을 한다고 치면 진짜 약이 저만치 앞서 시작했는데 어찌 된 영문인지 전혀 생각지도 않았던 낙오자가 갑자기 턱밑까지 추격해온 셈이다. 더욱 이해가 되지 않는 점은 이렇듯 기이할 정도로 부풀려진 플라세보 현상이 유독 미국에만 집중되었고, 유럽에서는 거의 관찰되지 않았다는 사실이었다.[24]

어떻게 이런 일이 가능한 것일까? 미국 제약회사들이 소비자를 대상으로 내보낸 광고에서 한 가지 가설이 떠오른다. 텔레비전 광고가 지속적으로 반복되면 사람들은 복용을 고려하던 약의 효능에 대한 기대가 점차 높아질 수 있다. 이렇게 높아진 기대는 이를테면 뇌에서 분비되는 체내 진통물질의 양을 증폭시켜 가짜 약을 복용한 사람들에게서 과장된 증상 완화 효과를 일으키게 된다. 이로 인해서 진짜 약을 복용한 집단의 성분 효능은 유의미한 차이를 보이지 못하는 것이다. 반면 미국과 달리 소비자를 대상으로 제약회사가 직접 광고를 하지 않는 나라에서는 이처럼 긍정적인 기대가 지속적으로 강화되지 않으므로, 플라세보 반응의 강도가 훨씬 안정적으로 유지된다.

그런데 이보다 더 흥미로운 가설도 있다. 가짜 약의 효과가 강력해진 원인이 플라세보 효과에 대한 대중의 지식 수준이 높아졌다는 사실 그 자체라는 것이다. 이 이론을 제시한 인물은 캘리포니아 대학교 샌디에이고 캠퍼스의 개리 베넷으로, 통증 치료에서 플라세보 효과가 증가하는 현상을 대중에게 알린 연구팀의 일원이었다. 그는 20세기 중반만 해도 대부분의 사람들이 플라세보에 대해서 잘 몰랐고, 그나마 알고 있는 사람들은 오히려 다소 부정적으로 바라보고는 했다는 점을 지적했다. 임상시험 참가자가 혹시 자신이 가짜 약을 받았을까봐 마음이 편치 않았다면 증상이 완화되리라는 희망도 그다지 크지 않았을 것이다. 하지만 최근 들어서 플라세보에 대한 관심이 증가하고 플라세보도 실제 생리적인 효과를 유발할 잠재력이 있다는 사실이 언론에서 상당히 많이 다루어지면서 이런 부정적인 관념에도 변화가 생겼다. 요즘은 진짜 약이든 가짜 약이든 실제로 증상 완화를 경험하리라는 기대를 하는 사람이 많아지다 보니 플라세보 약을 받을 수도 있다는 예상이 전만큼 나쁘게 여겨지지 않는다.[25] 게다가 몸과 마음이 연결되어 있는 덕분에 이 같은 생각은 곧 현실이 되어 진짜 약이 고전을 면치 못할 정도로 가짜 약의 효능이 향상되는 결과를 낳는다.

베넷은 특히 영어권 국가의 대중매체에서 다른 나라보다 플라세보 효과가 흔하게 언급되는 것 같다고 추측했는데, 이렇게 보면 플라세보의 효능이 어째서 전반적인 유럽의 분위기와 달리 미국 내 임상시험에서만 두드러지게 증가했는지도 설명이 된다. 이를 확인하기 위해서 그는 영어, 프랑스어, 독일어, 이탈리아어, 스페인어의 텍스트 코퍼스 (text corpus, 통계적 가설 검증 등 특정한 목적을 위해서 일정한 규칙 및 체계하에 대규모로 수집한 단어들의 집합/옮긴이)를 분석해보았다. 그의 가설대로 "플라세보"라는 단어의 사용은 최근 영어권 국가에서 극적으로 증가한 반면, 다른 나라들에서는 거의 늘어나지 않았다. 중요한 사실은 이렇게 플라세보에 대한 언급이 증가하는 현상이 학술 문헌뿐만 아니라 신문, 대중 잡지, 텔레비전 방송 대본 등 일반 대중에게 전달될 가능성이 매우 높은 매체에서도 나타났다는 점이다. (영국에서도 미국에서처럼 플라세보 반응이 증가했는지 여부를 확인할 수 있었다면 베넷의 가설을 뒷받침할 추가 근거가 되었겠지만, 아쉽게도 진통제 임상시험 분석에서는 여기에 필요한 자료는 제공하지 않았다.)

플라세보라는 단어가 그 자체만으로도 플라세보 반응을 일으킨다는 개념은 다소 터무니없는 소리처럼 들리기도 한다. 플라세보 현상이 발견된 18세기부터 줄곧 플라세보의 개념은 본래 눈에 띄는 효과를 보이기 위해서는 처치를 받는 사람이 반드시 "진짜" 치료를 받는다고 믿어야 한다는 전제가 핵심이었다. 제퍼슨이 "선의의 거짓말"이라고 표현한 이유는 플라세보가 효과를 발휘하려면, 속이는 과정이 전적으로 불가피했기 때문이다. 비처도 "환자에게 플라세보라는 사실을 들키지만 않는다면 무엇을 얼마나 사용하든 효과를 내는 데에는 아무런 지장이 없다"라고 말했을 정도이다.[26] 그러나 여러 혁신적인 연구 결과들을 살펴보면 다수의 환자들이 가짜 약을 처방받았다는 점을 분명히 인지한 상태에서도 여전히 플라세보에 반응을 보였다. 베넷의 가설에 따르면 플라세보 효과가 기존에 널리 알려져 있는 지역에서 이런 현상이 가장 흔하게 관찰되어야 한다. 그러나 실제로는 현장에서 연구진이 임상시험 참가자들에게 뇌가 일종의 예측 기계로서 작용하며 신체 반응에 영향을 줄 수 있다는 정보를 명확하게 설명할 경우 대중의 사전 지식이 부족한 지역에서도 마찬가지로 "오픈라벨 플라세보"(open-label placebo, 임상시험 참가자가 자신이 플라세보 약을 받았는지 유효약을 받았는지 알 수 없었던 기존 방식과 달리 플라세보를 받았다는 사실을 명확히 인지하도록 하는 방법 혹은 그렇게 처방한 플라세보 약/옮긴이)가 강력한 효과를 낼 수 있음을 뒷받침하는 연구 결과가 상당하다.[27]

가령 포르투갈 리스본에 있는 한 공립병원 소속 건강심리학자인 클라우디아 카르발류가 2016년에 발표하자마자 전 세계의 과학계에 크나큰 파장을 일으켰던 만성요통 치료제 임상시험 결과를 보자. 환자들은 "플라세보 약, 하루 두 알 복용"이라고 명기된, 오렌지색 젤라틴 캡슐이 든 약병을 받았다. 카르발류는 약에 유효 성분은 없지만 뇌의 조건화 등의 과정을 통해서 신체에 충분히 강력한 작용을 할 수 있다고 환자들에게 설명하고는 이 개념을 공고히 하기 위해서 짧은 영상을 보여주었다. 더불어 환자들이 기존에 안고 있던 정서적 부담을 가중시키지 않으려고, 그녀는 어차피 만성 통증에 시달리는 환자들로서는 비현실적인 생각일 테니 굳이 플라세보가 통증을 줄여주리라는 생각에 억지로 꾸준히 낙관적인 마음을 먹을 필요는 없다는 사실을 강조했다. 치료의 성공에 필요한 것은 그저 약을 규칙적으로 복용하는 단순한 행동뿐이었다.

3주일 뒤, 자신이 느끼는 통증의 강도에 대해서 참가자들 스스로 매긴 점수에서 극명한 효과가 드러났다. "평상시"와 "가장 심할 때"의 통증 수준이 플라세보 약을 복용하기 전과 비교하여 30퍼센트나 감소했다. 플라세보 약을 복용하지 않고 계속 평소처럼 생활했던 대조 집단에서는 볼 수 없는 엄청난 호전이었다. 참가자들에게 별도로 작성하게 한 질문지를 통해서 집을 떠나 있거나 체력적으로 힘든 일을 수행하는 것과 같은 일상의 활동 능력도 눈에 띄게 향상되었다는 사실이 밝혀졌다. 보통 유효약의 효능을 검증할 때 "임상적으로 유의미하다"고 판단하는 최저 기준치인 30퍼센트의 증상 완화를 오픈라벨 플라세보도 충족시킨 것이다.[28]

게다가 카르발류는 2020년에는 최초의 임상시험이 끝나고 5년 동안이나 플라세보 효과가 지속되었다는 내용의 더 놀라운 후속 연구 결과를 발표했다. 플라세보 반응에 관한 지식이 임상시험 참가자들의 머릿속에 깊이 박힌 나머지 자신의 증상에 대처하는 능력이 전반적으로 향상된 듯했다.[29] 이 같은 카르발류의 연구 결과는 내가 이 책을 쓰면서 인터뷰한 다른 여러 연구자들의 관찰 내용과도 일치했다. 이들 역시 참가자들이 종종 기대 효과에 관해서 습득한 지식에 힘입어 최초의 임상시험이 끝나고도 한참을 플라세보의 강력한 효과를 누렸다고 귀띔해주었다.

이후 오픈라벨 플라세보는 만성 통증 외에도 편두통, 과민성 대장증후군, 우울증, 주의력 결핍 과잉행동 장애ADHD, 갱년기 열감 등 다른 다양한 증상들에도 효과적인 치료제 역할을 하는 것으로 밝혀졌다.[30] 심지어 고초열 꽃가루 알레르기 환자들이 겪는 눈 가려움증, 인후통, 콧물, 피부 가려움증을 가라앉히는 데에도 도움을 준다.[31] 하지만 뭐니 뭐니 해도 진통 효과에 대한 관심이 지대한데, 오피오이드 중독 문제를 풀어나갈 잠재적인 해법을 제시해주기 때문이다.[32]

미국 질병통제예방센터의 보고에 따르면, 1999년에서 2009년 사이에 미국에서만 45만 명이 오피오이드 과다 투약으로 사망했으며, 그중 상당수가 처방약에 중독된 경우였다.[33] 오픈라벨 플라세보는 기대 효과의 힘으로 뇌에서 분비되는 천연 진통물질이 서서히 약품 사용을 대체하게 함으로써 환자들의 실제 마약성 진통제 투약량을 줄이고 약물 의존도를 낮춰줄 수 있다. 너무 거창한 소리로 들릴지도 모르지만, 우리가 플라세보 효과에 관해 알고 있는 지식들을 활용하면 성공 가능성을 최대화할 수 있는 전략들이 몇 가지 떠오른다. 가령 처음에는 진짜 약을 강렬하고 연상이 잘 되는 냄새와 짝지어 제공하여 환자들이 나중에 비슷한 냄새가 나는 플라세보 약을 처방받았을 때, 신체 반응을 보다 강하게 만드는 방법도 써볼 수 있다.

하버드 의과대학의 레온 모랄레스 케사다가 최근 진행한 연구가 바로 이것이다. 연구 참가자들은 모두 척수 손상처럼 심한 부상을 입고 재활 치료 중인 환자들이었다. 이들은 먼저 3일 동안 강력한 아편성 진통제와 함께 명확하게 플라세보라고 적힌 약을 처방받아 이를 복용하는 동시에 카르다몸 오일 향이 강하게 나는 면봉의 냄새를 맡았다. 3일 후에는 이제부터 진짜 약은 먹지 않아도 괜찮겠다는 생각이 들 때면 언제든 그렇게 하라는 설명을 들었다.

그러자 연구진의 예상을 훌쩍 뛰어넘는 믿을 수 없는 결과가 나타났다. 이들은 플라세보 약이 환자들의 아편성 진통제 복용량을 기껏해야 최대 3분의 1 정도 줄여줄 것이라고 생각했다. 하지만 실제로는 환자들이 복용량을 66퍼센트나 줄였는데도 통증이나 불편감은 증가하지 않았다.[34] 오픈라벨 플라세보가 진통 효과는 그대로 유지하면서 중독 가능성이 있는 약의 복용량은 급격하게 감소시킨 것이다.

이제는 더욱 많은 환자들을 대상으로 장기간에 걸친 임상시험을 진행하여 궁극적으로 환자들이 진통제를 완전히 끊게 하는 것이 목표이다. 단 1명뿐이지만 모랄레스 케사다는 내게 같은 방법으로 단 3일 만에 아편성 진통제를 끊은 환자도 있었다고 말해주었다. 물론 결과를 일반화하기 위해서는 단일 사례 연구 말고도 더 많은 객관적인 근거가 필요하다. 그렇지만 과거 의사들을 고뇌에 빠뜨렸던 윤리적인 문제 없이 플라세보 반응을 이용하여 환자들의 고통을 줄이는 일이 어쩌면 꿈이 아닐 수도 있다는 가슴 설레는 전망만은 그의 연구 결과를 통해서 엿볼 수 있다. 플라세보라는 단어의 힘은 신약을 개발하고자 하는 제약회사들의 입장에서는 골칫거리일지 모르나, 약물 중독의 위험을 피하고 약의 강력한 지배력으로부터 벗어날 길을 찾던 수많은 환자들에게는 엄청나게 고마운 존재가 될 수 있다.

플라세보 없는 플라세보 효과

몇 년 전, 의학심리학자 요하네스 라페르톤은 예전 환자가 보낸 엽서를 받았다. 연구자라면 누구나 읽고 흥분할 만한 내용이었다. "약속대로 선생님과 동료분들께 이탈리아에서 잘 지내고 있다는 인사를 전합니다. 선생님이 힘을 주신 덕분이에요!" 환자는 덧붙였다. "수술 전에는 이렇게 멋진 곳에서 휴가를 보낼 수 있게 되리라곤 상상도 못했어요. 건강이 많이 좋아진 느낌입니다."

67세인 이 환자가 심장혈관 우회술을 받은 것은 겨우 3개월 전이었다. 당연한 일이지만 대여섯 시간이나 걸리는 대수술은 환자들에게 흔히 트라우마를 남기며 수술이 끝나고도 오랜 기간 전신에 후유장애가 지속되는 경우가 많다. 라페르톤은 당시 독일 마르부르크의 빈프리트 리프의 연구실에서 동료들과 함께 마음과 몸의 연결성을 이용해서 물리적으로 눈에 보이는 플라세보 약 없이 환자들의 회복 과정을 돕고 수술의 효과를 최대한 높이기 위해서 연구 중이었다.

이들의 연구는 사이하트Psy-Heart라는 이름으로 알려졌는데, 두 차례의 대면 면담과 세 번의 유선상의 짧은 대화를 통해서 앞으로 일어날 치료에 대한 환자들의 기대를 높이는 과정이 포함되었다. 이 대화 과정에서 심리학자는 환자에게 치료의 절차를 상세히 설명하고 치료가 관상동맥 심장병의 증상 완화에 어떻게 도움을 줄 수 있는지 묘사했다. 일반적인 의사 면담 시간에는 생략되고는 하는 이 과정은 사이하트 연구에서 환자들이 수술의 효과에 믿음을 가질 수 있도록 돕는역할을 했다. 그런 뒤에는 환자들에게 개인별 "회복 실천 계획"을 작성해서 낙관적이지만 어디까지나 현실적인 수술 예후를 직접 적어보게 했다. (라페르톤에게 엽서를 보낸 67세 환자는 정원 가꾸기와 같은작은 일에서부터 친구들과 어울리고 여행을 가는 것까지를 실천 계획으로 적었다.) 또한 연구진은 환자들에게 심상 훈련법을 가르치고 수술 후 6개월이 지나면 삶이 어떻게 달라져 있을지 상상하게 했다.[35]

아울러 비교를 위해서 연구진은 새로운 중재법을 시도한 집단과동일한 횟수의 대화를 진행하되, 치료에 기대하는 바를 명시적으로이야기하지 않은 채 막연한 정서적 지지를 해주는 두 번째 집단을 설정했다. 사실 다른 사람에게 공감을 받고 사회적 연결감을 느끼는 것자체도 치유 반응을 촉발할 수 있으므로, 이 경우 대조의 기준을 매우 높게 잡은 셈이다. 따라서 아무런 추가적인 도움을 받지 않고 보통의 심장혈관 우회술 환자들과 동일한 치료 과정을 거치는 환자들을 또다른 대조 집단으로 설정했다.

환자들의 입원 기간에서 세 집단 사이에 즉각적인 차이가 나타났다. 치료에 높은 기대를 가졌던 환자들이 평범한 의학적 처치를 받은환자들보다 평균적으로 약 4.7일 빨리 퇴원했으며, 사회적 지지를 받은 환자들의 퇴원 시기는 그 중간이었다.[36] 수술을 마친 입원 환자를보살피는 데에 드는 비용을 고려한다면, 퇴원 시기를 앞당기는 것만으로도 의료 서비스 관점에서는 상당히 매력적인 방안이다. 환자 1명당 3시간 정도 소요되는 중재법을 시행한 심리학자의 시간적 비용을 계산하더라도 훨씬 이득이다.

효과는 수술 이후 시간이 갈수록 점차 커졌다. 병으로 인한 불편감이 가족들과 보내는 시간, 여가 활동, 성 행동, 수면에 어떤 영향을 미치는지 물어본 결과, 치료에 긍정적인 기대를 품도록 북돋았던 환자들에게서 대체로 회복이 가장 빠르게 나타났다. 6개월의 추적 조사가 종료될 무렵에는 단순히 정서적 지지만 받거나 평범한 치료를 받은 환자들과 비교해 직장으로 복귀하기 위해서 필요한 능력들도 더 많이 회복되었다.[37]

중요한 사실은 이러한 향상 효과가 단순히 환자들의 자기 보고에 그치지 않고 집단 간의 객관적인 생물학적 차이와도 일치했다는 점이다. 이를테면 연구진은 인터루킨−6$_{IL-6}$과 같은 염증성 물질의 수치를 측정했다. 이것은 몸 전반에 통증을 유발할 뿐만 아니라 혈관을 손상시켜 수술의 효과를 떨어뜨리고 추후 심장병을 악화시킬 가능성이 있는 것으로 알려져 있다. 그리고 라페르톤과 동료들의 예상대로 치료 결과를 긍정적으로 기대했던 환자들의 경우 6개월간의 추적 조사에서 이 IL−6의 수치가 상대적으로 낮게 나타났다.

환자들의 병세 호전은 아마도 행동과 마음, 신체의 변화가 일종의 "선순환"을 일으키며 어우러진 결과였을 것이다. 치료 결과에 대한 높은 기대가 그와 연합된 생물학적 반응과 더불어 신체 활동이 편해지도록 돕고, 다시 그로 인해서 치료를 향한 긍정적인 믿음이 강화되어 병세가 더욱 호전됨으로써 발병 전의 행복하고 건강했던 삶으로 돌아가는 데에 걸리는 시간이 단축되었으리라.

이 같은 결과를 우리는 어떻게 해석해야 할까? 사이하트 연구는 명백히 플라세보 효과를 기반으로 하며 기작 또한 아주 유사해 보이지만, 다른 한편으로는 가짜 치료제 따위는 전부 없어도 그만일 수 있음을 보여주었다. 환자들은 가짜 약 대신에 이성적인 분석을 통해서 뇌가 예측한 기존의 결과를 재조정함으로써 근거 없는 의혹을 해소하고 치료의 효과를 현실적으로 바라보게 되었다. 이러한 접근법은 오픈라벨 플라세보는 너무 인위적이고 사기인 것만 같아 탐탁지 않지만 자신의 예후에 관한 생각을 재고해볼 마음은 있는 환자들이 특히 관심을 보일 만하다.**38**

나아가 이와 같은 유형의 기대 효과를 다른 여러 의학적 처치 과정에 통합하는 것도 가능하다는 사실 역시 희망적이다. 사이하트 연구 설계에 기여한 뉴질랜드의 키스 피트리와 동료 연구자들은 최근 긍정적인 기대가 정맥 철분 주사를 맞아야 하는 빈혈 환자들에게도 도움을 줄 수 있을지 살펴보았다. 환자들은 주사를 맞기 전에 치료를 받으면 헤모글로빈 수치에 어떤 변화가 일어날 것이며 이 치료가 어떻게 신체의 에너지 공급 수준을 높일 수 있는지를 시각적으로 확인시켜주는 그래프를 보았다. 주사 치료 4주일 뒤, 연구진은 참가자들에게 평소 피로감으로 인해서 기억이나 집중력, 신체 활동에 어떤 지장이 있지는 않았는지 같은 일상에서 느끼는 활력 수준을 측정하는 표준 질문지에 답하게 했다. 그러자 예상대로 식습관이나 운동처럼 전반적으로 건강 증진에 도움이 되는 실천 방안에 관한 이야기만 나눈 대조 집단과 비교해서 치료에 거는 기대가 높아진 환자들에게서 눈에 띄게 피로도가 낮아진 것이 관찰되었다. 치료의 기작에 관해서 나눈 짧은 대화가 환자들이 치료를 다르게 받아들이고 성공적인 결과를 기대하게 만들어 치료의 효과를 극대화시켰던 것이다.[39]

때로는 단 하나의 문장으로 모든 것이 달라지기도 한다. 의사 입장에서는 어쨌든 시간이 지나면 자연히 나을 증상들로 병원을 찾는 환자도 흔하게 마련이다. 이 경우 적극적인 치료는 필요 없지만, 그래도 의사들의 말 한마디가 치유 과정을 촉진할 수는 있다. 가령 최근 스탠퍼드 대학교의 카리 라이보비츠 연구팀이 진행한 연구에서는 먼저 참가자들의 피부에 가벼운 알레르기 반응을 일으켜 거슬릴 정도의 가려움을 느끼게 했다. 이후 참가자들은 약 20분간 연구실에 머물렀다. 그동안 연구진은 어떤 참가자들에게는 별다른 설명 없이 한 번씩 피부 상태만을 살핀 반면에, 또다른 참가자들에게는 발진과 가려움증이 금방 나을 것이라고 분명하게 설명해주었다. 그러자 이렇게 안심시켜주는 말이 곧 자기 충족적 예언이 되어 증상을 가라앉혔고, 설명을 들은 참가자들은 결국 이런 말을 듣지 못한 대조 집단보다 더 빠르게 회복되었다.[40]

어쩌면 여러분은 이런 유의 대화가 이미 진료 환경에서 보편적이기를 바랄 수도 있다. 그렇지만 라이보비츠는 약을 처방받고 자신의 병을 확인하지 않을 바에야 의사를 만나봤자 시간 낭비라고 생각하는 환자들도 있다고 지적한다. 그런 측면에서 라이보비츠의 연구는 특별한 약물 처방 없이 대화만 나눠도 환자의 불편감이 완화될 수 있기 때문에 의사를 만나는 것이 그 **자체로** 분명 가치가 있음을 보여준다. 이는 의사가 환자와의 대화에서 조금 더 환자를 안심시키고 공감하는 태도를 보이며 감기는 금방 나을 수 있는 병임을 강조하는 경우 감기 환자들의 콧속 염증이 감소하는 등 회복 속도가 훨씬 빨라진다는 사실을 발견한 또다른 놀라운 연구도 상기시킨다.[41] 이 경우 증상에 시달리는 기간이 평균적으로 하루는 단축되었는데, 감기가 보통 일주일을 넘지 않는다는 점을 감안하면 엄청난 차이이다. 의사의 말은 그 자체로 곧 "생물학적으로 유효한 약"이자 그 어떤 치료에서든 핵심 요소인 셈이다.

중요한 점은 이렇듯 흥미로운 새 치료법 중 어느 것도 환자들에게 거짓 희망을 주입하지 않았다는 사실이다. 이들 모두 그저 눈앞의 사실만을 전달하여 환자들이 치료 과정과 예후를 이해하고 현실적으로 가능한 선에서 병의 회복을 최대한 긍정적으로 생각할 수 있게 도왔을 뿐이다. 이러한 접근법은 이 책의 뒷부분에서도 계속 반복적으로 만나게 될 것이다. 마음과 몸의 연결성과 관련해서는 실로 아는 것이 힘이다.

살고자 하는 의지

만약 처음 토머스 제퍼슨이 아편 등의 유효약 처방의 남발을 막기 위해서 가짜 치료를 활용하자는 이야기를 꺼냈던 1807년에 연구자들이 이런 효과에 조금만 더 관심을 기울였다면, 과연 의학은 어떻게 발전했을까? 그는 이를 가리켜 "선의의 거짓말"이라고 묘사했지만, 이제 우리는 어떻게 하면 속임수 없이도 오피오이드의 오용을 막을 수 있는지 알게 되었다. 이렇듯 솔직하게 터놓고 긍정적인 결과에 대한 환자의 기대를 강화시키는 전략은 모든 근거 중심 의학의 핵심 요소가 될 수 있으며, 실제로도 그래야 한다.

이후 제퍼슨이 플라세보를 주제로 다시 글을 쓴 적은 없다. 하지만 그는 또다른 이유에서 마음과 몸의 연결성을 탐구하는 연구자들의 관심을 한 몸에 받게 되었는데, 바로 그가 사망한 날 때문이었다. 제퍼슨 대통령은 1825년부터 장과 비뇨기계의 질환이 잇따라 발병함에 따라 건강이 급격히 악화되었다. 1826년 6월에 들어서는 지독한 열에 시달리며 자리에서 전혀 일어나지 못했지만, 용케 7월 4일까지 버텨 냈다. 그날은 미국이 독립 선언을 한 지 50주년이 되는 날이었다.

놀랍게도 그의 전임 대통령인 존 애덤스 역시 1826년 같은 날에 사망했다. 아직 자신의 정치적 라이벌이 타계했다는 소식을 듣지 못했던 그의 마지막 말은 "토머스 제퍼슨은 살아남았군"이었다고 한다.

미국의 제2대와 제3대 대통령이 모두 이 기념비적인 날에 사망한 것은 과연 단순한 우연이었을까? 아니면 뭔가 신기한 일이 일어났던 것일까? 당시 대통령이었던 존 애덤스의 아들 존 퀸시 애덤스는 두 대통령이 절묘한 타이밍에 세상을 떠난 것을 두고 "하느님의 은혜를 두 눈으로 목격하고 만질 듯이 생생하게 경험한 사건"이라고 묘사했다. 하지만 과학자들은 대체로 이러한 유의 신의 개입을 믿지 않았기 때문에 달리 설명할 방법을 찾아나섰다. 그리고 두 사람의 때맞은 죽음이 심신성 효과에서 비롯되었을 가능성이 있다고 주장했다. 어쩌면 두 전임 대통령은 말년에 자신이 건국에 기여한 국가의 가장 중대한 기념일까지 살고자 하는 강한 의지를 품었고, 마침내 그날이 오자 몸이 빠르게 생명을 놓아버린 것일지도 모른다.

이를 두고 어쩌면 상상이 지나치다고 생각할지 모르지만, 다음 장에서 다룰 내용처럼 우리 뇌의 예측 기계적 성질에는 분명 어두운 면도 있다. 다른 무엇보다 우리의 생각과 감정이 실제로 우리 자신의 마지막을 결정하기도 한다.

생각의 전환 : 치유

- 치료의 효과가 일정 부분은 플라세보 현상으로 설명이 가능하다는 말을 들어도 당황하지 말기를 바란다! 아무리 기대에서 비롯되었다고 해도 그에 따른 생물학적인 효과는 진짜이다.

- 여러 의학적 처치 가운데 한 가지를 고를 수 있다면, 플라세보 효과의 크기에 영향을 주는 요인들을 염두에 두자. 다른 요인들이 모두 동일하다면 알약의 크기가 작은 것보다는 큰 것이 더 효과적이며, 웬만하면 캡슐이 가장 낫다.

- 비슷한 이유로 의료진을 선택할 수 있는 경우에는 기왕이면 공감 능력과 배려심이 뛰어난 쪽을 고르도록 하자. 의료진의 태도에 따라서 여러분의 몸이 치료에 반응하는 양상이 달라질 수 있다.

- 담당 주치의든 다른 신뢰할 만한 정보원이든 여러분이 받는 치료가 어떤 원리로 이루어지며 어떤 식으로 효과가 나타나는지 물어보고 설명을 듣도록 하자. 이러한 정보를 아는 것이 치료의 효과를 높일 수 있다.

- 이렇게 얻은 정보를 바탕으로 회복되는 모습을 상상해보고 경우에 따라서는 더 건강해지기 위한 계획을 세워보자. 이를 행함으로써 병세가 호전

될 가능성이 극대화된다.

- 가능하다면 같은 치료를 받고 회복되어 그 경험담을 나누고 싶어하는 다른 환자들을 만나보자. 치료 결과에 대한 여러분의 기대를 높이는 데에 도움이 될 수 있다.

- 오픈라벨 플라세보를 구하는 것도 고려해보자. 일부 온라인 소매상을 통해서 상업적으로 거래되고 있다. 전문가와의 상의 없이 진짜 약 대용으로 사용해서는 안 되지만 기존의 치료와 병행한다면 효과를 높일 수도 있다.

- 무엇보다 몸과 마음의 연결성을 통해서 얻을 수 있는 것에 대해서 현실적이면서도 낙관적인 시각을 가지도록 하자.

3

약은 죄가 없다

기대는 어떻게 우리를 치료할 수도 해할 수도 있는가
— 저주를 깨는 방법

미국 심리학회 용어집을 찾아보면, "본 포인팅 증후군bone pointing syndrome"이라는 기이한 단어가 등장한다. 본 포인팅이란 본래 오스트 레일리아 중앙부의 붉은 모래 언덕 인근에서 생활하던 원주민 사회의 어떤 전통을 의미한다. 20세기 중반 이 원주민들을 방문했던 인류학 자들의 말에 따르면, 부족의 주술사는 잘못된 행동을 저지른 사람을 인간이나 캥거루 뼈로 가리키는 행동을 함으로써 이들에게 저주를 걸 어 죽음의 형벌을 내릴 수 있었다. 저주를 받은 사람은 곧바로 절망 에 빠질 수밖에 없었다. 저주가 효력을 발휘하면 대상자의 몸은 차츰 쇠약해지다가 며칠 내에 완전히 기능을 멈췄다. 한 주술사의 설명에 의하면 바로 "생각의 창날spear of thought"이 내면으로부터 사람의 목숨 을 앗아간 것이다.[1]

이와 유사한 형태의 "부두 죽음voodoo death"에 관한 보고는 전 세계 에서 찾아볼 수 있다.[2] 그리고 이 책의 도입부에서 보았던 미국 내 허몽족 이민자들의 원인불명 야면 돌연사 증후군의 경우와 마찬가지로 이러한 현상을 보고하는 이들은 보통 "과학적인" 사회의 구성원들이라면 죽음의 암시에도 면역이 되었을 것이라고 생각했다. (미국 심리학회에서는 현재도 이를 전 인류에게 보편적인 현상이라기보다는 특정 집단에만 국한되는 고유의 현상이라는 의미에서 "문화 증후군"으로 분류한다.)

그러나 역사 및 의학 문헌에 담긴 이야기는 전혀 다르다.[3] 1970년대에 식도암 진단을 받은 테네시 주 내슈빌의 한 남자의 사례를 보자. 의사들은 그의 몸속 종양을 성공적으로 제거했지만 이후 검사에서 암세포가 간으로 전이되었다는 사실이 드러났다. 그는 길어야 그해 크리스마스까지밖에 살지 못할 것이라는 말을 들었다. 결국 그는 가족과 함께 연말을 보내고 1월 초에 사망했다.

이 남자의 운명은 여느 환자들과 마찬가지로 끔찍한 질병에 비극적으로 목숨을 잃은 것처럼 보이겠지만, 부검 결과 그가 생전에 받은 진단이 틀렸음이 밝혀졌다. 간에 종양이 있기는 했지만 크기가 작아 수술이 가능했으며, 그로 인해서 사망했을 리는 없었다. 그렇다면 그 자신의 파국적인 생각이 그를 죽음으로 이끌던 것일까? 그의 주치의 클리프턴 메더는 그렇다고 결론을 내리며 그가 받은 오진을 "저주의 살"이라고 표현했다.[4] 암에 대한 두려움이 이 불쌍한 환자에게 초자연적인 저주에 걸린 것과 놀랍도록 흡사한 반응을 일으킨 듯했다.

오스트레일리아의 종양학자 G. W. 밀턴 또한 피부암 환자들에게 진단을 내린 경험에 비추어 비슷한 결론에 도달했다. 그는 "죽음이 얼마 남지 않았다는 자각에 지독한 타격을 입은 나머지 악성 종양이 환자를 죽음에 이르게 할 정도로 커지기도 전에 사망하는 환자들도 소수 있다"라고 말했다.[5] 오스트레일리아 원주민의 전통을 알고 있었던 그는 이런 "자의적 죽음self-willed death"이 원주민 사회에서 묘사한 "본 포인팅 증후군"의 또다른 예일 뿐이라고 주장했다.

현재 많은 과학자들은 이러한 일화가 일명 노세보 반응으로 알려진 기대 효과의 일종이 극단적인 형태로 나타난 결과라고 본다.[6] 책의 도입부에서 이야기했듯이, 플라세보란 "낫게 할 것이다"를, 노세보는 "해를 입힐 것이다"를 의미하며, 노세보 반응은 우리가 자신의 몸이 위험에 처했다고 믿을 때에 일어난다. 예측 기계의 작용으로 이러한 기대가 우리 몸의 생리를 변화시켜 그저 어떤 증상이 있다거나 병에 걸렸다고 생각하는 것만으로 정말 몸이 아플 수 있는 것이다.

기대 효과로 죽음에까지 이르는 경우는 물론 아주 극단적인 예일 수 있다. 그러나 그밖에도 노세보 효과는 일상에서 우리가 겪는 다양한 고통의 원인이 되고는 한다. 알레르기, 편두통, 요통, 뇌진탕 등의 증상을 심화시킬 수도 있으며, 사실상 우리가 몸이 좋지 않다고 느낄 때면 늘 노세보 효과가 작용해서 문제를 더 악화시킨다. 부정적인 기대는 본래 병을 치료해야 할 약물이 심한 부작용을 일으키도록 만들기도 하는데, 이 같은 부작용은 사람들이 약의 복용을 중단하는 가장 큰 이유이다.

다행히 뇌의 예측 기계적 성질을 이해한 덕분에 우리는 이러한 효과를 경감하고 스스로 지어낸 저주를 무효화할 혁신적인 전략을 세울 수 있게 되었다. 우리의 전략은 제2장에서 살펴본 생각의 전환 기법들과 더불어 온갖 통증과 불편감에 꼭 필요한 완화 효과를 가져올 수 있을 것이다.

유해한 사고

플라세보 반응과 마찬가지로 부정적인 기대가 지닌 잠재력은 노세보 효과라는 용어가 등장하기 훨씬 전인 현대 의학의 초기부터 알려져 있었다.

　외과 의사인 존 놀런드 매켄지는 부정적인 기대의 효과를 의학적으로 가장 먼저 연구한 인물 중 한 사람이다. 1880년대에 볼티모어 안, 이비인후과 자선 병원에서 근무하던 그는 중증 천식에 심한 고초열을 앓던 어느 32세 여성 환자를 진찰하게 되었다. 이 환자는 꽃가루에 노출되면 콧물과 눈물이 흐르고 목이 너무 가려워서 "목 안을 손톱으로 뜯어내고 싶은" 심정이었고, 증상이 극에 달할 때는 한 시간 동안이나 발작성 재채기에 시달린 적도 있었다. 증상이 시작되면 어찌나 괴로운지 여름에는 대부분의 시간을 침대에 누워 지냈으며, 집 안에 꽃을 둔다는 것은 절대로 불가능한 일이었다. 저 멀리 건초지만 보여도 발작이 시작될 정도였다.

　구체적으로 무엇 때문에 의혹이 시작되었는지 언급하지는 않았지만, 어쨌든 그 여성 환자의 이야기에서 어떤 부분에 꽂힌 매켄지는 환자의 증상이 꽃가루 탓이 아닐지도 모른다고 의심하기 시작했다. 그는 자신의 가설을 검증하기 위해서 우선 "매우 정교한 솜씨로 제작되어 실제 장미와 완벽하게 똑같은" 인조 장미를 준비했다. 그리고 환자가 도착하기 전에 잎사귀와 꽃잎을 전부 조심스럽게 닦아내서 혹시라도 붙어 있을지 모를 꽃가루까지도 깨끗하게 없애도록 주의를 기울였다.

환자는 놀랍도록 건강한 모습으로 나타났는데, 매켄지는 진료를 마치고 가벼운 잡담을 나눈 뒤에 가림막 뒤에 있던 인조 장미를 슬쩍 내보였다. 그러자 환자가 보인 고통스러운 반응은 진짜 장미 다발을 본 것 못지않게 극심했다. 목소리는 확 쉬었고, 코가 막혔으며, 재채기가 나오려고 해서 견딜 수 없어했다. 모두 장미를 보고 1분도 채 되지 않아서 벌어진 일이었다. 환자를 자세히 살펴본 매켄지는 코와 목이 붉어지고 부어오르는 등 눈에 띄게 염증 반응이 나타난 것을 발견했다. 틀림없이 꾀병은 아니었다. 매켄지는 이 기이한 사례에 대해서 "관념의 연합"이 진짜 꽃가루만큼이나 환자의 몸에 강한 영향을 미친 것 같다는 결론을 내렸다.

말하나 마나 환자는 자신이 본 장미의 정체를 알고는 놀라워했고, 직접 면밀하게 확인한 뒤에야 정말로 진짜 장미가 아니라는 사실을 믿을 수 있었다. 처음의 의심이 무색하게 가짜 꽃이라는 사실을 깨닫자 환자의 병세는 결국 별다른 후속 처치 없이도 해피엔딩을 맞았다. 환자가 다음번에 병원을 찾았을 때는 커다란 진짜 장미 다발에 코를 묻고도 단 한 번도 재채기를 하지 않았다.[7]

그후로 수십 년간 이처럼 부정적인 사고의 힘을 보여준 기발한 연구가 드문드문 보고되었다. 하지만 부정적 기대 효과에 대한 연구가 본격적으로 플라세보 연구와 연계되기 시작한 것은 1960년대에서 1970년대에 들어 임상시험이 각광을 받으면서부터였다. 연구자들은 가짜 약에 관한 신념이 환자의 기존 증상을 낮게 해줄 수도 있지만 **동시에** 진짜 약의 부정적인 반응과 비슷한 유해한 부작용도 일으킬 수 있다는 사실을 발견했다.

군의관이자 마취과 전문의로 제2장에서 등장한 헨리 비처도 1955년에 "강력한 플라세보"를 주제로 발표한 유명한 논문에서 이 같은 가능성을 언급했다. 그는 몇 건 되지 않는 기존의 임상시험 자료를 바탕으로 가짜 약을 처방받았던 환자들이 흔히 메스꺼움, 두통, 구강건조, 졸음, 피로감 등 진짜 약을 복용했을 때나 겪을 법한 증상들을 경험하고는 했다고 보고했다. 어느 항불안제 임상시험의 플라세보 집단에서는 온몸에 발진이 나서 가짜 약의 복용을 중단한 뒤에야 겨우 가라앉은 환자도, 심계 항진을 호소한 환자도 있었으며, 이들 중 3분의 1은 약을 복용하고 10분도 채 지나지 않아 심한 설사 증세를 보였다.[8]

그로부터 60년 이상이 흐른 뒤, 이 같은 현상이 걱정스러울 만큼 흔하다는 사실이 밝혀졌다. 옥스퍼드와 카디프, 런던의 연구자들이 공동으로 1,200건이 넘는 플라세보 대조 임상시험의 자료를 분석해 보니 평균적으로 가짜 약을 처방받은 환자의 **거의 절반**이 한 가지 이상의 "부정적인 증상"을 보고했음이 드러난 것이다. 더구나 전체 플라세보 집단의 5퍼센트는 부작용이 너무 심해서 결국 치료를 전면 중단했다.[9] 이들이 겪은 증상들 중에서 일부는 임상시험에서 처방받은 약과는 전혀 관계없는 별개의 요인에 의한 것이었지만, 절대 다수는 의사나 제약회사가 경고했던 바로 그 부작용이었던 것으로 보아 매우 구체적인 기대 효과가 나타났음을 알 수 있었다.

또다른 예로 2007년, 남성의 전립선 비대증 치료에 많이 쓰이는 약인 피나스테리드를 대상으로 조사한 결과를 살펴보자. 이 약은 설명서와 홈페이지에 대문짝만하게 고지되어 있다시피 발기 부전과 성욕 감퇴가 대표적인 부작용으로 알려져 있다.[10] 이러한 정보가 과연 남성의 좌절감을 악화시키는지 알아보기 위해서 피렌체 대학교의 연구진은 임상시험 참가자들의 절반에게는 명시적으로 이 같은 부작용이 발생할 수 있음을 경고한 반면, 나머지 절반에게는 알려주지 않은 채 1년 동안 두 집단의 참가자들을 추적 조사했다. 그 결과 일반적으로 약 10퍼센트에 머물렀던 발기 부전 발생률이 부작용 가능성을 분명하게 경고했던 집단에서는 30퍼센트까지 증가한 것으로 확인되었다. 단 한 조각의 정보만으로 삶의 질에 직접적으로 영향을 미치는 증상의 발생률이 3배나 높아진 것이다.[11] 협심증 완화를 위해서 아스피린을 복용하는 환자들에게서도 정확히 같은 패턴이 관찰된다. 위와 장이 불편할 수 있다는 말을 들었던 환자들의 경우 메스꺼움 증세와 소화불량이 심해져 치료를 중단할 확률이 6배가량 높았다.[12]

노세보 반응은 특히 통증이 동반되는 상황에서 더 강해지는 듯하다. 여러분도 아마 병원에서 사소한 치료를 받을 때 경험해보았을 것이다. 의사나 간호사가 주사를 놓거나 피를 뽑기 전에 "따끔할 수 있어요"라고 경고하는 모습을 자주 보지 않는가? 이렇게 말하는 데에는 환자가 통증에 대한 마음의 준비를 할 수 있게 해주는 편이 낫다는 생각이 깔려 있을 터이다. 하지만 실제로는 이 짧은 말 한마디로 인해서 우리가 통증을 느낄 확률이 더 높아진다. 가령 한 연구에서는 여성 환자들에게 경막외 마취 주사를 놓으면서 "커다란 벌한테 쏘이는 느낌이 드실 텐데 이게 이 주사를 맞을 때 가장 힘든 부분일 겁니다”라는 말을 건넸다. 그러자 이 환자들은 주사를 맞을 때 아프지 않을 것이라며 안심시키는 말을 들었던 집단보다 훨씬 더 큰 불편감을 호소했다.[13] 사람은 통증에 대한 경고를 들으면 척수와 뇌간의 신호체계에 눈에 띄는 변화를 보인다. 이런 변화는 다른 사람에게 공감을 얻기 위해서 일부러 증상을 과장할 때에는 거의 나타나지 않는다.[14]

때로는 노세보 반응이 너무 강력해서 유효약에서 나타나야 할 긍정적인 효과를 무력화시킬 수도 있다. 이를테면 약을 바를 시 피부가 더 예민해질 것이라는 말을 들은 경우, 마취 크림을 바르고도 오히려 통증을 더 많이 느낄 수 있는데, 이때 환자들이 경험하는 고통이 진짜임을 보여주기라도 하듯이 혈압까지 덩달아 상승하고는 한다. 마찬가지로 근육 이완제를 투여하고 실은 각성제였다고 말하면, 사람들은 전보다 더 긴장되는 느낌을 받기도 한다.[15]

뇌가 정확히 어떤 과정으로 이런 효과를 일으키는지에 관해서는 지금도 계속 연구가 진행 중이지만, 많은 경우 플라세보 반응의 기작과 정반대인 것으로 여겨진다. 말하자면 지난 장에서 보았던 생리적인 변화가 전부 뒤집힌 악마의 거울상인 셈이다. 예를 들면 긍정적인 기대가 도파민이나 오피오이드와 같은 체내 물질의 분비를 촉발할 수 있다고 한다면, 부정적인 기대는 이 신경전달물질들을 비활성화시킨다.[16] 더 큰 문제는 통증에 대한 부정적인 기대가 통증 신호를 증폭시키는 역할을 하는 콜레시스토키닌 호르몬처럼 불편감을 가중시키는 화학물질의 분비를 촉발할 수 있다는 점이다.[17] 이런 경우 마치 온 신경에 확성기라도 연결된 듯 통증 정보가 다른 무엇보다 우선시된다.

또한 뇌는 질병에 대한 기대를 바탕으로 신경계와 면역계, 순환계, 소화계에 지시를 내려 염증 반응을 일으키고, 혈압을 불안정하게 만들며, 메스꺼움을 느끼게 하고, 스트레스를 가중시키는 호르몬의 분비를 촉진할 수 있다.

우리의 뇌는 기억에 의존하여 반응을 계획하므로 노세보 부작용을 겪을 확률은 개인의 과거 약물 사용 경험에 따라서 달라진다. 만약 어떤 약을 먹고 부작용에 시달린 기억이 있다면, 그와 전혀 다른 약이나 가짜 약에도 같은 부작용을 겪을 가능성이 높다.[18] 이러한 상황은 우리가 흔히 식중독 증상과 특정 음식을 연결시키는 과정과도 유사하다. 만약 어떤 음식을 먹은 뒤 공교롭게 장염에 걸렸다면 또다시 식중독으로 고생하는 일을 미연에 방지하고자 뇌가 과도하게 보호 반응을 보이는 덕분에 향후 몇 년간은 그 음식을 떠올리기만 해도 속이 울렁거릴 수 있다.

플라세보 반응에서도 보았지만 어떤 사건에 대한 기대와 그에 따른 증상의 경험은 사소하고 피상적인 요인들에 휘둘릴 수 있다. 이를테면 일반 약보다 유명한 브랜드의 약을 복용할 때 부작용이 덜한 것도, 브랜드 제품의 번드르르한 마케팅이 약에 대한 환자들의 신뢰를 두텁게 해주기 때문인 듯하다.[19]

심지어 약의 외형만 조금 바뀌어도 부정적인 반응이 급증할 수 있다. 글락소스미스클라인(GSK, 영국의 제약회사/옮긴이)도 2000년대 말에 큰 대가를 치르고 이를 깨닫게 되었다. 본래 뉴질랜드에서는 30년이 넘도록 수만 명의 환자들이 이 회사에서 만든 엘트록신이라는 갑상샘 호르몬제를 복용하고도 부작용 보고 사례는 단 14건에 불과했다. 그러나 2007년에 이 약의 제조시설이 새로운 공장으로 이전하면서 약의 제형에 미세한 변화가 불가피해졌고, 결국 색깔이 노란색에서 흰색으로 바뀌고 맛도 약간 달라졌다. 그렇지만 유효성분은 전과 완전히 동일했다. 약의 부피를 늘리기 위해서 결합하는 성분에만 작은 변화가 있었을 뿐, 약이 체내에 흡수되고 대사가 이루어지는 속도는 많은 시험을 통해서 변함이 없음이 확인되었다. 환자들은 차이를 거의 느끼지 못한 채 그때까지와 같은 치료를 계속 이어갈 수 있어야 마땅했다.

안타깝게도 이런 정보는 환자들에게 제때 전달되지 못했고, 많은 사람들이 약의 겉모습이 바뀐 것이 제약회사의 비용 절감과 제품의 질적 저하를 나타내는 증거라고 여겼다. 새 공장에서 제조한 약이 약국으로 납품되면서부터는 두통, 발진, 눈 가려움증, 시야 흐림, 메스꺼움 등 전에 없던 전혀 새로운 부작용이 속출하기 시작했다. 당연히 약에 대한 우려는 금세 지역 매체로 흘러들었고, 언론에서는 이 사태를 맹비난했다. 고작 18개월 사이에 제약회사에는 새로운 부작용 보고 사례가 1,400건이나 접수되었는데, 과거 2년에 1건 정도에 불과하던 부작용 발생률에 비하면 어림잡아 2,000배나 급증한 셈이었다.[20] 공포가 사그라들고 부작용 발생률이 종전과 같은 수준으로 돌아가기까지는 그후로도 몇 개월이 더 소요되었다.[21] 뉴질랜드 사람들이 뭔가 독특해서 이 같은 노세보 효과에 유난히 취약했을 것이라고 생각할까봐 덧붙이자면, 몇 년 뒤 프랑스에서도 같은 약의 제형을 바꾸는 것과 관련하여 아주 유사한 약물 부작용 공포가 한바탕 나라를 휩쓸었다.[22]

만약 여러분이 현재 약을 복용하고 있지 않다면, 나는 결코 이처럼 부정적인 기대 효과에 넘어갈 리 없다고 자신할지 모르지만, 노세보 반응은 이밖에도 아주 다양한 방식으로 우리의 건강에 영향을 미칠 수 있다. 몸의 감각을 어떻게 해석할지를 좌우하는 "질병에 대한 신념"은 사람마다 다르며, 이에 따라 여러 흔한 질병에도 저마다 다른 결과가 나타날 수 있다. 신경과학자 지나 리폰은 월경 전 증후군 증상도 기대의 영향을 받을 수 있다고 주장한다. 한 연구에서 참가자들에게 그들이 월경 주기상 어느 단계에 있는지에 관해서 거짓 정보를 주었더니 참가자들이 월경 전 증후군 증상을 보고한 시기가 실제 호르몬 상태보다 이 정보와 더 잘 맞았던 것이다.[23]

멀미도 이와 유사한 패턴을 보인다. 많은 경우 실제 차량의 움직임보다는 자신이 불편감을 느낄 것이라는 기대가 이동 중 메스꺼움을 유발하는 원인이며, 스스로 멀미에 취약하다는 믿음을 바꾸면 뒤틀린 위장도 기적적으로 가라앉을 수 있다.[24] 또한 편타증(교통사고와 같은 갑작스러운 외부 충격으로 목이 앞뒤로 크게 흔들리면서 목뼈와 근육 등에 발생하는 손상/옮긴이), 요통, 뇌진탕 등 부상 후유증도 마찬가지로 부정적인 기대가 증상의 지속 기간을 늘릴 수 있다는 분명한 연구 결과가 있다.[25]

가령 경증 외상성 뇌 손상 환자들을 살펴본 어느 연구에서는 자신의 예후에 대한 환자들의 믿음이 실제로 뇌진탕 후 증후군 발생 위험을 예측하는 지표로서 80퍼센트의 성공률을 기록했다. 예측 성공률이 어찌나 높았던지 심지어 부상을 당한 시점에 환자의 증상이 얼마나 심각했는지보다도 오히려 환자 자신의 믿음이 후유증을 예측하는 데에 더 효과적이었다.[26] 즉 다른 조건은 모두 동일한 상황에서 만약 여러분이 자신의 증상이 오래도록 지속될 것이며 이를 바꿀 방법은 없다고 생각한다면, 실제로도 그렇게 될 가능성이 훨씬 더 높아진다. (물론 그렇다고 이 같은 부상을 방임적 태도로 대해도 좋다는 의미는 아니다. 노세보 효과로 증상이 악화되거나 오래 지속될 수 있다고 해서 뇌진탕 자체를 가벼운 문제로 치부할 수는 없다.)

질병에 대한 신념은 보통 나라마다 판이하다. 이로써 지리적 위치에 따라 사람들의 증상이 다르게 나타나는 수수께끼 같은 현상이 설명된다. 가벼운 머리 부상을 입은 뒤의 증상을 두고 북아메리카와 동유럽을 비교한 결과, 북아메리카 사람들은 동유럽 사람들보다 몇 달이나 더 오래 뇌진탕 후 증후군(어지럼증, 피로감 등)에 시달렸다. 이러한 차이는 각 나라의 국민들이 부상 후유증에 대해서 가지고 있는 기대를 반영한 것으로 보인다.[27]

간혹 노세보 반응을 건강염려증으로 착각하는 일이 생길 수 있는데, 이는 노세보 반응의 특성을 완전히 오해한 것이다. 증상은 대부분 신체적인 촉발 요인에 의해서 시작되고, 노세보 반응은 그저 그 증상의 크기를 증폭하고 지속 시간을 늘리는 역할을 할 뿐이다. 순전히 심리적인 요인으로 증상이 발생하는 경우도 있지만, 그렇다고 해도 증상이 가벼운 것은 아니다. 한 세기도 더 전에 매켄지가 담당했던 천식 환자의 사례나 그 이후의 수많은 정교한 실험들을 통해서 입증되었듯이, 질병에 대한 기내는 그 자체로 신제에 눈으로 확인 가능한 변화를 일으킬 수 있으며, 이는 물리적인 병원균이 낸 효과만큼이나 "진짜" 같다. 분명한 사실은 노세보 반응이 우리 뇌의 불가피한 작용의 결과물이라는 점이다. 언제든 우리가 몸이 좋지 않다고 느낄 때면 우리의 생각이 증상의 발현에 영향을 줄 수 있는데, 우리는 이런 인과성을 무시하고 고통을 자초한다.

문제의 핵심

그렇다면 "자의적 죽음"은 어떨까? 자신이 죽을 것이라는 믿음만으로 사람이 죽는 일이 정말 가능할까? 지난 몇 년간 의사들은 이 같은 가능성에 신빙성을 부여할 만한 극단적인 노세보 반응 사례 몇 건을 발표했다. 비록 그 수는 적지만, 보고된 극적인 사례는 많은 사람들이 잠재적으로 영향을 받을 수 있는 심혈관 질환과 관련하여 지금까지 그다지 알려져 있지 않았던 어떤 심각한 위험 요인에 대한 매우 흥미로운 통찰을 제시한다.

그럼 우선 2007년 미네소타 의사들이 보고한 A씨의 사례를 살펴보자. 얼마 전 이별로 커다란 상처를 받은 A씨는 새로운 치료제가 자신의 절망감을 조금이라도 덜어줄 수 있지 않을까 하는 희망으로 항우울제 신약 임상시험에 자원했다. 그렇게 약을 복용한 지 얼마 되지 않았을 무렵에는 약이 잘 들어 기분이 나아지는 듯했다. 하지만 효과는 오래가지 않았고, 결국 임상시험 두 달째에 A씨는 이제 그만 모든 것을 끝내겠다고 마음먹고 남아 있던 약 29알을 한꺼번에 전부 삼켜버렸다. 곧장 자신의 결정을 후회한 그는 이웃에게 잭슨 소재의 지역 병원 응급실로 태워다달라고 부탁했다. "도와주세요, 제가 가지고 있던 약을 다 먹어버렸어요." 그는 병원으로 들어서자마자 의료진에게 이 말을 하고는 바로 쓰러졌다.

의사들이 A씨를 살펴보니 안색이 창백하고 졸음이 가득한 데다가 몸을 떨고 있었으며, 걱정스러울 만큼 혈압이 낮았으므로 지체 없이 A씨의 몸에 링거를 연결했다. 그 뒤로 4시간이 흘러도 A씨의 상태는 좀처럼 나아지지 않았다. 그런데 그의 체내에서는 문제가 될 만한 독성물질을 흔적조차 찾을 수 없었기 때문에 의료진은 그가 참여한 임상시험 담당자 중 한 명에게 연락했고, A씨가 유효약을 복용한 적이 없다는 확답을 들었다. A씨의 생리적 징후만 보면 그는 가짜 약 과다 복용으로 사망 직전까지 간 것이었다.[28] 다행히 이 사실을 알게 되자, A씨는 금세 몸이 깨끗하게 회복되었다.

2016년, 제왕절개술을 받는 동안과 수술이 끝난 뒤의 통증 완화를 위해서 침술 요법 임상시험에 참가한 독일 그라이프스발트에 사는 한 여성의 사례도 이에 못지않게 주목할 만하다. 충분한 설명을 바탕으로 사전 동의를 구하기 위해서 연구진은 그녀에게 침술 요법을 받으면 아주 낮은 확률로 어지럼증이나 실신과 같은 "혈관 미주 신경반응"이 나타날 수 있으며, 심한 경우에는 "심혈관 허탈"(갑작스러운 혈액순환 장애로 피부가 창백해지고 몸이 차가워지는 등의 증상이 나타난다/옮긴이)이 일어날 수 있다고 알려주었다. 그런데 시술이 시작되자마자 환자는 땀을 비 오듯 흘렸다. 손과 발이 차가워졌고, 혈압이 위험한 수준까지 곤두박질쳤으며, 심박수가 분당 23회까지 낮아졌다. 갑작스러운 변화에 겁이 난 연구진은 즉각 환자에게 링거를 놓고 분만실로 옮겼다. 환자는 그곳에서 제왕절개술을 받을 수 있을 만큼 회복되었지만, 만약 저혈압 상태가 지속되었다면 산모와 태아 모두에게 위험한 상황이 될 수도 있었다. 당연히 침을 놓는다고 해서 혈압이 위험할 정도로 낮아질 가능성도 거의 없었지만, 애초에 이 환자는 진짜 침술 요법을 받지도 않았다. 대조 집단에 속했으므로 침술사가 그저 몸에 접착테이프를 붙였을 뿐이다.[29]

뇌의 예측 기제가 어떻게 해서인지 몸의 생체 기능을 망가질 지경에까지 이르게 한 듯한데, 일부 사람들은 이로 인해서 정말 죽음을 맞을 수도 있다. 이런 현상을 설명하는 여러 이론들이 있다. 그중 유력한 한 이론에 따르면, 카테콜아민catecholamine이라는 스트레스 호르몬의 체내 농도가 높아져도 이처럼 급격한 생리적 쇠퇴가 일어날 수 있다. 카테콜아민은 심장에 무리를 줄 수 있는데, 주로 감정이 격한 상태에서 분비되는 것으로 알려져 있다. 그러니까 극심한 스트레스가 지속되면 이 호르몬의 농도가 급증하여 때 이른 죽음으로 이어질 수 있는 것이다.[30] 물론 이 같은 사태는 원래부터 심장이 좋지 않았던 사람에게 일어날 가능성이 더 높지만, 스트레스 호르몬의 작용이 너무 강하면 건강했던 사람이라도 한순간에 사망할 수 있다.

끔찍한 기대는 갑작스러운 죽음뿐 아니라 서서히 쇠약해져서 죽음에 이르게도 한다. 매사추세츠 주의 프레이밍햄에서 1948년에 시작되어 지금까지 성인 수천 명의 건강을 추적 조사하고 있는, 세계적으로 유명한 연구를 보자. 1960년대 중반, 연구진은 일부 여성 참가자들에게 자신이 동년배에 비해서 심장병에 걸릴 가능성이 "더 높다", "비슷하다", "더 낮다" 중에서 어디에 해당한다고 생각하는지 물었다. 그러자 남들보다 심장병에 걸릴 가능성이 "더 높다"고 답한 여성들은 그로부터 20년 사이 실제로 다른 참가자들보다 심장마비로 사망할 확률이 3.7배 높았다. 중요한 점은 이 여성들이 자신의 심장병 발병 가능성에 대한 예상을 표현한 시점이 심혈관계 질환과 관련된 어떤 징후도 나타나기 전이었다는 것이다. 그 당시 건강 상태로 보아 이 같은 병에 대한 두려움은 사실을 바탕으로 생긴 것이 아닌 듯했다.[31]

의심이 많은 사람들은 참가자들 간의 어떤 행동의 차이가 사망 위험을 높였을 가능성이 있지 않을까 하는 의구심을 가질지도 모른다. 분명 생활습관도 어느 정도는 영향을 미쳤을 수 있지만, 그밖에 심장에 손상을 줄 수 있는 체질량 지수, 콜레스테롤 수치, 흡연 습관, 외로움을 느끼는 정도 등 다양한 건강 요인들을 고려하여 면밀하게 분석해보아도 결과는 여전했다. 이 때문에 많은 과학자들이 연구에 참가한 여성들이 품었던 부정적인 기대가 그 자체만으로 생리적 노세보 반응을 유발하여 스트레스 호르몬과 만성 염증 수치를 높이고 장기적으로 건강에 악영향을 미침으로써 결국 이들을 사망에 이르게 했다고 믿는다. 여러분도 만약 스스로가 심장병 고위험군이라고 생각한다면 매일매일이 얼마나 파국적인 사고로 가득할지, 또 몸이 좋지 않은 느낌이 들 때마다 드디어 병이 심해지고 있다는 신호로 여기게 될지 쉽게 상상할 수 있을 것이다. 이러한 사고는 궁극적으로 일종의 자기 충족적 예언이 되고 만다.

이처럼 노세보 효과가 점진적으로 몸에 영향을 미칠 가능성은 이미 관상동맥 질환을 앓고 있는 환자들을 대상으로 한 또다른 최신 연구의 결과와도 일치한다. 이 연구에서는 발병한 지 얼마 되지 않은 환자들에게 "나는 내 심장병이 완치되지 않을 것이라고 생각한다" 혹은

"나는 여전히 건강하게 오래 살 수 있다"와 같은 문장들에 얼마나 동의하는지 점수를 매기도록 했다. 그러자 처음 진단을 받았을 때의 병의 경중과는 관계없이 회복 가능성에 대해 장밋빛 희망을 품었던 환자들보다 암울한 기대를 가졌던 환자들이 10년 이내에 사망할 확률이 유의미하게 높게 나타났다.[32] 이번에도 마찬가지로 부정적인 기대를 했던 참가자들이 그저 병이 더 악화되기 전에 적극적으로 건강을 챙기지 않았기 때문에 사망률이 높아졌을 가능성이 있다. 또한 분명 이 연구가 이런 요인을 완벽하게 통제하지 못한 것은 사실이다. 그러나 연구진은 특정 환자들에게서 스트레스 수준이 확연히 높았다는 사실을 지적하며, 이것이 직접적으로 사망률을 높이는 데에 기여했을 것이라고 추측했다.

실제로 심한 정서적인 스트레스가 사망률 증가로 이어질 수 있다는 사실은 이미 알려져 있다. 이를테면 배우자와 사별한 지 30일 이내인 사람들은 심근경색이나 뇌졸중을 겪을 가능성이 그런 일을 경험하지 않은 사람들보다 2배가량 높다.[33] 여기에서 주목할 점은 미국의 허몽족 이민자나 오스트레일리아의 본 포인팅 저주 희생자, G. W. 밀턴의 암 환자를 비롯해서 "자의적 죽음"의 피해자들 중에서 상당수가 임박한 자신의 죽음에 관해 생각하면서 몸이 쇠약해지는 사이에 애도 비슷한 감정을 경험한 것 같다는 사실이다.

뇌의 예측 기계적 특성을 알면 토머스 제퍼슨과 존 애덤스가 1826년 7월 4일에 사망한 것과 같이 사람들이 개인적으로 중요한 의미가 있는 날에 유명을 달리하는 이유도 설명할 수 있다. 이러한 우연만큼이나 주목할 것은, 다양한 연구 결과들이 보여주듯이 인간의 사망 위험률이 1년 내내 똑같지 않다는 사실이다. 미국인 3,000만 명 이상의 사망진단서를 분석한 연구 결과를 보면, 사람들은 커다란 행사를 앞두고 죽기보다는 당일이나 행사를 치르고 얼마 뒤에 죽는 경우가 많았다. 이를테면 생일 하루이틀 전보다 생일 당일의 사망률이 4퍼센트가량 높았다. (안타깝게도 이 같은 현상은 성인보다는 생일처럼 특별한 날에 더 큰 의미를 부여하고, 살아서 그날을 맞이하고자 하는 열망 또한 강한 아이들에게서 더 뚜렷하게 나타난다.)

현재는 다른 여러 나라에서도 비슷한 패턴이 보고되고 있으며, 여기에 자살이나 교통사고로 인한 사망률의 증가 등 다른 잠재적 요인들이 관여했을 가능성은 낮은 듯하다. 멕시코에서는 중요한 날에 맞이하는 평화로운 죽음을 "아름다운 죽음"이라는 뜻의 무에르테 에르모사muerte hermosa라고까지 일컫는다. 이 경우 신체의 생명력은 이미 다했지만 특정한 날까지 가까스로 버티다가 마침내 그날이 오면 자신이 죽을 것이라는 믿음이 스스로를 죽음으로 몰아넣는 것이다. 이러한 가설을 뒷받침하듯, 어느 연구에서는 새해 첫날 전후로 사망률이 치솟는 현상이 해마다 놀랍도록 반복되고 있으며 그 증가폭이 2000년 1월 1일에는 유난히도 컸다는 사실이 밝혀졌다. 다들 새천년 혹은 밀레니얼이라고 들떠 있으니, 죽음을 앞둔 사람들도 그날에 큰 의미를 부여하게 되어 1,000년에 한 번 찾아올 엄청난 이벤트에 자신도 살아서 함께하고 싶다는 강한 열망을 품었을 것이라는 해석이 자연스러워 보인다.[34]

애덤스와 제퍼슨의 경우에도 미국 독립기념일 50주년이 분명 이처럼 일종의 마일스톤이 되었을 것이다. 신기하게도 제5대 대통령 제임스 먼로 역시 5년 뒤 같은 날에 사망했다. 당시 「뉴욕 이브닝 포스트 *New York Evening Post*」에서는 이를 두고 "소임과 영광의 자리를 떠난 네 명의 대통령 중 세 명이, 모든 전직 대통령이 스스로 선택할 수만 있었다면 자신의 정치적 인생의 종료일로 당연히 다른 어느 날보다 바랐을 독립기념일에 별세했다"라고 썼다.[35] 이들이 의도적으로 자신이 눈을 감을 날을 선택한 것이라고 생각할 만한 근거는 물론 어디에도 없다. 다만 어쩌면 마지막 숨을 내뱉는 순간까지 우리의 운명에 깊은 영향을 미치는 예측 기계의 힘이 작용한 무의식적인 결정이었을지도 모른다.[36]

저주 타파

그러니까 정리해보면 "기대 효과에 의한 죽음"은 실제로 일어날 수 있으며, 질병에 대한 공포와 불안은 놀랍도록 많은 사람들에게서 심장병을 일으키는 요인이 될 수 있다. 그러나 이렇게까지 극단적이지 않은 일상적인 노세보 효과 또한 생활 속 건강과 안녕감에 강력한 영향을 미칠 수 있다는 사실을 잊지 말아야 한다. 가령 내가 항우울제를 복용하면서 시달렸던 두통도 정말로 괴로웠다. 그 정도의 불편감만으로 내가 죽지는 않았겠지만, 이 두통이 심신성 요인에서 비롯되었을 가능성을 알아차리지 못했다면 궁극적으로는 우울증 완화에 아주 효과적이었던 약물 치료를 하마터면 중단할 뻔했다.[37] 노세보 효과가 나타나는 빈도가 무시하지 못할 수준이라는 점과 이로 인한 불편감의 정도를 고려할 때, 노세보 효과의 영향력을 무력화시킬 수 있는 방법을 찾는다면 의학계로서는 굉장한 발전일 것이다. 그렇다면 어떻게 하면 될까?

이 "어떻게"라는 문제는 실질적인 방법론의 문제이기도 하지만 동시에 윤리적인 딜레마를 담고 있기도 하다. 의사들은 알다시피 "첫째, 환자들에게 해가 되는 행동은 하지 않는다"라고 선서하는데, 치료를 행하기 전 환자들에게 치료의 잠재적 위험성을 포함한 정보를 알려주고 사전 동의를 받을 의무 또한 있다. 그러나 이 둘을 모두 따른다는 것은 모순이다. 어떻게 솔직하게 의학적 위험성을 설명하면서도 의도하지 않은 노세보 반응은 피할 수 있다는 말인가? 그래도 지난 몇 년 사이에 벌써 많은 연구자들이 이 모순적인 상황을 해결할 방안을 찾아내고 있는 것을 보면 희망은 있다.

한 가지 방법은 의료진이 상대적으로 발생 확률이 낮은 위험을 설명해주기를 원하는지 아니면 함구하기를 바라는지 환자에게 직접 선택할 수 있게 하여 "개인별 맞춤 사전 동의"를 받는 것이다. 이렇게 하면 환자도 자신이 받는 치료를 잘 이해할 수 있고, 오히려 부정적인 기대 효과를 가져올 수 있는 정보를 기계적으로 전달하는 것보다 윤리적일 수도 있다.[38]

치료의 잠재적 위험성에 관한 설명을 들을지 여부는 환자마다 선호하는 바가 다르다. 어떤 사람은 아예 모르는 편이 자신의 예후를 긍정적으로 기대하는 데에 도움이 되며, 앞에서 보았듯이 실제로도 좋은 결과를 가져올 수 있다고 결론 내린다. 그렇지만 나는 개인적으로 마음속 공포가 현실보다 훨씬 더 나쁜 경우가 많으므로, 관련 정보를 듣고 적어도 객관적인 사실을 기반으로 앞으로의 상황을 예상하는 편을 선호한다. 다행히 나처럼 정보를 미리 알기를 원하는 환자들도 리프레이밍reframing이라는 전략을 활용해서 정보를 전달하는 방식을 바꾸면, 얼마든지 노세보 반응을 줄이는 것이 가능하다. 수많은 심리학 연구 결과들이 같은 정보라도 제시 방식에 따라서 사람들의 반응이 천차만별임을 보여준다. 프레이밍framing은 이미 광고와 마케팅 관계자들에게는 잘 알려져 있으며 연구도 많이 된 전략이다. 결국 동일한 의미임에도 식품에 "5퍼센트 지방 함유"보다는 "95퍼센트 무지방"이라고 표기하는 것도 같은 이유에서이다. 그리고 이 같은 기법은 노세보 부작용을 줄이는 데에도 활용될 수 있을 것으로 보인다.

오스트레일리아의 뉴사우스웨일스 대학교에서 항불안제인 벤조디아제핀 계열 약물의 임상시험으로 위장하고 진행했던 한 실험을 보자. 실제로는 참가자 전원이 신체에 직접적 화학작용을 일으키지 않는 가짜 약을 받았다. 그리고 표준 절차에 따라 근육 이완이나 심박수 감소 등 약의 효과로 기대되는 변화와 함께 두통, 메스꺼움, 어지럼증, 졸음을 비롯한 잠재적 부작용에 대한 설명을 들었다.

이때 일부 참가자들에게는 부작용을 겪는 사람의 수를 강조함으로써 정보를 부정적으로 프레이밍했다.

부작용으로는 졸음 증상이 있을 수 있습니다. 100명 중 약 27명이 잠이 오는 증상을 겪습니다.

또다른 참가자들에게는 부작용을 겪지 않는 사람의 수에 방점을 두고 정보를 보다 긍정적으로 프레이밍했다.

> 부작용으로는 졸음 증상이 있을 수 있습니다. 하지만 100명 중 73명은 잠이 오는 증상을 겪지 않습니다.

위의 두 문장은 사실상 동일한 통계 결과를 전달하지만 실험에서는 긍정적 프레이밍 집단에 속한 참가자들이 약 복용 이후 단기적으로 부작용을 호소하는 비율이 더 적었다.[39] 그러니 우리도 환자로서 이런 유형의 정보를 접할 일이 생길 때면 정보를 조금이라도 더 긍정적인 쪽으로 프레이밍하는 방법은 없을지 생각해보아야 한다. 최악의 상황을 상정한다고 이를 대비할 수 있는 것이 아니다. 오히려 최악의 상황이 벌어지도록 부채질할 뿐이다.

이에 버금가게 중요한 것이 만약 이 같은 증상을 **겪더라도** 증상을 재평가하도록 학습할 수 있다는 사실이다. 노세보 반응은 약물의 직접적인 작용에서 기인한 부작용을 악화시킬 수도 있음을 기억하자. 이 경우에는 불편감을 느끼지 못하는 척해도 소용이 없다. 그럼에도 의료진의 도움으로 환자가 자신의 경험을 해석하고 여기에 의미를 부여하는 방식을 바꾸면, 장기적인 관점에서 불편감을 최소화할 수는 있다. 그리고 그렇게 함으로써 환자의 안녕감에 일어나는 변화는 아주 클 수 있다.

이 사례를 잘 보여주는 놀라운 연구가 스탠퍼드 대학교 몸과 마음 연구실에서 땅콩 알레르기가 심한 아동 및 청소년 집단의 치료를 돕기 위해서 진행한 실험이었다. 전 참가자는 6개월 동안 환자의 신체에 노출되는 땅콩 단백질의 양을 서서히 늘리는 방식으로 이루어지는 "경구 면역치료"를 받았다. 모든 것이 순조롭다면 환자는 알레르기원에 점차 둔감해지다가 결국 심각한 알레르기 반응 없이 땅콩 한 알을 다 먹을 수 있게 될 터였다. 다만 치료 과정 자체에서 때로는 배가 아프거나 두드러기가 나거나 입 안이 간지럽거나 코가 막히는 등의 증상이 나타날 수 있다. 이 같은 부작용은 당장 불편감을 주기도 하지만, 대부분 극심한 알레르기 반응의 초기 증상처럼 **느껴지다** 보니 치료에 대한 환자들의 불안감을 증폭시켜 치료를 중도 포기하는 비율이 비교적 높아지도록 만든다. 그러나 실제로는 부작용의 강도가 이 이상 심해지는 경우는 거의 없으며, 위험한 수준의 과민 반응이 시작되는 신호라기보다 둔감화 과정의 필수 단계인, 면역계가 자극에 반응하는 신호라고 볼 수 있다.

연구진은 환자들이 이 사실을 알고 나면 부작용을 대하는 태도가 달라질지 궁금했다. 그렇게 태도가 변하고 나면 치료법 자체에 대한 전반적인 경험도 어쩌면 달라지지 않을까? 이를 확인하고자 연구진은 환자들에게 정보가 적힌 소책자를 나눠주고 훈련받은 건강 전문가와 장시간 토론을 하게 함으로써 치료를 받는 동안 마음가짐이 변화하도록 프로그램을 기획했다. 이 과정에서 연구진은 환자들의 부작용을 불편감은 느껴지지만 근력이 향상되고 있음을 가리키는 운동선수들의 근육통에 비유하여 설명해주었다. 프로그램에 참가한 환자들은 미래의 자신에게 편지를 쓰거나 자신의 증상을 새로운 방식으로 해석하도록 되새기는 등 치료의 부작용처럼 느껴지는 증상이 사실은 치료가 잘 진행되고 있다는 신호라는 사실을 분명하게 이해하기 위한 활동을 진행했다.

　한편 대조 집단은 이와 비슷한 절차를 따르되, 식후에 땅콩 단백질을 먹거나 물을 마시거나 항히스타민제를 복용하는 등 부작용에 대처하는 방법에만 중점을 두었다. 대조 집단의 프로그램은 실질적으로 도움이 되는 조언들을 담고 있기는 했지만, 환자들의 증상을 치료가 정상적으로 진행 중임을 알리는 긍정적인 신호가 아닌 그저 감내해야 할 불쾌한 부작용으로 프레이밍했다. 안전을 위해서 두 집단 모두 생명에 위협이 될 만한 증상을 구별하는 방법을 배웠으며, 심각한 문제가 생길 시 도움을 청할 수 있도록 늘 전문가가 함께했다. 그러니까 혹여나 여러분이 특정 성분 알레르기로 고생하고 있더라도 의료진의 감독 없이 스스로 면역치료를 행하려는 시도는 삼가기 바란다.

　프로그램 시행 결과 긍정적인 리프레이밍으로 인해서 치료에 대한 우려가 유의미하게 감소하며 환자들이 느끼는 불안감에 큰 변화가 나타났다. 그리고 이렇게 긍정적으로 바뀐 마음가짐은 환자가 알레르기원의 투여량을 늘리다가 마침내 진짜 땅콩을 먹는 단계에 이르러서도 실제 증상을 보고하는 비율은 낮아지게 해주었다. 중요한 것은 리프레이밍의 효과가 환자들의 주관적인 경험뿐만 아니라 치료의 성공 여부를 가늠하는 생물학적인 측정치에서도 뚜렷하게 나타났다는 사실이다.

　치료를 시작하기 전과 마치고 난 뒤, 연구진은 환자들에게 혈액 검사를 실시해서 땅콩 단백질을 섭취했을 때 신체가 이에 반응하면서 생성하는 IgG4라는 항체를 측정했다. IgG4는 체내에서 적정한 농도를 유지할 경우 본격적인 알레르기 반응을 일으키는 다른 면역 반응들을 억제하는 것으로 알려져 있다.[40] 실험 초기에는 두 집단 모두 혈액 검사에서 IgG4가 아주 미량만 검출되었다. 하지만 두 번째 검사에서는 긍정적 리프레이밍 과정을 진행한 집단의 아동과 청소년에게서 IgG4가 크게 증가하여 대조 집단보다 훨씬 높은 농도를 기록했으며, 그로 인해서 실험이 진행되면서 차츰 알레르기 증상도 덜 경험했던 것으로 드러났다.

모든 기대 효과가 그렇듯이 이번에도 믿음의 차이가 불러온 환자들의 변화는 기존에 알고 있던 생리적 기작으로 설명이 가능하다. 만성적인 걱정은 이를테면 면역계의 적응 능력을 떨어뜨리는 경도 염증을 유발할 수 있다. 리프레이밍 집단 참가자들은 긍정적인 정보에 보다 집중할 수 있게 되자, 바로 이 같은 생물학적 장애물로부터 자유로워져 체내에 흡수되는 땅콩 단백질이 증가해도 효과적으로 대응하게 되었으리라.[41]

땅콩 알레르기 연구는 몸과 마음의 연결성을 분명하게 증명했을뿐더러 부정적인 사건을 긍정적으로 해석할 방법을 찾는 재평가 과정이 어떻게 효과를 발휘하는지도 완벽하게 보여주었다. 우리도 다치거나 아플 때면 직접 이 기법을 적용해볼 수 있다. 지금부터 살펴보자.

통증을 완화해주는 마음가짐

우선은 여러분이 현재 통증이나 불편감을 어떻게 생각하는지 평가하는 것부터 시작해보자. 여러분이 편두통 또는 요통으로 고생하고 있다거나 팔이 부러졌다고 상상해보자. 만약 여러분이 나와 비슷한 성향이라면 증상이 나타나자마자 앞으로 닥칠 최악의 상황을 예상하는 "파국화catastrophizing" 사고의 덫에 자동적으로 걸려들게 될 것이다.

심리학자들은 환자들의 파국화 사고를 측정하기 위해서 다음과 같은 문장들에 얼마나 동의하는지 0점(절대 그렇지 않다)부터 4점(항상 그렇다)까지 점수를 매기도록 한다.

나는 통증을 느낄 때면……

- 이 통증이 끝나기는 할지 늘 걱정한다
- 이 상황을 끔찍해하며 내 몸이 앞으로 영영 나아지지 않을 것이라고 생각한다
- 통증이 더 심해질까봐 겁이 난다
- 통증에 대한 생각을 마음속에서 떨쳐낼 수 없을 것만 같다
- 고통스러웠던 다른 경험들도 계속 떠오른다
- 어떤 심각한 일이 벌어지지나 않을까 우려스럽다

이 문장들에는 각기 다른 파국화 사고가 반영되어 있는데, 이러한 생각들이 더해지면 일종의 무한 연쇄 노세보 반응의 늪이 만들어진다.[42] 이 척도는 이를테면 수술을 받은 환자들이 겪을 불편감의 정도 및 입원 기간을 예측하는 데에도 높은 정확도를 보여준다.[43] 이처럼 파국적으로 사고하는 경향성은 편두통 및 두통의 중증도나 만성 관절염 및 근육통을 앓는 사람들이 느끼는 증상에도 영향을 미치는 것으로 보인다.[44]

지금까지 알려진 통증에서의 기대 효과를 바탕으로 과학자 루아나 콜로카와 베스 다닐은 파국적 사고가 "가솔린 한 통을 들어 불에다 끼얹는 것과 같다"고까지 표현했다.[45] 말하자면 위험이 닥쳤을 때 유용한 경고 역할을 할 수 있게끔 진화한 생존 반응이 사실상 생존에 도움이 되는 수준을 한참 뛰어넘어 마구잡이로 폭주하는 것이다.

"통증을 완화해주는 마음가짐"은 바로 이러한 악순환을 깨뜨리는 데에 도움이 될 수 있다. 예를 들면 심리적 과정이 어떻게 불편감을 악화시킬 수 있으며 마음 상태가 증상에 얼마나 막대한 영향을 미칠 수 있는지 등 통증의 본질적 특성에 관해 환자들에게 설명해주는 것이다.[46] 그러려면 일단 환자 스스로가 파국적 사고가 시작되었음을 알아차리는 법을 익히고 난 뒤 자신의 불안의 객관적인 근거가 무엇인지 다시 생각해보도록 훈련시켜야 한다. 가령 통증 자체는 위험을 알리는 신호일 수 있지만, 통증의 강도가 반드시 신체의 실제 손상을 반영하는 것은 아니다. (일례로 편두통은 굉장히 고통스럽지만 실제 어떤 심각한 신경학적 문제의 결과인 경우는 매우 드물다.) 마찬가지로 통증이 언제까지고 지속될 것만 같이 느껴진다면, 자신이 이전에도 몇 차례 같은 과정을 반복했고 그때마다 무사히 극복해왔음을 되새기는 것이 도움이 될 수 있다. 아울러 중요한 업무 미팅처럼 특정한 촉발 요인이 증상의 갑작스러운 재발과 연합되었다면, 둘 사이의 연결 고리가 정말 불가피한 것이 맞는지 자문해볼 필요가 있다.[47]

사람들은 저마다 자신만의 방식으로 파국화 사고를 전개하는데, 일단 자신이 건강에 대해서 어떤 식으로든 반추하고 있다는 사실을 알아차렸다면 다음과 같이 자문해볼 수 있다. "지금 이 생각이 부정적이고 우려할 만한 것인가, 긍정적이고 편안한 것인가, 아니면 중립적인가? 이 생각이 옳다는 근거는 무엇이며 틀렸다는 근거는 무엇인가? 현 상황을 보다 좋게 생각할 방법이 있는가?"[48] 그러고는 마무리로 "내가 느끼는 고통은 뇌가 만들어낸 것이다"라든지 "이 감각은 진짜이지만 언젠가는 사라질 것이다"처럼 막연한 불안감을 누그러뜨리고 뇌가 자체적으로 지닌 통증 완화 능력의 강력함을 강조할 수 있는 고무적인 문구들을 몇 가지 떠올리려고 노력해보자.[49]

다른 모든 기법들처럼 재평가도 많은 연습이 필요하지만 일단 적용법을 익히기만 하면, 많은 이점이 있다는 사실은 여러 연구들을 통해서 증명되었다. 만성 통증 환자들 가운데 절반이 넘는 이들이 이 기법을 활용한 뒤 최소 30퍼센트의 증상 감소를 보고했으며, 최대 70퍼센트까지 완화되었다고 보고한 환자들도 많았다. 편두통 환자들이 두통에 시달리는 일수도 줄어들었다.[50] 또한 오븐에 덴 상처처럼 일시적인 불편감을 완화하는 데에도 도움이 될 수 있다.[51] 게다가 놀랍게도 이러한 심리요법은 파국적 사고를 관장하는 것으로 여겨지는 뇌 영역의 크기 감소 등 뇌에도 장기적인 변화를 야기한다. 이는 마치 재평가를 실행한 환자들이 체내의 통증 증폭기를 끄는 것과 같은 효과를 낳는다.

지금까지는 이 분야의 연구 대부분이 통증 장애에 초점을 맞추고 있지만 이외의 다양한 증상에도 도움이 될 가능성이 높다. 파국화 사고는 천식 증상도 악화시킨다고 여겨지는데, 이 경우에도 똑같이 재평가 기법이 효과를 발휘할 수 있다. 예컨대 자신의 몸이 충분한 산소를 받아들이기 위해서 일하고 있다고 상기하는 식이다.[52] 재평가 기법은 감기 증상 완화에도 도움이 될 가능성이 엿보인다.[53] 자신이 겪는 증상이 몸이 바이러스와 제대로 싸우고 있음을 보여주는 신호라는 사실을 인식하기만 한다면 불편감은 감소할 수 있다.

나아가 재평가 기법은 장기간 지속되는 질병을 둘러싼 불안을 가라앉히고 세상이 무너질 것처럼 부정적으로 흘러가는 생각을 다스림으로써 심장 건강에도 이로울 수 있다. 한 연구에서는 심부전 증상을 겪은 환자들에게 인지행동 치료(파국적 사고를 감소시킬 가장 좋은 방법을 배우는 시간이 포함된 치료법)를 시행할 시 더 심각한 병으로 진행될 위험을 성공적으로 낮춘다는 사실을 발견했다.[54] 물론 이런 결과를 검증하고 치료법을 보다 정교하게 개선하기 위해서는 많은 수의 환자들을 대상으로 한참 더 연구가 진행되어야 한다. 그렇지만 어쨌든 노세보 반응이 우리의 전반적인 건강에 매우 큰 영향을 미친다는 사실은 부정할 수 없는 진실이다. 그리고 무엇보다 중요한 것은 이 같은 부정적인 기대 효과를 무효화시킬 방법이 있다는 점이다.

일부 노세보 반응이 타인에게까지 전염될 수 있음을 가리키는 강력한 증거가 나타났기 때문에, 노세보 반응의 특성을 올바로 이해하는 것은 더없이 시급하다. 다음 장에서 살펴보겠지만 사람들 사이에서 퍼져나가는 부정적인 기대는 현대의 여러 가지 건강 문제들을 촉발하는 요인으로 작용한다. "자의적 죽음"을 연구한 인류학자, 역사학자들이 내린 결론과 달리 오늘날 선진국의 국민들은 오히려 그 어느 때보다도 암시에 더 취약해져 있을지도 모른다. 이에 우리는 이 현대적 저주에 맞서 싸우기 위해 가능한 도구를 총동원해야 할 것이다.

- 약의 잠재적 부작용에 대한 경고를 접한다면 임상시험 중 플라세보 집단에서도 같은 증상이 관찰되지는 않았는지 알아보자. (담당 의사가 알려줄 수도 있겠지만, 그렇지 않다면 보통 www.CDC.gov와 같은 정부기관 웹사이트에서 통계 자료를 찾아볼 수 있다.) 만약 플라세보 집단에서도 같은 증상이 나타났다면 이는 노세보 반응 결과일 확률이 높다.

- 부작용의 위험성을 가리키는 통계 자료를 볼 때는 비판적인 시각으로 살펴보고 리프레이밍을 실천해보자. 가령 부작용 발생률이 10퍼센트라는 말을 들었다면, 90퍼센트의 환자가 부작용을 경험하지 않는다는 사실에 집중하자.

- 혹시 부작용을 겪는다고 하더라도 이 증상이 약의 치유 작용이 제대로 기능한다는 신호는 아닌지 자문해보자. 이렇게 하면 불안을 가라앉힐 수 있을 뿐만 아니라 실제로 치료 효과를 높이는 데에도 도움이 될 수 있다.

- 107쪽에 수록된 척도를 활용하여 자신이 "통증 파국화" 사고를 하는 경향이 있는지 평가해보자. 만약 그런 경향이 관찰된다면 스스로 증상에 대해서 반추할 때 이를 알아차리도록 노력하자. 파국화 사고에 접어들었음을 자각하는 것이 악순환의 고리를 끊는 첫 단계이다.

- 자신이 파국적 사고에 빠져들고 있다는 사실을 알았다면, 이러한 생각이 사실적 근거를 바탕으로 하고 있는지 자문해보고, 사실적 근거가 없는 생각이라면 상황을 조금 더 긍정적으로 재해석할 방법이 없는지 고민해보지.

- 노세보 반응의 특성에 대해서 배운 사실을 기억하고 기회가 될 때마다 곱씹어보자. 어떤 연구에 따르면 알고 있는 사실을 자기 자신에게 다시

설명하는 글을 써보는 것도 도움이 되며, 이와 관련된 자신의 생각을 공유하는 소셜 미디어 게시글을 작성해보는 것도 추천하는 방법이다.

4

집단 히스테리의 근원

기대는 어떻게 집단 내에서 전파되는가

2006년 5월, 포르투갈은 한 질병의 이해할 수 없는 폭증세로 골머리를 앓았다. 이 병은 10대 청소년에게서만 관찰되었으며, 환자들은 어지럼증, 호흡 곤란, 피부 발진 증상을 보였다. 단 며칠 사이, 전국적으로 300여 명이 병에 걸렸다. 병의 원인을 두고 일부 전문가는 바이러스 또는 중독의 일종일 가능성이 가장 높다고 주장한 반면, 어떤 이들은 특정한 종류의 애벌레 또는 교실 먼지에 대한 알레르기 반응이라고 추측했다. 그러나 그 어떤 설명도 그다지 설득력이 없었다. 한 보건 전문가는 "이렇듯 선택적으로 청소년만 공격하는 병원체는 처음 보았다"며 혀를 내둘렀다.

조사 결과, 마침내 10대 사이에서 유행하던 드라마 「설탕 뿌린 딸기Morangos com Açúcar」가 원인으로 지목되었다. 첫 번째 환자의 사례가 보고되기 며칠 전, 이 드라마의 주인공이 치명적인 바이러스에 감염되어 이후 현실에서 환자들이 보인 것과 아주 흡사한 증상들을 보였기 때문이다. 무슨 연유인지 이 "바이러스"가 작은 화면 밖으로 튀어 나와 몇몇 시청자들을 감염시키고 정말로 신체적 증상을 일으킨 것이 다. 드라마 속의 병이 전적으로 허구라는 사실에도 불구하고 말이다. 이렇게 병에 걸린 아이들은 이어서 반 아이들에게 전염시켰고, 환자 수는 기하급수적으로 늘어났다. 반면 포르투갈의 성인들은 아이들이 보던 이 멜로드라마에 몰입할 가능성이 희박했던 데다가 10대의 사 회 관계망에 덜 개입되어 있었으므로 병에 걸릴 확률이 낮았다.[1]

과학자들은 이처럼 물리적인 매개체 없이 집단적으로 발생하는 병 을 "집단 심인성 질환mass psychogenic illness"이라고 부른다. (심신성이 특 정한 마음 상태로 인해서 기존의 증상이 악화되는 경우를 가리킨다 면, 심인성은 병의 원인이 전적으로 심리적인 경우를 의미한다.) 집단 심인성 질환의 사례는 포르투갈의 청소년 유행병 외에도 중세의 수수 께끼 같은 무도광dancing mania에서부터 최근 유튜브 사용자들에게서 나 타난 기이하고 통제 불가능한 얼굴 틱 증상에 이르기까지 다양하다.[2] 이러한 질환은 당사자들에게는 굉장한 고통이지만 과거의 전문가들 은 흔히 "상상의 산물"이나 계획적인 속임수 또는 대부분의 "정상적 인" 사람들과는 거의 무관한 정신박약이 원인이라며 일축하고는 했 다. "부두 죽음"과 마찬가지로 발생 확률이 매우 낮은, 그저 남의 일 로만 여긴 것이다.

그런데 「설탕 뿌린 딸기」 병의 유행은 심인성 증상이 건강한 사람 들에게서도 얼마나 쉽게 촉발될 수 있는지를 보여주었다. 다행히 이 경우에는 원인이 금세 밝혀져 청소년 환자들이 무사히 회복했지만, 최신 연구 결과는 이와 동일한 사회적 전염 과정이 수백만 명의 사람들에게 노세보 효과를 퍼뜨리고 증폭시키는 데에 기여하고 있음을 시사한다. 그리고 이는 단지 암시에 빠지기 쉬운 청소년만의 문제가 아니다. 연구 결과는 누구나 심인성 질환의 사회적 전염에 취약할 수 있음을 보여준다. 실제로 여러분도 미처 깨닫지 못했을 뿐 기대 효과에 "걸린" 적이 있을 가능성이 높으며, 다시 "감염될" 위험으로부터 스스로를 지키는 유일한 길은 노세보 반응의 신호를 알아차리는 방법을 배우는 것뿐이다.

머릿속 거울아, 거울아

노세보 효과가 어떻게 이 사람에서 저 사람으로 전파되는지를 이해하려면, 먼저 좀더 일반적인 관점에서 사회적 감염의 근원을 살펴보아야 한다. 이런 현상은 기본적으로 세상에 대한 우리의 머릿속 시뮬레이션에서 타인의 신체적, 정신적 상태를 통합적으로 고려할 수 있게 해주는 거울 체계mirror system라는 예측 기계의 핵심 요소로부터 발생한다.[3]

이야기는 이탈리아 파르마 대학교의 원숭이 한 마리와 땅콩 몇 알에서 시작된다. 1990년대 초, 신경과학자 자코모 리촐라티 연구팀은 이를테면 아이스크림콘을 잡도록 손에 지시를 내리는 것과 같이 목적을 띤 움직임을 일으키는 신경 활동을 탐구하고 있었다. 이를 상세히 살피기 위해서 연구진은 마카크 원숭이의 뇌에 센서를 부착하고 원숭이가 장난감을 쥐거나 먹을 것을 입으로 가져가는 동안의 전기적 활동을 기록했다. 그렇게 수차례 시행을 거듭한 결과, 각기 다른 의도가 서로 다른 패턴으로 나타나며, 각각의 움직임마다 별개의 특정 뇌 세포 집단이 활발히 활동한다는 사실이 밝혀졌다. 이는 뇌의 "신경 부호" 해독에서 중요한 한 걸음이 되었다는 점만으로도 충분히 의미 있는 발견이었다.

그런데 연구진은 우연히 원숭이가 움직이지 않을 때에도 연구자들이 땅콩이나 장난감을 잡는 모습을 보면 원숭이의 뇌 활동이 일어난다는 사실을 알게 되었다. 게다가 더욱 놀랍게도 이때 나타난 전기적 활동 패턴은 원숭이가 스스로 움직일 때 보인 것과 굉장히 유사했다.[4] 뇌가 마치 눈앞의 장면을 그대로 반사해 이에 대한 경험을 재현한 것처럼 보였기 때문에 연구진은 이 세포들을 "거울 뉴런mirror neuron"이라고 부르게 되었다. 그리고 이러한 과정을 통해서 우리가 의식적으로 생각하지 않고도 다른 사람이 무엇을 하고 있는지 즉각 이해할 수 있는 것이라고 주장했다.[5]

이후 원숭이와 인간을 대상으로 더 많은 연구가 이어졌고, 뇌의 거울 체계가 행동뿐만 아니라 감정에도 반응한다는 사실이 밝혀졌다. 다른 사람이 어떤 감정을 표현하는 것을 볼 때면 우리 자신이 그 감정을 직접 경험하고 있기라도 하듯이, 뇌에서 감정 처리에 관여하는 영역과 해당 감정을 표현할 때에 관여하는 영역의 활동이 증가했다.

더욱이 중요한 점은 이 같은 내적 거울 반응이 겉으로 보이는 신체적 모방으로도 이어질 수 있다는 사실이다.[6] 피부의 전기적 활동 기록에서 알 수 있듯이, 다른 사람이 미소 짓는 모습을 볼 때면 우리의 뺨 근육도 아주 미세하게나마 움찔거리기 시작하고, 찡그리는 모습을 보면 우리의 눈썹 근육이 수축하기 시작하며, 혐오감이나 통증을 느끼듯 입술을 우그리는 것을 보면 우리의 입 주변도 살짝 움츠러드는데, 이 모두가 거울 체계의 반사적인 활동 때문이다. 우리가 말하는 투나 속도 역시 대화 상대의 목소리에 맞추어 닮아가게 된다. 심지어 동공까지도 우리가 보고 있는 사람과 비슷해지도록 확장 혹은 수축되는 경향을 보인다.[7]

다시 말해서 우리는 미처 알아차리지도 못하지만, 타인의 존재가 우리의 마음은 물론 신체적인 변화까지 야기할 수 있다. 게다가 이같은 신체적 영향에는 분명한 목적이 있다. 바로 상대방의 감정을 더 잘 이해할 수 있게 된다는 것이다.[8] 한 연구는 이런 가설을 아주 기발한 방식으로 증명했는데, 일시적으로 안면 근육을 마비시키는 보톡스 시술을 받은 성형외과 환자들을 대상으로 다양한 사진을 보여주며 사진 속 인물들이 느끼는 감정을 묘사하도록 하는 실험이었다. 그 결과 보톡스 시술 환자들은 안면 근육에 영향이 없는 "필러" 시술을 받은 환자들에 비해 사람들의 정서 파악에 훨씬 어려움을 겪었다. 즉, 실험 참가자들은 사진 속 인물들의 감정을 온전히 인식하기 위해서는 신체적인 거울 반응이 필요했으며, 이 과정을 해내지 못하는 경우에는 정서 처리 능력이 저해되었다.[9]

물론 인간은 표정으로만 타인과 소통하지 않는다. 우리에게는 말과 글이 있다. 그런데 이 또한 뇌의 거울 체계를 자극할 수 있다. 가령 "미소"라는 단어를 들으면 정서 처리 영역이 미세하게 활동하며, 심지어 마치 금방이라도 빙긋 미소를 지을 것처럼 안면 근육에도 작은 움직임이 일어날 수 있다. 그러고는 다른 사람의 얼굴을 직접 보고 모방할 때와 마찬가지로 객관적으로 행복한 감정을 느낄 아무런 이유가 없는데도 기분이 약간 긍정적으로 변화하는 것을 느끼게 된다.[10]

그러니까 리촐라티 연구팀과 그 원숭이는 우연한 계기로 공감의 신경학적 기반을 밝혀 감정이 어떻게 전염병처럼 그 자신도 모르게 사람 간에 전파될 수 있는지 설명할 방법을 찾아낸 것이다. 이들은 훗날 "사람들은 상대에 대한 이해와 공감의 의미로 '아프냐? 나도 아프다'라는 표현을 하지만 이 말이 얼마나 과장 없이 현실을 반영한 것인지는 잘 모른다"라고 말했다.[11]

물론 대부분의 경우에는 반사된 타인의 감정을 아주 약하게만 경험한다. 로또 당첨자의 사진을 볼 때마다 세상이 전부 내 것 같은 희열을 느끼거나 다른 사람이 우는 모습을 볼 때마다 극심한 비통에 빠지지는 않는다. 그저 현재의 감정에 조금 변화가 생길 뿐이다. 하지만 아무리 작은 영향이라도 회사에서 오랜 시간을 보내거나 모두가 하나같이 유사한 정서적 태도를 보이는 사람들과 여러 차례 상호작용을 하다 보면 그 효과는 쌓이게 마련이다.

사람의 감정이 얼마나 멀리까지 퍼져나갈 수 있는지 한눈에 파악할 수 있는 예로, 여러분이 자신의 삶에 엄청나게 만족하며 놀라우리만치 긍정적인 태도로 살아가는 어떤 사람과 친구가 되었다고 상상해보자. 그 친구를 보면 즐거울지는 모르지만 과연 그 사람의 행복이 여러분도 평생 행복하게 해줄까? 프레이밍햄 심장 연구라는 아주 세밀한 종단연구 결과에 따르면, 답은 "그렇다"이다. 그 친구와 일상적으로 상호작용한 덕분에 여러분은 주변 환경에 달리 직접적인 변화가 없어도 삶의 만족도 측정 점수가 15퍼센트가량 높아질 것이다.

만약 직접 친구가 아닌 친구의 친구라면 어떨까? 같은 연구 결과, 이 경우에도 그의 행복이 여러분의 친구에게 전해지고 이어 여러분에게도 전해져서 이후 여러분이 행복을 느낄 확률을 약 10퍼센트 증가시킨다. 심지어 친구의 친구의 친구에 의해서도 여러분이 현재 느끼는 삶의 만족감이 영향을 받아 행복을 느낄 확률이 6퍼센트가량 올라갈 수 있다. 살면서 한 번 마주치지도 않았으며 아마 존재조차 몰랐을 사람들이 상호작용의 연쇄반응을 통해서 여러분의 삶에까지 영향을 미치는 것이다.[12]

거울 체계를 발견하고 사회적 전염이 어디까지 이루어질 수 있는지 밝혀낸 이 연구 결과들은 우리의 안녕감이 사회 관계망의 동심원에 따라 얼마나 달라질 수 있는지 보여주었다는 점에서 정신 건강 문제에 매우 중요한 함의를 지닌다. 그뿐만 아니라 집단 심인성 질환이 발생했을 때 한 집단 내에서 증상이 어떻게 전파되는지를 이해하는 데에도 큰 실마리를 제공할 수 있다. 가령 구성원 모두가 생물학 무기의 위협에 극심한 우려를 느끼는 집단이 있다면, 집단 내 각각의 구성원이 다른 구성원의 공포를 증폭시키기 시작하면서 일종의 반향실 효과(echo chamber effect, 흡음성이 적은 물질로 벽을 세워 공간 내부의 소리가 잘 울리도록 만든 반향실 속에 있을 때처럼 폐쇄적인 관계망 속에서 기존의 신념을 강화하는 정보만을 반복적으로 주고받음으로써 인지 편향이 심화되는 현상/옮긴이)를 일으켜 모두가 공황 상태에 빠질 수도 있다.[13] 더 큰 문제는 상황이 이렇게 되면 공감 능력이 지나치게 뛰어난 뇌가 다른 사람이 호소하는 통증, 메스꺼움, 현기증 등의 느낌을 스스로 유발하는 것이다. 운이 좋은 사람은 이 효과가 그다지 크지 않아 실질적으로 안녕감에 영향을 받지 않을 수 있다. 하지만 일단 자신이 병에 걸린 것 같다는 생각이 들면, 예측 기계가 거울 체계가 유발한 증상을 계산에 포함시킴으로써 노세보 반응을 일으키거나 증폭시킬 수 있다. 그리고 몸이 좋지 않은 사람들과 더 많이 교류하며 그들이 고통스러워 모습을 보고 그에 대해서 이야기를 나눌수록 이러한 증상은 악화된다.

영국 헐 대학교의 심리학자 줄리아나 마초니는 이 같은 과정의 잠재적 파괴력을 처음 세상에 알린 인물 중 한 명이다. 그는 "환경물질에 대한 반응의 개인차 연구"라는 명목으로 소수의 참가자들을 모집했다. 참가자들은 두 명씩 짝을 지어 두통, 메스꺼움, 피부 가려움증, 졸음 등의 증상을 일으킨다고 보고된 독성 추정 물질을 흡입했다. (실제로는 그냥 공기였다.) 그런데 진짜 참가자들은 몰랐지만 이들의 "짝"은 사실 기체를 흡입하면 중독 증상이 생긴 것처럼 연기하라는 지시를 받은 연기자들이었다. 그리고 그런 짝의 모습을 관찰한 참가자들이 보인 결과는 놀랍도록 명확했다. 짝의 증상을 본 참가자들은 흡입제의 부작용을 보지 못한 사람들에 비해 훨씬 심각한 증상을 호소했던 것이다.[14]

마초니의 연구 결과는 2000년대 후반에 처음 학계에 발표되었고, 현재는 수많은 연구들이 노세보와 유사한 증상이 사회적인 전염을 통해서 사람 간에 전파될 수 있음을 증명한다. 가령 약물 임상시험 형식을 흉내 낸 한 연구에서는 인체에 무해한 가짜 약을 복용한 참가자들이 다른 참가자로 위장한 연기자가 아픈 모습을 연기하는 것을 보자 경험하는 증상의 가짓수—메스꺼움, 어지럼증, 두통 등—가 무려 11배나 증가했다.[15] 또다른 연구에서는 헌혈 기관에서 재방문자들의 증상을 살펴보았다. 헌혈을 마친 뒤 실신할 것 같은 느낌이 들거나 어지러운 경우는 드물지 않지만, 눈앞에서 다른 헌혈자가 금방이라도 쓰러질 것 같이 힘들어하는 모습을 지켜본 경우에는 이 같은 증상을 경험할 확률이 2배가량 높았다.[16]

이러한 사회적 전염 효과는 상당히 구체적이다. 단순히 몸이 좋지 않다고 느끼는 것이 아니라 관찰 대상이 경험하는 바로 그 증상들이 전염 및 심화된다. 설상가상으로 사회적 전염은 직접적인 증상 관찰 외의 글이나 말로 경고를 접했을 때 발생할 수 있는 일반적인 노세보 반응과 동시에 일어난다.[17]

이 같은 효과에 취약한 정도는 확실히 전반적인 공감 능력과 타인의 감정에 지나치게 휘둘리지 않도록 조절할 줄 아는 능력에 따라 달라지는 듯하다. 실제로 공감 능력을 측정하는 한 표준검사에는 "나는 종종 내가 목격한 일에 상당히 감상적이 된다", "좋은 영화를 보면 주인공에게 감정이입하기 쉽다", "위급 상황에 간절하게 도움을 필요로 하는 사람을 보면 마음이 너무 아프다" 등의 문항들이 포함된다. 남들보다 거울 체계가 민감하게 반응하는 탓인지 몰라도 이러한 문항들에서 높은 점수를 받는 사람들은 타인이 보이는 아프다는 신호를 더 잘 흡수하여 자기 자신도 같은 증상을 겪게 될 확률이 높으며, 다른 사람이 낫는 모습을 보면 덩달아 증상이 완화될 가능성도 높다.[18]

기대 효과가 전염된다는 사실을 뒷받침하는 가장 놀라운 증거는 이탈리아 토리노 대학교의 파브리치오 베네데티의 연구 결과로부터 나왔다. 베네데티는 플라세보 및 노세보 효과의 특성과 이것이 건강에 미치는 영향에 관한 연구 분야에서 핵심적인 인물이다. 그런 그가 공교롭게도 알프스 북서쪽의 해발 3,500미터짜리 눈 덮인 산봉우리에 위치한 로사 고원 연구시설에서 고도가 신체 건강에 미치는 영향을 연구하게 되었다. 로사 고원은 1년 내내 스키어들에게 개방된 곳으로서 임상시험 외의 환경에서 집단 내 질병의 기대 효과가 전파되는 양상을 관찰하기에는 최적의 장소였다.

베네데티의 연구는 다수의 등반가와 스키어들에 의해서 보고된 "고산 두통"에 초점을 맞추었는데, 이 증상은 산소 부족이 직접적인 원인으로 추정된다. 고산 지대의 산소 부족에 대응하기 위해서 혈관이 확장되고, 그로 인해서 뇌의 모세혈관에 가해지는 압력이 증가하는 등의 생리적인 변화가 직접적으로 두통을 유발한다는 사실에는 의심의 여지가 없다. 노세보 효과는 두통을 더욱 심해지게 만드는데, 베네데티는 사회적 전염을 통해서 과연 사람들 사이에서 이 노세보 효과가 퍼지고 증폭될 수 있는지 살펴보고자 했다. 이에 그는 지역 대학의 의과 및 간호학과 학생 121명을 이동에만 꼬박 3시간이 소요되며 케이블카도 세 번이나 갈아타야 도착할 수 있는 고원 위 자신의 연구실로 초대했다. 학생들은 모두 같은 수업을 듣고 있었고, 서로 안면이 있는 상태였다. 베네데티 연구팀은 고도가 높아지면 발생할 수 있는 상황에 대해서 학생마다 개인적으로 알려주는 대신에 "방아쇠" 역할을 해줄 학생 한 명에게만 두통이 생길 수 있다는 생각을 품게 만들었다. 이 방아쇠 역할 참가자에게는 고산 두통의 발생 위험성을 설명하는 책자와 두통 탓에 얼굴이 일그러진 환자의 모습이 담긴 영상(감정이입을 촉발할 가능성이 높은 장면)을 보여주었다. 그러고는 그에게 연구실을 방문하기 이틀 전에 연구진에게 연락해서 얼마만큼의 아스피린을 지참하면 좋을지 확인하라고 당부했다.

이 이야기를 다른 학생들에게 전하라는 말은 없었지만 그러거나 말거나 방아쇠 역할 참가자는 몇몇 친구들에게 자신이 들은 이야기를 전했고, 그에게 이야기를 전해들은 학생들은 다시 각자의 친구들에게 말을 옮겼다. 연구실을 방문할 때가 되었을 무렵에는 고산 두통 발생 위험성에 대한 정보를 방아쇠 학생 외에도 35명이나 알게 되었고, 하나같이 연구실에 전화를 걸어 아스피린을 얼마나 가져가면 좋을지 물었다.

연구실로 향하는 길에 학생들이 겪은 고산 지대의 영향은 실로 충격적이었다. 베네데티 연구팀이 학생들에게 물어보니 친구들에게 아무런 이야기를 듣지 못한 학생들 중에서는 53퍼센트가 고산 두통을 경험한 반면, 사전에 정보를 들은 학생들은 86퍼센트가 두통에 시달렸던 것이다. 게다가 평균적으로 방아쇠 학생의 이야기를 들은 학생들이 겪은 두통의 정도 또한 그렇지 않은 학생들보다 더 극심했다. 고원 연구실에 도착한 이들의 타액 샘플을 채취하여 살펴본 결과, 이러한 차이는 산소 부족에 대한 대응으로 발생하는 것으로 알려진 신체 변화가 과도하게 나타나는 등 뇌의 화학 작용에서도 관찰되었다. 이를테면 방아쇠 학생의 이야기를 들은 참가자들은 프로스타글란딘 분자의 농도가 훨씬 높았는데, 이것은 고산 두통을 야기할 수 있는 혈관 확장 반응에 관여한다고 여겨진다.

결과를 보고 번뜩이는 생각이 떠오른 베네데티는 집단 내 전염 경로를 파악하기 위해서 학생들에게 고산 두통에 대해 무슨 이야기를 들었으며 또 누구와 이 이야기를 나누었는지 조사했다. 그러자 증상에 관한 이야기를 나눈 횟수가 많을수록 두통이 심했으며 프로스타글란딘 수치도 높았다는 사실이 드러났다. 다른 사람과 이야기를 할 때마다 불안이 증폭되었고, 그 결과 신경의 화학 작용에서 실질적인 변화가 발생하여 더 강한 통증을 느끼게 되었던 것이다.[19] 베네데티는 "정보의 출처가 어디인지는 크게 중요하지 않다. 통증에 대한 기대를 심어준 것이 의사일 수도 있고 친구일 수도 있지만 어쨌든 기대가 클수록 그 효과도 강력하다"라고 말했다.

어쩌면 직관적이지 않을지 몰라도 이 같은 기대 효과의 전염 현상은 사실 아주 쓸모가 있으며, 특히 신체적으로 전파되는 질병의 위험이 높은 상황에서 그 진가를 발휘한다. 가령 치명적인 진드기나 말라리아 매개 모기가 많은 지역에 살고 있다고 상상해보자. 주변 사람들이 몸을 긁는 것을 보거나 가렵다고 말하는 것을 들으면, 우리의 뇌는 피부를 민감하게 만들어 해충의 존재를 신속하게 알아차리고 병이 옮기 전에 제거할 확률을 높일 수 있다. 마찬가지로 여러 사람들과 함께 식사를 하고 있는데 한 사람이 탈이 날 경우 그 사람이 느끼는 메스꺼움이 "전염되는" 것이 기분 나쁠지는 몰라도 위험한 병원체일지도 모를 것을 계속 섭취하는 상황은 막을 수 있다. 어쨌거나 인간은 사회적인 동물이고, 우리의 예측 기계는 그저 우리가 아프거나 다치는 일을 미연에 방지하기 위해서 가능한 모든 단서를 동원할 뿐이다.

기대 효과의 전염은 대부분의 경우에는 본래의 목적대로 완벽하게 기능한다. 하지만 특정한 상황에서는 신체적으로 아무런 근거도 없이 몸이 아픈 사람들이 대거 발생하는 참사를 일으킬 수 있다.

전염의 3대 법칙

이제는 타인의 신체적 증상을 거울처럼 따라 느끼게 되는 기작이 무엇인지 알았으니, 의학적 수수께끼로만 여겨졌던 과거의 여러 문제들도 풀 수 있을 것이다. 아울러 정확히 어떤 조건에서 집단 심인성 질환이 발생할 가능성이 높아지는지도 규명이 가능하다.

2006년의 포르투갈로 다시 돌아가보면, 「설탕 뿌린 딸기」 시청자들이 드라마에 너무 몰입한 나머지 이들의 뇌 속 거울 체계가 주인공이 경험하는 아픔을 모방하는 지경에 이르렀으리라는 사실을 어렵지 않게 상상해볼 수 있다. 그러다 몇몇 아이들이 신체적인 증상을 보이기 시작하자, 그를 목격한 반 친구들의 마음도 덩달아 감염되고, 이들이 다시 다른 친구들에게 전염시키면서 입원하는 환자들이 나오고 학교가 문을 닫는 일까지 벌어진 것이다. 전문가들이 나서서 문제의 원인이 독성물질이 포함된 먼지라는 둥 치명적인 애벌레라는 둥 나름대로 유추한 바를 명시적으로 언급하고부터는 환자가 기하급수적으로 늘어났으며, 마침내 진짜 정체인 심인성 질환이라는 사실이 발표되고서야 상황이 종료되었다.

역사적으로 수없이 보고되었던 집단 심인성 질환의 사례들도 유사한 과정을 거쳤을 것이다. 과학이 발달하기 전에는 이러한 전염병이 격렬한 발작이나 실신의 형태로 나타났으며, 심지어 중세와 현대 초기의 유럽에서는 마을 전체가 연쇄적인 무도광 증세로 고통을 겪었다. 대서양 너머 미국에서는 집단 심인성 질환의 발병이 1692년 세일럼 마녀 재판으로까지 이어졌다. 세일럼 마을의 소녀들이 초자연적인 존재에 홀렸다는 소문은 경련성 발작을 겪던 사촌 자매—베티 패리스와 애비게일 윌리엄스—를 시작으로 며칠 사이에 다른 소녀들에게까지 번졌다. 현대의 일부 의사들은 당시 마을의 작물이 곰팡이 균에 감염된 탓에 발생한 맥각 중독이 원인이 되어 아이들에게서 발작이 일어났다고 주장하기도 하지만, 또다른 측에서는 이 사건이 집단 심인성 질환의 특징을 모두 갖춘 사례라고 이야기한다. 물론 둘 다가 원인이었을 가능성도 있다. 그러니까 패리스나 윌리엄스가 먼저 일종의 기질성 질환을 앓고 있었고 그 증상이 기대 효과의 전염을 통해서 다른 아이들에게로 퍼져나갔을 수도 있다.[20]

그러나 19세기와 20세기 들어서는 이처럼 극적인 사례는 거의 찾아볼 수 없게 되었다. 이제 집단 심인성 질환은 명확한 신체적 원인이 없는데도 중독 증세를 보이는 형태로 나타나는 경우가 훨씬 많아졌다. 그중 가장 눈여겨볼 만한 것이 1962년 사우스캐롤라이나 주 스파튼버그의 한 제조 공장 노동자들이 집단적으로 메스꺼움, 근육 경련, 신체 쇠약, 어지럼증, 극심한 피로감을 호소한 사건이다. 곧이어 영국에서 직물을 들여올 때 독벌레가 딸려왔다는 소문이 돌기 시작했다. 그로부터 몇 주일 지나지 않아 60여 명의 노동자들이 같은 병에 걸렸다. 질병통제예방센터의 전문가들이 문제의 범인을 찾기 위해서 공장 전체를 샅샅이 뒤졌다. 검은 개미, 집파리, 각다귀, 풍뎅이, 진드기가 발견되었지만 어느 것도 이들이 앓고 있는 병을 일으킬 만한 종은 아니었다. 결국 전문가들은 전파 경로를 추적한 끝에 친구에게 자신이 벌레에 물린 것 같다고 말하고는 기절했다는 한 22세 노동자가 최초 감염자였음을 알게 되었다. 이후의 모든 환자들은 사회적 감염을 통해서 발병했다.

노동자들을 면담한 사회학자들은 질병의 희생자를 예측할 수 있는 요인 두 가지를 발견했다. 첫 번째는 최근 얼마만큼의 스트레스를 경험했는가로, 부부 사이가 좋지 않거나 가정사로 힘들어하던 직원들이 안정적인 환경에 있던 이들보다 병에 걸릴 가능성이 높았다. 두 번째는 병에 걸린 다른 직원들과 얼마나 가까웠는가였다. 먼저 병에 걸린 다른 직원과 개인적으로 아는 사이이며 자주 이야기를 나누던 사람들이 더 쉽게 전염되었다.[21]

이 둘이 전염의 3대 법칙 중 처음 두 가지에 해당된다고 할 수 있다. 마지막 세 번째는 환경과 관련이 있다. 즉 전반적으로 질병에 취약할 것이라고 예상하게 될 만한 그럴듯한 위험 인자가 주변에 있는지 여부이다. 공장 노동자들이 전부터 영국 벌레의 위험성을 걱정했을 리는 없어 보이지만, 상황에 따라서는 눈앞의 질병에 대한 두려움이 돌연 이러한 걱정으로 이어져 증상의 전염 가능성을 높이는 일도 전혀 없으리란 법은 없다.

세 번째 법칙을 보면 어째서 집단 심인성 질환이 정치적 파동이 일거나 전쟁이 터졌을 때에 특히 흔하게 나타나는지도 설명이 된다. 예를 들면 1983년, 서안지구에 위치한 팔레스타인의 한 여학교에서 썩은 달걀 냄새가 나며 학생과 교직원들이 단체로 시야가 흐려지고 호흡 곤란에 빠지는 일이 있었다. 이런 현상이 뉴스로 보도되면서 근방에 있던 1,000여 명에 달하는 학생들까지도 신체 이상을 호소했다. 결국 추적 조사를 펼친 감염병학자들이 처음 증상이 나타난 학교의 파손된 재래식 화장실에서 흘러나온 불쾌한 냄새를 학생들이 독가스로 오인하면서 일어난 사건이라는 사실을 밝혀냈다. 화장실과 가까운 반일수록 첫날부터 증상을 보고한 학생이 많았던 것이다. 쉬는 시간이 되자 이 학생들은 친구들과 자신들이 맡은 이상한 냄새의 위험성에 대해서 이야기를 나누었고, 그 아이들은 다시 다른 친구들에게 말을 옮겼다. 베네데티의 고산 두통 연구에 참가했던 학생들과 정확히 같은 패턴이었다. 그렇게 얼마 지나지 않아 몸이 아플 것이라는 기대는 학교 전체로 퍼져나갔고, 이 소식이 더 많은 사람들에게 알려지면서 지역 내 다른 시설들로까지 전파되었다.[22]

미국에서도 9.11 테러 이후 비슷한 사건이 벌어졌다. 2001년 후반부터 2002년 사이 미국에는 이슬람 테러 단체가 어쩌면 생물학 무기 사용을 비롯한 추가 공격을 퍼부을지도 모른다는 공포가 만연했다. 그런 와중에 인디애나 주의 학생들에게서 발진 증상이 보고된 것을 시작으로 차츰 버지니아 주 남쪽에서 펜실베이니아, 오리건, 매사추세츠 주까지 증상이 번졌다. 이상한 점은 증상이 학생들의 일상 활동과 관련된 것처럼 보였다는 사실이다. 학생들의 발진은 학교에 가면 심해졌다가 집으로 돌아가면 서서히 가라앉았다. 당연히 학부모들은 엄청난 불안에 휩싸였지만, 과학자들은 그 어떤 무기의 흔적이나 기타 환경적인 원인도 밝혀내지 못했다. 살충제 성분이나 건물의 몰딩, 심지어 교과서를 제본할 때 사용된 화학물질에 대한 알레르기 반응일 가능성까지 제기되었으나 정밀 조사 결과 모두 아닌 것으로 판명

났다.[23]

　기대 효과의 사회적 전염 현상은 쿠바에 파견된 미국의 외교관과 정보요원들에게서 처음 발견된 "아바나 증후군Havana syndrome"을 이해하는 데에도 도움이 될 수 있다. 2016년의 마지막 날, 아바나의 CIA 요원 한 명이 미국 대사관을 찾아가 기이한 증상을 보고했다. 증상의 내용은 어지럼증, 귀 통증, 이명, 머리가 멍한 느낌 등이었다. 그런데 그의 보고에서 정말 이상한 부분은 문제를 일으키는 원인이 너무나도 명확하다는 사실이었다. 집에 있으면 그가 어느 방에 있건 몹시 거슬리는 소음이 계속해서 따라다니는 듯한 감각이 뚜렷하게 느껴진다는 것이었다. 그리고 소리는 현관문을 열 때만 사라진다고 했다.

　그의 경험에 대한 소문이 퍼지자 더 많은 요원들이 그들 또한 최근 몇 달 동안 똑같은 이상 증세를 겪었다고 보고하기 시작했다. 이들이 들었다고 묘사한 소리는 아주 높은 음("세상 요란한 주전자 소리")에서부터 "창문을 조금 열고 운전할 때 차 안에서 느껴지는 것과 비슷한 먹먹한 소리"까지 다양했다.[24] 몇몇은 어떤 진동 또는 "압력"에 의해서 흔들리는 느낌을 경험하고 밤에 잠에서 깼다고 보고하기도 했으며, 또 어떤 이들은 이상한 소리는 전혀 듣지 못했지만 마찬가지로 어딘가 어수선하고 혼란스러운 느낌과 현기증을 경험했다고 말했다. 분명한 것은 이들의 경험이 상당히 기분 나쁘고 뇌진탕과 유사한 증상들을 동반했다는 사실이었다. 결국 사태는 미국 정부 차원에서 누군가 음향 무기를 사용해서 자국의 외교관과 정보요원들을 위협했다고 공언하기에 이르렀다.

　기이한 증상에 대한 공포는 곧 다른 국가에서 파견된 외교관들에게도 전염되어 캐나다 외교관 역시 아주 유사한 증상들과 더불어 코피와 불면증을 보고했다. 그다음에는 아바나에서 수천 킬로미터 떨어진 다른 나라에서도 명백히 비슷한 유형의 공격이 발생했고, 증상 보고가 폭증함에 따라 미국 국무부는 베이징 내 대사관과 상하이와 광저우의 영사관 직원들까지 대피시켰다.

음향 과학자들은 원거리에서 인간의 뇌에 심각한 타격을 초래할 만큼 강력한 음파를 쏠 수 있는 방법이 대체 무엇이었는지 찾아내기 위해서 고심했다. 실제로 대사관 직원들을 괴롭혔던 소리로 추정되는 것을 녹음해서 분석도 해보았지만 이는 매미 소리로 밝혀졌다. 이들이 겪었던 증상의 궁극적인 원인을 둘러싼 논쟁은 지금도 활발히 이어지고 있는데, 일부 학자들은 집중 전파를 발산하는 무기가 원인이었을 수 있다고 주장한다. 하지만 다른 학자들은 이 증상들이 심인성이었다는 가설이 설득력 있다고 보고 있다. 확실히 아바나 증후군의 징후는 부정적인 기대 효과에서 비롯되는 것으로 알려진 다른 여러 증상들과 기분 나쁠 정도로 닮아 있다. 게다가 타국 생활로 스트레스를 많이 받는 와중에 외국인들끼리 긴밀한 유대 관계를 형성한 것도 심인성 증상들이 퍼져나가기에 좋은 환경이 되었을 것이다.

앞의 세일럼 마녀 재판 사건에서도 보았듯이, 심신성 질환의 영향을 받았다고 해서 병의 근원이 환경에 있을 가능성을 완전히 배제할 수는 없다. 현재로서는 알 수 없는 어떤 물리적인 요인이 먼저 소수의 사람들에게 병을 일으킨 뒤, 최초의 병원체와 직접적으로 접촉하지 않은 다른 사람들이 그들의 증상을 목격하고 자신도 병에 걸릴 수 있다는 기대가 퍼지면서 전염이 일어났을 수도 있는 것이다.[25]

개인적으로 내가 가장 흥미롭다고 느낀 부분은 이런 가설을 접한 사람들이 보인 반응이다. 사람들은 기대 효과가 질병까지 일으킬 수 있을 만큼 강력한 힘을 지녔다는 사실을 도무지 이해하지 못하는 듯했다. 당시 환자들의 초진을 담당했던 의사들 중 한 명은 "이 모든 증상들을 인위적으로 꾸며내려면 실제로 하나하나 몸소 연구하고 몸에 밸 때까지 연습하여 세상에서 가장 완벽한 배우가 된 다음 만나는 전문가마다 속여 넘기는 노력을 쏟아야만 했을 것"이라고 말하기도 했다.[26] 아바나 증후군 관련 특별 청문회의 의장을 맡았던 상원의원 마코 루비오는 이와 유사한 입장을 취하며 집단 심인성 질환을 "수많은 사람들이 건강 염려증 환자처럼 굴면서 증상을 꾸며낸 것"이라고 묘사했다.[27] 그러나 기대 효과에 대한 차고 넘칠 정도로 많은 과학적 연구 결과들이 이미 증명한 것처럼, 이 같은 발상은 사실과 매우 거리가 있다. 집단 심인성 질환에는 인위적이거나 공상적인 요소라고 할 것이 하나도 없다. 이는 그저 사회적 자극에 민감한 우리의 마음과 예측 기계가 위험한 상황을 미연에 방지하기 위해서 놀라운 능력을 선보인 자연스러운 결과일 뿐이다.

바이럴 사고

지금까지 우리가 다룬 집단 심인성 질환의 사례들은 굉장히 골치 아픈 사건이기는 했지만 독립적인 특정 집단에서 제한된 수의 사람들에게만 영향을 미쳤다. 그리고 그나마도 물리적인 위험 요소가 제거된 뒤에는 많은 경우 증상이 차츰 가라앉았다. 그렇지만 모든 사건이 이렇게 쉽게 해결되었던 것은 아니다. 바로 전통 매체와 소셜 미디어 때문이다.

이 경우에도 시작은 일반적인 노세보 효과에서 비롯된다. 정체 모를 위협 요인이나 건강 전문가가 해준 합당한 경고에 대한 과도한 공포가 증상을 촉발한 이후 가까운 사람들에게 전해진다. 그러다 환자의 수가 임계치에 도달하고 나면 다큐멘터리, 온라인 기사, 소셜 미디어가 뇌의 거울 체계를 활성화시키기 좋게끔 보통 대단히 감정적인 일인칭 시점의 글이나 영상과 함께 이 소식을 불특정 다수에게 광범위하게 퍼 나른다. 그 결과 훨씬 더 많은 사람들에게서 증상이 발현되고, 비교적 희귀했던 증상이 짧은 시간에 수천, 심지어 수백만 명의 사람들에게까지 번질 수 있다.

먼저 새로운 기술의 도입이 원인이 되어 발생하는 공포증의 일종인 "테크노포비아technophobia"를 생각해보자. 생각보다 많은 사람들이 혁신 기술에 공포를 느끼는데, 이로 인한 막연한 불안은 부정적인 기대 효과가 전염되기 쉬운 환경을 조성한다. 그 결과 처음에는 직접적인 사회적 상호작용을 통해서, 이후에는 언론 보도를 통해서 증상이 퍼져나간다. 무려 1889년에도 「영국 의학 저널British Medical Journal」에 "청각 과로"로 인해서 지속적으로 윙윙 울리는 이명, "현기증", "신경과민", "신경통"을 호소하는 사례가 급증했다는 보고가 실렸다. 범인은? 알렉산더 그레이엄 벨의 발명품인 전화기였다.[28] 비슷한 현상은 전신, 라디오, 컴퓨터 모니터가 출현했을 때에도 나타났다. 모두 오늘날에는 거의 아무도 건강에 심각한 위험을 초래한다고 생각하지

않는 장치들이다.[29]

최근 들어서는 무선기술이 등장하면서 와이파이나 5G 신호로 인해서 두통, 호흡 곤란, 불면증, 피로감, 이명, 안구 건조, 기억 문제를 호소하는 사례가 발생하고 있다. 극소수의 사람들에게만 일어나는 일이라고 치부하기에는 스웨덴 인구의 1.5퍼센트(약 15만 명)부터 영국 인구의 4퍼센트(약 260만 명)에 이르기까지 생각보다 제법 많은 사람들이 "전자파 민감증"으로 고통받고 있다.[30] 이들은 전자파에 장기간 노출될 경우 뉴런 간의 신호 교환 체계에 지장이 생겨서 장기적으로는 세포 손상으로도 이어질 수 있을 것이라고 믿는다. 그렇지만 실험 연구에서 밝혀진 바에 따르면, 집이나 사무실에서 적은 양에 노출되는 정도로는 결코 몸에 해가 되지 않는다.

킹스 칼리지 런던의 제임스 루빈은 이들의 증상 또한 심인성으로 설명할 수 있을지 확인하기 위해서 "전자파 민감증"을 보이는 참가자 60명을 모집했다. 그리고 참가자들에게 한쪽 귀 위로 휴대전화 안테나가 솟아 있는 헤드밴드를 착용시켰다. 실험이 시작되고 일부 회차에서는 실제로 안테나에서 신호가 발산되었던 반면, 아무런 신호도 흐르지 않은 회차도 있었다. 50분 동안 참가자들은 어떤 증상이든 경험하는 대로 기록했다. 전자파 민감증이 정말 전자기장의 물리적인 영향 때문에 발생하는 것이라면, 실제 전자파에 노출된 회차에서 그렇지 않은 회차에서보다 훨씬 더 많은 증상이 나타날 터였다. 그런데 막상 결과를 보니 (전자파가 일절 발산되지 않았던) 통제 집단의 참가자들에게서 오히려 두통 등의 증상이 더 많이 보고되었다. 이는 그야말로 전자파에 대한 고유의 생물학적 반응이 부작용을 유발했다는 주장의 신뢰도를 급격하게 떨어뜨리는 결과였다.[31] 루빈은 "사람들이 진짜 신체적인 증상을 경험했다는 사실을 믿어 의심치 않는다"고 말했다. 단지 그들의 증상은 기대와 사회적 전염의 결과였지, 전자파 탓이 아니었을 뿐이다.

루빈의 이 연구는 2006년에 발표되었고, 후속 연구를 통해서 전자파 민감증을 생전 경험한 적 없는 건강한 사람들도 전자파의 "위험성"과 관련된 공포심을 조장하는 영상을 시청한 뒤에는 전자파 과민 증상을 호소할 확률이 급증한다는 사실을 밝혀냈다.[32] 더군다나 온라인상에서 공유되는 정보는 대부분 해당 증상을 몸소 체험한 사람들의 영상을 담고 있는데, 앞에서 보았듯이 실제로 증상을 겪는 사람들을 보고 그들의 이야기를 들으면 노세보 효과에 전염될 가능성이 훨씬 더 높아진다.

이에 못지않게 흔하게 발생하지만 세계인들의 건강에는 훨씬 더 큰 문제를 일으킬 수 있는 것이 바로 백신에 대한 심인성 반응이다. 가령 독감 백신 접종을 받은 많은 사람이 발열, 두통, 근육통 등의 증상을 겪었다고 보고했다. 그중에는 심지어 백신을 맞으면 독감에 걸릴 수 있다고 주장하는 사람도 있었다. (최근 조사에 따르면 현재 미국 시민의 약 43퍼센트가 이 이야기를 믿는다.[33])

백신 문제에 얽힌 진실은 전자파 민감증 사례보다는 아주 살짝 복잡하다. 기본적으로 독감 백신에는 여러 가지 형태가 있는데, 주사를 통해서 주입되는 독감 백신은 모두 바이러스가 불활성화된 형태이거나 바이러스에서 추출한 단백질 성분만으로 이루어져 있다. 둘 중 어느 쪽이든 이미 사멸한 바이러스나 단백질 성분만으로는 체내에서 바이러스의 복제가 이루어질 수 없기 때문에 백신 접종이 독감 감염으로 이어지는 일은 없다. 아예 생물학적으로 불가능하다. 게다가 백신 주사제의 임상시험 결과를 보면 플라세보 주사를 맞은 집단에서도 실제 백신을 맞은 참가자들과 독감 증상 발생률이 비슷하게 나났다.[34] 미국 질병통제예방센터의 발표에 의하면 두 집단 간의 유일한 증상의 차이는, 실제 백신을 맞은 경우 주삿바늘이 들어갈 때 팔에 통증을 느낄 가능성이 조금 더 높다는 정도였다.[35]

비강 스프레이 형태의 특정 독감 백신의 경우에는 조금 더 복잡하다. 여기에는 "약화되기는" 했지만 여전히 활동력이 있는 바이러스가 포함되어 있다. 독감 바이러스의 병독성이 줄어들었으므로 그냥 무방비로 독감에 감염되었을 때만큼 심하지는 않지만, 며칠간 콧물이나 가벼운 발열 등 경미한 증상이 나타날 수 있다는 연구 결과가 있다. 그렇다고는 해도 임상시험 결과대로라면 이처럼 직접적인 생물학적 작용만으로는 보고된 사례들 가운데 극히 일부밖에 설명이 되지 않는다. 특히 피로감이나 두통처럼 흔한 증상들은 심인성일 가능성이 있다.[36]

주사든 비강 스프레이든 백신을 접종한 의사가 해준 말이 씨가 되어 증상이 발현되었을 수도 있지만, 주변에 해당 증상을 겪은 친척이나 친구가 있거나 부작용을 호소하는 소셜 미디어 게시글을 읽었다면 이를 직접 경험할 가능성이 훨씬 더 높아진다. 그리고 이렇게 일어난 사회적 전염의 결과는 때로 매우 극적일 수 있다. 2009년 신종 플루가 유행할 당시 타이완에서 중학생 46명이 백신을 맞고 몸 상태가 급격히 나빠져 병원으로 이송되었는데, 의사들은 이들의 증상이 순

전히 심인성이라고 밝혔다.[37]

이와 같은 유형의 집단 심인성 질환은 다른 전염병의 백신 접종 계획에도 큰 차질을 빚었다. 2014년 콜롬비아에서 인유두종 바이러스 HPV 백신 접종을 시작했을 때 벌어진 소동도 그중 하나였다. 사건은 카르멘 데 볼리바르의 여학생 몇 명이 백신 접종 후에 통증을 호소하면서 시작되었다. 곧이어 의식을 잃고 경련하는 여학생들의 영상이 유튜브에 업로드되고 대중 매체에서 이를 다루자, 몇 주일 사이 추가로 600여 명의 백신 부작용 사례가 쏟아졌다.[38] 조사 결과 이번에도 완전히 심인성이었던 것으로 밝혀졌지만, 이 소동으로 향후 몇 년간 백신 접종률이 매우 저조해지는 등 접종 계획이 처참하게 틀어지고 말았다.

스타틴 부작용 사례에서도 이와 똑같은 패턴을 발견할 수 있다. 스타틴은 동맥을 막고 심장 질환 및 뇌졸중 발병 위험을 높일 수 있는 혈중 콜레스테롤 수치를 낮추기 위한 목적으로 널리 처방되는 약물로, 환자의 수명을 유의미하게 연장할 수 있다는 탄탄한 연구 결과도 있다. 그런데 2010년대 초, 환자들이 만성 근육통을 비롯해 약의 부작용으로 여겨지는 증상들에 우려를 나타내기 시작했다.[39] 이러한 우려는 고통을 상세히 묘사한 환자들과의 인터뷰나 극심한 통증에 시달리는 사람들의 모습이 담긴 사진들과 함께 언론을 통해서 수도 없이 보도되었다. 사람들의 거울 뉴런 체계를 활성화하기에 안성맞춤인 내용이었다.[40] 결국 수천 명이 앞다투어 증상을 보고하기 시작했고, 사람들은 약 복용을 중단했다.

그러나 플라세보 대조 임상시험 결과, 스타틴을 복용한 참가자들의 부작용 발생률은 가짜 약을 투약한 집단과 비슷한 수준이었다.[41] (미국 심장협회에서 검토한 바에 따르면 두 집단 간의 차이는 1퍼센트도 채 되지 않았다.[42]) 그럼에도 사람들의 공포는 쉽사리 가라앉지 않았고, 가파르게 증가하는 환자 수는 각 환자들의 증상 보고가 대중 매체에 의해 증폭되고 소셜 네트워크를 타고 널리 공유되면서 비교적 희귀한 증상이 단시간 내에 집단 심인성 질환으로까지 번질 수 있다는 사실을 다시금 증명해주었다.

13개국의 사례를 비교한 한 연구에서는 약에 관한 부정적인 보도를 온라인에서 얼마나 쉽게 접할 수 있는지가 해당 지역의 부작용 발생률과 정비례한다는 사실을 발견했다. 이를테면 스타틴을 둘러싼 부정적인 이야기를 가장 흔하게 만날 수 있는 미국과 영국에서 근육통을 호소한 환자의 비율이 약 10-12퍼센트였던 반면, 스웨덴이나 일본에서는 플라세보 대조 임상시험에서 예측한 수치와 비슷한 2퍼센트가량에 머물렀다.[43]

우리의 일상에서 가장 흔하게 볼 수 있는 부정적 기대 효과의 사례는 특정 음식물 알레르기로, 유럽과 미국에서는 현재 그 환자 수가 크게 늘고 있다. 가령 밀과 호밀, 보리에 함유된 단백질의 일종인 글루텐과 관련된 소화 불량 문제를 보자. 셀리악병을 앓고 있는 사람의 비율은 약 1퍼센트로 추정되는데,[44] 이는 식품 속 글루텐 성분을 치명적인 병원체로 오인한 면역계가 과민 반응을 보임으로써 발생한다.[45] 과도한 면역 반응으로 장이 손상을 입으면 신체가 영양분을 흡수하는 능력이 떨어지고 빈혈이나 다른 영양소 결핍 문제가 발생할 수도 있다. 셀리악병 환자 외에도 성인의 약 1퍼센트는 밀 알레르기가 있어서 글루텐뿐만 아니라 밀에 함유된 다른 단백질에도 과도한 면역 반응이 일어나 구토나 가려움증과 같은 즉각적인 증상을 보인다.[46]

그러나 이들을 제외한 제3의 환자들은 규정하기가 다소 애매한 "글루텐 민감증"을 호소한다. 글루텐 민감증 환자들은 셀리악병에서 나타나는 장 손상도, 밀 알레르기의 특징인 항체 반응도 없지만 이들과 마찬가지로 복통, 복부팽만, 설사, 두통 등을 호소한다.[47] 그리고 최근 발표된 연구는 이러한 불편감이 대부분 기대 효과에 기인했을 가능성을 제기한다. 예를 들면 글루텐 민감증 환자로 여겨지는 참가자들에게 몇 주일간 글루텐이 전혀 포함되지 않은 식사를 하게 한 뒤에 글루텐 함유 여부를 알려주지 않고 글루텐이 함유되거나 제거된 빵과 머핀을 섭취하게 한다. 그렇게 진행된 10건의 서로 다른 연구 결과를 취합하여 메타 분석한 최근의 논문을 보면, 글루텐 민감증을 호소하던 참가자의 16퍼센트는 실제로 플라세보가 아닌 글루텐 성분에 반응을 보인 반면에, 이보다 훨씬 많은 약 40퍼센트의 참가자들은 글루텐이 함유된 음식과 그렇지 않은 음식에 똑같은 반응을 보임으로써 이들이 보고한 증상의 상당 부분이 기대 효과에 의한 것일 가능성을 시사했다.[48] (중요한 점은 이 연구 중 다수가 증상의 또다른 잠재적 원인으로 알려진 "포드맵FODMAP" 탄수화물이 포함된 식품도 플라세보 시행에서 배제했다는 사실이다.)

물론 각 참가자들의 사례를 개별적으로 분석할 필요가 있겠지만, 이 결과만 놓고 보면 이렇게 많은 사람들에게서 증상이 나타난 원인의 하나는 노세보 효과로 추정된다. 수많은 잡지와 웹사이트에서 밀의 위험성을 경고하고 사람들이 모이기만 하면 이러한 보도 내용이 지속적으로 대화의 주제로 떠오른 탓에 우리가 먹는 음식을 향한 이 같은 부정적인 기대는 날개 달린 듯이 퍼져나갔다. 2010년대 중반이 되자 영국에서 글루텐 민감증을 호소하는 사람의 수가 3년 동안 250퍼센트나 증가하며 무려 전체 인구의 3분의 1가량을 차지하게 되었다. 문제의 원인이 온전히 신체적인 것이라면 도저히 있을 수 없는 충격적인 증가세이다.[49] 그외의 지역에 대해서는 자료가 부족하기는 하지만, 다른 여러 나라들에서도 같은 추세가 유행처럼 번지고 있는 듯하다.[50]

마음의 병이라는 낙인

이와 같은 사례들은 사회적 전염을 통해서 퍼지거나 증폭된 부정적인 기대 효과가 현재 전 세계인의 건강을 위협하고 있는 현상의 극히 일부분만을 보여줄 뿐이다. 실제로는 이밖에도 무수히 많은 문제들이 벌어지고 있다. 특히 최근 코로나−19가 유행하는 동안 마스크 착용에 대해 일부 사람들이 보인 반응도 부정적인 기대 효과가 신체에 미친 영향으로 설명할 수 있다. 상당히 많은 사람들이 마스크가 원활한 호흡을 방해하여 편두통에 시달리게 되었다고 주장했는데, 대부분의 마스크는 비교적 얇은 천으로 만들어지므로 호흡에 지장을 주었을 리가 없다. 그러나 실식할지도 모른다는 부정적인 기대가 사회적 전염을 거쳐 증폭되면서 진짜로 이런 증상을 만들어냈을 수 있다.

　나도 가족이 이런 경험을 했다는 말을 듣고 처음에는 약간의 두통과 호흡 곤란을 느꼈다. 내가 사회적 전염에 취약한 것은 전혀 놀랄 일이 아니다. 나는 거울 뉴런의 반응성을 반영한다고 여겨지는 공감 능력 검사(121쪽)에서 제법 높은 점수를 받았기 때문이다. 하지만 노세보 효과에 대한 지식 덕분에 곧 증상들의 원인에 의문을 품게 되었고, 금세 온라인에서 수술용 마스크를 쓴 상태로도 혈중 산소 농도가 떨어지지 않은 채 태연하게 운동하는 심장병 전문의의 모습을 촬영한 영상을 발견했다. 이 영상으로 나의 뇌는 즉각 마스크의 영향에 대한 예측을 재조정할 수 있었고, 얼마 지나지 않아 불편한 증상들도 사라졌다. 이로써 나는 리프레이밍과 감각의 재해석이 지닌 힘을 다시 한번 체감했다.

우리는 언제나 새로운 기술이나 의학적 처치가 도입되고 식습관에 변화가 생길 때면, 그 혁신이 주는 낯섦으로 인해서 불신과 공포를 느낀다. 그리고 그렇게 생겨난 부정적인 기대는 많은 사람들에게 영향을 미친다. 보건 당국이 해결해야 할 과제는 실제 신체적 위험 요소와 기대 효과의 산물을 구별하고 각각에 맞는 해결 방안을 제시하는 것이다. 둘 중 어느 쪽이든 무시하고 외면한다면, 환자들은 큰 해를 입게 된다. 많은 경우 신체적 위험 요소가 사라지고 뇌가 그에 따라 예측을 수정하고 나면 증상은 서서히 가라앉게 마련이다. 하지만 이 또한 환자들이 이러한 소식을 발표하는 전문가들의 말을 신뢰할 때의 일이다. 만약 전문가들이 세심하게 환자들의 고통을 헤아리는 태도로 정보를 전달하지 않는다면 환자들은 증상이 심인성이라는 전문가들의 설명을 무시할 가능성이 높으며, 나아가 의료계에서 진실을 숨기고 덮으려고 한다고 믿을 수도 있다. 그렇게 되면 환자 자신의 고통이 가중될 뿐만 아니라 다른 사람들에게까지 증상에 대한 기대가 전염될 확률도 높아진다.

기대 효과에 대한 일반 대중의 인식 제고가 시급한 이유도 바로 여기에 있다. 다행히 최근에는 사람들에게 노세보 효과와 그 파급력을 알리는 것이 향후 심인성 질병으로부터 이들을 보호하는 데에 도움이 된다는 연구 결과도 나오고 있다. 이를테면 뉴질랜드 오클랜드 대학교의 키스 피트리와 피오나 크라이턴은 풍력 발전기의 날개가 내는 "초저주파음"에 대한 공포로 발생한 집단 심인성 질환, "풍력 발전기 증후군wind turbine syndrome" 사례를 보고했다. 환자들은 두통, 귀의 통증, 이명, 메스꺼움, 어지럼증, 심계항진, 체내 진동, 관절 통증, 시야 흐려짐, 소화 불량, 단기 기억 문제 등 엄청나게 불쾌한 증상들에 시달렸다. 그러나 철저한 연구 끝에 초저주파음이 실제 존재하는지와는 관계없이 이것들 모두가 증상에 대한 사람들의 기대와 사회적 전염 탓에 발생했다는 사실이 드러났다.[51] 그런데 노세보 반응이라는 것이 있으며 기대 효과만으로 신체적 증상이 발생할 수 있음을 분명하게 설명해주자, 이 증후군에 "면역"이 생길 수도 있다는 사실이 밝혀졌다.[52] 그러니 하지 않아도 될 고생을 하지 않으려면 보건 당국에서 심인성 질환으로 의심되는 증상에 대한 대국민 발표를 할 때는 이 같은 정보를 포함시켜야 한다.[53]

개인 차원에서는 건강에 위협이 될 수 있는 새로운 존재가 나타났을 때, 좀 더 분별력 있게 사고하도록 노력해볼 수 있다. 다른 사람들의 경험담은 듣는 이를 혹하게 만들지만, 실제 위험성을 뒷받침하기에는 근거가 빈약한 데다가 이들이 호소하는 증상의 원인은 생각보다 다양할 수 있다. 매체의 보도가 신뢰할 만한 과학적 연구에 기반했는지 확인하고 의심되는 위험 요인에 노출된 사람과 그렇지 않은 사람 간의 증상을 비교한 결과가 있는지 찾아보자. (제대로 된 연구라면 플라세보 대조 임상시험과 마찬가지로 기대 효과가 결과에 영향을 미쳤을 가능성을 검증할 수 있게 어떤 형태로든 "가짜 노출" 조건을 추가하는 것이 이상적이다.) 만약 두 조건 간에 차이가 없다면 더는 걱정할 필요가 없을 것이다. 그 증상은 상당 부분 기대 효과에 기인한 것일 테니 말이다. 설사 차이가 있다고 해도 과연 절대적인 위험성이 큰지 여부는 더 따져보아야 한다. 일반적으로 스타틴 과민증처럼 온전히 생물학적인 원인으로 부작용이 발생하는 비율은 굉장히 낮다. (자신의 건강에 심각하게 우려할 만한 점이 있다면 의사에게 진료를 받아보는 편이 좋다.)

기대 효과로 인해서 증상이 발생할 수 있다는 인식이 널리 퍼지고 있으니 이제는 심인성 및 심신성 질환에 따라붙던 부정적인 오해와 낙인에서도 벗어나야 한다. 분명 우리 사회는 과거에 비해 우울증이나 불안 장애와 같은 정신 질환에 관해서 훨씬 더 터놓고 이야기할 수 있는 분위기로 바뀌었다. 그러나 정확히 왜인지는 모르겠으나 아직도 사람들은 몸의 병보다 마음의 병을 무시하는 경향이 있다. 한 전문의의 말에 따르면, 이 같은 부정적인 시선은 슬프지만 의료진 사이에도 만연해 있어서 환자들을 대할 때 자칫 그들의 병을 무시하는 마음이 전해질 수 있다.

인간은 누구나 기대 효과에 취약하며, 이로 인해서 실제로 신체적 불편감을 겪게 될 수 있다. 이러한 사실을 깨닫는다고 해서 흔한 감기에 걸리거나 뼈가 부러지거나 우울증 진단을 받는 것보다 특별히 더 부끄러울 것 없다. 심인성 및 심신성 질환도 그저 뇌의 어마어마하게 뛰어난 예측 성능이 빚어낸 자연스러운 결과물일 뿐이고, 이 심리적, 사회적, 그리고 문화적 근원을 올바르게 인식하는 것은 우리가 다음 장에서 기대 효과가 운동, 식습관, 스트레스, 수면에 미치는 영향을 탐구하는 데에도 반드시 필요하다.

생각의 전환 : 건강에 대한 우려

- 우리의 몸이 거울 뉴런 체계를 통해서 주변 사람들의 정신적, 신체적 상태를 모방할 수 있다는 사실에 유의하자.
- 정치적 불안이 높거나 신기술이 도입되거나 전에 없던 치료법이 상용화되는 등 특정 상황에서 집단 심인성 질환이 발생하기 쉽다는 점을 염두에 두자. "낯섦"에서 "위험"을 연상하지 않도록 주의하자.
- 주변 사람들의 사례를 고려할 때는 우연이 개입되었을 가능성도 생각해보자. (예를 들면 친구가 백신 접종 이후 앓아누웠을 경우 접종 이전에 이미 병에 걸렸을 가능성도 생각할 수 있다.)
- 건강 관련 보도를 접할 때는 비판적으로 사고하자. 믿을 만한 과학적 연구를 바탕으로 했는지 살펴보고, 위험하다고 추정되는 요인에 노출된 사람과 그렇지 않은 사람의 상태를 비교한 자료가 있는지 찾아보자. 아무리 그럴듯하다고 해도 개인의 경험담만을 전적으로 믿지는 말자.
- 심인성 질환일지도 모를 증상으로 몸이 불편하다면, 의사의 진찰을 받되 혹시라도 기대 효과로 인해서 증상이 발생했을 가능성에도 마음을 열어

두자. 나는 그럴 리 없다고 확신하는 상태에서는 효과를 무력화시키기가 훨씬 더 어려워질 수 있다.

- 자신 혹은 타인의 병을 대할 때 낙인을 찍는 듯한 부정적인 표현은 삼가자. 질병을 일으키고 증상을 악화시키는 믿음을 문제의 원인으로 지적하기만 더 힘들어질 뿐이다.

5

더 빨리, 더 강하게, 더 건강하게

기대는 어떻게 운동의 고통을 덜어주는가

1997년 7월 18일, 투르 드 프랑스의 12구간을 앞두고 프랑스의 페스티나 팀 소속 리샤르 비랑크가 생테티엔에서 개인 독주 경기를 준비하고 있었다. 비랑크는 원래 평지에서의 독주보다는 험준한 산길 주행에 더 자신이 있었지만, 이번 구간의 55킬로미터짜리 경주로에서 폭발적인 에너지를 내게 해줄 새로운 약물에 대한 소식을 들었던 참이라 자신의 전담 물리치료사인 윌리 보에게 소문의 "마법의 묘약"을 구해달라고 부탁해두었다. 그의 팀이 경기력 향상 약물을 사용한 적이 없었던 것도 아니므로 처음 비랑크의 요청에 보에가 거절 의사를 표현한 것은 윤리적이라기보다 현실적인 차원의 문제 때문이었다. 토너먼트가 한창 진행 중인데 새로운 물질을 시도했다가 만에 하나 이상 반응이 일어나면 비랑크가 경기를 망칠까 두려웠던 것이다. 그러나 몇 차례 설득이 이어진 끝에 보에는 결국 그 약을 몰래 거래하고 있다는 경기 보조와 만나기로 했고, 곧 경기 직전 비랑크의 엉덩이에 주사하면 된다는 수수께끼의 흰색 액체가 담긴 작은 병을 손에 쥐게 되었다.

경기 당일, 보에는 정확하게 주사를 놓았고, 이후 숨이 멎을 것 같은 결과가 펼쳐졌다. 비랑크는 숙명의 라이벌 얀 울리히와 경기 내내 접전을 벌였다. 결국 울리히가 1시간 16분 24초의 기록으로 1위를 차지하기는 했지만, 비랑크도 그와 3분 4초밖에 차이가 나지 않는 기록을 세웠고, 이는 그가 상상도 하지 못했던 엄청난 기록이었다. "세상에, 정말 최고야!" 경기를 마친 비랑크가 보에에게 말했다. "그 약 완전히 물건인데." 보에는 그 독주 경기가 "비랑크의 인생 경기"였다고 표현했다.

비랑크는 알지 못했지만 그의 마법의 묘약에는 유효성분이 전혀 없었다. 주사를 놓기 전에 보에가 수수께끼의 흰색 물질을 포도당 수액으로 바꿔치기 했기 때문이다. 한껏 치솟은 자신감과 관중의 성원만이 비랑크가 최고의 경기를 펼치기 위해서 필요한 전부였다. 적어도 이 경기에서 그는 규칙을 어기는 행동은 일절 하지 않았다.

보에는 훗날 자서전에서 "자기 자신에 대한 믿음을 대체할 수 있는 것은 아무것도 없다"라고 말했다. "당시 리샤르에게 관중보다 효과 좋은 약은 없었다. 혈관을 타고 흐르는 충만한 자신감과 고통도 잊게 해줄 열렬한 응원, 무적이 된 것만 같은 기분으로 만들어줄 숭배의 목소리. 리샤르에게 필요한 약은 바로 그런 것이었다."[1]

●●●

이처럼 극적인 경기력 향상에 관한 이야기는 스포츠 분야에서는 제법 흔하게 찾아볼 수 있다. 몇 년간 매일같이 신체를 단련할 수도 있지만, 결국 신체의 한계를 결정짓는 것은 우리의 마음가짐이다.

올림픽에서 아홉 차례나 금메달을 따고 '날아다니는 핀란드인'이라는 별명으로 불린 중, 장거리 육상 선수 파보 누르미(1897-1973)는 "마음이 전부이다. 근육은 한낱 고무 쪼가리에 불과하다. 지금의 나를 있게 한 것은 모두 나의 마음가짐이다"라는 말로 이와 같은 생각을 표현했다. 1마일을 4분에 주파한 최초의 선수, 로저 배니스터 또한 1954년에 같은 말을 남겼다. 그는 자서전에 "훈련 체계를 얼마나 강하게 밀어붙일 수 있는지는 뇌에 달려 있다"라고 썼다.[2] 이는 21세기 최고의 마라톤 선수인 케냐의 엘리우드 킵초게의 철학이기도 하다. "나는 늘 두 다리가 아닌 심장과 마음으로 달린다고 말한다"라고 그는 밝혔다. "어떤 사람을 더 잘 달리게 만드는 것은 다름 아닌 그 사람의 마음이다. 마음이 차분하고 집중이 잘된 상태라면 몸은 그냥 따라오게 되어 있다."[3] 이 글을 쓰는 시점을 기준으로 킵초게는 15번의 마라톤 경기에 출전해 13번을 우승했으며, 2시간 1분 39초라는 세계 기록을 보유하고 있다.[4]

스포츠 세계에 이러한 관념이 이미 널리 퍼져 있었음에도 불구하고, 스포츠 과학자들이 마음이 신체 능력에 미치는 진정한 영향력을 이해하기까지는 무려 한 세기가 더 걸렸다. 현재는 의학적 플라세보에 관심이 급증한 데 이어 건강과 스포츠 분야에서의 기대 효과도 의욕적으로 연구가 진행되고 있다. 그리고 그 중심에는 에너지 소비량을 조절하고 근육의 부담과 피로에 대한 신체적 감각을 만드는 뇌의 역할을 살펴보는 새로운 연구가 자리하고 있다. 우리의 뇌는 신체를 손상시키지 않는 선에서 어디까지 혹사시킬 수 있는지 예측하고 한계에 도달했다고 생각되면 5킬로미터 달리기 도중이든 철인 삼종 경기의 마지막 코스에서든 "한계에 다다른" 느낌을 경험하게 함으로써 움직임에 브레이크를 건다.

이 같은 연구 결과는 운동선수가 세계 신기록을 세우는 데에도 물론 도움이 될 수 있지만, 그보다도 다이어트를 꾸준히 하기 힘들어하고 운동을 싫어하는 일반인들과 더 깊은 관련이 있다. 올바른 마음가짐을 갖추기만 한다면 게으름 부리기에 그 누구보다 진심인 사람들도 운동을 통해서 적은 고통으로 많은 이점을 누리게 될 수 있다.

근육 위에 마음 있다

플라세보와 노세보에 관한 연구들과 마찬가지로 마음과 운동에 대한 새로운 이해는 시간 차를 두고 점진적으로 이루어졌는데, 시초가 된 것은 19세기 후반 이탈리아의 생리학자 안젤로 모소의 연구였다. 모소는 토리노 대학교에서 꼼꼼하게 설계한 실험을 진행하며 참가자들의 중지에 작은 무게 추를 달았다. 참가자들은 추를 단 손가락을 피로한 느낌이 들 때까지 구부렸다 펴기를 반복했고, 모소는 그동안 "에르고그래프ergograph, 피로 측정기"라는 것을 이용해서 근육의 수축 강도를 기록했다. (손가락 구부리기는 다소 시시한 운동처럼 보일 수도 있지만 모소가 참가자들의 움직임을 아주 정교하게 통제하고 측정할 수 있다는 점에서 그의 실험에는 안성맞춤이었다.)

이후 예상할 수 있다시피 참가자들은 처음에는 씩씩하게 손가락을 움직였지만, 시간이 지나 근육이 피로해지면서 차츰 구부리기 운동을 힘겹게 느끼기 시작했으며, 사전에 신체 활동을 한 경우에는 더 적은 횟수의 움직임에도 같은 수준의 피로감을 경험했다. 그런데 중요한 것은 이를테면 강의를 하거나 대학교 수업의 시험지를 채점하는 것처럼 순전히 지적인 활동을 필요로 하는 과제도 마찬가지로 근육의 힘을 빠르게 떨어뜨릴 수 있다는 사실이 발견되었다는 점이다. 이러한 발견 및 다른 실험 결과들을 바탕으로 모소는 우리가 느끼는 피로감이 두 가지 요인에서 비롯된다고 결론을 내렸다. 즉 뇌에서 기인한 "의지"가 고갈되는 "정신적인 과정"과 화학적 "독소"가 근육 자체에 축적되는 상태가 모두 근육의 피로감을 유발한다는 것이다. 그는 자신의 저서 『피로La Fatica』에서 "뇌의 피로가 근력을 감소시킨다"라고 언급했다. 더불어 근지구력을 키우기 위해서는 신체뿐만 아니라 마음도 단련해야 하며, 그 둘은 서로 밀접하게 연결되어 있다고 주장했다.[5]

과학의 역사가 공정하게 흘러갔다면 모소는 생리학 및 신경과학에서 그가 이루어낸 업적으로 널리 인정을 받았을 것이며, 스포츠 과학자들 또한 지금까지 계속해서 근력과 근지구력에 영향을 미치는 다양한 심리적 요인들을 연구했을 것이다. 그러나 모소는 1910년에 그만 세상을 떠나고 말았고, 이후 과학자들은 거의 대부분 근육 자체에서 발생하는 생화학적 변화에만 초점을 맞추었다. 이를 두고 케이프타운 대학교의 생리학자 티머시 녹스는 "그는 역사에서 철저히 배제되었다"라고 말했다.

일반적으로 알려진 이론에 따르면, 우리의 근육은 조직 내 글리코 겐glycogen 분자의 형태로 저장되어 있던 연료가 고갈되고, 젖산처럼 근섬유의 수축을 힘들게 하고 신체의 움직임을 둔화시키는 독성 부산물이 누적되면 지치게 된다. (젖산은 발효 과정에서 발생하는 물질이기도 하므로 이 이론대로라면 우리의 근육이 사실상 "피클"이 되는 셈이다.) 이는 특히 오랜 시간 지속되거나 강도가 높은 운동을 할 때, 심장이 몸 구석구석까지 충분한 연료와 산소를 보충해주지 못하거나 젖산이 다시 글리코겐으로 변할 수 있도록 충분히 쉬지 않고 근육을 지나치게 혹사시키는 경우에 문제가 될 수 있다.

그러나 탈수, 체온 상승 등 다른 요인들도 신체적 한계 설정에 관여하는 것으로 여겨지는 가운데, 마음의 중요성만큼은 별로 큰 주목을 받지 못했다. 가령 운동선수들은 에너지를 초반에 다 써버리지 않도록 페이스를 조절하는 데에 갖은 노력을 기울이지만, 자칫 오버페이스로 "한계에 다다르고 나면" 근섬유의 회복을 촉진하고 신체적 피로감을 줄이기 위해서 심리적으로는 할 수 있는 일이 별로 없었다. 한 선수가 다른 선수보다 뛰어나다면, 단순히 많은 훈련을 하고 유전적으로도 운 좋게 탁월한 신체를 타고난 덕분에 독성 부산물이 덜 축적되면서 효율적으로 에너지를 소비할 수 있기 때문이었다.

이렇듯 생화학적 기작으로 피로를 설명한 이론은 수십 년간 정설로 받아들여졌다. 아마 여러분도 생물학 수업 시간에 이렇게 배웠을 것이다. 그런데 최근 몇 년 사이에 이해할 수 없는 발견이 잇따르면서 이 이론의 기반이 흔들리기 시작했다. 특히 연구자들이 아무리 노력해도 생화학적 이론처럼 운동선수들이 대부분 신체 능력을 한계치까지 사용한다는 근거는 찾을 수가 없었다. 가령 운동선수들의 심박출량 및 산소 소비량은 에너지가 고갈된 시점에도 정체되거나 감소하지 않고 그 뒤로도 운동 능력을 유지하기에 충분할 만큼 높은 수준을 보였다. 그럼에도 그와 별개로 이들은 스스로 한계에 다다랐다는 느낌을 경험했다.

근육이 움직일 때의 활동 양상을 살펴본 연구에서는 더 큰 문제가 발생했다. 실험 참가자들의 팔과 다리에 전극을 부착한 연구자들이 장시간 또는 고강도의 운동 시 근섬유의 50-60퍼센트만이 일을 한다는 사실을 밝혀낸 것이다. 만약 정말 근섬유 내의 생화학적 변화가 신체 피로감을 야기하는 유일한 원인이라면 근육이 지치기 전에 훨씬 더 많은 섬유들이 동원되어 부담을 나눴어야 마땅하지만 실제로는 그렇지가 않았다.[6] "이는 말 그대로 정설이 틀렸다는 반증"이라고 녹스는 말했다. 게다가 운동 중에 젖산이 축적된다는 연구 결과는 매우 많았지만 이론대로 젖산이 근력을 약화시키고 근육을 피로하게 한다는 것을 증명하기는 쉽지 않았다. 오히려 일부 연구에서는 젖산이 극한의 운동 상황에서 근육의 움직임을 향상시키는 역할을 할 가능성이 제기되기도 했다.[7] 이러한 결과들을 고려하면 급격한 탈진이 일어나는 원인을 설득력 있게 설명해줄 신체적 변화를 특정하기란 굉장히 어려웠다.

운동선수와 코치진이 오래 전부터 언급했던 놀라운 심리적 효과는 말할 것도 없었다. 일례로 주의 깊게 실험을 진행한 결과 운동선수들은 혼자 훈련할 때보다 다른 선수들과 팽팽한 경쟁 상황에 놓였을 때에 일관되게 더 나은 성적을 낸다는 사실이 증명되었다. 선수들에게는 마치 특정한 상황에서만 발동되는 일종의 비상 에너지가 있는 것처럼 보였는데, 이 또한 피로감을 단순히 글리코겐이 고갈되고 젖산이 축적된 결과라고 한다면 설명할 수 없는 현상이다.[8]

무엇보다 생화학적 이론의 가장 큰 문제는 모소가 발견한 것처럼 지적 활동만으로도 이후 신체 활동 능력이 현저하게 저하되는 현상을 설명할 수 없다는 점이다. 이런 현상은 최근에도 여러 연구에서 재검증되었다. 2009년, 뱅거 대학교의 연구진은 고도의 기억력과 집중력을 요하는 90분짜리 힘든 시험을 마친 뒤 사이클 선수들의 체력이 15퍼센트가량 감소한 것을 발견했다.[9] 물론 우리의 뇌도 포도당을 소모하기는 하지만, 만약 피로감이라는 것이 오롯이 근육 자체의 에너지 고갈 탓이라면 순전히 머리를 쓰는 활동만으로 그토록 극심한 신체적 피로감을 느낄 수는 없다.

이런 수수께끼들로 인해서 모소가 한 세기 전에 주장했듯이, 뇌가 우리의 신체적 한계를 결정한다는 가설을 전면 수용하는 "심리생물학적psychobiological" 이론으로 회귀하는 녹스 같은 스포츠 과학자들이 점차 늘고 있다.[10] 이 이론에 따르면 우리의 뇌는 과거의 경험, 심부체온과 같은 생리적 감각, 현재의 기분과 정신적 긴장감, 그리고 앞으로 남은 과제에 대해 예측한 내용을 활용하여 우리가 어느 정도의 강도로 얼마만큼의 운동을 더 수행할 수 있는지 신중하게 판단한다. 그리고 이렇게 계산한 결과를 바탕으로 운동에 사용할 근섬유의 비율과 신체가 지속할 수 있는 운동의 강도를 결정하며, 이보다 무리를 한다는 신호를 감지하면 근육으로 보내는 신호를 억제하고 운동을 지속하기가 점점 힘들어지도록 피로하다는 감각을 만들어 움직임에 브레이크를 건다.[11] 피로감은 당장은 불편하게 느껴질지 몰라도 나중에 정말 필요해질 때를 대비하여 에너지를 비축하고 행여 무리하다가 부상을 당하지 않도록 막는 데에 도움이 된다.

신체의 한계를 설정할 때 뇌는 일반적으로 아주 보수적인 편인데, 이는 진화론적으로 보면 사실 당연하다. 생사가 달린 위협과 맞서는 상황이 아니라면 보통은 잠재적인 신체 손상을 피하기 위해서 안전을 우선시하는 편이 더 낫기 때문이다. 하지만 환경 변화에 적응하려면 뇌의 한계 설정에도 융통성이 필요하므로, 심리적으로 작은 계기가 마련되면 비축했던 그 비상 에너지를 봉인 해제하는 일도 종종 발생할 수 있다. 뉴질랜드 매시 대학교의 R. 휴 모턴의 연구를 보자. 2000년대 후반, 그는 사이클 선수들에게 각 주행마다 몇 분씩은 완전히 지칠 때까지 전속력으로 달리도록 하는 식으로 총 세 번의 동일한 주행을 실시했다. 그중 한 번은 참가자들에게 정확하게 가는 시계를 보여주었고, 한 번은 시간이 10퍼센트 빠르게, 또 한 번은 10퍼센트 느리게 가는 시계를 제시했다. 만약 뇌의 예측 작용이 피로감에 전혀 관여하지 않는다면, 주행마다 시계를 다르게 설정해도 근지구력에는 아무런 영향이 없어야 했다. 그런데 실제 결과를 보니 시계가 정확한 주행과 비교해서 시계가 느릴 때는 체력이 18퍼센트 증가하고, 빠를 때는 약 2퍼센트 감소했다. 불규칙한 시간 지각으로 인해서 참가자들의 뇌가 운동량을 실제 신체가 운동한 양보다 많게 또는 적게 계산히고 그에 따라 피로감을 소성한 것이다.[12]

선수들을 이전 기록과 현재의 페이스가 동시에 보이는 가상 트랙에서 자신의 기록과 경쟁하며 달리게 했을 때에도 이와 비슷한 효과를 볼 수 있었다. 사실 이전 기록을 나타내는 아바타는 참가자들 모르게 각자의 개인 최고 기록보다 조금 더 빠른 속도로 설정되어 있었고, 이를 통해서 자신의 능력에 대한 기대를 재설정한 참가자들은 지난 주행에서의 한계를 뛰어넘을 수 있었다.[13]

우리의 뇌는 신체의 신호를 받아 지속적으로 예측값을 업데이트하므로 이런 내부 신호들을 재해석함으로써 운동 능력을 끌어올릴 수도 있다. 가령 더울 때면 체온이 지나치게 높아지는 것을 막기 위해서 뇌가 피로감을 만들다 보니 보통 운동이 더 힘들게 느껴진다. 그런데 영국의 사이클 선수들에게 심부체온을 실제 측정치보다 조금 낮게 알려주자, 덥고 습한 환경에서의 체력 수치가 유의미하게 증가했다.[14] 마찬가지로 2019년에 발표된 한 연구에서는 사이클 선수들이 착용한 헤드폰을 통해서 심박수 측정치를 실제보다 높게 불러주자 이들의 뇌가 신체의 운동량을 과대평가해 훨씬 짧은 시간 내에 큰 피로감을 느끼게 되었다.[15]

피로의 심리생물학적 모형에 대한 연구는 지금도 진행 중이며, 그 신경학적 근원에도 점점 많은 관심이 쏠리고 있다. 운동하는 사람들의 두피에 전극을 붙이고 관찰함으로써 연구자들은 이제 운동 능력에 대한 기대를 처리하고 피로감을 만드는 뇌 영역을 규명하기 시작했다. 이 모든 과정에서 핵심은 이마 뒤에 자리한 전전두피질prefrontal cortex로, 눈앞의 운동에 관한 사실적 지식, 과거의 경험, 몸 구석구석에서 취합한 감각 신호를 활용하여 체내에 남아 있는 생리적 자원의 양이 얼마나 되며 이를 소진할 시 어떤 일이 벌어질지 예측하는 역할을 한다. 그리고 이렇게 계산을 마치고 나서는 그에 따라 신체의 에너지 출력량을 통제하고 몸에 무리가 가기 전에 운동을 멈추기 위해서 계산한 값을 운동피질(움직임을 계획하는 뇌 영역)로 전달한다.[16]

만약 살아생전에 이 같은 연구 결과를 보았다면 모소는 바로 이 영역들이 "의지력"의 근원이라고 생각했을 것이다. 그러나 플라세보나 노세보 반응에 관여하는 뇌 영역들과 비교해보면 사실 이 영역들이 운동 능력뿐만 아니라 신체 반응 전반을 다스리는 예측 기계의 일부임을 명백하게 알 수 있다.

●●●

신체가 무엇을 할 수 있는지를 뇌가 정한다는 사실을 올바르게 고려한 이 새로운 이론은 플라세보 처치가 운동에 미치는 영향을 이해하는 데에 도움을 준다. 1997년 투르 드 프랑스 독주 구간에서 비랑크가 보여준 놀라운 경기력을 다시 떠올려보면, "마법의 묘약" 주사로 인해서 그는 자신의 신체적 한계를 훨씬 더 높게 지각했다. 그의 뇌가 더 많은 자원을 경주에 쏟아부어도 부상의 위험은 없겠다고 판단하여 근육이 더 힘차게 일하도록 허용한 것이다. 그 정체가 단순한 포도당 성분의 액체라는 사실은 중요하지 않았다. 어쨌든 예측 기계에 작용한 효과 덕에 비랑크가 소비할 수 있는 에너지의 양이 증가했기 때문이다. 이 물질은 화학적 유효성분이 없는 "가짜"였지만 경기력에 미친 영향만 놓고 보면 그 무엇보다 진짜였다. 약에 대한 비랑크의 믿음과 주사를 놓는 과정이 주는 절차상의 전문성이 약에 진짜 힘을 불어넣은 셈이다.

치밀하게 통제된 실험 연구 결과, 시중에 유통되는 운동 보조제 중

대다수가 직접적인 생리 작용과는 별개로 복용하는 사람이 자신의 운동 능력을 더 높게 지각하게 함으로써 좋은 성적을 내도록 돕는 것으로 밝혀졌다.[17] 이를테면 카페인은 오래 전부터 많은 스포츠에서 경기력을 향상시키는 근육 각성제로 간주되었는데, 이 또한 상당 부분 기대 효과의 결과이다. 한 연구에서는 역도 선수 학생들에게 고농도의 카페인이 함유된 약이라고 말하며 쓴맛이 나는 액체를 주었다. 그러자 실제로 약에는 카페인이 전혀 없었음에도 참가자들은 이전 기록보다 10퍼센트가량 더한 중량까지 소화해냈다.[18] 반면 가짜 약이라고 생각하며 카페인을 투약한 참가자들의 운동 능력은 이보다는 적은 향상을 보였다.[19]

기대 효과는 단백동화anabolic 스테로이드나 적혈구 생성을 자극하는 에리스로포이에틴erythropoietin 호르몬 등 일부 금지 약물들의 효과 뒤에도 자리하고 있을지 모른다. 일례로 3,000미터 달리기 선수들에게 생리식염수를 투여하고 이를 에리스로포이에틴과 유사한 물질이라고 믿게 하자, 선수들은 자기 개인 최고 기록보다 무려 1.5퍼센트나 빠른 기록을 달성했다. 사소한 차이이지만 올림픽 순위가 1초도 안 되는 시간 차로 바뀔 수 있다는 점을 고려하면 접전 상황에서는 분명히 유리하게 작용할 수 있다. 이는 달리 말하면 비랑크와 같은 선수들이 다른 수단을 통해서 자신의 기대를 변화시킬 수만 있다면, 굳이 선수 생명을 망칠 위험을 감수하면서까지 도핑을 할 필요가 없다는 뜻이다.[20]

코치들이 자신이 투여하는 물질이 불법 약물이라고 믿는 상태에서 선수들에게 플라세보를 투여하는 경우를 윤리적으로 문제 삼기는 다소 애매하다. 그런데 과학자들은 코치들이 여기에서 한층 더 교묘해진 방법으로 도핑 규정을 악용할까 우려한다. 예를 들면 훈련 시에는 금지 약물을 사용하다가 경기를 앞두고 차츰 그 양을 줄여 결국 가짜 약으로 완전히 대체함으로써 플라세보 효과를 증진시키는 방법도 있을 수 있다. 이렇게 하면 선수는 성공에 대한 기대로 한껏 부풀어 경기에 임할 것이고 결국 신체적으로 매우 큰 혜택을 보았으면서도 약물 검사에서는 아무것도 걸리지 않게 될 것이다. 이 경우 시합에서는 실제로 금지 약물을 사용하지 않았으니 도핑이 아니라고 할 수 있을까? 현재 대회 규정들에서는 합법일지 몰라도 윤리적이라고 보기는 어렵다.

우리는 운동을 못 하는 것일까, 안 하는 것일까?

"근육 위에 마음 있다"는 새로운 지식은 프로 운동선수에게도 물론 중요하지만 나나 여러분과 같은 일반인에게 더 큰 의미가 있다. 흔히 자신을 저질 체력이라고 믿는 탓에 건강한 삶을 목표로 규칙적으로 운동하고 활동적인 생활을 지속하기를 어려워하는 사람이 많은데, 이렇듯 건강과 수명에 대한 무기력한 태도는 올림픽 메달을 하나 놓치는 것보다 더 심각한 문제를 초래할 수 있다. 가령 학창 시절 체육 시간에 부정적인 경험을 했던 적이 있다면, 성인이 되어서도 자신이 "운동 능력이 뛰어난" 유형의 사람은 아니라는 생각을 가지고 살았을 가능성이 높다. 한때는 종종 운동을 했지만 중년에 접어들면서 늘어나는 몸무게에 완전히 손을 놓은 사람들도 있을 것이다. 어쩌면 과거의 건강했던 몸 상태를 되찾기 위해서 너무 힘든 과정을 거쳐야 할 것이라며 지레 겁을 먹고 포기했을 수도 있다. 혹은 최근 부상이나 질병으로 고생을 해서 다시 전처럼 건강해질 수 있다는 자신감 자체를 아예 잃었을지도 모른다.

심리생물학적으로 피로를 설명한 최신 이론에 따르면, 이 모든 생각들은 우리의 주관적인 피로감과 객관적인 운동 능력에 영향을 미쳐 운동을 실제보다 훨씬 더 힘겹게 느껴지도록 만들 수 있다. 그렇다면 우리 자신의 운동 능력에 대한 지각을 재조정함으로써 이러한 어려움을 피하는 일도 가능할까?

이를 가장 철저하게 파헤친 연구 가운데 하나에서는 체력을 나타내는 표준 지표의 하나인 "최대 유산소 능력"을 면밀히 들여다보았다. 측정은 일반적으로 참가자가 러닝머신에서 지칠 때까지 차츰 속도를 높여 달리는 동안 들이마시는 산소의 양을 기록하는 방식으로 진행되었다. 최대 유산소 능력(최대 산소 섭취량, VO_2 max라고도 알려져 있다)은 이 과정에서 30초 구간에 걸쳐 산소 소비량의 최대치를 측정한 값으로, 폐와 심장이 얼마나 활발하게 근육에 연료를 전달하는지를 나타내는 수치로 간주된다. VO_2 max 수치가 높을수록 운동할 때의 지구력도 높다.

과연 긍정적인 피드백이 이 기본 체력 측정치에 변화를 야기할 수 있는지 알아보기 위해서 네바다 대학교 라스베이거스의 제프 몬테스와 가브리엘라 불프는 참가자들에게 두 차례의 VO_2 max 검사를 실시했다. 그중 첫 번째 검사에서는 실제로는 결과를 정확하게 측정했지만 참가자들에게는 이와 관계없이 엉터리 피드백을 주었다. 연구진은 참가자들과 가벼운 대화를 나누다가 일부에게는 그들이 다른 대부분의 참가자보다 높은 수치를 기록했다고 일러준 반면, 나머지에게는 검사 결과를 일절 언급하지 않았다. 며칠 뒤 두 번째 검사가 진행되었다. 긍정적인 피드백으로 기대 수준이 높아진 참가자들은 이전보다 유의미하게 높은 수치를 기록했으나, 피드백을 듣지 못한 통제 집단의 참가자들의 수치는 오히려 전보다 조금 낮아졌다. 전반적으로 두 집단 간에는 대략 7퍼센트의 차이가 발생했다. 즉 유산소 능력이라는 표준검사 결과상으로 나타나는 체력의 좋고 나쁘고의 차이는 그 사람이 스스로를 얼마나 체력이 좋은 사람이라고 생각하느냐에 달려 있었다.[21]

이처럼 높아진 기대치는 유산소 능력뿐만 아니라 달리기 운동의 효율성까지도 향상시킬 수 있다. 연구진이 이번에는 속도를 점차 높이는 대신에 일정한 속도로 10분간 러닝머신에서 참가자들을 달리게 했더니 운동 능력에 대한 기대 수준이 높아진 참가자들의 운동 중 산소 소비량이 유의미하게 감소했다. 이는 곧 근육이 같은 페이스를 유지하는 데에 에너지를 덜 소비했다는 뜻이다.[22] 이런 변화는 나중에 필요할 때 쓸 수 있는 잔여 자원의 양이 많아져서 결국 전반적인 지구력 증진으로 이어진다는 점에서 아주 중요하다. 피로감을 덜 느끼다 보니 운동 후 기분이 좋아지는 경험을 할 가능성도 높아진다.

2019년에 「네이처Nature」의 지명한 자매 학술지 중 하나에 실린 논문에 의하면, 놀랍게도 자신의 신체 능력에 대한 기대 효과는 일부 유전적 기질조차도 무력화시킬 수 있다. 이 연구에서는 먼저 참가자들이 CREB1 유전자를 보유하고 있는지 확인하는 검사를 실시했다. 선행 연구의 결과대로라면 이 유전자는 유산소 능력을 떨어뜨리고 운동 중 체온 상승에 관여함으로써 운동 경험 자체를 고되고 즐겁지 않게 만드는 원흉이다. 검사는 진짜로 진행되었고, 연구진은 결과를 따로 잘 기록해두었다. 하지만 참가자들에게는 실제 결과와 무관한 완전히 임의로 배정된 정보를 전해줌으로써 "선천적으로" 운동 능력이 뛰어나거나 그렇지 않다는 거짓 기대를 심어주었다. 그리고 이는 참가자들의 지구력에 큰 영향을 미쳤다. 부정적인 기대를 가지게 된 참가자들에게서는 폐를 들고 나는 공기의 흐름이 감소하고 산소와 이산화탄소의 교환이 줄어들어 결국 전반적인 지구력이 저하되는 결과가 나타났다. 더욱 중요한 점은 몇몇 생리적 측정치에 한해서는 이 같은 기대 효과가 실제 유전자의 유형보다 더 큰 영향을 미쳤다는 사실이다. 가령 산소와 이산화탄소의 교환은 실제 CREB1 유전자의 존재보다 유전적으로 운동에 소질이 없다는 믿음에 따라서 더 많이 감소했다.[23]

물론 그렇다고 해서 운동 효율을 높이기 위해서 매번 과학자들이 주는 엉터리 피드백에만 의존할 수는 없다. 다행히 이런 속임수 없이 혼자서도 비슷한 결과를 낼 수 있음을 보여주는 연구 결과가 있다. 예를 들면 사이클 선수들을 대상으로 한 어떤 연구에서는 운동 보조제를 복용하기 전에 이 약이 유효성분이 없는 가짜 약이라는 말을 듣더라도 복용 이후 참가자들의 성적이 향상된다는 결과가 나왔다.[24] 이 경우에 보조제는 앞에서 상당한 진통 효과를 증명한 오픈라벨 플라세보와 같은 방식으로 작용한 것으로 보인다. 그러니까 뇌가 신체 능력을 조절할 힘이 있다는 사실을 이해하는 것만으로 운동 능력이 증가한 것이다. 따라서 각자 자신에게 잘 맞는 도구의 도움을 받으면 된다. 좋아하는 음료든 고급 스포츠 웨어든 동기 부여가 되는 음악이든, 결국 운동 경험을 향상시키는 것은 마음가짐의 변화이다.

한편 미 육군 전투능력 개발사령부 병사연구소 소속 그레이스 자일스는 재평가 기법을 활용하면 운동하는 동안 소비된 에너지의 양을 적게 지각해 피로감을 덜 느낄 수 있다는 사실을 밝혀냈다.[25] 이미 제3장에서 살펴보았듯이, 재평가란 자신의 감정을 냉정하게 돌아보고 이를 덜 부정적인 측면에서 바라보거나 오히려 긍정적인 관점에서 해석할 수 있는 여지가 있는지 고민해보는 과정이다.

많은 이들이 집을 나서기도 전부터 운동이 힘들고 귀찮다는 식의 부정적인 생각들을 하기 시작하므로 가장 먼저 해야 할 일은 운동을 마치고 나서 기분 전환이 되고 활력이 생기는 느낌을 경험하는 등 운동을 함으로써 얻을 수 있는 즉각적인 이점에 집중하는 것이다. 운동을 한참 하고 있노라면 호흡이 가빠지거나 근육에 통증이 느껴지는 등 격렬한 활동에 따른 자연스러운 감각들을 자신의 체력이 부족하다는 신호로 해석하기 쉽다. 이러한 느낌이 곧 자신이 운동에 소질이 없다는 증거라는 생각이 스멀스멀 고개를 들기 시작하고, 여기에 집중할수록 기분은 점차 나빠진다. 이럴 때는 이 같은 감각이 바람직한 것인지 생각해볼 필요가 있다. 즉 약의 부작용을 반대로 약이 효과를 발휘하고 있음을 나타내는 신호라고 재해석했듯이, 근육통과 힘든 느낌을 운동이 실제로 신체를 변화시키는 증거라고 재해석해볼 수 있다. 숨이 차고 팔다리가 무겁게 느껴지기 시작한다면, 이는 근육이 강화되고 폐활량이 늘어나며 심장이 튼튼해지고 있다는 신호이다. 다시 말해서 운동이 제대로 되고 있다는 뜻이다.

규칙적으로 운동을 시작하고 나서도 여전히 이놈의 몸뚱이는 마음처럼 빠르게 뛸 수도, 들고 싶은 무게를 제대로 들지도 못하게 생겨먹었다는 생각에 좌절감을 맛보는 날들이 이어질지도 모른다. 그러나 패배감에 머무르는 대신에 이런 운동이라도 안 하는 것보다는 낫다는 생각을 다시금 떠올려볼 수도 있다. 어떻든 몸은 건강해지고 있기 때문이다. 운동 그 자체가 버겁다기보다 그냥 일주일 동안 힘들게 일하며 지쳤거나 다른 생활 스트레스로부터 회복할 시간이 필요한 것일지도 모른다. 이러한 사소한 인식만으로도 목표에 미치지 못하는 체력에 계속 괴로워하고 스스로를 탓할 때보다 운동 시간이 훨씬 덜 힘들게 느껴진다.

물론 몸을 지나치게 혹사하거나 무리하지 않도록 늘 유념해야 하므로, 낮은 단계부터 차근차근 신체 능력을 시험해보고 안전상의 우려가 발생할 경우에는 반드시 의사와 상의해야 한다. 재평가 기법의 목적은 어디까지나 운동이 힘든 것은 자신의 선천적인 신체 능력이 부족하기 때문이라고 확대 해석하는 일을 피하고 운동으로 점진적으로 체력이 향상되는 과정 자체에 집중하는 것이다. 자신의 신체 능력이 스스로 통제 가능한 범위 안에 있으며 시간이 지날수록 점점 더 좋아지리라는 사실을 인식하는 것만으로도 자기 패배적 사고의 늪에 빠지지 않고 운동에 대한 열의와 에너지를 유지할 수 있다는 연구 결과가 있다. 어찌 보면 당연한데도 많은 사람들이 이러한 사실을 종종 잊고는 한다.[26]

나도 한때는 운동을 싫어했으나, 리프레이밍 덕분에 운동을 덜 힘들게 느끼게 되었다. 나는 어릴 때 체육 시간을 참 싫어했지만 신체 활동의 중요성을 알게 된 뒤로는 몇 년간 규칙적으로 운동하려고 노력했다. 그래도 운동은 언제나 내게 부담이었고, 러닝머신에서 내려갈 시간만 기다리는 날도 허다했다. 그런데 운동할 때에 느껴지는 괴로움을 리프레이밍하는 법을 배우면서 운동 중과 후에 훨씬 더 활력을 얻었다. 한계에 다다를 것 같은 느낌이 들 때면 몸 안에 아직 비상 에너지가 남아 있다는 사실을 상기하고 팔다리에 더 많은 영양분을 보내기 위해서 폐가 확장하고 심장이 펌프질하는 상상을 하는 것이 특히 도움이 되었다. 그리고 운동을 하는 중에는 정기적으로 운동이 가져다줄 장기적인 이점을 떠올리려고 노력했다. 이제는 규칙적인 유산소 운동에 더해 일주일에 5번은 고강도 인터벌 트레이닝을 하고 있으며, 이 시간은 진심으로 하루 중 가장 즐거운 시간이다. 나에게 마음가짐의 변화란 내 몸이 본래 가지고 있던 운동 능력을 이제야 비로소 발휘하게 해준 크나큰 해방이라고 할 수 있다.

보이지 않는 운동

이러한 기법들을 활용한다면 우리 모두 보다 활동적인 생활방식에 가까워질 수 있다. 그러나 리프레이밍의 힘은 비단 헬스장에서의 운동에만 국한되지 않는다. 일반적으로 생각하는 운동과는 전혀 다르겠지만, 우리가 일상에서 행하는 많은 일들이 알고 보면 우리의 몸을 탄탄하게 만들어줄 수도 있다. 실제로 몇몇 획기적인 연구 결과에 따르면, 우리가 활동에 어떤 의미를 부여하느냐에 따라 그를 통해서 어느 정도의 운동 효과를 누릴 수 있는지가 결정된다고 한다.

이 같은 "보이지 않는 운동"의 존재는 사실 그렇게 놀라운 것이 아니다. 이에 관한 지식은 최초로 신체 활동의 이점을 살펴본 연구로 거슬러 올라간다. 제2차 세계대전 종전 직후에 영국 의학연구 위원회의 제러미 모리스는 왜 어떤 사람들은 남들보다 심장병에 걸리기 쉬운지 알아보고자 했다. 어쩌면 운동 여부가 그 답일지도 모른다는 가설을 세운 그는 유사한 사회 계급 및 지위에 있으면서 신체 활동 시간에만 차이가 나는 직업군의 사람들을 모집했다.

런던의 이층 버스에서 일하는 남성들이 완벽하게 그의 연구 기준에 부합했다. 교육 수준이나 경제적 배경은 대체로 비슷했지만 운전기사들은 하루의 대부분을 앉아서 생활하는 반면, 안내원들은 요금을 받고 버스표를 발급하고 승객들의 짐을 날라주는 등 끊임없이 계단을 오르내렸다. 평균적으로 안내원들은 하루에 총 500−750계단을 오르내렸다.[27] 계단 오르내리기는 마라톤 같은 격한 스포츠와 비교하면 상대적으로 가벼운 운동인데도 모리스는 이 일상적인 활동이 버스 안내원들의 심장병 발병 위험을 절반 가까이 낮추어준다는 결과를 얻었다.

모리스는 훗날 "일상 운동을 발명한 사나이"라고 알려졌으며, 그가 발견한 사실은 그 뒤로도 신체 활동의 이점에 관한 수많은 연구가 이어지는 계기를 마련했다. 흔히 언급되는 매주 150분가량의 **적당한** 운동(또는 75분가량의 **격렬한** 활동)을 목표로 해야 한다는 권고 사항은 바로 이 런던 버스 안내원 연구에서 비롯되었다고 할 수 있다. 하지만 이 같은 지침을 자주 접해도 대체 어떤 운동이 적당한 운동이고 또 어떤 것이 격렬한 운동인지가 명확하게 와닿지 않는 경우가 많은데, 운동에 대한 마음가짐을 형성할 때는 이 정보가 매우 중요하다. 다양한 신체 활동의 강도를 서로 비교하기 위해서 생리학자들은 활동 시의 대사율을 안정 시의 대사율로 나눈 값으로 계산하는 "대사당량metabolic equivalents, METS"이라는 지표를 사용한다. 가령 어떤 활동이 2 METS라고 한다면 가만히 앉아 텔레비전을 볼 때보다 2배의 열량을 소모한다는 뜻이다. 적당한 운동은 3-6 METS에 해당하며, 격렬한 운동이라고 함은 6 METS 이상의 활동을 가리킨다. 이 운동량을 짧게 여러 번에 나눠서 채우든 한 번에 모두 채우든 상관없다. 중요한 것은 일주일 동안 운동한 시간의 총합이다. 그리고 생각보다 일상적인 활동이나 여가 활동의 상당수가 이 요건에 부합한다. 다음의 표를 살펴보자.[28]

운동이라는 자각 없이 잔디를 깎고, 아이들과 놀아주고, 클럽에서 밤을 새워 춤춘 경험이라면 다들 한 번씩은 있지 않을까? 심지어 매일같이 출퇴근하는 것도 여기에 포함될 수 있다. 임페리얼 칼리지 런던에서 발표한 한 연구에 따르면 출퇴근에 대중교통을 이용하는 영국인의 약 3분의 1이 버스를 기다리거나 역에서 목적지까지 걸어가거나 열차를 환승하면서 이미 정부에서 권고한 신체 활동량을 채우고 있다.[29]

적어도 이 같은 활동이 건강에 보탬이 된다는 사실을 올바르게 인식한다면, 자신의 건강 상태에 대해서 보다 긍정적인 시각을 가질 수

활동	대사 당량
집안일	
청소기 돌리기/바닥 닦기	3
창문 닦기	3.2
침대 정리하기	3.3
요리하기/설거지하기	3.3
가구 옮기기	5.8
자택 유지와 보수	
목공(망치질하기 등)	3
페인트칠하기/도배하기	3.3
지붕 수리하기	6
정원 손질	
관목 가지치기	3.5
나무토막 자르기	4.5
잔디 깎기	6
오락	
개 산책시키기	3
드럼 치기	3.8
아이들과 야외에서 놀기	5.8
춤추기	7.8

있다. 이렇게 일어난 기대의 변화가 예측 기계를 재조정해서 좀더 형식을 갖춘 운동을 할 때에도 부담을 덜 느끼게 된다. 그런데 더 놀라운 사실은 이렇듯 달라진 마음가짐이 일상적인 활동이 주는 장기적인 이점까지 결정한다는 점이다. 일상적인 활동을 일이 아닌 운동이라고 생각하면 우리의 몸이 더 건강해질 수 있다는 것이다.

책의 도입부에서 잠깐 언급했던, 앨리아 크럼과 엘렌 랭어가 하버드 대학교에서 진행한 유명한 연구를 보자. 기억하겠지만 연구의 참가자들은 총 7곳의 호텔에서 모집한 청소부들이었다. 크럼과 랭어는 이들 중 자신의 업무에 얼마만큼의 운동량이 수반되는지 제대로 아는 사람이 별로 없을 것이며, 기대 효과가 우리의 생리 작용에 미치는 영향을 감안할 때 이로 인해서 이들이 일상 속 많은 활동량의 이점을 온전히 누리지 못할 것이라고 예상했다. 그리고 이 가설을 확인하기 위해서 참가자들이 일하는 호텔 중 네 군데를 방문해서 운동으로 볼 수 있는 신체 활동에는 어떤 종류가 있는지 알려주고, "꼭 힘들고 고통스럽게 운동해야 건강에 도움이 되는 것이 아니라……근육을 움직이고 열량을 태우는 것이 중요하다"는 점을 강조했다. 더불어 15분 동안 침구 교체를 하는 데 40칼로리, 청소기를 돌리는 데 50칼로리, 화장실을 청소하는 데 60칼로리 등 청소부의 업무에 소요되는 활동량에 대한 세부적인 정보를 주고 이를 모두 더하면 주당 운동 권장량을 쉽게 채울 수 있다고 설명했다. 크럼과 랭어는 이러한 사실들이 적힌 소책자를 개개인에게 나눠주고 추가로 청소부 휴게실의 게시판에도 같은 내용이 담긴 포스터를 붙여둠으로써 청소부들이 매일 자신의 운동량을 상기할 수 있게 했다.

그렇게 한 달이 지난 뒤, 연구자들은 청소부들을 다시 만나 건강에 어떤 변화가 있는지 살펴보았다. 청소부들은 그동안 식습관이나 일 외의 신체 활동량이 달라지지 않았다고 보고했는데, 그럼에도 자신들의 운동량에 대한 정보를 들었던 참가자들은 체중이 약 1킬로그램씩 감소했으며, 약간 높은 수준이었던 평균 혈압도 정상 범위로 떨어졌다. 이들에게서는 이렇듯 신체 건강에 대한 기대와 일상적인 활동에 부여한 의미에서의 사소한 변화가 실제 신체 건강의 변화로 나타

난 데에 반해서 아무런 정보도 듣지 못한 나머지 세 호텔의 청소부들은 전과 아무런 차이가 없었다.[30]

물론 표본의 수가 비교적 적은 연구인 데다가 이 경우 자신의 일이 건강에 도움이 될 수 있다는 정보를 들은 청소부들이 전보다 더 "박력 넘치게" 일했을 가능성도 없다고 할 수는 없다. 이에 크럼은 이번에는 스탠퍼드 대학교에서 동료 옥타비아 자르트와의 후속 연구를 통해서 마음과 몸의 연결성으로 인해서 우리의 기대가 정말로 운동의 장기적인 효과에 영향을 미칠 수 있다는 더 설득력 있는 증거를 제시했다. 이 연구에서는 6만 명이 넘는 사람들을 21년 동안 추적한 보건조사 자료를 활용했다. 자료 분석 결과, 크럼과 자르트는 실제 운동한 시간이나 식습관 같은 기타 생활방식 변인들을 모두 통제했을 때에도 참가자들이 자신의 운동량이 평균보다 많다고 여기든 적다고 여기든, 실제 운동량이 아닌 스스로가 "지각한 신체 활동량"에 따라서 사망 위험률이 달라질 수 있다는 사실을 발견했다.

더욱이 중요한 점은 일부 참가자들의 경우 조사 참여 기간 중에 부분적으로 가속도계(조사 참가자들의 자기 보고에 의존하지 않고 객관적으로 활동량을 기록하기 위해서 부착한 움직임의 강도를 측정하는 장치/옮긴이)를 착용하고 있었으며, 이 객관적인 측정치를 사용하여 더욱 정확하게 실제 운동량을 고려했을 때에도 여전히 스스로 지각한 신체 활동량이 사망 위험을 예측할 수 있다는 결과에는 변함이 없었다는 사실이다. 즉 실제 일상적인 활동량의 수준과 상관없이 전반적으로 자신의 신체 활동량에 비관적이었던 사람들이 그렇지 않은 사람들보다 조사 기간 중에 사망할 확률이 71퍼센트나 높았다.[31]

과학 전문 저널리스트인 나는 처음 이 연구 결과를 접하고 깜짝 놀랐지만, 기대 효과의 과학을 깊이 알아갈수록 그 놀라움은 차츰 사그라들었다. 어쨌든 이 책에서도 약효에 대한 기대로 인해서 혈압과 같은 신체적 상태가 어떻게 변할 수 있는지는 이미 충분히 살펴보았으니까 말이다. 만약 베타 차단제 약물에 대한 기대가 우리의 건강에 눈에 띄는 변화를 야기할 수 있다면, 우리가 매일 움직일 때마다 하게 되는 자신의 신체 활동량에 대한 지각 또한 그러지 말라는 법이 있는가? 이렇게 생각이 흘러가자 이제는 도리어 연구자들이 그 가능성을 살펴보기까지 이토록 오랜 시간이 걸렸다는 사실이 놀랍게 느껴진다.

이제는 우리도 운동이 주는 다른 여러 이점들이 기대 효과의 결과물일 수 있다는 사실을 안다. 운동은 이를테면 기분과 정신 건강을 좋아지게 한다고 알려져 있으며, 급성 및 만성 증상들을 완화시키는 등 진통제 역할을 하기도 한다. 그리고 이 두 효과 모두 엔도르핀의 분비에 의해서 나타난다고 여겨진다. 엔도르핀 분비 자체는 신체 활동을 하면 자동으로 일어나는 생리적 반응일지 몰라도 그 반응을 촉발하는 데에는 사람들의 믿음도 적지 않은 역할을 하는 것으로 보이며, 이런 잠재적 효과를 이해함으로써 효과가 더욱 커질 수도 있다.[32] 운동을 통해서 편안하고 활력 넘치는 기분을 느끼게 되리라 기대한다면, 혹은 몸 곳곳이 쑤시고 아픈 증상이 사라지기를 기대한다면, 실제로 그렇게 될 가능성이 올라간다.

행여 이 같은 사실을 너무 진지하게 받아들여서 문제가 생길 위험은 없을까? 평소의 활동을 재평가하고 자신의 현재 신체 건강에 대한 생각을 낙관적으로 바꾸는 것에만 과몰입하고 정작 필요한 운동은 오히려 지금보다 덜하게 된다면? 다행히 지금까지의 연구 결과를 보면 이렇게 될 일은 없을 듯하다. 나태해지지 않으면서도 좀더 긍정적인 시각을 가지는 것이 얼마든지 가능하기 때문이다.[33] 정부에서 운동을 장려하는 공중보건 캠페인을 진행할 때에도 이 사실을 염두에 두어야 한다. 현재 국민들의 운동 부족을 지적하는 식의 비판적이고 재단하려고 드는 표현은 사람들이 자연스레 낙관적인 접근법을 택할 수 있는 분위기의 메시지를 전하는 방식과 비교하면 괜히 역효과만 낸다. 크럼과 자르트 같은 연구자들은 캠페인에 아주 사소한 생활습관의 변화라도 장기적으로는 큰 효과를 가져올 수 있다는 사실을 반복해서 담아야 한다고 주장한다. 하루 30분씩 주 5회 적당한 운동을 하는 것이 물론 가장 이상적이겠지만, 하루에 15분만 운동해도 기대수명을 3년이나 늘릴 수 있다.[34]

좀더 일반적인 관점으로 보면, 자르트와 크럼의 연구 결과는 끊임없이 자신보다 운동을 잘하고 신체적으로 건강한 사람과 자신을 비교하는 "상향 비교"를 하지 말아야 한다는 점을 시사한다. 타인을 조금 동경하는 것쯤이야 당연히 문제가 없지만, 그로 인해서 자신의 신체적 능력에 점점 부정적인 기대를 형성하게 되면 순수한 동경이 스스로를 무능하게 여기는 감정으로 변질되는 것은 시간문제이다. 그리고 이렇게 부정적으로 변한 지각은 결국 운동의 효과를 떨어뜨린다.

그러니 SNS에 올라오는 다른 사람들의 게시물들을 볼 때는 특히 유념해야 한다. 가령 인스타그램과 틱톡은 "운동 자극제"(fitspiration, 운동을 뜻하는 fitness와 자극을 주는 것을 뜻하는 inspiration의 합성어/옮긴이) 계정이나 #fitspo 해시태그를 달고 탄력 있는 몸으로 운동하는 모습이 담긴 보정 사진들로 넘쳐난다. 이런 유의 영상이나 사진들은 본래 동기 부여가 목적이지만, 2020년에 발표된 한 연구에 따르면 사람들에게 도움이 되기보다는 악영향을 끼치는 경우가 더 많았다. 연구 참가자들(전원 오스트레일리아의 애들레이드 지역 여대생)은 먼저 외국의 매력적인 여행지 또는 유명 헬스 트레이너들의 운동 모습이 담긴 사진 18장을 훑어보았다. 이후 10분간 러닝머신에서 각자 원하는 속도로 운동을 하고 기분 상태에 대한 질문지를 작성했다. 그 결과 운동 자극제 사진을 본 참가자들은 거의 모든 항목에서 부정적인 상태를 보였다. 이들은 신체상에 대한 불만족 점수가 높아졌고, 운동 중 피로감도 훨씬 많이 느꼈으며, 여행지 사진을 본 참가자들과 달리 운동 후 "러너스 하이runner's high"를 경험하는 대신 오히려 기분이 나빠졌다.[35]

이 경우 운동 자극제 역할을 해야 할 사진들이 자신의 운동 능력에 대한 참가자들의 지각에 악영향을 미쳤고, 참가자들은 타인과 자신을 부정적으로 비교한 끝에 스스로를 실제보다 덜 건강하다고 믿게 된 듯했다. 그리고 그로 인해서 커진 자기 무능감이 운동을 더욱 고되고 재미없게 만들면서 운동 자극제 사진이 가지고 있다는 동기 부여의 이점도 전면 무효화되고 말았다.

긍정적이면서도 현실적인 개인별 목표를 세우는 것은 지금부터 살펴볼 또다른 놀라운 체력 및 건강 증진 방법을 고려하면 특히나 더 중요하다. 오직 상상력만으로도 우리는 근육을 강화하고 신체 능력을 교묘하게 향상시키도록 뇌의 예측을 수정할 수 있다.

마음 훈련이 곧 신체 훈련이다

무려 28개의 메달(그중 23개는 금메달)을 소유한 미국의 수영 선수 마이클 펠프스는 명실상부 올림픽 역사상 최다 금메달리스트이다. 펠프스의 신체 능력은 인체의 한계를 뛰어넘는 것처럼 보였고, 이에 일부 기자들은 그의 성적이 "비현실적"이라며 의혹을 제기하기도 했다. 그러나 펠프스는 현역 시절 수차례 자발적으로 도핑 테스트에 임해 모두 문제없다는 결과를 받았다.

어쩌면 그의 엄청난 경기 기록에 대해서는 비정상적일 정도로 뛰어난 그의 또다른 능력에서 설명을 찾는 편이 이해가 더 빠를지도 모른다. 바로 비범한 시각적 상상력이다. 훈련 도중이나 중요한 경기를 앞두고 있을 때 그는 자신이 완벽한 경기를 펼치는 모습을 상상한다. 펠프스는 그의 자서전 『나를 일으켜 세우는 힘, 노리밋츠*No Limits*』에서 "나는 스타트, 스트로크, 벽, 턴, 피니시 라인, 전략 등 모든 것을 시각화할 수 있다"라고 언급했다.[36] 그리고 "이 같은 시각적 상상력은 마치 머릿속에서 경기를 프로그래밍하는 것과 같으며, 이 프로그래밍이 때로는 내가 상상한 대로 실제 경기가 전개되도록 하는 것 같다"라고 덧붙였다. 그는 자신을 최고의 선수로 거듭나게 한 것이 순전히 신체 능력만이 아니라 이 능력 덕분이기도 하다고 믿었다.

과학적 실험들을 통해서 시각적 상상의 효과가 프로 운동선수나 일반인이나 가릴 것 없이 대단히 클 수 있다는 사실이 확인되었다.[37] 예상외로 가장 눈에 띄는 놀라운 효과는 근력의 변화에서 볼 수 있었다. 한 연구에서는 먼저 참가자들의 전완근 근력을 측정한 뒤 일종의

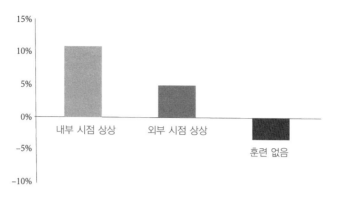

6주일간의 상상 훈련 뒤에 나타난 전완근 근력의 변화

정신 훈련을 시행했다. 훈련은 다소 지루하기는 해도 간단한 과제였다. 바로 하루에 15분씩 주 5일간 전완근을 사용해서 이를테면 테이블처럼 무거운 물체를 들어올리는 상상을 하는 것이었다. 참가자들 중 일부는 이를 내부 시점에서 자기 자신이 직접 몸을 움직여 무거운 것을 든다고 상상했고, 또다른 참가자들은 외부 시점에서 마치 몸 밖에서 자신의 움직임을 관찰하는 느낌으로 진행했다. 통제 집단은 아무런 상상 훈련도 하지 않았다.

　그로부터 6주일 뒤에 드러난 결과는 실로 놀라웠다. 1인칭 주인공 시점처럼 내부 시점으로 상상 훈련을 했던 참가자들은 현실에서 단 한 번도 근력 운동을 하지 않았음에도 근력이 11퍼센트나 증가했다.[38] 1인칭 관찰자 시점처럼 외부 시점으로 훈련했던 참가자들은 그보다는 완만한 5퍼센트의 증가율을 보였으며(통계적으로 유의미한 수준이라고 보기는 애매했다), 통제 집단은 오히려 처음보다 근력이 조금 약해진 것으로 나타났다.

신체 건강을 증진시키기 위한 다른 심리적 기법들과 마찬가지로 이 같은 결과는 만약 근력이 단순히 근육량에 의해서만 결정된다고 한다면 도저히 설명할 수 없는 현상이다.[39] 하지만 운동에 대한 새로운 심리생물학적 관점에서는 충분히 말이 된다. 뇌가 자신의 신체적 한계를 어떻게 설정하며 운동이 얼마나 힘들 것이라고 예상하는지, 그리고 그렇게 예측한 바를 가지고 근육이 내는 힘과 소비하는 에너지의 양을 어떻게 계획하는지에 따라 신체 능력이 달라질 수 있다는 사실을 떠올려보자. 심적 상상은 이러한 예측을 의식적으로 가다듬고 자신의 신체 능력을 더욱 긍정적으로 지각하게 함으로써 근육으로 보내는 신호를 증폭시키고 운동 협응 능력을 향상시켜준다. 녹스의 연구 결과를 보면 알 수 있듯이, 운동선수들은 보통 경기력을 최대치로 발휘해야 하는 순간에조차 근섬유를 총동원하는 일이 없지만, 이렇게 시각적 상상 훈련을 하면 몸이 비축했던 비상 에너지를 좀 더 끌어다 쓰도록 촉진할 수 있다.

운동선수들이 자신의 경기를 시각적으로 생생하게 상상하는 동안 그들의 뇌를 살펴보니, 뇌가 움직임을 상상하며 정확히 어떤 근육에 자극이 필요하고 이를 자극하면 신체에 어떤 영향이 있을지 계산하는 과정에서 일반적으로 신체의 움직임을 계획하고 실행하는 데에 관여하는 일차 운동피질과 기저핵이 활성화되는 것으로 나타났다.[40] 그리고 이렇게 향상된 기대는 이후 실제 경기력 향상으로 이어진다. 이 이론대로라면 내부 시점에서의 상상이 외부 시점에서의 상상보다 더 효과적이었던 이유는 그렇게 함으로써 운동 중 어떤 감각을 느낄지에 관해서 보다 세부적인 예측이 가능해져 몸이 훨씬 효과적으로 움직임을 수행할 수 있게 되기 때문이다.

당연히 심적 훈련이 신체적 훈련을 대체할 수도, 대체해서도 안 되지만, 이는 운동선수들이 경기 전 남은 시간을 최대한 효율적으로 활용하고 부상 후 근력 손실을 예방하는 데에는 분명 도움이 된다.[41] 가령 팔다리에 깁스를 하고 나면 보통은 근육이 약해지게 마련인데, 오하이오 대학교의 연구진은 하루에 몇 분씩 심적 훈련을 할 경우 이 근손실을 절반으로 줄일 수 있다는 사실을 발견했다.[42] 이러한 특수 상황들을 모두 제하더라도 심적 훈련은 우리가 일상적인 운동을 통해서 얻을 수 있는 이점을 최대화해줄 또 하나의 도구로서 쓰임새가 있다. 만약 여러분이 헬스장에 가는 일이 부담스럽고 운동에 대한 이 같은 마음가짐을 바꿀 생각이 있다면, 헬스장에서 하는 운동의 이점을 자주 상상하는 것이 운동이라는 번거로운 일을 보다 매력적인 과정으로 탈바꿈시킬 수 있는 좋은 방법이다. 지금까지 청소년, 중년, 노년층 등 다양한 연령대의 참가자들을 대상으로 이루어진 수많은 연구 결과들이 운동에 대한 심적 상상을 매주 몇 분씩 꾸준히 하는 것이 운동 수행 능력을 향상시킬 뿐만 아니라 동기 수준을 높이고 즐거움도 더 많이 느낄 수 있게 해준다는 사실을 증명한다.[43]

다만 이 방법을 직접 실천할 때 유의할 점은 너무 무리한 상상은 금물이라는 것이다. 굳이 실망할 상황을 만들어 동기를 약화시키거나 부상으로 이어질 수 있는 무리한 운동을 하는 일은 원하지 않을 테니 말이다. (지속적인 신체 훈련 없이 마음과 몸의 연결성에 기대어 이룰 수 있는 것은 딱 거기까지이다.) 아울러 운동 장면을 상상할 때에는 피곤하거나 지친 느낌보다는 이를테면 기운이 넘치고 활력이 생기는 것과 같이 운동을 하면서 느꼈으면 하는 긍정적인 감각에 집중하려고 해보자. 펠프스가 그랬듯이, 그동안 신체 능력을 온전히 발휘하지 못하게 방해했던 심적 한계를 극복하고 운동이 더 이상은 넘어설 수 없는 도전처럼 느껴지지 않도록 마음과 몸의 연결을 "새롭게 프로그래밍하게" 될 것이다.

숨은 힘

우리는 지금도 뇌가 신체 능력에 미칠 수 있는 영향력이 어디까지인지 정확하게 알지 못하지만, 이를 몸소 체험한 사람들의 이야기를 들어보면 정말 굉장하다는 사실을 미루어 짐작할 수 있다. 예를 들면 2012년에 자신의 자동차의 타이어를 교체하다가 그 밑에 깔려버린 알렉 코나키의 사례를 보자. 당시 차를 들어올려 그를 구출해준 사람은 다름 아닌 스물두 살의 딸 로런이었다. "꼭 짧은 다리가 하나 달린 테이블 같은 느낌이었어요. 그게 어찌어찌 다시 균형을 잡아 옆으로 밀려나준 덕에 아빠를 꺼낼 수 있었죠." ABC 뉴스 인터뷰에서 로런이 말했다.[44] 이후 로런은 심폐소생술을 시행했고, 아버지의 목숨을 살릴 수 있었다.

평범한 사람들이 위기 상황에서 믿을 수 없는 능력을 발휘하는 현상은 "히스테리성 힘hysterical strength"이라는 명칭으로 알려져 있으며, 10대 소녀 2명이 1,400킬로그램 가까이 나가는 트랙터 밑에 깔린 아버지를 구했다거나, 70대 노인이 사위를 살리겠다는 일념으로 지프차를 들어올렸다는 사례가 보고되는 등 전 연령대에서 나타난다.[45] 이들의 이야기가 마치 헐크의 활약처럼 들린다면 이는 사실 우연이 아니다. 헐크는 원래 원작자인 잭 커비가 어느 날 절대적인 공포로 인해 비상용으로 아껴둔 숨은 힘을 한순간에 봉인 해제한 한 어머니가 아이를 덮친 자동차를 번쩍 들어올리는 모습을 보고 영감을 얻어 만든 캐릭터라고 한다.[46]

차를 들어 옮긴다는 것은 비교적 짧은 거리일지라도 일반적인 상황이라면 힘이 좋은 보디빌더에게조차 버거운 일이다. 이들에게 대체 무슨 일이 일어난 것일까? 이 놀라운 능력은 보통 아드레날린이 격렬하게 뿜어져 나오는 아드레날린 러시adrenaline rush로 설명되고는 하지만, 일각에서는 뇌에서 발생한 에너지가 폭발적으로 방출되는 현상이라고 설명하는 편이 더 정확하다고 주장한다. 우리의 뇌는 일반적으로 현재 몸속에 있는 자원과 눈앞의 상황에 필요한 에너지의 양을 비교한 다음 완전히 소진되거나 부상을 입을 위험에 처하지 않으려면 어느 정도 선까지 에너지를 투입할 수 있을지 신중하게 계산하는데, 정서적으로 엄청나게 다급한 상황이 되면 이렇듯 조심성 있게 설정한 평소의 신체적 한계를 무시하고 당장에 닥친 상황에 대처하는 것이 다칠 위험을 감수할 만큼 중요하다는 결정을 내린다. 그 결과 팔다리의 근육을 훨씬 더 많이 사용하기 시작해서 믿을 수 없을 정도로 폭발적인 힘을 발휘하게 되는 것이다.[47]

히스테리성 힘을 실제로 사용하는 섯은 위험하다. 근육이 파열되고 치아가 부러지는 일도 다반사이다. 그리고 바로 이것이 심지어 선수 생명이 달린 중요한 경기에서조차 뇌가 그토록 에너지 안배에 주의를 기울이고 신체 능력에 제약을 거는 이유이다. 그래도 어쨌든 이 같은 일화들은 우리의 신체 능력이 제한되는 원인이 몸뿐만 아니라 뇌에도 있다는 놀라운 사실을 다시 한번 상기시킨다는 데에 의의가 있다. 차를 들어올리는 능력이 필요한 경우는 흔하지 않지만, 운동 루틴을 일상화할 수 있다는 점에서는 누구든 이 마음가짐의 변화로 도움을 받을 수 있다. 기대 효과를 통해서 비랑크나 펠프스, 로런이 보여준 숨은 힘을 아주 조금이라도 맛볼 수 있다면 우리 모두 더 건강하고 활력 넘치는 미래를 누릴 수 있을 것이다.

생각의 전환 : 신체 능력

- 운동을 시작하기에 앞서 이 운동의 목표가 무엇인지 차분하게 생각해보자. 마치고 나면 어떤 기분이기를 바라는가? 성취하고자 하는 활동 수준은 어느 정도인가? 종전의 최고 기록을 갈아치우고 싶을 수도 있고 그저 가볍게 기분 전환하는 것이 목표일 수도 있지만, 어느 쪽이든 시작하기 전에 이루고자 하는 바를 구체적으로 생각해두면 동기 부여가 될뿐더러 곧 있을 활동에 대한 뇌의 예측을 재조정하는 데에도 도움이 된다.

- 운동에 긍정적인 마음이 들도록 심리적으로 의지할 수 있는 대상이 있다면 무엇이든 활용하자. 특정 음식이나 음료, 의류, 음악이 활력을 불어넣어줄 수 있을 것이다. "오픈라벨 플라세보"처럼 기대 효과에 의한 것임을 알고도 여전히 긍정적인 에너지를 얻을 수 있으므로 자신에게 가장 잘 맞는 방법을 적극 이용하자.

- 혹시 자신이 선천적으로 운동 능력이 부족하다고 느낀다면 다시 생각해

보자. 운동에 대한 생리적 반응을 결정짓는 데에는 유전적 요인의 영향보다 기대 효과의 힘이 더 클 수 있다는 점을 기억하자.

- 운동하면서 경험하는 힘들고 기가 빨리는 듯한 감각을 리프레이밍하자. 적당한 근육통과 피로감은 오히려 우리의 몸이 단련되고 있다는 증거이며, 이러한 사실을 상기하는 것만으로도 운동하는 과정 자체를 더 즐겁고 덜 힘겹게 느낄 수 있다.

- 마음먹고 하는 운동 외에 평소에도 집안일이나 출퇴근, 취미 활동 등 운동 효과를 낼 수 있는 신체 활동을 하고 있음을 자각하자. (일주일 동안 얼마만큼 몸을 움직였는지 일지를 작성하는 것도 좋은 방법이다.) 기대 효과 덕분에 이러한 활동에 조금만 더 관심을 기울여도 그에 따른 생리적인 이점을 극대화할 수 있다.

- 다른 사람들보다 못한 부분을 부각하는 "상향 비교"는 자칫 자신의 신체 능력을 부정적으로 인식하게 할 수 있으므로 가능하면 피하자.

- 운동을 하지 않는 동안에는 잠시 시간을 투자해서 다음번 운동 시간에 임하고 있을 자신의 모습을 시각적으로 상상해보자. 이를 통해서 근력을 높이고 더 나은 운동 능력을 발휘할 수 있게끔 뇌를 준비시킬 수 있다.

음식의 역설

먹는 즐거움은 어째서 건강한 식습관의 필수요소인가

여러분이 이제부터 칼로리 섭취량을 줄이고 군것질은 하지 않는 새로운 다이어트 식단을 고려하고 있다고 가정해보자. 다음에 제시된 두 가지 식단 중에서 어느 쪽이 더 포만감과 식사에 대한 만족감을 줄 것처럼 보이는가? 보다 단시간에 체중을 줄일 수 있는 식단은 어느 쪽일 것 같은가?

슈퍼 슬림 식단

건강한 미래를 위한 건강 식단

아침

으깬 아보카도를 올린 통밀빵 토스트 두 장

망고 파인애플 스무디(설탕 무첨가)

점심

자연산 참치로 만든 니스와즈 샐러드

신선한 유기농 오렌지 주스 한 잔

저녁

저지방 유기농 닭고기와 아스파라거스를 넣은 브레이즈(프랑스식 고기

찜/옮긴이)

운동하느라 고생한 나에게 주는 보상(선택사항)

평범한 그래놀라바 한 개

아니면

봉 비뵈르(식도락을 즐기는 사람이라는 뜻의 영어식 프랑스어/옮긴이) **식단**

식사의 즐거움을 극대화해줄 철저히 입맛 위주의 식단

아침

버터를 잔뜩 넣어 구운 크루아상

멕시코식 칠리 핫초코 한 잔

점심

푸타네스카 스파게티(토마토, 앤초비, 올리브)

과일 샐러드(파인애플, 오렌지, 멜론, 망고, 사과, 블루베리)

저녁

부드러운 매시드포테이토를 얹은 생선 파이

잎채소 샐러드

운동하느라 고생한 나에게 주는 보상(선택사항)

한입 크기의 도넛 두 개

만약 여러분이 나이어트를 해본 경험이 있다면 아마도 체중을 빠르게 줄이기 위해서는 슈퍼 슬림 식단이 최선의 선택이라고 생각할 것이다. 이 식단을 따를 경우 운동 후 간식을 제외하면, (다른 음식을

모두 정량을 섭취한다고 가정할 때) 하루에 약 1,750칼로리를 섭취하게 되는데,[1] 이는 평범한 사람이 하기에 적절한 수준의 열량 제한으로, 안정적으로 체중을 감량할 수 있다. 단점은 물론 전반적인 만족감도 줄어든다는 점이다.

반면 봉 비뵈르 식단은 온통 고칼로리 음식으로 채워진 것처럼 보인다. 무려 크루아상과 핫초코로 시작해 점심으로 스파게티를 먹고 파이로 하루를 마무리한다니! 도저히 샐러드나 닭고기 브레이즈보다 열량이 낮을 수가 없지 않겠는가? 그냥 다 내려놓고 삶을 즐기겠다고 한다면 이 식단을 고를 테지만 단시간에 체중 감량에 도움이 될 것이라는 기대까지는 하지 않을 것이다. 그런데 사실 이 식단은 알고 보면 전체 섭취 열량이 1,632칼로리밖에 되지 않는다.[2] 운동 후 간식만 먹지 않는다면 오히려 슈퍼 슬림 식단보다도 낮다.

여기에 운동 후 간식을 더하면 우리가 가진 기대와 현실의 괴리는 더욱 극명해진다. 누가 봐도 "똑똑한 선택"인 것만 같은 그래놀라바는 어찌나 당분에 절여졌는지 총 열량이 279칼로리나 되는데, 이는 심지어 꼬마 도넛 2개의 열량인 110칼로리보다 두 배 이상 높다.

여러분이 이 수치들을 보고 경악했다면 지극히 정상이다. 조사 결과에 따르면 대부분의 사람들이 음식의 열량을 가늠하기 어려워하며, 특히 "가벼운", "건강한 식사", "내 몸에 미안하지 않은" 등의 수식어로 포장된 전형적인 마케팅용 건강 음식들의 칼로리를 과소평가하는 경향을 보인다.

이에 따른 가장 뻔한 결과는 자신이 실제 섭취한 양보다 적게 먹었다는 생각에 **의식적으로** 간식을 더 먹을 자격이 있다고 판단하는 것이다. 하지만 진짜 영향력은 그보다 훨씬 더 크고 깊다. 뇌의 예측 작용 탓에 음식의 영양분에 대한 기대는 소화(장에서 영양소를 분해하고 흡수하는 과정)나 대사(그렇게 저장한 연료를 사용해 세포에 에너지를 공급하는 과정)와 같은 그 음식에 대한 신체적 반응에도 직접적인 영향을 준다. 실제 섭취량보다 적은 열량을 섭취한다고 생각하면 우리의 몸도 그에 맞추어 반응한다. 즉 포만감을 덜 느껴 심한 헛헛함을 경험하며 남은 지방을 보존하기 위해서 대사량을 확 줄인다. 이른바 "결핍형 마음가짐deprivation mindset"을 경험함으로써 스파르타식으로 보이는 다이어트 식단을 따르고도 기분이 좋아지는 맛있는 음식들로만 구성한 식사를 할 때보다 살을 빼기가 더 힘들어진다.

어떤 다이어트 식단을 따르든 바로 이러한 기대 효과 때문에 필요 이상의 고생을 하게 될 가능성이 있다. 따라서 건강한 체형을 유지하고 싶다면 식습관만 바꾸어서는 효과가 없으며, 스스로 섭취하는 음식에 대한 사고방식 및 수식어들을 싹 뜯어고쳐야 한다. 그리고 여기에서 핵심이 되는 것이 "건강한"과 "맛있는"을 이분법적으로 정반대의 개념이라고 여기지 않고 먹는 즐거움이 모든 식사의 필수 구성요소라는 사실을 깨닫는 일이다.

잃어버린 끼니를 찾아서

우리 뇌의 예측이 어떻게 공복감, 소화, 대사에 영향을 줄 수 있는지 이해하기 위해서는 먼저 신경학계에서 가장 유명한 환자 중 한 명

인 헨리 몰레이슨이 보여준 엄청난 식욕의 비밀을 살펴보아야 한다.[3]
1926년 코네티컷 주에서 태어난 몰레이슨은 청소년기에 접어들 무렵부터 대화 도중에 약 90초간 표정이 사라지며 "멍해지는" 증상을 자주 보여 부모님이나 선생님들에게 이상이 포착되기 전까지만 해도 평범한 중산층 가정의 건강한 아이였다. 의사로부터 뇌전증의 일종이라는 진단을 받은 그는 15세 생일을 전후해서는 증상이 더욱 격렬해지면서 바닥에 쓰러져 몸을 부들부들 떨고 일정한 간격으로 움찔거리는 형태의 발작을 하기 시작했다.

　뇌전증 발작은 뇌 세포의 전기적 활동이 갑자기 폭증하여 세포 간의 소통이 끊어지면서 발생한다. 약물 치료에도 불구하고 몰레이슨의 증상이 호전되지 않자, 결국 담당 의료진은 발작이 시작되는 곳으로 보이는 측두엽의 일부를 절제하는 수술을 결정했다. 결과는 성공이었다. 몰레이슨은 그후로 일상생활의 걸림돌이었던 극심한 발작을 겪지 않게 되었다. 그런데 얼마 지나지 않아 이러한 증상 완화 뒤에는 엄청난 대가가 따른다는 사실이 밝혀졌다. 몰레이슨이 수술 전의 기억은 무리 없이 회상할 수 있었던 반면, 새로운 기억을 형성하는 능력을 완전히 잃어버린 것이다. 이를테면 그는 병원에서 같은 의료진을 반복적으로 만났음에도 만난 적이 있다는 사실조차 기억하지 못했다. 아침에 놀라운 이야기를 들려주고 오후에 다시 들려주어도 마치 처음 들었다는 듯 아침과 똑같이 벙찐 반응을 보였다. 신경과학자 수잰 코킨의 말을 인용하자면 그는 "영원한 현재"에 살고 있었다.

　이름의 머리글자를 따서 통칭 H.M.으로 의학계에 알려진 몰레이슨에 관한 연구는 이후 수십 년간 이어지며 뇌의 작용 방식을 이해하는 데에 혁신적인 공헌을 했다. 몰레이슨의 사례는 수술 중에 손상된 해마라는 뇌 영역과 기억 형성 능력을 연관 지을 수 있게 해주었다. 또한 학습 경험 자체를 명시적으로 기억하지 못할지라도 무의식 수준에서 학습이 일어날 수 있음을 증명했다. 몰레이슨은 신경학과 심리학에 역사상 손에 꼽힐 만큼 위대한 영향을 남기고 2008년에 세상을 떠났다. 이제 그는 전 세계에서 과학을 공부하는 학생들에게 빼놓을 수 없는 유명인사가 되었다.

그런데 기억 형성 과정에 대한 이해만큼 널리 알려지지는 않았지만 몰레이슨이 중요한 기여를 한 또다른 영역이 있었으니, 바로 식욕이다. 그를 연구한 과학자들은 오래 전부터 그가 배고프다는 말을 거의 하지 않는데도 언제든 먹는 것을 마다하지 않는다는 점에 주목했다.[4] 이에 1980년대 초, 하버드 대학교의 낸시 헤벤과 동료들은 몰레이슨에게 식사 전과 후에 포만감의 정도를 0점(배가 고파 죽을 지경이다)에서 100점(배가 가득 찼다)으로 평가하게 함으로써 그의 상태를 정확히 확인해보기로 했다. 만약 식욕이 대부분 위장에서 보내는 신호에 따른 결과라면 식사 후에는 포만감 점수가 높아질 터이며 몰레이슨의 기억 장애는 그가 느끼는 포만감에 아무런 영향도 미치지 못해야 마땅했다. 그러나 몰레이슨은 식사 전이나 후나 똑같이 50점 언저리로 평가했다. "영원한 현재"에 갇힌 그는 배고픔을 느끼는 감각조차 변화가 없는 듯했다.

몰레이슨의 기억 장애가 식이 행동까지 달라지게 만드는지 알아보고자 연구진은 저녁 식사 실험을 진행했다. 그가 식사를 마친 후, 요양 보호사는 식탁을 정리했다가 다시 1분 뒤 두 번째 식사를 내놓았다. 그러자 놀랍게도 그는 새로 차려진 식사를 샐러드만 남기고 거의 다 먹었다. 게다가 보통 사람이라면 상당량의 식사를 두 차례나 했으니 식욕을 잃었을 법한 상황인데도 몰레이슨이 보고한 포만감 점수는 전보다 조금 올랐을 뿐이었다.[5] 자신이 무엇을 먹었는지 기억하지 못하는 그로서는 음식 섭취량을 조절할 방법이 없어 보였다.

물론 몰레이슨이 유달리 독특한 사람이었을 수도 있겠지만, 다른 기억상실증 환자들을 살펴본 연구들에서도 유사한 결론이 도출되었다. 이 연구들 중 일부의 진행을 맡았던 영국 버밍엄 대학교의 수잰 힉스는 "보고 있자면 정말 기가 막힌다"라고 말했다. 한 환자는 무엇이 먹고 싶냐는 질문을 들으면 시계를 쳐다보았다고 한다. "마치 스스로는 배가 고픈지 아닌지 도저히 알 수가 없으며, 그 같은 행동이 식사를 할 때가 되었는지를 판단하기 위해서 그가 취할 수 있는 유일한 방법인 것만 같았다." 또다른 기억상실증 환자(힉스가 담당했던 환자는 아니지만)는 두 번의 성찬을 잇달아 먹어치우고도 어찌나 게걸스러운지 세 번째 식사까지 하려고 했으나, 그가 다시 한입 가득 음식을 밀어넣는 모습을 몇 차례 지켜보던 연구진은 행여 너무 많이 먹다가 그의 건강에 문제가 생길까 염려하여 실험을 중단하고 그릇들을 치우기도 했다.

어떻게 이런 일이 가능한 것일까? 식욕이 일정 부분은 소화계의 활동에서 비롯되는 일명 "상향식bottom-up" 정보 처리 과정을 따른다는 데에는 의심의 여지가 없다. 우리가 음식을 먹을 때면 소화기관들은 음식이 들어올 공간을 만들기 위해서 늘어난다. 식도와 위장관을 둘러싼 근육들에는 감지기들이 달려 있어서 이런 움직임을 탐지할 수 있다. 바로 이 감지기들이 미주신경을 통해서 뇌로 신호를 보냄으로써 배가 차면 보상감과 만족감을 느끼게 한다. (과식을 한 경우에는 배가 터질 것 같은 감각을 만들기도 한다.[6]) 아울러 소화기관에는 지방이나 단백질 등의 영양분이 들어오면 이를 탐지할 수 있는 자체적인 특정 화학물질 수용체가 있어서 이곳이 자극을 받으면 허기를 억제하는 호르몬이 방출된다.[7]

그러나 몰레이슨과 같은 기억상실증 환자들의 사례는 우리의 뇌가 이 감각 단서들만으로는 섭취한 음식물의 양을 대략적으로밖에 추정할 수 없음을 시사한다. 즉 예측 기계로서 뇌가 소화기관에서 보내온 정보를 제대로 해석하고 그에 따라 적절하게 공복감이나 포만감을 만들려면 이외에도 기억이나 기대 같은 하향식 정보에 의지해야 한다. 그리고 자신이 그날 무엇을 먹었는지 기억하는 능력이 없었던 몰레이슨의 뇌는 신체적 신호를 이렇듯 맥락에 맞게 해석하지 못했으므로 그는 아무리 음식을 먹어도 절대로 충분한 포만감을 느낄 수가 없었다.

이쯤이면 여러분의 머릿속에는 대체 이 연구 결과들이 우리의 일상과 무슨 관련이 있나 하는 합리적인 의문이 피어오를 수 있다. 그러나 꼭 뇌에 심각한 손상이 있어야 기억에 문제가 생기는 것은 아니며, 사소한 기억 착오도 얼마든지 과식을 야기할 수 있다.[8] 게다가 힉스를 비롯한 연구자들은 그때나 지금이나 음식에 대한 사고방식이 아주 조금만 달라져도 자신이 먹은 것에 대한 뇌의 평가를 변화시켜 식욕에 지대한 영향을 미칠 수 있음을 보여주었다.

특히 한 실험에서 힉스는 점심식사를 마친 학생 참가자들을 실험실로 불러 여러 종류의 쿠키를 시식하는 테스트를 진행하며 몇 가지 질문에만 답하고 나면 전부 마음껏 먹어도 좋다고 일러주었다. 그런데 일부 참가자들에게 몇 분 정도 할애하여 점심에 무엇을 먹었는지 적어보라고 함으로써 그저 조금 전에 점심식사를 했다는 사실을 은근히 상기시켜주자, 그들은 점심식사를 언급하지 않고 일반적으로 떠오르는 생각과 기분을 적어보라고 지시했던 통제 집단 참가자들에 비해 쿠키를 45퍼센트나 덜 먹었다. 그 차이를 환산하면 한 사람당 4개꼴이었다. 반면 전날 식사를 떠올리도록 했던 참가자들은 통제 집단과 큰 차이를 보이지 않았다. 전날의 기억만 해도 형성된 지 오래되어 실험이 진행되는 순간의 포만감에 거의 영향을 미치지 않았던 것이다. 다시 말해서 참가자들의 포만감에 영향을 미친 것은 방금 전의 기억에 기반한, 자신이 배가 부를 것이라는 기대였다.[9]

기억과 기대가 포만감에 얼마나 큰 역할을 하는지를 보면 음식의 겉모습이 어째서 실제 섭취하는 양에 그토록 과도한 영향을 미치는지도 설명이 된다. 가령 2012년, 브리스톨 대학교의 연구진은 먼저 오목한 그릇에 토마토 크림수프를 300밀리리터 또는 500밀리리터씩 담아 참가자들에게 주었다. 그런데 그릇에는 작은 펌프 장치가 내장되어 있어 참가자들이 눈치 채지 못하게 처음 나눠준 양에서 연구자가 임의로 더하거나 빼는 식으로 실제 섭취량을 조절할 수 있었다. 그 결과 일부 참가자들은 실제로 먹기는 일반적인 수프 양인 300밀리리터를 먹었으면서도 자신이 수프 양으로는 비교적 많은 편인 500밀리리터나 먹었다고 생각했으며, 또다른 참가자들은 반대로 적은 양을 먹었다고 생각하면서 많은 양의 수프를 섭취했다. 그러자 이후 3시간 동안 참가자들이 느낀 배고픔의 정도는 상당 부분 진짜 섭취량이 아닌 그들이 기억하는 처음 그릇에 담겨 있던 수프의 양에 의해서 결정되었다. 자신이 받은 그릇에 500밀리리터의 수프가 담긴 것을 본 참가자들은 사실 300밀리리터를 먹었음에도, 적은 양이 담긴 것을 보고 많은 양을 먹은 참가자들보다 배고픔을 훨씬 덜 느꼈다. 참가자들이 경험한 포만감 및 만족감은 거의 전적으로 그들이 "기대한 포만감"이 반영된 결과였다. 요컨대 포만감은 실제로 섭취한 음식이 아닌 자신이 먹었다고 생각한 음식에 대한 시각적 기억에서 비롯되었다.[10]

학생들에게 아침 식사로 오믈렛을 주겠다며 실험실을 방문하게 한 실험에서도 정확히 같은 반응을 볼 수 있었다. 연구진은 질문지를 나눠주기 전에 먼저 학생들에게 오믈렛의 재료들을 보여주고 그중에 혹시 알레르기가 있는 것은 없는지 확인하게 했다. 여기에서 반전은 어떤 참가자들에게는 달걀 두 알과 치즈 30그램을 보여준 반면에, 다른 참가자들에게는 달걀 네 알과 치즈 60그램을 보여주었다는 점이다. 실제로는 모든 참가자가 달걀 세 알과 치즈 45그램으로 요리한 오믈렛을 먹었는데, 처음에 본 재료의 양에 따라 이후 몇 시간 동안 이들이 얼마만큼의 포만감 또는 공복감을 느끼는지가 달라졌다. 달걀 두 알과 치즈 30그램을 본 참가자들은 기대한 포만감 수준이 상대적으로 낮다 보니 앞서 넉넉한 재료를 본 참가자들보다 점심 시간에 뷔페에서 더 많은 양의 파스타를 먹었다.[11]

이처럼 우리는 매일같이 음식에 대한 정확하지 않은 사실을 기억하며, 그로 인해서 허리둘레에 심각한 타격을 입고는 한다. 식사 중에 일을 하거나 텔레비전을 보거나 인터넷 서핑을 하는 등의 건강하지 못한 습관은 자신이 먹은 음식을 올바르게 기억하지 못하게 방해해서 포만감 기대 수준을 떨어뜨린다. 이러한 현상을 연구한 힉스는 "이 경우 식사에 대한 새로운 기억을 입력 단계부터 제대로 부호화하지 못한다는 점에서 사실상 기억상실증 환자들과 똑같다고 볼 수 있다"라고 말했다. 이렇게 되면 결국 식사 중에 더 많은 양을 먹을 뿐만 아니라 식사 후에 간식도 더 많이 먹게 된다.[12]

그런데 이제는 보통 그 내용물을 정확히 파악하기 쉽지 않은 제품화된 음식들이 판매된다. 과거 우리의 조상들은 식탁에 올라오는 식재료를 속속들이 알고 섭취했다. 하지만 오늘날 완제품의 형태로 유통되는 식음료를 구입하는 우리는 식품에 들어 있는 각 성분의 진짜 양을 거의 알 수 없다. 예를 들면 스무디는 제법 많은 양의 과일들을 넣어 만들지만, 막상 다 갈려 병에 담긴 것을 보면 훨씬 적은 듯 느껴진다. 그러다 보니 완성된 스무디만 볼 경우에는 스무디에 과일을 한 그릇 듬뿍 넣는 장면을 보는 경우와 비교해서 뇌가 섭취 열량을 한참 부족하게 계산하고 기억하는 오류를 범해 곧 허기를 느낄 것이라는 기대를 만들게 된다.[13]

건강하다고 여겨지는 식품을 둘러싼 마케팅 또한 뇌가 섭취한 음식의 양을 왜곡해서 추정하게 만든다. 가령 아무리 설탕이 많이 첨가되어 있어도 일반적인 식품들보다 지방 함량이 약간 적기만 하다면 "저지방"이라고 표기될 수 있다. 그리고 그 결과 지방 함량이 보통인 식품을 섭취했을 때보다 허기를 심하게 느끼게 된다. 이에 더해 수많은 연구들에서 완전히 똑같은 음식, 예컨대 동일한 파스타 샐러드라고 하더라도 "건강한"이라고 적혀 있으면 왠지 만족감이 덜할 것만

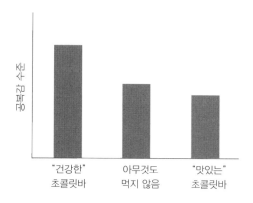

"맛있는" 초콜릿바와 "건강한" 초콜릿바를 섭취한 후에 느낀 공복감

같은 기대를 품게 되어 "푸짐한"이라고 명시되어 있는 것을 먹었을 때보다 포만감이 낮아진다는 사실이 확인되었다.[14] 심지어 건강한 식단이라는 개념과 허기지다는 느낌이 머릿속에서 어찌나 강하게 연합되어 있는지 때로는 아무것도 먹지 않을 때보다 오히려 다양한 간식을 먹었을 때 더 허기를 경험하기도 한다. 일례로 한 실험에서 "건강한" 초콜릿 맛 단백질바를 먹은 참가자들은 "맛있는"이라고 적힌 단백질바를 먹은 이들은 물론이거니와 아무것도 먹지 않은 참가자들보다도 더 배고프다고 느꼈다.[15]

이 같은 기대 효과는 다이어트를 할 때 충분히 문제가 될 수 있다. 그러나 지금부터 보겠지만 이 기대 효과의 영향은 단순히 주관적인 포만감에 그치지 않는다. 자신이 무엇을 얼마나 먹었는가에 대한 믿음은 소화와 대사에도 영향을 줄 수 있다. 마음과 몸의 강력한 연결고리로 인해서 음식을 대하는 태도가 우리의 건강에 아주 중요한 철분 같은 필수 영양소의 흡수까지도 좌우할 수 있다.

밀크셰이크 위에 마음 있다

소화와 관련된 실험을 할 때면 밀크셰이크가 단골 재료로 쓰인다. 첫째는 기호성이 좋기 때문이다. 밀크셰이크를 싫어하는 사람은 별로 없으며, 더욱이 실험 참가자의 대다수를 이루는 학생층에서는 말할 것도 없다. 또다른 이유는 내용물을 감추기가 용이하기 때문이다. 일단 블렌더로 재료들을 으깨서 섞어버리면 그 안에 무엇이 들어갔는지 알기가 어렵다. 그리고 이로써 연구자들은 누군가에게는 특정 식재료가 더 친숙하다든지 하는 불필요한 요인들을 배제한 채 참가자들의 기대를 조작하여 왜곡된 반응을 이끌어내기가 수월해진다.

이렇게 밀크셰이크를 이용한 많은 연구들 중에서 특히 주목할 만한 한 실험에서는 기대 효과가 참가자들의 그렐린ghrelin 반응에 어떤 영향을 미치는지 살펴보았다. 그렐린은 공복 상태가 되면 위장에서 분비되는 호르몬으로, 다양한 신체 기능 조절에 관여하는 뇌 영역인 시상하부의 수용체와 결합한다. 그렐린은 흔히 "공복 호르몬"이라고 불리는데, 음식을 먹기 직전에 최대치에 이르렀다가 식후에 최저치로 떨어지는 방식으로 식욕을 자극하는 역할을 하기 때문이다. 하지만 실은 그보다 체내 에너지 조절자로 보는 편이 더 적절할 수 있다. 그렐린 수치가 높을 때면 우리의 몸은 안정시 대사율을 낮추어 전반적인 에너지 소모량을 줄이고, 이후 더 부족해질 경우에 대비해 체지방을 비축하기 시작한다. 또한 우리가 괜히 운동을 하느라 "쓸데없이" 에너지를 사용하지 못하도록 무기력감을 느끼게 할 수도 있다. 반대로 그렐린 수치가 낮으면 곧 더 많은 에너지가 공급된다는 의미이므로 대사율이 증가하고 쌓아두었던 에너지가 일부 방출될 가능성이 높아지며, 더 활동적으로 몸을 움직이게 된다. 이러한 과정을 통해서 그렐린은 에너지가 들고 나는 양의 균형을 유지하여 에너지가 바닥나지 않도록 해준다.[16]

2010년대 초, 앨리아 크럼과 예일 대학교 및 애리조나 주립대학교의 동료들은 각기 다른 셰이크로 실험을 진행하기 위해서 참가자들을 두 번에 나누어 실험실에 방문하게 했다.

한 셰이크는 큰 글자로 "천상의 맛 : 한 잔으로 즐기는 행복한 일탈"이라는 이름이 표기되어 있었다. 라벨에 적힌 문구는 이러했다.

> 녹아내릴 듯 부드러운 아이스크림, 입안에 사르르 감기는 우유, 달콤한 바닐라 등 최상급 재료를 아낌없이 넣은 진하고 포근한 셰이크로 행복을 맛보세요. 천상의 맛으로 거부할 수 없는 만족감을 선사합니다. 부드럽고 진한 저세상 풍미가 가득!

영양성분표에는 총 620칼로리(그중 270칼로리는 지방)가 들어 있다고 쓰여 있었으며, 아이스크림, 초콜릿 소스, 스프링클이 한 잔에 모두 담긴 그림도 함께 그려져 있었다.

두 번째 셰이크에는 "죄책감 없이 채우는 포만감"이라며 "센시 셰이크"(Sensi-Shake, 분별력 있고 똑똑한 판단을 한다는 의미의 sensible을 앞에 내세운 이름/옮긴이)라는 이름이 붙었다.

> 신제품 센시 셰이크로 똑똑하게 드세요. 무지방, 무설탕에 단 140칼로리로 맛과 건강을 모두 잡았습니다. 부담 없이 매일 맛있게 즐겨요.

여기에는 셰이크의 맛을 상징하는 단조로운 바닐라 꽃이 그려져 있었다.

사실 두 셰이크는 똑같은 제품이었으며, 둘 다 380칼로리였다. 이렇듯 인위적으로 만들어진 기대에 따른 그렐린의 반응을 측정하기 위해서 크럼 연구팀은 참가자들이 제품 광고를 보기 전과 후, 그리고 셰이크를 마신 후, 이렇게 일정한 간격으로 총 세 번의 채혈을 했다. 분석 결과, "부드럽고 진한 저세상 풍미가 가득하다"는 "천상의 맛" 셰이크의 경우 일반적으로 푸짐한 식사를 마쳤을 때와 마찬가지로 포만감을 느끼리라는 참가자들의 기대에 부응하여 그렐린의 수치가 감소했다. 그런데 "죄책감 없이" 먹을 수 있다는 "똑똑한" 셰이크의 경우에는 그렐린 수치에 거의 변화가 일어나지 않았다.

크럼 연구팀의 실험 결과는 실제 영양성분이 동일한 셰이크를 두고 그저 마음가짐이 조금 달라지게 유도한 것만으로 참가자들의 호르몬 분비 양상마저도 변화시킨 것처럼 보였다. 한 번은 더 큰 포만감과 더불어 대사량이 증가하는 결과를, 또 한 번은 더 큰 공복감과 대사량 감소를 촉진했던 것이다.[17] 이에 크럼은 "사람들이 스스로 건강한 음식을 먹고 있다고 생각할 때면 그 생각이 공복감과 연상 작용을 일으켰다"며 "이런 마음가짐은 우리 몸의 생리적 반응에 깊이 관여한다"라고 결론지었다.[18]

이와 같은 마음가짐의 즉각적인 효과는 에너지 조절과 관련된 뇌 영역들에서도 볼 수 있다. 가령 "당 충전"이라고 적힌 라벨이 붙은 저칼로리 음료를 마신 실험 참가자들은 "건강식"이라는 표기만 다를 뿐 같은 음료를 마신 참가자들보다 시상하부의 반응이 훨씬 뚜렷하게 나타났다. 심지어 "당 충전" 라벨의 음료를 마시고 보인 반응은 실질적으로 고칼로리 셰이크를 마셨을 때의 반응과 매우 흡사했다.[19] 참가자들의 뇌가 음료 안에 실제로 얼마만큼의 열량이 들어 있는지와는 무관하게 언어적으로 전달된 정보에만 전적으로 의존하여 에너지 섭취량에 대한 예측과 이후의 소비량을 조정한 듯했다.

이후 다른 연구들에서는 음식에 대한 기대가 음식물이 소화기관에서 움직이는 방식에서부터 인슐린 반응에 이르기까지 사실상 모든 과정에 영향을 미친다는 사실이 밝혀졌다. 예를 들면 인디애나 주 웨스트라피엣 소재의 퍼듀 대학교 연구진이 달달한 음료가 포만감을 주지 못하는 이유를 탐구한 기발한 연구 결과를 한번 보자. 코카콜라 한 병은 알고 보면 도넛 한 개만큼이나 열량이 높지만 배가 부를 것이라는 기대를 하지 않는 탓에 우리의 뇌는 콜라를 마시고 나서도 여전히 허기를 느끼며, 그 뒤로도 체내로 들어오는 에너지량의 균형을 유지하기 위해서 음식 섭취량을 줄이는 등의 대처를 제대로 하지 못한다. 이 또한 포만감을 느끼지 못하고 식사를 계속했던 헨리 몰레이슨의 사례와 마찬가지로 배고프다는 감각이 오로지 소화기관 내의 영양분을 탐지하는 화학 작용에 의해서만 생긴다고 믿는다면 도저히 설명할 수 없는 현상이었다. 이를 통해서 퍼듀 대학교의 연구진은 그 원인으로 음료는 식품보다 열량이 낮다는 고정관념이 콜라가 소화기관 내에 머무르는 시간을 비롯해서 소화되는 방식 자체에 직접적으로 영향을 미쳤기 때문일 가능성을 떠올렸다.

실험에서 연구자들은 참가자들에게 체리 향 음료를 주고 마시기 전에 이 음료가 소화계 안에서 위산과 만나면 어떻게 반응할지를 보여주는 "시연"을 진행했다. 이 시연은 두 가지 종류가 준비되어 있어서 일부 참가자들에게는 음료가 특별한 형태 변화 없이 다른 액체 속으로 섞여 들어가는 장면을 보여주었고, 또다른 참가자들에게는 음료가 액체와 섞이면서 덩어리로 고체화되는 모습을 보여주어 내용물이 실체가 있고 양도 많다는 인상을 심어주었다. 이 시연의 효과는 그 자리에서 연구진이 녹취한 참가자들의 감상을 통해서 명백하게 드러났다. 음료가 배 속에서 액체로 남아 있다고 믿은 참가자들은 음료를 마시고도 거의 배가 부르지 않다며 "벌써 다 소화됐어요"라고 보고했다. 반면 음료가 고체로 변할 수 있다고 믿은 이들은 훨씬 큰 포만감을 느꼈다. 어떤 사람은 "꼭 돌멩이를 삼킨 것 같은 기분이에요"라고 말하기도 했다. "이거 진짜 신기하네요. 푸짐하게 한 끼 식사라도 한 것 같아요"라고 말한 참가자도 있었다. 또 어떤 참가자는 배가 너무 불러 한 잔을 다 마시기도 버거울 정도라고 보고했다.

크럼의 연구에서처럼 참가자들이 보고한 감각은 다양한 객관적 측정치에서도 그대로 드러났다. 음료를 마신 뒤 참가자들은 연구진이 소화관을 따라 음료가 이동하는 경로를 추적할 수 있도록 추가로 화학적 추적자를 삼켰다. 그렇게 추적한 결과를 분석해보니 참가자들이 음료가 배 속에서 고체에 가까운 형태를 띨 수 있다고 믿은 경우 마신 음료가 입에서 대장까지 이동하는 데에 상대적으로 더 오랜 시간이 소요되었다. 이렇듯 소화기관 내에 음료가 오래 머무르면서 다음 소화 단계로 이동하는 과정에 지연이 발생한 것을 보면, 참가자들이 어째서 오래도록 포만감을 느꼈는지도 설명이 되었다. 그 결과 이 참가자들은 나중에 군것질할 가능성도 낮아져서, 그날 섭취한 총 열

량이 음료가 계속 액체 상태라고 믿었던 참가자들보다 400칼로리가량 적었다.[20]

걸쭉하고 크림 같거나 물처럼 묽은 등 일상에서 음료를 마실 때 느껴지는 감각적 특성은 이처럼 우리가 기대하는 포만감에 영향을 미친다. 이후 반복된 실험으로 액체의 점도가 높을수록 더 큰 포만감을 줄 것으로 기대하게 되어 그에 따른 생리적 반응도 더욱 두드러진다는 사실이 밝혀졌다.[21]

기대 효과가 소화에 어디까지 영향을 미칠 수 있는지 파악하기 위해서 아직도 많은 연구가 진행 중이기는 하지만, 1970년대에 발표된 그다지 많이 알려지지 않은 한 연구 결과는 그 영향이 비타민과 미네랄의 흡수에까지 미칠 수 있음을 시사했다. 이 연구는 다른 나라들보다 철분 결핍인 인구의 비율이 높은 태국에서 다양한 요인들이 철분 흡수에 미치는 영향을 살펴보려는 목적으로 시행되었다. 첫 번째 실험에서 연구진은 잘게 다진 형태의 태국 음식을 참가자들에게 주었는데, 음식에 함유되어 있던 철분의 양을 고려하면 터무니없이 적은 양만이 체내로 흡수되었다는 것을 발견했다. 건강상의 심각한 문제도 없는데 식사를 통해서 흡수하는 영양분이 그토록 적다는 것은 도무지 이해가 되지 않았다. 또 철분 부족이 지속될 시 자칫하면 심한 빈혈로 이어질 수도 있었다. 이에 연구진은 제공된 식사가 다소 입맛을 떨어뜨리는 곤죽 같은 형태여서 결과가 왜곡된 것은 아닌지 의문을 품게 되었다. 실제로 실험에 쓰인 음식은 아기 이유식으로나 줄 법한 퓌레 형태로, 대부분의 성인은 별로 좋아하지 않을 만한 것이었다.

이 같은 가설을 검증하기 위해서 연구진은 태국식 전통 채소 커리와 이를 블렌더에 넣고 갈아서 "균질화한" 음식 등 두 가지 서로 다른 형태의 식사를 직접적으로 비교해보았다. 결과는 상상 이상이었다. 참가자들이 전통적인 형태의 커리를 먹었을 때의 철분 흡수율이 "균질화된" 페이스트를 먹었을 때보다 평균 70퍼센트나 높았다.[22] 이를 확인한 연구진은 같은 현상이 범문화적으로 일어나는지 알아보고자 평소 매시드포테이토와 그린빈을 곁들인 햄버거처럼 전형적인 서구식 식사를 하는 스웨덴인을 대상으로도 동일한 실험을 진행했다. 이번 실험 결과도 마찬가지로 음식의 형태를 알아볼 수 있는 요리로 제공되었을 때의 철분 흡수율이 퓌레로 제공되었을 때보다 월등하게 높았다.[23]

이 연구에서 음식의 형태와 그에 대한 참가자들의 태도는 음식이 신체에 미치는 효과에 변화를 일으켰다. 즉 음식이 낯설거나 맛없어 보이는 형태로 제공되면 우리는 더 이상 그 음식을 먹고 만족감을 느끼거나 기분이 좋아질 것이라는 기대를 하지 않게 되어 그 즉시 음식에 포함된 좋은 영양분을 흡수하는 데에 도움을 주는 소화액의 분비에 지장이 발생할 수 있다.

자칭 다이어트 전문가라는 이들을 비롯해서 많은 사람들이 음식물 섭취를 마치 용광로에 연료를 퍼넣는 행위와 같은 순전히 화학적인 과정이라고 생각한다. 하지만 앞의 실험 결과들은 상당 부분 우리가 방금 섭취한 음식을 어떻게 기억하고, 그 안에 담긴 영양분에 대해서 어떤 인상을 받으며, 그것에 어떤 의미를 부여하는지에 따라 완전히 동일한 음식이 때로는 영양가 넘치고 포만감을 주는 식사가 되기도 하고, 때로는 불만족스럽고 영양가 없는 식사가 될 수도 있다는 사실을 증명한다.

음식에 담긴 의미

이러한 개념이 발전해온 역사를 조사하던 나는, 주류 과학계가 식습관과 영양 섭취에서 기대 효과가 어떤 역할을 하는지 살펴보기까지 이토록 오랜 시간이 걸렸다는 사실에 다시 한번 놀랐다. 한 세기도 더전, 러시아의 과학자 이반 파블로프는 개들이 경적이나 휘파람 소리, 번쩍이는 빛 등의 단서와 먹이를 연합하는 학습을 하도록 훈련시켰다. (그가 종소리를 이용했다는 것은 낭설이라고 한다.[24]) 마침내 개들은 먹이가 눈앞에 없어도 연합된 단서만으로 침을 흘리게 되었고, 먹이를 흡수 가능한 영양소의 형태로 분해하는 효소도 입에서 분비되기 시작했다. 이것이 바로 기본적인 기대 효과를 보여주는 결과였음에도, 이를 발전시켜 보다 다양한 상황에서 음식에 대한 생각이 소화에 어떤 영향을 미치는지 알아보고자 후속 연구를 진행한 연구자는 거의 없었다.

뇌가 식욕과 소화에 미치는 영향에 관한 단서는 심지어 의료 환경에서의 플라세보 효과를 살펴본 연구에도 숨어 있었다. 가령 자신이 위 밴드 수술이나 위 풍선 시술과 같은 비만 치료를 받았다고 믿은 환자들은 실제로 해당 처치가 이루어지지 않은 경우에도 흔히 식욕이 저하되고 상당량의 체중 감소를 경험하며, 전반적으로 진짜 처치를 받은 환자들의 약 70퍼센트 수준의 효과를 얻고는 한다.[25] 포만감에 대한 기대와 그에 따른 생리적 효과를 밝힌 연구들은 이 환자들이 경험한 플라세보 효과의 당연한 연장선상에 있었지만, 실제로 연구자들이 이 둘의 연결 고리를 발견하기까지는 수십 년이 걸렸다. 지금 시점에서 돌이켜보면 우리가 섭취하는 음식의 지적, 정서적, 문화적 요소는 전부 무시한 채 식품의 원재료에 함유된 순수 영양성분에만 집중한 것이 바보처럼 생각되기도 한다.

기대 효과의 역할을 이해함으로써 오늘날 전 세계 성인 인구의 13퍼센트가 씨름하고 있는 비만과의 전쟁에서 활용할 강력한 신무기를 손에 넣을 수도 있다는 점을 고려하면, 이렇게 낭비한 시간이 상당히 뼈아프다.[26] 각국의 보건 당국이 국민들의 건강한 식사를 촉구하는 캠페인을 벌이고 있지만, 음식과 영양소에 대한 사람들의 믿음이 결국 이들이 체중 감량을 위해서 들이는 노력을 무력화시킨다는 사실은 간과하고 있다.

여러분도 한번 직접 시험해보자. 아래에 나열한 식품들 중 각각의 줄에서 첫 번째 음식은 두 번째 음식보다 열량이 더 높을까, 낮을까, 아니면 비슷할까?

보통 크기의 맥도날드 햄버거   대구 구이 240그램

저지방 요거트 1컵   아이스크림 2/3컵

바나나 1개   허쉬 키세스 초콜릿 4개

사실 첫 번째와 두 번째 식품의 열량은 거의 비슷하지만 사람들은 대부분 햄버거, 아이스크림, 키세스 초콜릿의 열량이 대구 구이, 저지

방 요거트, 바나나보다 한참 높다고 생각하며, 이처럼 과소평가 혹은 과대평가한 열량과 실제 식품에 함유된 열량의 차이는 최대 50퍼센트에 달한다. 그리고 이렇게 범한 오차가 크면 클수록 체중이 늘어날 확률이 높아지며 사람들의 체중에 실질적인 차이를 만들어낸다.[27]

연구자들이 사람들의 무의식 속에 다양한 식품별로 어떤 인상이 연합 학습되어 있는지 살펴보았더니 사람들이 브로콜리, 연어 등의 식품을 "배고픔"이나 "허기"처럼 포만감에 대한 기대를 떨어뜨리고 이후 공복감을 더 많이 느끼게 하는 단어들과 연관지어 생각한다는 것이 발견되었다.[28] 한편 또다른 연구에서는 사람들에게 아래와 같은 질문지에 답하게 했다.

다음의 각 문항에 얼마나 동의하는지 1점(매우 동의하지 않음)에서 5점 (매우 동의함)으로 평가하시오.
- 일반적으로 맛있는 음식은 건강에 좋지 않고 건강한 음식은 맛이 없다
- 맛을 포기하지 않고는 건강한 음식을 만들 수 없다
- 몸에 좋은 음식이 맛도 좋은 경우는 드물다

그러자 이 문항들에 대한 반응과 살찌는 경향성 사이에 뚜렷한 상관관계가 발견되었는데, 점수가 높은 사람일수록(즉 이 세 문장과 같은 문항들에 강하게 동의한 사람일수록) 키에 비해 뚱뚱한 경향을 보이며 건강하지 않은 지방 축적량을 나타내는 대표적인 지표인 체질량지수가 높게 나타났다.[29]

과거에는 이 같은 사람들이 단순히 음식이 주는 순간의 쾌락을 참

지 못하는 자기통제력이 약한 사람들로 여겨졌을지도 모르지만, 기대 효과에 대한 연구 결과가 함의하는 진실은 좀더 복잡하다.[30] 가령 의사가 여러분에게 비만 위험이 높다는 말을 했다고 가정해보자. 이에 여러분은 좋은 의도로 칼로리가 낮은 식품을 잔뜩 구입할 테지만, 이것들이 "건강하다"는 생각 및 그와 연합된 온갖 단어들이 그 자체만으로 여러분을 공복감에 휩싸이게 해서 생리 작용에 직접적인 영향을 미친다. 식사를 마치고 나면 상대적으로 높은 농도의 "공복 호르몬" 그렐린이 몸속을 누비며, 소화기관은 심지어 몸에 들어온 음식물을 신속하게 비워내려고 함으로써 여러분이 더욱 심한 허기를 느끼고 더 많은 음식을 갈망하게 만들 수 있다. 다이어트가 원래 힘든 것이라는 믿음은 자기 충족적 예언으로 작용하게 된다. 그리고 이런 어려움 앞에서는 제 아무리 의지력이 뛰어난 사람이라고 해도 식습관의 변화를 오래 유지하기 힘든 것이 당연하다.

우리가 각자 어떻게 하면 이런 힘든 과제를 극복해낼 수 있을지는 잠시 후에 다루기로 하자. 다만 여전히 문제는 우리가 속한 환경이 지속적으로 우리를 이런 생각으로 몰아넣고 있다는 것이다. 이를 피하기 위해서는 건강한 음식은 본질적으로 맛이 덜하다는 믿음을 강조하는 식품 마케팅을 비롯해 결핍형 마음가짐을 만드는 암시적인 정보들을 알아차리는 법을 배워야 한다. 2019년, 앨리아 크럼은 "건강한 식사" 옵션을 제공한다고 내세운 미국 내 프랜차이즈 식당 26곳의 메뉴를 분석하고 어떤 단어들로 각 요리를 설명하는지 살펴보았다. 이 식당들의 일반 메뉴 설명에는 식감("바삭한", "부드러운", "쫄깃한")과 맛("상큼한", "감칠맛 나는")을 묘사하는 단어들 외에도 유쾌한 정서("미친 맛", "즐거움"), 옳지 못한 행동을 한다는 느낌("위험한", "죄책감 드는"), 타락했다는 기분("극도의 행복감", "육즙 폭발", "군침 가득") 등 만족스러운 경험을 암시하는 단어들이 사용되는 경우가 많았다. 반면 건강한 식사 메뉴에는 소박한 맛("담백한", "자극적이지 않은"), 마른 몸매("가벼운", "날씬한"), 특정 영양성분의 결핍("무지방", "저탄수화물")을 연상시키는 단어들이 많았다. 이러한 묘사는 전부 음식에서 빠진 무엇인가를 강조하는 것으로, 식사 후에도 허기를 느껴 얼마 지나지 않아 군것질거리로 손을 뻗게 만드는 결핍형 마음가짐이 자리 잡기에 안성맞춤인 환경을 조성한다.[31]

식당의 메뉴 설명, 나아가 더 일반적인 상황에서 음식에 붙이는 수식어들에 꼭 이런 표현을 사용해야 하는 것은 아니다. 크럼 연구팀이 지적했다시피 건강한 채소 요리라도 감각적이고 감성을 자극하는 단어들로 다채롭게 표현해서 충분히 맛있고 즐거운 식사를 떠오르게 할 수 있다. 이를테면 "콜레스테롤 없는 고구마", "저탄수화물의 가벼운 그린빈과 양파", "칼로리 낮은 주키니 호박"이라고 하는 대신, "시원한 풍미의 생강과 강황으로 버무린 고구마 요리", "지글지글 구운 달콤한 그린빈과 아삭한 양파", "오랜 시간 정성으로 구워 캐러멜화된 한입크기의 주키니 호박"이라고 표현하는 식으로 말이다. 이렇게 하면 음식 섭취량이 29퍼센트나 증가했다는 크럼의 연구 결과에서 알 수 있듯이, 설명을 보는 순간 채소를 더 입맛 돋는 요리처럼 느낄 뿐만 아니라 식후 군것질거리에 손을 댈 가능성도 낮아진다.[32] 아울러 브리스톨 대학교의 연구진은 요거트 통에 단순히 "오래도록 이어지는 포만감"이라는 문구만 넣어도 섭취 후 포만감을 유의미하게 높

여 최대 3시간까지 배고픔을 느끼지 않게 된다는 사실을 발견했다.[33]

기대 효과가 소화에 미치는 영향을 계속 연구한다면, 이외에도 경제적 수준처럼 특정 음식을 지각하는 방식에 변화를 초래할 만한 다른 요인들의 중요성 역시 반드시 고려해야 할 것이다. 특히 낮은 사회경제적 지위는 비만의 위험 요인 중의 하나로 알려져 있는데, 그 원인으로 간편식에 비해 신선한 음식의 가격이 비싸다, 영양식을 요리할 시간이 부족하다, 올바른 체중 관리를 안내해줄 의료 서비스나 관련 전문가의 도움을 받기 어렵다 등 여러 가지 가능성이 제기되고 있다. 그런데 이에 더해 최근 싱가포르에서 발표된 한 연구 결과는 경제적 불안정감에서 비롯된 미래에 대한 비관적인 기대가 사회경제적 지위와 비만율의 상관관계를 결정 짓는 중요 요인일 수도 있음을 시사했다. 연구에서 사람들은 자신이 경제적으로 여유가 없고 불안정하다고 느낄 때 당분이 훨씬 많고 크기가 큰 간식을 선호하는 경향을 보였다.[34] 그리고 이는 음식에 대한 몸과 뇌의 호르몬 반응에서 나타나는 객관적인 수치 변화와도 일치했다.

이 연구에서 참가자들은 먼저 미래의 직업적 성공과 연봉을 예측하는 시험이라고 설명을 들은 뒤에 적성 검사를 받았다. 그러나 사실 검사 이후 참가자들에게 들려준 결과는 거짓이었다. 모든 참가자에게 점수가 하위 19퍼센트에 속한다고 알려줌으로써 어쩌면 자신이 싱가포르의 경쟁적인 사회에서 적응을 잘 하지 못하리라는 두려움을 느끼도록 상황을 조성한 것이다. 참가자들의 걱정을 더욱 부채질하기 위해서 연구진은 이들에게 사다리 그림을 하나 보여주며 싱가포르의 사회 구조를 나타내는 도식이라고 설명했다. 그러고는 그 사다리에서 자신이 어디쯤에 위치할 것 같은지 짚어보고 가장 꼭대기에 있을 사람들과 자신을 비교하도록 했다. "여러분과 상류 사람들 **사이의 차이가** 여러분이 대화의 주제로 삼는 대상, 대화의 흐름, 여러분과 여러분의 대화 상대가 서로에게 건네는 말들에 어떻게 영향을 미칠 것 같은지 생각해보세요"라는 지시도 함께 주어졌다. 과제를 마친 참가자들에게는 밀크셰이크를 주었고, 이를 마시기 전과 후 일정한 간격으로 혈액검사가 진행되었다.

단지 사회 및 경제적 불안정감으로 인해서 생겨난 박탈감이 호르몬 반응에 영향을 주었다는 점만 다를 뿐, 이번 연구에서도 앞에서 음식 설명의 효과를 살펴본 크럼의 연구와 매우 흡사한 결과가 관찰되었다. 가짜 적성 검사 결과 탓에 자신이 싱가포르의 사회적 지위 사다리에서 말단에 위치한다고 느낀 참가자들은 셰이크를 마신 뒤 그렐린 수치가 비교적 높게 측정되는 경향을 보였고, 그에 따라 포만감도 훨씬 덜 느꼈다. 마치 이들의 몸이 스스로를 살찌우고 지방을 축적할 태세를 갖춘 듯했다.[35] 적성 검사 결과의 영향이 실험실을 떠나서까지 이어지지 않도록 하기 위해서 실험이 끝난 뒤 참가자들에게는 연구진이 다시 실험의 내용을 상세히 설명했다. 그러나 현실에서 실험 참가자들이 경험한 것과 비슷한 취약한 느낌을 가지고 몇 년씩 생활하다 보면 이렇게 변화된 호르몬 반응으로 인해서 상대적으로 건강한 음식을 먹더라도 서서히 비만의 길로 접어들 수 있다.

지난 진화의 과정에서는 아마도 이것이 합리적인 적응 반응이었을 것이다. 미래에 있을 자원 부족을 걱정해야 할 상황이라면 현재 가진 것을 최대한 활용해야 마땅하므로 먹을 수 있을 때 더 많이 먹어두고 에너지를 비축하기 위해서 대사를 늦추는 것은 납득이 가는 대응이다. 다른 사회적 동물들에서도 유사한 반응을 볼 수 있는데, 이들 역시 무리의 서열에서 말단에 위치한 개체들은 기회가 닿을 때면 최대한 많이 먹고 에너지 대사 속도를 늦춤으로써 미래의 식량 부족에 대비해 지방을 쌓아둔다. 한때는 이러한 신체 반응이 취약한 상태에 있던 우리를 보호해주는 역할을 했겠지만, 고칼로리 음식을 비교적 싼값에 쉽게 구할 수 있는 오늘날의 "비만 유발" 사회에서는 오히려 건강을 해칠 가능성이 높다.

도락형 마음가짐

자, 그렇다면 식습관을 바꾸고 싶을 때 이 모든 연구 결과들을 어떻게 적용할 수 있을까? 새로운 연구 결과들이 직접적으로 어떤 특정한 다이어트 식단을 알려주는 것은 아니다. 다만 일반적인 식이요법들은 어떤 형태로든 열량 섭취를 제한하는데, 여러 심리학적 원리들을 이용하면 식사를 통해서 충분히 즐거움과 만족감을 누리면서 식탐은 억눌러 이 과정을 보다 수월하게 해낼 수 있다.

우선 가장 쉽게 할 수 있는 일은 당분이 함유된 음료를 마셔 액상으로 열량을 섭취하는 일을 피하는 것이다. 이 장에서 내내 이야기했듯이 우리가 대부분의 음료에 기대하는 포만감의 수준은 굉장히 낮으므로, 음료는 이후 음식에 대한 갈망을 줄이는 데에 전혀 도움이 되지 않는다. 나는 다이어트를 할 때면 주스나 스무디도 마시지 않으려고 노력한다. 만약 이런 음료 없이는 살 수가 없다면 최소한 상점 진열장에서 사기보다 직접 만들어 안에 들어가는 재료의 고체 형태를 머릿속에 담도록 하자. 이렇게 단순한 방법으로도 전반적인 포만감에 유의미한 영향을 미칠 수 있다는 연구 결과가 있다.[36]

당분 함유량이 많은 스포츠 음료를 특히 주의하자. 한 연구에 따르면 단백질 셰이크 한 잔이 무려 1,200칼로리에 달할 수 있는데, 이는 평균적인 성인의 일일 권장 섭취 열량의 거의 절반에 해당한다.[37] 게다가 액상이라는 점에 더해 "건강 음료"라고 표기되어 있는 탓에 포만감이 덜할 것이라는 기대가 생겨 결국 나중에 군것질을 더 많이 하게 된다.[38] 만약 단순히 소모한 열량을 보충하기 위해서 빠르게 에너지를 끌어올릴 방법이 필요한 경우라면 별로 문제가 되지 않을 수도 있지만, 자칫 잘못하면 소모한 열량보다 많은 양을 섭취할 위험도 있다. 따라서 일단 일차적인 목표가 체중 감량이라면 좀더 포만감을 느낄 수 있는 방법으로 몸을 회복하는 편이 낫다.

그다음으로 할 일은 식사를 할 때의 즐거움을 최대화하는 것이다. 다이어트 중에는 지난날의 무분별한 식이 행동을 참회라도 하듯이 기억에도 잘 남지 않을 법한 밍밍한 음식을 먹어야 한다는 생각에 빠지기 쉽다. 그러나 최신 연구 결과는 반대로 음식의 맛과 식감이 식사를 즐겁게 해줌으로써 포만감을 높이고 음식에 대한 호르몬 반응을 증진시켜 체중 감량에 특히 중요함을 시사한다. 이에 나는 맛과 향이 깅하고(이를테면 장 도입부에 언급한 푸타네스카 스파게티), 앤초비나 파르메산 치즈처럼 감칠맛 나는 식재료를 최대한 활용한 음식을 먹으려고 노력한다. 그 과정에서 조금 높아진 식단의 전체 열량은 식후 포만감이 크게 증가해서 나중에 군것질을 덜 하게 되는 것으로 충분히 만회하고도 남는다. 이 연구에 따르면 최악의 상황은 절망적일 정도로 맛없는 식사를 함으로써 괜히 결핍감만 경험하는 것이다.[39]

즐거운 마음으로 음식을 먹는 일은 특히나 도저히 거부할 수 없는 간식을 먹게 된 경우에 아주 중요하다. 우리는 흔히 케이크나 아이스크림을 먹고 나면 죄책감의 늪에서 허우적거리기 쉽지만, 연구 결과를 보면 기왕 먹을 때에는 최대한 맛있게 즐겨야 한다. 고작 한 번 일탈했다고 그동안 해오던 모든 노력을 놓아버릴 이유는 전혀 없으며, 올바른 마음가짐만 갖춘다면 포만감을 느끼고 얼마든지 몸이 새로 섭취한 열량을 태우게 만들 수 있다.

믿기 어렵다면 다이어트 중인 참가자 131명을 3개월간 추적 조사한 연구를 한번 보자. 연구에서 케이크 등의 간식을 "죄책감"과 연합시켜 생각하던 참가자들은 이 기간 동안 체중이 **증가하는** 경향을 보인 반면, "축하"라는 단어와 연합시켰던 이들은 목표를 향해 차근차근 나아갔다.[40] 특정 음식을 묘사할 때 "죄책감 드는"이나 "위험한"과 같은 수식어를 사용하는 것이 유행에 민감한 감각적인 표현처럼 느껴질지 몰라도, 심리학 연구 결과들을 고려할 때 진심으로 식이 행동을 바꾸고 싶다면 이렇듯 과격한 가치판단 단어들은 지양해야 한다.

이와 같은 효과는 곧 맛을 볼 음식에 대한 기대감을 한껏 끌어올리는 것부터 시작해서 음식을 섭취하기 전과 후 그리고 먹는 도중의 경험을 리프레이밍하는 과정을 거쳐 더욱 증폭시킬 수도 있다. 예를 들면 캐나다와 프랑스의 연구자들이 2016년에 발표한 한 연구에서는 먼저 참가자들에게 여러 가지 달달한 간식의 맛과 향과 식감을 생생하게 떠올리게 했다. 그런 뒤 맛있어 보이는 초콜릿 케이크를 보여주며 크고 작은 조각들 가운데 어느 것을 먹고 싶은지 물었다. 아마 여러분은 앞에서 시행했던 단 음식에 대한 상상으로 식탐이 증가한 참가자들이 큰 조각을 선택했으리라 예상할 것이다. 하지만 대부분의 경우 참가자들은 이와 정확히 반대되는 반응을 보여, 감각적 특성을 떠올리지 않았던 참가자들이 선택한 케이크보다 더 작은 조각들을 선택했다. 케이크를 먹는 즐거움을 주의 깊게 상상한 참가자들이 적은 양만으로도 충분히 원하는 만큼의 만족감을 누릴 수 있다는 사실을 인식한 것이다.[41] 이는 초콜릿 또는 치즈를 시각적으로 떠올려보게 한 다음 실물을 보여주고 식탐의 정도를 살펴본 또다른 연구 결과와도 일치한다. 이렇게 간식을 상상한 참가자들은 전혀 다른 활동을 상상했던 참가자들보다 월등히 적은 양을 먹었다.[42] 곧 먹을 음식에 대한 기대를 함으로써 한입을 먹을 때마다 얻는 만족감이 더 커진 듯했다.[43]

마지막으로 식사를 하는 동안에는 방해가 되는 요소들은 치우고 한입 한입 음미하며 먹자. 다소 진부한 이야기이기는 하지만 식사를 천천히 꼭꼭 씹어서 하면 먹고 있는 음식에 대한 "구강 감각"이 자극되어 훨씬 큰 포만감을 느낄 수 있으며, 그에 따른 호르몬 반응도 왕성해진다.[44] 그리고 먹고 난 뒤에는 의식적으로 방금 먹은 음식을 기억하려고 노력하자. 생각 없이 군것질거리로 손이 향하려고 할 때면 그 전에 먹었던 음식을 다시 떠올리며 맛을 음미하던 기억을 곱씹어보자. 이렇게 뇌가 들어오고 나가는 에너지의 균형을 예측할 때, 기억 속 음식의 열량을 고려하도록 상기시키다 보면 생각보다 배고픔도 덜 느끼게 될 것이다.

그렇다고 기적을 기대하지는 말자. 양상추 잎을 상상만으로 어마어마한 만찬으로 둔갑시킬 수는 없으며, 지독한 단기 속성 다이어트를 하는데 이처럼 작은 심리적 장치들이 큰 도움을 줄 가능성도 희박하다. 하지만 이외의 적당한 식이요법을 따를 때에는 이 같은 심리적 변화가 몸매는 물론이거니와 기분까지 완전히 바꿀 수 있다. 몇 킬로그램 정도 감량을 목표로 하든 현재의 몸무게를 유지하려고 하든, 식사는 즐겁고 흥겨운 것이어야 한다. 틀림없이 신체적, 정신적 건강에 보탬이 될 것이다.

식도락의 자세가 인생을 구한다

이 같은 원칙들을 적용할 때, 프랑스 문화를 참고하는 것이 도움이 될 수 있다. 미국 내에서는 건강한 음식이란 본래 맛이 없다는 믿음이 비교적 널리 퍼져 있는 반면,[45] 영국과 오스트레일리아에서는 그렇게까지 두드러지지 않으며,[46] 프랑스에서는 오히려 정반대로 믿는 경우가 훨씬 더 흔하다. 평균적으로 프랑스 사람들은 이를테면 "몸에 좋은 음식이 맛도 좋은 경우는 드물다"라는 문장에 "매우 동의하지 않음"이라고 답할 가능성이 높고, 실험 연구 결과에서도 어떤 음식을 "건강한"이라고 묘사한다고 해서 다른 서구권 국가들에서처럼 포만감과 즐거움이 줄어드는 현상이 나타나지 않았다.[47]

게다가 프랑스 사람들은 건강한 음식을 다른 문화권보다 더 긍정적으로 여기는 것과 더불어 간식과 디저트에 부정적인 의미도 덜 부여한다. 가령 "아이스크림과 가장 어울리는 단어 : 맛있다/살찐다"처럼 다양한 음식과 연합된 단어를 선택하도록 했더니, 달달한 디저트류를 부정적인 의미와 짝짓는 경향이 강한 미국인들과 달리 프랑스인들은 보다 즐거운 감정을 나타내는 단어를 골랐다. 또한 프랑스인은 미국인에 비해 "음식을 즐기는 것은 인생에서 가장 중요한 낙"이라는 문장에 동의할 가능성이 월등히 높다.

물론 각 나라 안에서도 개인차가 있을 것이고 시간이 지나면서 조금씩 달라질 수도 있겠지만, 전반적으로 볼 때 프랑스인들은 자신이 먹는 음식과 그 음식이 몸에 미치는 효과에 대해서 훨씬 긍정적인 기대를 가진 듯하다. 이처럼 음식을 진정으로 즐기고 음미하는 태도는 각 요리의 섭취량과 총 식사 시간을 통해서도 엿볼 수 있다. 프랑스인들은 적은 양으로도 충분히 만족감을 즐길 수 있다는 사실을 알고 있으므로 패스트푸드를 먹을 때조차 양이 적은 메뉴를 선택하며, 시간을 들여 식사를 함으로써 식사를 가능한 한 선명하게 기억하여 기대 효과를 통해서 더 오랜 시간 포만감을 느낄 수 있게 한다.[48] 그리고 그 결과는 몸무게의 차이로 선명하게 나타난다. 세계보건기구의 발표에 따르면 프랑스인의 평균 체질량 지수는 25.3으로 독일(26.3) 등 다른 유럽 국가들보다 낮은 편이며, 오스트레일리아(27.2), 영국(27.3), 미국(28.8)과 비교하면 현저하게 낮다.[49]

프랑스인들이 음식을 대하는 태도는 이렇듯 국가 간 체질량 시수의 차이를 설명해줄 뿐만 아니라 섭취하는 음식물 자체에 함유된 영양성분만으로는 도저히 이해할 수 없는 수수께끼 같은 건강상의 차이를 이해하는 데에도 도움이 된다. 이를테면 전형적인 프랑스 식사는 버터, 치즈, 달걀, 크림 등이 주재료로, 포화지방의 함유량이 영국이나 미국의 일반적인 식사보다 높은 편인데도 관상동맥 심장병 발병률이 영국과 미국보다 놀랍도록 낮다. 한때는 노화로 인한 세포 조직 손상을 줄이는 데에 도움이 되는 항산화 물질 및 항염증 화학물질이 함유되어 있는 와인을 적정량 섭취하는 등의 음주 습관이 그 원인으로 꼽혔다. 그러나 실제로는 그외에도 다양한 요인들이 저마다 조금씩 기여한 결과일 것이며, 여러 가지 음식과 그 음식이 건강과 안녕감에 미치는 영향에 대한 각 문화별 기대의 차이도 분명 하나의 요인일 것이다.

제3장에서 언급한, 다른 모든 요인들을 제하고도 자신이 심장병에 걸릴 위험이 높다고 믿은 사람들은 남들보다 심장마비로 사망할 확률이 4배가량 높았다는 연구 결과를 다시 떠올려보자. 미국이나 영국과 같은 국가들에서 널리 쓰이는 음식과 관련된 말들 또한 이와 유사한 자기 충족적 예언을 만드는 듯하다. 한 연구 논문에서 저자들이 내린 결론처럼 "식사라는 삶의 중요한 한 부분이 더 이상 즐거움의 원천이 아닌 스트레스와 극심한 걱정의 근원이 된다면, 심혈관계와 면역계에 그 영향이 나타날 수 있다고 가정하는 것도 무리는 아니다."[50] 하지만 프랑스인들은 긍정적인 음식 문화 덕분에 이 같은 노세보 반응에 비교적 덜 취약한 것으로 보인다. 이들은 적당한 양만 섭취한다면 케이크를 먹어도 괜찮다는 사실을 인식하고 이를 실행에 옮긴다. 우리도 이처럼 식도락의 자세를 경험한다면 훨씬 건강한 삶을 살 수 있을 것이다.

생각의 전환 : 식습관

- 식사를 하는 중에 방해가 되는 요인들을 치우고, 먹고 있는 음식에 집중하자. 이후 장시간 포만감을 느끼는 데에 도움이 되도록 먹는 경험 자체에 대한 선명한 기억을 쌓도록 노력하자.

- 군것질을 줄이고 싶다면 직전 식사에 무엇을 먹었는지 떠올려보자. 그 기억이 갑작스러운 허기를 억누르는 데에 도움이 될 것이다.

- 결핍감을 일으키는 음식 설명에 주의하자. 저칼로리 식사를 찾는다면 가능하면 식사의 즐거움을 충분히 느낄 수 있는 식품을 선택하자.

- 다이어트를 할 때에는 특히 음식의 맛과 식감, 겉모양 등 먹는 즐거움을 향상시키고 이후 포만감을 높여줄 수 있는 모든 요소에 더욱 집중하자.

- 당분이 들어간 음료는 피하자. 이러한 음료에 함유된 고칼로리 성분은 우리의 몸이 에너지 조절을 제대로 하기 어렵게 만든다.

- 식사 전 음식에 대한 기대감을 만끽하자. 소화계의 반응을 조절하여 식후에 더 큰 포만감을 느낄 수 있다.

- 이따금 먹는 간식으로 괜히 죄책감을 느끼지 말자. 오히려 그 순간을 음미하고 즐기는 것이 몸에 더 도움이 된다.

7

스트레스를 풀어주는 스트레스

부정적인 감정은 어떻게 우리에게 이로움을 주는가

19세기 후반, 의사와 정치인, 성직자들은 세계인의 건강을 위협하는 새로운 악습과의 전쟁을 선포했다. 그리고 그들의 전투 슬로건은 오늘날에도 여전히 들을 수 있다. 그들이 맞서 싸우던 악습이란 아편 남용도, 압생트 과음도 아닌 불안이었다. 일찍이 1872년, 「영국 의학 저널」은 "오늘날의 긴장감과 조급한 흥분"이 사람들의 신경 에너지를 고갈시켜 정신적, 신체적 쇠약을 초래하며 심장병 발병 위험까지도 높이고 있다고 지적했다. 더불어 "이러한 수치는 생활을 위해서 스스로를 희생하는 일이 없도록 좀더 관심을 기울여야 한다는 경고"라고 언급했다. 말하자면 생활 속에서 불필요한 스트레스를 제거하자는 정신 "위생"을 주장한 것이다.[1]

사람들에게 휴식을 취하라는 처방이 흔하게 내려졌고, 미국에서는 장기간 불안에 시달리던 사람들이 구성원들끼리 더는 불안해하지 않도록 서로에게 버팀목이 되어주는 "돈 워리Don't Worry" 모임에 나가기도 했다. 돈 워리 운동의 시초는 뉴욕 시 소재의 개인주택 내 작은 응접실에서 음악인이자 작가인 시어도어 수어드가 주최한 모임이었다. 그는 미국인들이 "걱정하는 습관의 노예"라며 이 습관을 "행복을 말살하는 적"으로 규정하고 "단호하고 끈기 있게 맞서 싸워야 한다"고 말했다.[2] 수어드는 나아가 돈 워리 운동을 "해방 운동"이라고 칭하며 당시 세력을 키워가고 있던 금주 운동과 비교하기를 즐겼다.[3]

이런 관념은 곧 선풍적인 인기를 얻었고, 1900년대 초 무렵에는 위대한 심리학자 윌리엄 제임스도 일종의 "건강한 마음자세 교religion of healthy-mindedness"가 사람들의 마음을 사로잡았다고 말했다. 이 신흥 종교는 세상의 모든 부정적인 생각과 감정으로부터 마음을 돌리는 한편, 그 안에서 행복을 키워가는 것을 목표로 하는 "이완에 대한 교의gospel of relaxation"를 수반했다. 윌리엄은 "날씨에 대한 불평이 수많은 가정에서 금기시되고 있으며, 점점 더 많은 사람들이 유쾌하지 않은 상황을 대화의 주제로 삼는 행동을 무례한 짓이라고 여긴다"라고 말했다.[4] 그의 말에 따르면 "마치 삶이 이미 쾌활한 분위기로 가득하다는 듯 행동하고 말하는 것"이 이들의 주된 목표였다.[5]

의학계에서 지속적으로 발표되는 연구 결과들에 사람들은 불안의 위험성을 점점 더 확신하게 되었고, 1980년대에 이르러서는 이 관념이 완전히 의심의 여지없는 진리처럼 받아들여져 대중매체에서도 대대적으로 다루어지기 시작했다. 이 연구의 중심에는 본래 야생에서 포식자가 가하는 진짜 위험에 적절하게 대처하도록 진화한 스트레스 반응이 사소한 어려움에서도 과하게 발동하여 강렬한 "투쟁 도피 반응fight-or-flight response"을 촉발하게 되었다는 관념이 자리하고 있었다.

이에 1983년 「타임Time」의 커버 스토리에는 "검치호랑이(칼처럼 긴 형태의 송곳니가 특징인 선사시대의 거대 고양잇과 동물/옮긴이)는 사라진 지 오래지만 현대의 정글도 그때 못지않게 위험하다. 마감에 대한 공포, 아슬아슬한 비행기 환승 시간, 뒷범퍼에 닿을 듯 바짝 따라붙는 난폭 운전자 모두 심장 박동이 달음질치고, 신경이 날카로워지며, 식은땀이 줄줄 흐르게 만드는 새로운 야수이다"라는 글이 실렸다. 그 글에는 "우리의 생활양식 자체가 오늘날 질병의 주요 원인으로 부상하고 있다"는 주장이 덧붙었다. 더불어 이번에도 역시 우리가 자신의 생각을 통제해야 한다는 권유가 뒤따랐다. 이와 관련하여 한 심장병 전문의는 "첫 번째 원칙, 사소한 일로 전전긍긍하지 말라. 두 번째 원칙, 이 모두가 알고 보면 사소한 일이다"라고 말했다.[6] "스트레스 받다stressed-out"가 영어사전에 등재된 것도 같은 해의 일이다.[7]

오늘날 매체에서 보도되는 내용만 보면 꼭 현대인의 스트레스가 과거 그 어느 때보다 극심한 것만 같다. 우리는 약간 짜증스럽게 신경을 긁는 소셜 미디어 피드처럼 아주 작은 스트레스원(stressor, 스트레스를 일으키는 자극/옮긴이)도 반복되면 신체와 정신 건강에 해로울 수 있다는 말을 자주 들으며, 감사일기와 마음챙김 명상 앱의 활용에서부터 자연에서의 "삼림욕"과 값비싼 디지털 디톡스 프로그램 참가에 이르기까지 스트레스에서 벗어날 수 있는 다양한 전략들에 대한 이야기에 끊임없이 노출되어 있다. 좋든 싫든 이제 우리는 모두 국제 돈워리 클럽의 멤버들이다.

그런데 만약 그 모든 뉴스 기사, 수백만 부가 팔린 책, 마음을 울리는 강연, 심지어 과학자들조차도 현실을 오해하고 있는 것이라면 어떨까? 불안해하지 않을 방법이 있다면 굳이 불안해하고 싶은 사람은 없을 것이다. 최신 연구들은 우리가 정서에 반응하는 방식이 대부분의 경우 자기 자신의 믿음에 따른 직접적인 결과임을 보여준다. 즉 불쾌하지만 피할 수 없는 감정을 나쁜 것으로 여김으로써 우리 스스로가 강력한 노세보 효과를 만들고 있었던 것이다. 이러한 기대 효과의 힘을 올바르게 인식한다면 번아웃에서부터 불면에 이르기까지 모든 경험에 다른 각도에서 접근할 수 있게 되며, 행복을 찾는다는 것이 어떤 의미인지도 다시금 정의해볼 수 있을 것이다.

스트레스의 연쇄반응

전통적인 관점에서 바라본 불안의 기본 속성을 이해하고 어째서 이같은 관념이 틀렸는지를 깨닫기 위해서는 먼저 대공황이 절정으로 치닫던 시기에 최초로 스트레스의 위험성을 분명하게 증명한 선구적인 헝가리계 캐나다인 학자 한스 셀리에를 언급하지 않을 수 없다. 다른 수많은 위대한 발견처럼 그의 연구도 실수에서 시작되었다. 그가 수행하던 주요 연구 과제는 여성의 성호르몬들을 규명하고 각각이 실험 쥐에게서 어떤 효과를 일으키는지 기록하는 것이었다. 그러나 호르몬 주사를 맞는 쥐들이 아무런 이유 없이 병이 든 경우가 흔하게 관찰되면서 그의 연구도 벽에 부딪히고 말았다. 처음에는 그도 실험 과정에서 오염이 발생했을 가능성을 우려했지만, 곧 쥐들이 수술을 받는다든지, 춥거나 더운 곳에 있다든지, 쳇바퀴에서 지나치게 오랜 시간 운동하도록 강요당하는 등 다른 여러 경험에서도 아주 비슷하게 병이 든 것을 발견했다. 어떻게 이토록 다른 환경이 모두 같은 질병을 야기할 수 있을까? 셀리에는 기계 역학 용어에서 착안하여 이 모든 실험이 가하는 전반적인 "스트레스"가 쥐를 불안하게 해서 결국 탈진하고 병들게 했다는 가설을 떠올렸다.

이후 수십 년간 이어진 연구를 통해서 불안 상태를 야기하고 우리의 몸을 서서히 좀먹는 일종의 심리적 연쇄반응을 의미하는 "스트레스의 연쇄반응stress cascade"이 상세하게 밝혀졌다. 연쇄반응은 신체의 모든 감각 정보를 받아들여 그 안에 담긴 정서적 의미를 처리하는, 뇌의 편도체라는 작은 회백질 덩어리 한 쌍에서 시작된다. 먼저 편도체가 포식자의 접근과 같은 위협 요인을 발견하면 체내 에너지의 균형을 맞추고 신체의 여러 가지 생리적 상태를 조절하는 중추인 시상하부로 신호를 보낸다. 그렇게 보내진 신호 정보는 궁극적으로 부신에 도달하고, 그곳에서 신체 곳곳에 광역적인 영향을 미치는 에피네프린(epinephrine, 아드레날린이라고도 불린다/옮긴이)이라는 호르몬이 분출되기 시작한다.

에피네프린의 가장 즉각적인 효과는 순환계에서 느낄 수 있다. 심장이 빠르게 뛰는 한편, 행여 부상을 입더라도 출혈이 일어나지 않게 하려는 반응의 일환으로 손과 발, 머리로 향하는 혈관은 수축된다. 또한 산소를 몸속에 신속하게 공급할 수 있도록 호흡이 빠르고 얕아지며, 호르몬이 간 등에 저장되어 있던 포도당을 방출하면서 우리는 에너지가 솟아나는 느낌을 경험하게 된다. 그리고 이 에너지가 근육에 제대로 전달되게 하기 위해서 소화계 및 다른 기관들의 활동이 일시 정지된다.[8] 이때 마음은 철저하게 지각된 위협 요인 및 주변의 다른 위험 요소들에만 집중한다. 이것이 투쟁 도피 반응으로, 물리적인 공격처럼 즉각적인 위협에는 더할 나위 없이 완벽한 적응 기제이다.

그러다 포식자가 그냥 지나쳐 가거나 해서 위협이 사라지면 혈액 속 에피네프린의 농도도 차츰 줄어들어 다시 빠르게 안정을 회복할 수 있다. 하지만 만약 위험 상황에 있다는 느낌이 지속된다면 이번에는 뒤이어 뇌와 몸이 중장기적으로 높은 경계 상태를 유지하게 만드는 코르티솔cortisol이 방출되면서 두 번째 호르몬 반응의 물결이 시작된다.

바로 이 정신적, 신체적 각성 상태가 며칠이고 몇 주일이고 몇 달이고 계속해서 유지되는 상황이 셀리에가 실험 쥐에서 관찰한 탈진 및 병의 원인이자, 인간에게도 질병을 야기할 수 있다고 여겨지는 요인으로 추정되었다. 심장이 빠르게 뛰고 혈관이 수축되면 심혈관계에 추가적인 부담을 주게 된다. 코르티솔이 끊임없이 널뛰면서 세포 조직의 손상을 만회해주는 고마운 "동화anabolic" 호르몬의 분비는 줄어든다. 게다가 이 같은 장기적인 호르몬 변화는 동맥벽과 관절 조직을 손상시키는 경미한 염증 반응이 만성화되는 데에도 영향을 미칠 수 있다. 한편 과잉 각성으로 마음이 참신한 문제 해결방법을 고민하기보다는 위협에 대처하는 일에 훨씬 많은 자원을 투입한 탓에 인지능력이 전반적으로 저하된다.

셀리에의 주장에 따르면 과도한 직업적 경쟁, 장거리 출퇴근, 버거운 사회적 책무와 같은 현대 사회의 스트레스원은 전부 우리를 이러한 만성적인 각성 상태로 몰아넣고 있으며, 그 결과 우리는 관절염에서부터 심부전에 이르기까지 지금도 선진국 국민들을 괴롭히는 다양한 질병에 보다 취약해진다. 그는 이 같은 "문명병"이 "사회적으로 성공을 거둔 근면한 사람들이 정신적인 고통에 시달리기 쉬워진 탓에 이를 목표로 하는 우리가 치러야 할 대가"라고 주장했다. 셀리에는 스트레스 반응 연구로 엄청난 영향력을 떨쳐 이후 17차례나 노벨 생리의학상 후보에 올랐으며, 1982년에 그가 세상을 떠난 뒤에도 오래도록 많은 이들이 같은 맥락에서 연구를 이어갔다.[9]

그러나 스트레스에 대한 셀리에의 주장에는 처음부터 몇 가지 이유로 의혹이 제기된다. 그의 초기 연구를 포함하여 수많은 실험 연구에서 동물 피험체는 모두 극심한 긴장 상태에서 걷잡을 수 없는 공포를 겪었다. 이러한 공포심은 실험실 환경에서 피험체의 극명한 생리적 변화를 규명하기에는 편리하지만, 우리 대부분이 생활 속에서 경험하는 가벼운 압박감을 그대로 반영하지는 않는다. 인간 대상 연구들도 마찬가지로 기대 효과가 스트레스 반응을 좌우했을 가능성은 일절 고려하지 않았다. 아울러 19세기 후반 돈 워리 클럽을 다시 떠올려보면, 우리 문화가 오래 전부터 불안과 긴장감, 특히 산업화 및 도시화로 인해서 발생하는 스트레스를 위험한 것으로 간주했다는 사실은 명백하다. 마음과 몸은 서로 연결되어 있으므로, 이러한 태도는 힘든 일을 마주했을 때 실제 사람들이 보이는 반응 양상에 영향을 미쳐 자기 충족적 예언을 만들어냄으로써 초기 과학 연구의 결과들을 상당수 왜곡했을 가능성이 있다. 만약 이것이 사실이라면 단순히 사람들의 믿음을 바꾸는 것만으로도 스트레스 반응을 변화시키는 일 또한 가능할 터이다.

스트레스를 거름 삼아 성장하다

뉴욕 로체스터 대학교의 심리학자 제러미 제이미슨은 2000년대 후반부터 이 흥미로운 가능성을 탐구하기 위한 과학적 연구의 선봉장을 맡았다. 그가 불안이 프레이밍되는 방식에 관심을 가지게 된 계기는 학교에서 운동선수로 활약하던 시절의 경험이었다. 그는 일부 팀 동료들이 시합 전에는 잔뜩 고양되고 들뜨는 모습을 보이는 반면, 시험을 앞두고는 긴장으로 "졸도할 지경"이 되는 것을 목격했다. 두 가지 상황 모두 결과가 매우 중요하므로 부담감이 높을 수밖에 없었을 것이다. 그렇다면 어째서 한 상황에서는 잠재적 스트레스가 상당한 도움이 되고 또다른 상황에서는 해롭게 작용한 것일까?

제이미슨은 동료들이 각 사건을 평가하는 방식이 원인이었으리라 추측했다. 경기장에서는 선수들이 신경이 곤두서는 감각을 에너지가 넘친다는 신호로 해석하지만, 시험장에서는 같은 감각을 시험을 망칠지도 모른다는 신호로 받아들인 것이다. 그리고 그러한 기대는 곧 자기 충족적 예언이 되어 스트레스에 대한 뇌와 신체의 반응을 변화시켰다. 가설을 검증하기 위해서 진행한 초기의 한 실험에서 제이미슨은 GRE(Graduate Record Examination, 미국 및 캐나다 내의 대학원 진학 시 필수요건 중 하나인 표준 시험)를 치를 계획이 있는 학생 60명을 모집했다. 실험실에서 모의시험을 치르기 전, 참가자의 절반에게는 아래와 같은 정보가 주어졌다.

"사람들은 보통 표준 시험을 치르는 동안 경험하는 불안감으로 결국 시험을 망칠 것이라고 생각합니다. 하지만 최근 연구 결과에 따르면, 이 같은 각성 상태는 수행 능력에 악영향을 끼치지 않으며, 오히려 도움이 될 수가 있어 실제로 시험 중 불안감을 느끼는 사람이 시험을 더 잘 보는 경향이 있습니다. 다시 말해서 오늘 GRE 모의시험을 보면서 불안감이 느껴지더라도 전혀 걱정하지 않아도 됩니다. 그럴 때는 그냥 이 각성 상태가 시험을 잘 보게 돕고 있다는 사실을 상기하기 바랍니다."

읽는 데 채 1분도 걸리지 않을 이 간단한 안내문은 이날 학생들의 모의시험 성적을 높여주었을 뿐만 아니라 몇 달 뒤에 치른 본시험에서도 좋은 성적을 거두게 했다. 효과는 수험자들의 공포와 두려움을 촉발했을 가능성이 가장 높은 수리 영역(일명 "수학 불안증"은 실제로 현재 아주 흔한 증상으로 여겨진다[10])에서 특히나 두드러졌다. 별다른 안내를 받지 않았던 통제 집단의 평균 점수는 706점이었던 반면, 불안감을 에너지의 원천으로 여기도록 학습한 참가자들은 평균 770점을 받았다(참고로 당시 GRE 수리 영역의 만점은 800점이다/옮긴이).

이는 그토록 짧고 간단한 중재법으로서는 정말 깜짝 놀랄 만한 효과였으며, 참가자들이 1지망 대학원에 합격할 가능성에도 쉽게 영향을 줄 수 있었다.[11] 제이미슨은 고작 몇 문장만으로 학생들이 자신들을 괴롭히던 공포심에서 벗어나게 하고, 긴장감 자체를 고양되고 에너지 넘치는 감각으로 받아들였던 그의 팀 동료들의 관점에 가깝게 마음가짐을 바꾸도록 이끌어 학생들의 시험 수행 능력에 즉각적이면서도 오래도록 지속되는 효과를 낸 것이다.

후속 연구들은 불안을 재평가하는 것이 생물학적 반응에도 변화를 주어 셀리에를 비롯한 다수의 연구자들이 경고했던 장기적인 질병 위험을 일부 경감할 가능성이 있는지 살폈다. 앞선 실험에서와 마찬가지로 몇몇 참가자들에게는 심장이 빨리 뛰고 호흡이 가빠지는 등 일반적으로 불안과 연관된 생리적 각성 신호가 꼭 몸에 해롭다기보다는 도전적인 상황에 대한 자연스러운 신체 반응이며, 이렇듯 각성 수준이 높아지면 오히려 과제 수행 능력이 향상될 수 있다는 정보가 주어졌다. 이와 반대로 통제 집단의 참가자들은 불안감이 느껴지면 그냥 무시하고 방 안의 특정 지점에 주의를 집중해 불안하다는 느낌을 "마음속에서 지워버리라"는 지시를 받았다.

지시문을 읽은 참가자들은 이후 실험 환경에서 의도적으로 높은 수준의 불안을 유발하도록 고안된, 트리어 사회적 스트레스 검사Trier Social Stress Test라는 혹독한 과제를 치렀다. 먼저 자신의 장단점에 대해서 짤막하게 발표함으로써 외부의 평가에 취약한 상태가 된 이들은 갑자기 아무런 준비 과정 없이 암산 시험에 임했다. 나아가 과제를 더 어렵게 만들기 위해서 평가자들은 팔짱을 끼고 인상을 잔뜩 찌푸리는 등 부정적인 몸짓을 취해 참가자들이 긴장을 가라앉힐 만한 어떤 고무적인 피드백도 받을 수 없게 했다. 그 사이 연구진은 참가자들의 신체가 불안에 반응하는 양상을 주의 깊게 관찰했다.

통제 집단의 참가자들은 심박수가 급증하는 한편 말초혈관은 수축해서 신체 중심부로 혈액이 집중되는 등 전형적인 스트레스의 연쇄 반응으로 예상할 수 있는 온갖 징후를 보였다. 물리적인 위험에 노출된 것이 아님에도 참가자들의 몸은 마치 신체 부상에 대비하려는 듯한 반응을 드러냈다. 그런데 불안감을 리프레이밍하도록 지시받은 참가자들은 이보다 훨씬 건강한 반응을 보였다. 이들 역시 결코 "이

완된 상태"는 아니어서 심장이 빠르게 뛰기는 했지만, 통제 집단의 참가자에 비해 혈관이 확장되어 있어 훨씬 효율적으로 몸 곳곳에 혈액을 공급했다. 이는 심혈관계에 부담을 주지 않게 신체의 활력을 끌어올린다는 점에서 우리가 운동을 할 때의 상태와 흡사하다.[12] 또한 뇌에도 더 많은 혈액이 공급되어 제이미슨이 참가자들의 GRE 성적에서 보았던 것처럼 인지능력이 향상되기도 했다. 즉 불안감을 억지로 외면하고 다른 곳으로 주의를 돌리는 전략은 실패했지만, 리프레이밍은 효과가 있었다.[13]

최근에는 기대 효과가 심지어 스트레스에 대한 호르몬 반응에도 영향을 미칠 수 있다는 증거가 제기되고 있다. 사람들이 스트레스가 과제 수행 능력을 향상시키고 개인적인 성장에도 긍정적으로 작용할 수 있다는 사실을 알게 되자, 코르티솔의 변동폭이 줄어들어 장시간 공포를 겪지 않으면서도 평소보다는 좀더 각성된 유지할 수 있을 정도로만 분비되는 양상이 관찰되었다.[14] 또한 DHEAS나 테스토스테론처럼 체내 조직의 성장과 재생을 돕는 이로운 "동화" 호르몬이 급증했다. 스트레스가 위험하고 심신을 쇠약하게 만드는 주범이라고 생각했던 사람들에게서는 이러한 변화가 거의 나타나지 않았다.[15] 스트레스를 받는 상황에서 실질적으로 우리의 몸이 얼마나 해를 입는지는 이 모든 호르몬들 사이의 균형에 의해서 결정된다. 그리고 사람들이 스트레스를 더는 심각한 존재의 위협이 아닌 충분히 성취 가능한 신체적 도전을 마주하는 것으로 재평가하게 되면, 보다 건강한 쪽으로 호르몬 균형이 이루어진다.

어째서 재평가에는 이렇게 큰 힘이 있을까? 제이미슨과 같은 연구자들은 이런 현상이 뇌의 예측 기제가 현재 보유하고 있는 정신적, 신체적 자원과 눈앞의 과제가 요구하는 것을 가늠해보고 가장 적절한 반응을 계획하는 과정에서 발생한다고 본다. 불안이 심신을 소진시키고 내가 가진 능력치를 모두 발휘하지 못하게 방해한다고 믿으면, 이미 시작부터 그렇게 생각하지 않는 사람들보다 불리한 입장에 놓이게 되어 실제로 실패할 가능성도 높아진다. 아울러 뇌는 위기 상황을 마주한 것처럼 계속해서 외부 위협과 신체적 부상 가능성에 대비하도록 몸에 지시를 내린다. 하지만 만약 심장이 빠르게 뛰는 것을 자신의 몸이 중요하고 보상 가능성이 높은 일에 대비하여 에너지를 끌어모으는 징후로 받아들인다면, 오히려 자신이 목표한 바를 이루기 위해서 필요한 것은 이미 전부 갖췄다는 생각을 재확인하는 계기가 된다. 이를 두고 제이미슨은 "스트레스 반응이 더 이상 피해야 하는 대상이 아니라 실질적인 자원이 된다"라고 표현했다. 이로써 뇌는 위협이 될 수 있는 모든 것에 경계 태세를 갖추는 대신 눈앞의 과제에 집중할 수 있는 여유를 가지며, 몸은 부상의 위험 없이 가진 능력의 최대치를 발휘할 수 있도록 준비하고 그 경험을 바탕으로 성장할 수 있게 된다.[16] 그리고 난 뒤에는 소화를 비롯해서 평소 안정기에 수행하던 다른 필요한 활동들도 보다 신속하게 재개할 수 있다.

스트레스에 대한 기대는 이렇게 생리적인 변화를 일으키는 것과 더불어 행동과 지각에도 상당히 심오한 영향을 미칠 수 있다. 이를테면 어려운 도전 상황과 마주했을 때 스트레스가 자신에게 도움이 된다고 믿는 사람들은 잠재적으로 위협이 되거나 적대적인 신호를 오래도록 응시하기보다 그 상황에서 가능한 한 긍정적인 요소(가령 사람들로 북적이는 와중에서도 미소 짓는 사람을 찾는 등)에 집중하려는 경향이 강하게 나타났다. 또한 문제 상황으로부터 도망쳐 숨기보다는 일부러 계속해서 피드백을 받고 건설적인 대처 방안을 찾기 위해서 노력한다. 게다가 이들은 창의성도 더 많이 발휘한다. 이 모든 변화를 종합해보면 결국 이들은 일단 고통의 원인이 되는 도전 과제에 대해서 근본적인 해결책을 찾는 능력을 더 갖춘 셈이다.[17]

이제는 스트레스를 대하는 우리 자신의 태도가 이밖에도 온갖 다양한 상황에 의미 있는 영향을 끼칠 수 있다는 사실이 밝혀졌다. 불안감의 재평가는 이를테면 연봉 협상 능력을 향상시켰으며,[18] 임무 스트레스에 긍정적인 태도를 지닌 미 해군 특수부대 네이비 실Navy SEAL 부대원들은 더욱 엄청난 끈기를 발휘하며 훈련 성적이 향상되는 모습을 보여주었다.[19] 이에 더해 마음가짐의 변화는 사회 불안과 같은 만성질환 진단을 받은 환자들을 사회적 평가에 대한 공포에 좀 더 건설적으로 대처하도록 도움으로써 그들이 사회적 상황을 더 좋게 경험하게 해주었다. 가령 제이미슨 연구팀은 사회 불안이 있는 사람들에게 트리어 사회적 스트레스 검사를 시행했다. 그러자 불안을 재평가한 참가자들은 초조하게 꼼지락거리는 행동이 감소하고, 눈을 맞추는 횟수가 증가했으며, 손을 편 채 보이는 손짓과 몸짓이 많아지는 등 발표 시 겉으로 드러나는 불안 징후가 확연히 줄어들었다.[20]

많은 실험들이 이렇듯 비교적 단기적인 효과를 살펴보았다면, 종단 연구에서는 이 같은 태도가 장기적인 건강에도 유의미한 영향을 미칠 수 있음을 보여주었다. 예를 들면 독일에서 의사와 교사들을 대상으로 진행한 한 조사 연구는 불안을 대하는 태도가 수년에 걸친 전반적인 심리적 안녕감 수준을 예측하는 요인이 될 수도 있다는 결과를 내놓았다. 불안감을 일종의 에너지 자원으로 생각하고 "어느 정도의 불안감은 내가 더욱 적극적으로 문제 해결에 임할 수 있게 해준다"와 같은 문항들에 동의를 표한 이들은 불안을 자신이 약하다는 신호로 간주하거나 과제 수행 능력에 위협이 되는 감정으로 생각한 사람들에 비해서 정서적 고갈을 겪을 위험이 현저하게 낮았다.[21]

우리의 기대 효과는 심지어 불안과 관련해서 가장 꾸준하게 제기되는 우려 사항 중의 하나인 스트레스와 심장병 사이의 명백한 연결고리마저도 끊어버릴 수 있다. 가령 총 2만8,000명의 참가자들을 8년간 추적한 어느 종단 연구에서는 높은 수준의 불안 및 정신적 긴장이 실제로 사망률 43퍼센트 증가라는 결과로 이어지기는 했지만, 오직 참가자들이 이 같은 감정을 해롭다고 믿었을 때에만 그렇다는 사실이 밝혀졌다. 압박감이 심한 상태이면서도 자신의 건강에는 별다른 지장이 없다고 믿었던 사람들은 오히려 스트레스를 전혀 경험하지 않은 사람들보다 사망률이 낮았다. 이 결과는 소득 및 교육 수준, 신체 활동 강도, 흡연 여부 등 다양한 생활방식 요인들을 통제하더라도 여전히 유효했다. 종합적으로 추산한 결과, 스트레스가 해롭다는 믿음이 야기한 사망률은 미국의 연간 예방 가능한 사망자 수로 환산하면, 약 2만 명에 해당하는 비율이었다. 즉 충격적으로 많은 사람들이 책의 도입부에서 다루었던 허몽족 이민자들의 사례와 마찬가지로 부정적인 기대 효과에 의해서 죽음을 맞는 셈이다.[22]

나 역시 주기적으로 불안에 시달렸던 사람으로서 처음에는 이 같은 결과에 약간 의구심을 품었다. 우리의 감정은 흔히 폭주기관차처럼 우리에게 강한 타격을 주고는 하는데, 이렇게 간단한 재평가 기법만으로 그 강렬한 감정들을 극복할 수 있다는 발상은 그냥 "이겨내라"고 쉽게 던지는, 도움이 되기는커녕 짜증만 돋우는 뻔한 조언의 반복처럼 느껴졌다. 하지만 제이미슨은 재평가 기법의 목표가 불안감 자체를 억누르는 것이 아니라 그에 대한 해석을 달리하는 것이라고 강조한다. 이 둘은 엄청난 차이이다. 감정을 회피하거나 무시하려는 시도는 대체로 불편한 정서를 강화하고 부정적인 신념을 더할 뿐이기 때문이다. (어쨌든 어떤 감정이 나에게 좋은 영향을 미칠 수 있다면 굳이 이를 피할 이유가 있을까?) 이 새로운 재평가 기법과 함께라면 여전히 호흡이 불안정하고 심장이 빨리 뛰더라도 더는 걱정할 필요가 없다. 단지 이 같은 신체 반응이 자신이 나약하다는 신호가 결코 아니며, 오히려 본래의 실력을 충분히 발휘하고 앞으로 더욱 성장할 수 있도록 돕는 역할을 한다는 점만 기억하면 된다.

더구나 재평가 기법에는 그 어떤 속임수도 필요하지 않다. 어디까지나 불안에 대한 자신의 생각에 합리적인 의문을 품고 거짓된 정보나 근거 없는 낙관주의 대신에 탄탄한 과학적 연구 결과를 바탕으로 감정의 잠재적 효과를 재해석하는 과정이니까 말이다. 제2장에서 "오픈라벨 플라세보"를, 제3장에서 "통증을 완화해주는 마음가짐"을, 그리고 제5장에서 운동으로 인한 피로감의 재평가를 다룰 때에 확인했듯이, 사실이 아닌 무엇인가를 믿도록 스스로를 속이지 않고도 이로운 기대 효과를 경험하는 것은 충분히 가능한 일이다. 당연한 이야기이지만 개개인이 경험하는 기대 효과의 정도는 각자의 환경에 따라 다르다. 시험이나 면접을 앞두고 전혀 준비가 되지 않은 경우에는 이를 재평가 기법으로 만회하기에는 한계가 있게 마련이다. 하지만 눈 앞에 닥친 상황에 대처하기 위해서 현실적으로 할 수 있는 모든 조치를 취한 상황이라면, 재평가 기법이 불안을 더는 우리의 적이 아닌 아군으로 만들어줄 것이다.

현존하는 스트레스 관리법 중 상당수는 이러한 기대 효과의 힘에 기대고 있다. 관련 앱과 도서, 이를테면 마음챙김 호흡법의 이점을 강조하는 상품들은 이제 넘쳐날 정도로 많다. 느리고 깊은 호흡은 물론 그 자체만으로도 뇌의 활동을 차분해지게 하는 등의 생리적인 효과가 있다. 그러나 명확한 이점에 대해서 상세한 설명을 듣고 나면 그 효과는 배가된다.

그날그날 삶에서 가치 있었던 것들을 적어보는 "감사일기"도 마찬가지이다. 수많은 잡지 기사 및 웹사이트에 실린 글들에 따르면 감사일기는 불안의 영향으로부터 자신을 보호할 수 있는 검증된 방법이며, 일부 정신 건강 전문가들은 진작부터 치료의 일환으로 환자들에게 감사일기를 처방하고 있다. 감사일기를 실천하는 것이 아무것도 하지 않는 것보다 기분을 나아지게 해준다는 사실은 틀림없다. 그러나 2020년에 발표된 한 대규모 연구에서 감사일기 작성을 가만히 있는 상태와 비교하는 대신 그날의 일정을 나열하는 "오늘의 할 일" 목록을 작성한다든지 그날의 생각을 적어보는 식(좋다, 나쁘다 등)의 "적극적인 인지 활동"을 요하는 과제를 수행할 때의 상태와 비교해

보니 두 과제 사이의 효과 차이가 생각보다 미미하다는 결과가 발견되었다. 이는 곧 흔히 알려진 감사일기의 효과가 그 활동 자체보다는 자신이 무엇인가 건설적인 일을 하고 있다는 보다 일반적인 감각에서 비롯되었음을 시사한다.[23]

마음챙김 호흡법이나 감사일기 모두 힘든 상황에 대처할 자원을 스스로 갖추고 있다는 느낌이 들게 함으로써 눈앞의 문제와 불안을 리프레이밍하게 해주는 역할을 한다. 하지만 이러한 실천법이 자신에게 아무런 도움이 되지 않을 것이라고 믿는다면, 그 효과를 체감하기 어려울 수 있다. 중요한 것은 어떤 특정 활동에 연합된 정서가 사람마다 다르다 보니 가장 큰 효과를 누릴 수 있는 활동이 개인별로 차이가 있다는 점이다. 즉 집안일을 하면서 노래를 부른다든지 소설을 읽는다든지 테트리스 게임을 하는 편이 한 시간 동안 요가를 하는 것보다 자신에게 잘 맞고 더 건강하고 행복한 느낌을 준다면, 괜히 지루하고 좌절감만 안겨주는 활동을 하며 자신의 감각을 억누르려고 하기보다는 그냥 이러한 사실을 있는 그대로 받아들이는 편이 훨씬 낫다.

스트레스 재평가의 이점 중 하나는 중재법으로서는 믿을 수 없을 만큼 저렴하고 적용이 쉽다는 것이다. 몇 년 전에 한 실험에서 스탠퍼드 대학교의 학부생들은 수강 중인 심리학 개론 수업의 첫 번째 중간고사가 어떤 절차로 진행될지에 관한 정보가 담긴 이메일을 수신했다. 그리고 그 안에는 제이미슨이 첫 번째 실험에서 썼던 것과 흡사한 불안의 잠재적 이점을 설명하는 문단이 포함되어 있었다. 그 작은 단서 하나가 일으킨 기대 효과로 학생들은 해당 중간고사에서 좋은 성

적을 거두었을 뿐만 아니라 학기 내내 그 과목에서 전반적으로 높은 수행 수준을 보였다.[24]

불안이 줄 수 있는 긍정적인 효과가 쉽사리 상상이 되지 않는다면, 자신이 이미 스트레스에 잘 대처했던 상황을 찾아보는 것이 도움이 될 수 있다. 어쩌면 여러분도 제이미슨의 초기 연구에 영감을 주었던 운동선수들처럼 경기 전에 감도는 긴장감이 본 경기에 대비해 에너지를 끌어올려준다는 사실을 이해하고 있을지도 모른다. 만약 그렇다면 자신이 그 경험에서 어떻게 에너지를 효율적으로 본 경기에 쏟을 수 있었는지 떠올려보라. 시험이나 면접 등을 앞둔 상황에서 느껴지는 긴장감을 리프레이밍하는 데에도 도움이 될 것이다.

불안이라는 감각이 자신의 인생에서 무엇인가 중요한 의미가 있는 신호로 해석될 수 있도록 보다 넓은 관점에서 불안을 리프레이밍하는 것도 유용하다.[25] 본래 우리는 결과가 어떻게 되든 아무런 관심이 없는 일에는 긴장감을 느끼지 않는다. 입사 면접을 앞두고 긴장이 된다면 이는 곧 자신이 그 면접에 얼마나 큰 열정이 있으며 성장 잠재력을 품고 있는지를 보여주는 신호이다. 이렇게 바라보기 시작하면 눈앞의 힘든 상황이 더는 (투쟁 도피 반응을 촉발하는) 위협이 아닌 스스로 극복할 수 있는 도전 과제로 느껴진다. 또한 이때의 긴장감을 성공으로 나아가기 위한 추진력의 원천으로 리프레이밍하기도 한결 수월해진다. 이러한 효과는 연습이 더해질수록 점차 커지므로, 작은 단계부터 차근차근 밟아 조금씩 사신감을 키워보자.[26]

이 같은 접근법은 역사상 가장 위대한 테니스 선수 중 한 명인 빌리 진 킹이 자신의 불안을 성공의 밑거름으로 삼는 데에도 크게 기여했다. 킹은 5학년 때만 해도 학교에서 독후감 발표도 하지 않겠다고 버틸 정도로 내성적이었다고 한다. 발표라는 상황이 전형적인 투쟁 도피 반응을 촉발한 모습이었다. 훗날 그녀는 "일어나서 반 전체 앞에서 말을 한다는 생각은 그야말로 극도의 공포였다"며 "심장이 튀어나올 것 같고 꼭 그 자리에서 죽을 것만 같았다"고 묘사했다. 그런데 테니스 선수로서 경력이 쌓이자 차츰 공포 자체에 집중하기보다 힘든 도전을 통해서 얻을 수 있는 잠재적 성장 가능성에 초점을 맞추며 그러한 감각을 리프레이밍하는 방법을 깨닫기 시작했다. 그녀는 "토너먼트에서 우승하는 것이 궁극적으로 내가 그토록 바라며 힘들게 노력한 결과이며, 좋든 싫든 많은 사람들 앞에서 이야기하는 것도 우승자의 특권임을 깨달았다"고 전했다. 그 덕분인지 청소년 테니스 대회에서 처음 사람들 앞에서 이야기할 때에는 다소 머뭇거리기는 했어도 크게 당황하거나 긴장감으로 주눅들지 않고 무사히 해냈다.

얼마 지나지 않아 킹은 압박감을 느끼는 것도 일종의 특권이라는 원칙이 온갖 상황에도 동일하게 적용될 수 있으며, 불안감이 성공하고 싶은 강한 동기를 나타내는 신호라는 사실을 이해하게 되었다. "위대한 순간에는 그만큼의 무게가 따르는 법이다. 잘해야 한다는 압박감이란 그냥 그런 것이다. 그리고 이러한 유의 압박감을 마주하는 일이 버거울 수는 있지만, 오직 극소수의 사람만이 이를 경험할 기회를 얻는다." 이를 깨달은 킹은 스트레스라는 감각을 억누르기보다는 있는 그대로 받아들여야 한다고 생각하게 되었다. 이 마음가짐 덕분에 그녀는 첫 번째 그랜드슬램을 달성했을 뿐만 아니라 1973년 보비릭스와의 성 대결을 둘러싸고 매체에서 대대적으로 떠들어대는 상황에서도 거뜬히 버텨낼 수 있었다. 회고록에서 킹은 "처음에는 릭스와의 시합을 의무감처럼 느꼈지만 나를 집어삼킬 듯 위협하는 그 압박 감도 특권으로 받아들이자고 마음먹었다. 그러자 마음가짐이 완전히 달라져 주어진 상황에 침착하게 대처할 수 있게 되었다. 그리고 시간이 지날수록 시합이 억지로 떠맡은 **짐**이 아닌 나만을 위해서 마련된 **선물**처럼 느껴지기 시작했다"고 언급했다.[27] 수업 시간의 발표만으로도 긴장해서 죽을 것처럼 두려움에 떨던 내성적인 여학생은 이렇게 가장 위대한 선수이자 스포츠계에서 가장 말을 잘하는 인물로서 이름을 날리게 되었다.

본질적으로 재평가 기법은 단박에 모든 문제를 해결해주는 "만능 해결사"라기보다 스스로 설정한 한계에 안주하지 않고 천천히 앞으로 나아갈 수 있게 도와주는 유용한 도구의 하나로 보아야 한다.

행복의 역설

불안이 성장의 원동력이 될 수도 있다는 사실을 알았으니 이제는 이외의 다른 정서들에 대한 이분법적인 관점도 다시 생각해볼 필요가 있다. 심지어는 "행복 추구"라는 개념 자체도 말이다. 19세기 말경부터 불안을 향한 두려움은 부정적인 감정은 "타파하는" 한편, 행복과 낙관주의는 적극적으로 육성해야 한나는 사상을 골자로 한 보다 일반적인 관점에서의 긍정 사고 철학과 단단하게 연결되었다. 이것이 바로 심리학자 윌리엄 제임스가 묘사한 "건강한 마음자세 교"로, 데일

카네기와 같은 베스트셀러 자기계발서 작가들에게 크나큰 영감을 준 소재였다. 이러한 정서는 보비 맥퍼린의 "돈 워리 비 해피Don't Worry Be Happy"라는 노래로 실체를 얻어 1988년 음악 차트를 강타하기도 했다.

행복해지기 위해서 노력하는 것이 중요하다는 관념은 모두에게 인정받는 정설이 아님에도 불구하고 오늘날 건강 관련 문헌에서는 지독할 정도로 당연한 듯 만연하다. 가령 엘리자베스 길버트가 인생의 스승들로부터 얻은 조언을 회고하는 그녀의 베스트셀러 『먹고 기도하고 사랑하라Eat, Pray, Love』를 보자. 그녀는 "행복은 개인의 노력이 이루어낸 결과이다. 우리는 이를 위해서 싸우고, 힘쓰고, 목소리를 높이며, 때로는 전 세계를 돌며 스스로 찾아나서기도 한다"며, "자기 자신의 행복이 모습을 드러내기까지 끈질기게 함께해야 한다. 그리고 일단 행복에 이르고 나면 그 안에서도 영원히 위로 헤엄치기 위해서, 그래서 늘 가장 위쪽에 떠 있을 수 있도록 각고의 노력을 기울여야 한다. 그러지 않으면 본래부터 가지고 있던 자족감마저 차츰 잃어버릴 것이다"라고 썼다.

캘리포니아 대학교 버클리의 심리학자 아이리스 마우스는 내게 이런 말을 했다. "어디를 둘러보아도 행복이 얼마나 좋은 것이며 기본적으로 어떻게 해야 더 행복해질 수 있는지 이야기하며 이를 마치 의무처럼 강요하는 책들뿐이다."[28] 그리고 마우스는 지난 10여 년간 이런 강요가 부정적인 감정에 오명을 씌움으로써 어떤 부작용이 발생할 수 있는지 보여주었다. 이를테면 2011년, 그는 실험 참가자들에게 다음과 같은 문항들에 동의하는 정도를 1점(매우 동의하지 않음)에서 7점(매우 동의함)까지로 평가하게 했다.

- 어떤 특정한 순간에 내가 얼마나 행복한가가 내 삶의 가치를 말해준다.
- 행복하지 않다면 나에게 무엇인가 문제가 있는 것이다.
- 나는 삶의 모든 것들을 나의 개인적인 행복에 얼마나 기여하는가로만 가치를 매긴다.
- 나는 전반적으로 지금보다 더 행복해지고 싶다.
- 행복하다는 것은 나에게 무엇보다 중요하다.
- 나는 행복하다고 느낄 때조차 행복해지고 싶어 고민한다.
- 의미 있는 삶을 살기 위해서는 대부분의 시간에 행복을 느껴야 한다.

이 문항들에 매긴 점수의 총합이 바로 "행복 가치화Valuing Happiness" 점수로, 길버트와 같은 사람들은 분명히 아주 높은 점수를 기록할 것이다. 마우스는 이러한 신념과 더불어 참가자들 스스로가 그 시점에 얼마나 자신의 삶에 만족하는지, 우울 증상은 몇 가지나 보이는지, 긍정적인 정서와 부정적인 정서의 비율은 얼마나 되는지(이른바 "정서적 안정성hedonic balance")를 평가함으로써 참가자들의 주관적 안녕감 subjective well-being도 측정했다.

그토록 다수의 영향력 있는 강연자 및 작가들이 주장한 것과 반대로, 마우스의 연구 결과는 행복의 가치를 가장 높게 평가하고 이를 쟁취하기 위해서 애쓰는 사람들이, 측정에 활용된 모든 지표에서 다른 사람들보다 행복 수준이 더 낮음을 보여주었다. "건강한 마음자세 교"의 가르침에 따라 매 순간 긍정적인 감정을 키우기 위해서 분투한 것이 우리의 안녕감에는 최악의 독이었던 셈이다.

이어진 두 번째 실험에서 마우스는 참가자의 절반에게만 수많은 신문이나 잡지에서 흔히 볼 수 있는 것과 같은 행복의 중요성에 관한 글귀를 읽게 했다. 그런 뒤 모든 참가자에게 올림픽에서 금메달을 딴 어느 피겨스케이트 선수의 이야기를 다룬 훈훈한 영화를 보여주고 감상 후의 정서 상태를 측정했다. 이번에도 결과는 예상을 철저히 빗나갔다. 행복에 관한 글귀를 읽은 참가자들은 이야기가 주는 즐거움을 제대로 음미하지 못했고, 해당 글을 읽지 않은 참가자들보다도 영상에 감동을 훨씬 덜 받았다. 행복감을 느껴야만 한다는 생각에 매몰된 나머지 영화가 기대했던 만큼의 즐거움을 주지 못하자 실망하고 만 것이다.[29] 이렇듯 행복해지려고 애쓸수록 자의식이 높아진다. 그 결과 주위에 있는 자연스러운 작은 기쁨의 진가를 오롯이 인식하기 어려워지는 탓에 우리는 점점 덜 행복해질 수밖에 없다.

이에 못지않게 중요한 것이 행복을 향한 끝없는 집착으로 인해서 부정적인 감정과 삶의 일부로서 어쩔 수 없이 부딪히게 되는 사소한 문제 상황들을 본질적으로 바람직하지 못하고 해로운 것으로 프레이밍하게 될 수도 있다는 점이다. 이러한 가능성을 살펴보기 위해서 연구자들은 실험 참가자들에게 동기 부여가 될 만한 포스터와 안녕감에 관한 서적들로 가득한 방 안에 앉아 행복에 대해서 생각해보게 한 뒤, 좌절감을 느낄 정도로 어려운 시험을 치르게 했다. 이 참가자들은 시험 전에 긍정적인 감정의 이로움을 떠올려보지 않았던 참가자들에 비해서 자신이 놓친 정답이 무엇인지 훨씬 더 많이 고민했다.[30]

우리가 부정적인 감정을 나쁘게 여길수록 살면서 그 감정과 마주했을 때에 오히려 그 상태에 머무를 가능성이 더 높아진다. 이는 정서적 안정성, 다시 말해서 부정적인 정서와 긍정적인 정서의 균형이 깨져 부정적인 정서를 더 강하게 느끼게 되면서 정서적 타격을 입었을 때 회복하기가 어려워지기 때문이다.

여러분도 이 같은 덫에 걸린 상태는 아닌지 스스로 확인해볼 수 있다. 다음의 각 문항에 여러분이라면 1점(전혀 그렇지 않다)부터 7점(매우 그렇다) 사이에서 몇 점을 주겠는가?

- 나는 나 자신에게 이런 감정을 느껴서는 안 된다고 되뇌고는 한다.
- 나는 비합리적이고 부적절한 감정을 느끼는 스스로를 탓하고는 한다.
- 나는 우울한 생각이나 상상이 떠오를 때면 그 내용이 무엇이냐에 따라 나 자신을 좋은 사람 혹은 나쁜 사람으로 판단한다.
- 나는 내가 경험하는 일부 감정이 나쁘거나 부적절하며 그러한 감정을 느껴서는 안 된다고 생각한다.
- 나는 내가 떠올리는 일부 생각들이 비정상적이거나 나쁘며 그러한 생각을 해서는 안 된다고 믿는다.

1,000여 명의 참가자들을 대상으로 연구한 결과, 마우스는 이 문항들에 높은 점수를 준 사람들일수록 우울이나 불안 증상을 보고하는 경우가 많았으며, 전반적인 삶의 만족도와 심리적 안녕감 점수는 낮다는 사실을 발견했다. 이들과 달리 "나쁜"이나 "부적절한" 등의 수식어로 자신을 부정적으로 평가하지 않고 자신의 생각과 감정을 수용하는 편이라고 응답한 참기자들은 심리적으로 훨씬 건강했다.[31]

2016년에 독일에서 발표된 조사 연구 또한 불쾌한 감정에도 나름의 의미가 있다고 생각한 사람들이 이런 감정을 모두 없애고자 했던 사람들보다 행복하다는, 정확히 같은 패턴의 결과를 보여주었다. 막스플랑크 인간발달 연구소의 연구자들은 참가자들에게 긴장감, 분노, 의기소침과 같은 다양한 감정을 불쾌성, 적절성, 유용성, 중요성 등 네 가지의 차원에서 평가하게 했다. 예를 들면 실망감의 경우, 일반적으로 불쾌하게 느껴질 수는 있지만 실패를 받아들이고 과거의 실수로부터 배우기 위해서 꼭 필요한 수단임을 알 수 있으므로 적절성과 유용성, 중요성에서는 높은 점수를 매길 수 있다.

마우스의 연구 결과에서와 마찬가지로 이처럼 불쾌한 감정의 적절성, 유용성, 중요성을 합리적으로 고려한 참가자들은 당뇨병이나 심혈관 질환과 같은 질병의 위험성을 비롯해서 신체적, 정신적 안녕감에서 높은 점수를 받을 가능성이 높았으며, 심지어 근력(일반적으로 체력 수준을 가늠할 수 있는 지표)도 높게 측정되었다. 즉 불쾌한 정서가 지닌 가치를 파악할 수 있는 능력은 참가자들이 그러한 감정을 경험했다고 보고한 실제 횟수와 건강 상태 사이의 부정적인 연결 고리를 거의 완전히 끊어놓았다. 연구가 진행되는 3주일 동안 여러 차례 부정적인 감정을 경험했음에도 감정 자체를 수용하고 거기에 긍정적인 의미를 부여한 덕분에 이들은 신체적, 정신적 안녕감에 영구적인 상처를 남기지 않고 신속하게 회복할 수 있었다.[32]

● ● ●

어떻게 하면 불편한 정서에 새로운 의미를 부여할 수 있을지 좀더 구체적인 예시가 필요하다면, 여러분이 어떤 중요한 프로젝트를 진행 중인데 여러분의 상사가 보고는 일처리가 무능하다고 호통치는 억울한 상황을 한번 가정해보자. 그로 인해서 발생한 분노가 과연 그날 여러분의 업무 수행에 어떤 영향을 미치게 될까? 정신적으로 동요하고 주의가 산란해지며 충동적으로 변해서 일에 집중하지 못할 것이라고 생각할 수도 있다. 또 한편으로는 분노라는 감정이 여러분의 투지에 불을 지펴 의지력을 강하게 만들어줄 것이라고 생각해볼 수도 있다. 그리고 이 두 갈래의 기대는 예루살렘 히브리 대학교의 마야 타미르가 증명했듯이 실제 행동에서도 확연한 차이를 드러낸다.

실험에서 타미르는 먼저 참가자들에게 다양한 장르의 음악을 들려주었다. 이는 실험실에서 사람들의 기분 상태를 인위적으로 조작하기 위해서 흔히 사용되는 기법이다. 이에 따라 일부 참가자들은 약간 화가 난 듯한 기분을 이끌어내기 위해서 선정된 공포 영화(『늑대인간의 저주』) 사운드트랙의 클라이맥스 부분과 심포닉 메탈 밴드인 아포칼립티카의 음악 두 곡을 들었으며, 나머지 참가자들은 비교적 편안한 분위기의 음악을 들었다. 이후 연구진은 참가자들을 둘씩 짝지어 간단한 협상 게임을 하도록 했다. 금전적 가치가 붙은 색색 가지 칩들을 짝과 서로 어떻게 나눠 가질지 협의하는 과제였다. 과제를 잘 수행할 경우 그 보상으로 참가자들은 각자가 얻은 칩만큼의 금액을 돈으로 환산해서 가질 수 있었다. 단, 여기에서 협상의 난도를 더 높이기 위해서 한쪽에는 유리한 칩이 그 짝에게는 불리한 식으로 칩의 색깔별 가치가 사람마다 다르게 설정되었다. 이로써 실험은 이혼 소송에서 품목마다 부부 두 사람 중에서 더 원하고 덜 원하는 사람이 있게 마련인 재산 분할을 할 때나 볼 법한 논쟁과 비슷하게 진행되었다.

본격적인 협의에 들어가기 직전, 참가자들은 추가로 지난 실험에 참가했다고 주장하는 가상의 인물로부터 친절한 조언을 들었다. 일부는 "제 생각에 이 과제에서 가장 중요한 것은 나 자신이 가장 많은 돈을 벌 수 있는 방법을 찾는 것입니다. 저는 협상 내내 집요하게 물고 늘어졌습니다. 결국 저는 조리 있게 설득했고, 짝은 제가 원하는 만큼을 저에게 주었습니다"라는 조언을 들었다. 또다른 참가자들에게는 끝부분이 약간 달라진, "제 생각에 이 과제에서 가장 중요한 것은 나 자신이 가장 많은 돈을 벌 수 있는 방법을 찾는 것입니다. 저는 협상 내내 집요하게 물고 늘어졌습니다. 결국 저는 화를 냈고, 짝은 어쩔 수 없이 제가 원하는 만큼을 저에게 주었습니다"라는 조언을 들었다.

참가자들의 행동은 불안에 관한 제이미슨의 연구 결과와 흡사했다. 기분 나쁜 음악을 듣고 부정적인 감정을 경험하고 있던 참가자들 가운데 분노가 협상에 도움이 될 수 있다는 말을 들은 사람들은 그 불쾌감을 자신에게 유리하도록 바꾸는 데에 성공했고, 차분한 음악을 듣고 협상에 임했던 참가자들보다 유의미하게 많은 금액을 얻어냈다.

분노의 유용성에 대한 기대 효과를 충분히 검증하기 위해서 타미르는 다시 정교한 운동 능력을 요하는 1인칭 슈팅 게임을 활용해서 두 번째 실험을 진행했다. 이번에도 전과 마찬가지로 참가자들의 기대에 따라 감정이 과제 수행 능력에 미치는 영향이 달라졌다. 화가 난 상태의 참가자들은 게임에 이기려면 냉정해져야 한다는 말을 들은 경우보다 분노가 유용하다는 말을 들은 경우에 두 배나 더 많은 적을 죽일 수 있었다. 그리고 이렇듯 분노의 유용성 및 에너지 원천으로서의 잠재력을 알게 된 화가 난 참가자들은 차분한 참가자들에 비해서는 전반적으로 3배가량 뛰어난 성적을 보여주었다.[33]

아울러 타미르는 정서 지능emotional intelligence이 높은 사람들은 이미 분노가 유용하다는 기대를 가지고 있으며, 상당수의 운동선수 또한 그렇다는 사실을 보여주었다. 가령 욕구 불만 상태의 하키 선수들은 상대적으로 침착한 선수들보다 페널티 숏아웃의 정확도가 더 높았으며, 자신이 편파 판정을 받았다고 생각한 농구 선수들은 숏 정확도가 올라갔다.[34]

물론 아주 심각한 상황에서는 기대 효과만으로 분노 조절 문제를 해결할 수 없겠지만, 타미르와 마우스가 발표한 연구 결과의 요지는 불안을 비롯한 다른 수많은 부정적인 정서의 나쁜 영향이 실은 기대의 산물일 수 있다는 점이다. 그런 감정을 즐길 필요까지는 없지만 그 안의 잠재적 가치를 인식함으로써 효과적으로 해소할 수는 있으며, 쓰임이 다 하고 난 뒤 그 감정으로부터 벗어나는 속도도 빨라질 수 있다. 이렇듯 감정의 양면성을 있는 그대로 받아들여야만 비로소 행복의 역설도 해결할 수 있게 될 것이다.

불면증을 호소하는 숙면자

"사람들은 어떻게 잠이 들까?" 도러시 파커는 자신의 단편소설 「작은 시간들The Little Hours」에서 이런 물음을 던졌다. "나는 잠드는 법을 잊어버린 것 같아"라면서. 짧게든 길게든 불면증을 겪어본 사람이라면 이 화자의 고통에 깊이 공감할 수 있다. "관자놀이를 나이트 램프로 한 대 후려쳐볼까" 하는 생각까지도 말이다. 이상하게 들릴지도 모르지만 쉽게 잠들지 못하는 경험과 그런 경험이 건강 및 안녕감에 미치는 영향은 기상 시의 스트레스 반응과도 놀랍도록 닮아 있다.

불면증은 대체로 불안을 증폭하고 행복감을 저하시키는 원인과 똑같은 반추 및 파국화 사고 과정에 의해서 일어난다.[35] 파커가 소설에서 지적했듯이, 잠들지 못할까봐 두려워할수록 잠자리에 들기 직전에 마음이 바빠지기 시작해서 실제로 잠에 빠져들기가 점점 더 어려워진다. 이렇게 보면 수면제의 효능 중 절반가량이 플라세보 효과인 것도 이해가 된다. 약을 먹었으니 잠이 올 것이라는 기대가 반추의 고리를 끊는 데에 도움을 주는 것이다.

잠을 이루지 못한다는 걱정은 우리가 실제로 잠을 잔 시간을 과소평가하게 하는데, 이렇게 잠이 부족하다는 잘못된 믿음이 다시 그 자체로 심각한 걱정거리가 되어 악순환이 형성된다. 철저한 예측 기계인 우리의 뇌는 이 같은 믿음을 바탕으로 우리가 다음 날 일과시간에 마주할 힘든 일들을 제대로 처리할 준비가 되어 있지 않다는 판단을 내리며, 그에 따라서 우리는 모든 일에 전보다 스트레스를 받는 동시에 생리적으로도 영향을 받는다.

이 같은 기대 효과를 증명하기 위해서 수많은 연구에서 수면 중 뇌 활동과 같은 객관적인 측정치와 참가자들 스스로 얼마만큼 잠이 부족한지 평가한 주관적인 점수를 비교했다. 신기하게도 이 두 가지 측면은 서로 별다른 연관성이 없었다. 참가자의 약 10퍼센트는 이미 충분한 숙면을 취하고 있는데도 자신이 수면 부족 상태라고 여기는, 이른바 불면증을 호소하는 숙면자로 나타났다. 또다른 16퍼센트의 참가자는 다양한 이유로 권장 수면시간인 7시간의 숙면을 취하지 못했음에도 불구하고 전혀 수면 부족에 대해서 불안해하지 않는, 그러니까 불면증을 호소하지 않는 비숙면자였다. 그리고 이 불면증을 호소하는 숙면자 쪽이 바로 집중력 부족, 피로감, 우울, 불안, 자살 생각 등의 증상에 시달리는 사람들이었으며, 불면증을 호소하지 않는 비숙면자는 이러한 악영향으로부터 놀랍도록 자유로웠다. 심지어 객관적 지표로 볼 수 있는 불면증의 생리적 영향도 기대 효과에 의해서 좌우되었는데, 가령 잠을 잘 못 자면 혈압이 상승한다고 알려져 있지만 이는 오직 "불면증을 호소하는 비숙면자"에게서만 관찰되었다.[36] (물론 가장 건강한 사람은 자신의 수면의 질을 긍정적으로 평가하는 숙면자였다.)

수면에 대한 기대 효과를 더 자세히 알아보기 위해서 콜로라도와 옥스퍼드의 공동 연구팀은 일부 실험 참가자들에게 수면의 질과 관련하여 거짓 피드백을 줌으로써 사실상 인위적으로 불면증을 호소하는 숙면자 집단을 만들었다. 그다음 날, 참가자들은 기억력과 주의력을 평가하는 검사를 받았다. 수적 처리 능력 평가로는 1.6초씩의 간격을 두고 이어서 불러주는 한 자리 숫자들을 듣고 매번 새로 불러준 숫자와 바로 직전에 들은 숫자를 더한 답을 말하는 과제를, 언어적 처리 능력 평가로는 특정 글자로 시작하는 단어들을 가능한 한 많이 떠올리는 과제가 세시되었다.

각 과제에서 참가자들은 연구진에게 들었던 가짜 수면의 질이 꼭 실제 자신의 전날 수면의 질인 것처럼 과제를 수행했다. 불면증을 호소하는 숙면자처럼 자신이 잠을 잘 못 잤다고 믿은 참가자들은 암산과 단어 연상 검사에서 낮은 점수를 받은 반면, 자신의 수면의 질이 평균보다 높다고 생각한 참가자들은 상대적으로 또렷한 인지능력을 보여주었다. 더불어 참가자들의 부정적인 기대는 피로감을 많이 느끼고 기분이 가라앉게 만들기도 했다.[37]

기대 효과의 힘이 어찌나 강력한지, 한 메타 분석 연구의 저자는 "잠을 잘 못 잘까봐 걱정하는 것은 잠을 잘 못 자는 것보다 더욱 강력한 병원체이다"라는 결론에 도달했다.[38] 이러한 사실을 깨달은 이상 우리는 수면을 대하는 태도를 달리 해야 한다. 미국 질병통제예방센터의 발표에 따르면, 미국 성인 인구의 약 8퍼센트가 숙면에 도움을 받기 위해서 주기적으로 수면제를 복용하고 있다. 이는 무려 1,700만 명에 해당하는 수이다.[39] 그러나 불면증을 호소하는 숙면자에 대한 연구 결과를 보면 이들 중에서 대략 40퍼센트는 사실 객관적으로 수면에 아무런 문제가 없으며, 일과시간에 겪는 증상들의 원인인 부적응적 사고의 순환 고리를 끊기만 해도 충분히 효과를 볼 수 있다.

가장 쉬운 방법은 오늘 숙면을 취하지 못하면 다음 날 힘들 것이라는 생각에 너무 얽매이지 말고 잠 못 이루는 느낌을 좀더 수용적인 자세로 대하는 것이다. (어떤 연구에서는 심지어 일부러 깨어 있으려고 노력하는 것이 잠들지 못함으로써 겪는 괴로움을 없애주어 역설적으로 불면증을 치료할 수도 있다는 결과를 발견하기도 했다. 물론 이 방법도 장기간 지속하면 부작용이 있을 수 있다.) 실제로 잠들기 전 자신의 생각과 느낌에 적극적으로 맞서지 말고 그저 수동적으로 관찰하라는 지시를 받은 실험 참가자들은 훨씬 빨리 잠들 수 있었다.[40]

숙면의 중요성은 인식하면서도 심각하지 않은 수준의 수면 부족을 재앙으로 느끼지는 않도록 잠에 대한 일부 생각을 재평가하는 시도도 도움이 될 수 있다. 이와 관련해서 불면증을 연구하는 심리학자들은 불면증을 과도하게 비관적인 관점에서 바라보게 만드는 "수면을 향한 역기능적 신념 및 태도들"을 모아 목록으로 작성했다. 그중 몇 가지를 예로 들면 다음과 같다.

- 불면증의 원인에 대한 오해("불면증은 기본적으로 노화가 원인이어서 해결할 방법이 별로 없다" 또는 "불면증의 근본적인 원인은 화학적 불균형이다").
- 스스로 지각한 수면에 대한 통제감 및 예측 가능성의 약화("하루라도 잠을 잘 못 자면 그 주 내내 수면 주기가 엉망이 될 것이다").
- 수면에 대한 비현실적인 기대("하루라도 수면 부족이 발생하면 반드시 만회해야 한다").
- 불면증의 결과에 대한 오귀인 및 확대해석("불면증이 내 삶을 전부 엉망으로 만들고 있다" 또는 "숙면을 취하지 않으면 나는 제대로 활동할 수 없다").
- 수면을 촉진하는 방법에 대한 잘못된 믿음("잠들기 어려울 때면 계속 침대에 누워 잠들 때까지 노력해야 한다").

이런 믿음들에는 어느 것 하나 사실적 근거가 없다. 불면증을 호소하지 않는 비숙면자에 대한 연구 결과를 보면 알겠지만, 우리는 사실 생각보다 어느 정도의 수면 부족은 견딜 수 있다. 그리고 자신의 이 같은 믿음을 똑바로 바라보고 정말 타당한지 자문하는 법을 익힌 사람들은 전반적으로 수면의 질이 향상되고, 일과시간에 피로감을 덜 느끼며, 우울 증상 또한 적게 경험한다.[41] 핵심은 단박에 모든 문제가 감쪽같이 해결되기를 바라기보다는 느긋한 시각을 가지는 것이다. 이를테면 어느 날은 기대했던 것보다 좀더 빨리 잠들지 않았는지, 또 숙면을 취하지 못한 다음 날 예상보다 일을 좀더 잘 해내지는 않았는지 살펴보는 데에서부터 시작하여 한 단계씩 작은 성공 경험을 쌓아나가는 것도 방법이다. 이렇게 시간이 가다 보면 어느새 "잠드는 법"과 개운하게 잠에서 깨는 법도 다시 기억해내게 될 것이다.

좋은 스트레스

기대 효과가 어떻게 우리가 경험하는 감정의 생물학적인 실제 영향을 좌우하는가에 대한 연구는 이제 막 활기를 띠기 시작한 참이지만, 지금까지 알아낸 것만으로도 충분히 많은 도움을 받을 수 있다. 다음 날 업무에 대한 걱정으로 괴로워하든, 밤에 잠을 이루지 못해 뒤척이며 고통스러워하든, 우리가 그 같은 감정을 해석하는 방식이 감정 자체보다 실질적으로 더 해로울 수 있다. 따라서 단순히 자신의 기대를 재평가하는 전략만으로도 종종 큰 효과를 거둘 수 있다.

"우리는 스스로 뇌가 몸에 미치는 영향이 얼마나 강력한지 상기할 필요가 있다"고 제러미 제이미슨은 말했다. 스트레스 경험이라는 것은 스트레스 회로의 구성요소들에 자체적으로 감각기관이 존재하거나 해서 자동으로 위험을 감지한 결과가 아니라 언제나 우리 스스로가 믿음과 기대에 의해서 형성된 복잡한 심적 구성체mental construct에 반응하는 식으로 이루어진다. 그리고 그 구성체를 변화시킬 수 있는 힘이 이제 우리 손 안에 있다. 제이미슨의 말처럼 "바로 이 재평가 과정을 통해서 해낼 수 있는 것이다." 물론 우리가 마주하는 모든 스트레스에 만병통치약일 수는 없겠지만, 간단한 재평가 기법이 우리를 불행하고 지치게 만들던 일상의 불안에 대처하는 데에 유용한 도구가될 수 있다는 점은 분명한 사실이다.

스트레스 연구의 아버지인 한스 셀리에도 말년에는 이러한 결론에 다가서기 시작했다. 어쨌든 그도 끊임없이 연구하고 글을 쓰고 강연차 전 세계를 돌아다니며 쉴 틈 없이 바쁜 삶을 살았지만 끝없이 밀려드는 도전과 스트레스에 짓눌리지 않고 모두 무사히 헤쳐나온 산증인이었다. 그러다 보니 40여 년간 스트레스의 위험을 설파한 셀리에도 결국은 태도가 스트레스 반응에 영향을 미칠 가능성을 의심하기 시작했다. 1977년에 출간한 자서전에서 그가 지적했듯이, 사랑하는 사람의 키스도 심장이 뛰고 숨이 가빠지는 등 공포와 똑같은 신체 변화를 야기할 수 있다. 둘 사이의 유일한 차이는 받아들이는 사람의 해석이다. 이에 셀리에는 새로운 도전 과제를 마주했을 때 경험할 수 있는 활력을 북돋는 이로운 감정을 묘사하기 위해서 좋은 스트레스를 의미하는 "유스트레스eustress"라는 용어를 만들고, 이러한 스트레스가 없다면 삶은 무의미하다고 주장하기에 이르렀다. 즉 셀리에의 결론에 따르면 스트레스란 "우리에게 주어지는 것이 아니라 우리가 받아들이는 것이다."[42]

기대 효과에 대한 이해가 깊어진 덕분에 우리는 마침내 이러한 생각을 행동에 옮길 수 있게 되었다. 그야말로 한 세기 넘게 이어온 불안과의 전쟁에 마침내 휴전이 찾아온 것이다.

생각의 전환 : 스트레스, 행복 그리고 수면

- 불쾌한 감정을 적극적으로 억누르려고 하기보다는 수용적인 태도를 취하도록 노력하자.

- 불안에 대처할 때에는 불안에 따른 신체적 반응의 잠재적 이로움을 떠올리자. 가령 빠른 호흡과 심박은 우리의 몸과 뇌에 산소와 포도당을 전달하여 눈앞에 닥친 도전 과제의 해결에 필요한 에너지를 제공하며, 땀은 목표를 향해 열심히 일하는 우리의 몸이 과열되지 않도록 식히는 역할을 한다.

- 현재의 감정을 다른 식으로 표현할 수는 없을까? 이를테면 불안은 흥분과 흡사하게 느껴질 수도 있으며, 이처럼 다른 감정과의 유사성을 상기하는 것만으로 좀더 활력이 생기는 느낌을 받을 수 있다.

- 상상력이 좋은 편이라면 특정한 상황에서 불안이 과제 수행 능력에 도움을 주는 장면을 시각적으로 그려보는 것이 불안의 긍정적인 효과에 대한 생각을 공고히 하고 효과가 오래도록 지속되게 하는 데에 도움이 될 수 있다.

- 이러한 기대 효과에 관한 지식을 주기적으로 강화하자. 직장에서 자주 스트레스를 경험한다면, 이 장에서 소개한 원칙들을 정리한 메모나 포스터를 책상 주변에 붙여두거나 온라인 캘린더에 기입해두고 꾸준히 되새

겨보자.

- 잠을 잘 못 자는 편이라면 잠들기 힘든 상황을 부정적으로 평가하기보다는 있는 그대로 받아들이도록 노력하며, 최적의 수면 시간보다 다소 적게 자더라도 다음 날 여전히 제대로 활동할 수 있다는 사실을 상기하자.
- 스마트폰 앱이나 수면 추적 장치들을 이용해서 수면 습관에 대한 객관적인 자료를 모으고, 이를 바탕으로 자신이 불면증을 호소하는 숙면자는 아닌지 확인해보자. 만약 여러분이 여기에 해당된다면 245쪽에 수록한 "수면을 향한 역기능적 신념 및 태도들"을 활용해서 자신이 수면을 대하는 태도가 합리적인지 자문해보자.

8

무한한 의지력

믿음은 어떻게 무한한 자기통제력과 집중력을 창출하는가

대통령 재임 시절의 버락 오바마를 유심히 지켜본 사람이라면 그가 공식 석상에서 거의 항상 같은 스타일의 푸른색 또는 회색 계열의 정장을 입었다는 사실을 알아차렸을 것이다. 이는 그가 딱히 자신만의 패션 스타일을 고집해서라기보다는 사소하고 지엽적인 의사결정을 반복하느라 집중력이 흐트러지는 상황을 피하면 그만큼의 심적 자원을 아껴서 대통령으로서의 책무에 활용할 수 있으리라 생각했기 때문이다.

미셸 오바마는 남편의 이러한 행동에 어이없어했을 것이다. 오바마가 직접 "아내는 내가 지독하게 교과서 같은 사람이라고 놀리곤 한다"고 말한 적도 있다.[1] 하지만 이 같은 자원 절약 계획을 실천한 인물은 오바마뿐만이 아니다. 아리아나 허핑턴, 스티브 잡스, 리처드 브랜슨, 마크 저커버그 모두 훨씬 중요한 일들을 위해서 뇌를 아끼는 차원에서 소유한 옷의 수를 줄였다고 언급했다. 저커버그는 인터뷰에서 "일상에서 시시하고 시간 낭비 같은 짓들에 조금이라도 에너지를 쓰면 마치 내 할 일을 제대로 하고 있지 않다는 느낌이 든다"고까지 말했다.[2]

이들의 논리는 오바마가 「배너티 페어*Vanity Fair*」와의 인터뷰에서 언급한 어떤 과학적 연구 결과에 바탕을 두고 있다. 수십 년간 과학자들은 의사결정을 내리고, 집중에 방해되는 요소를 무시하고, 유혹에 저항하는 등 어떤 형태든 심적 노력을 요하는 활동은 모두 뇌에 비축된 포도당을 사용한다고 생각했다. 이 활력 연료는 우리가 아침에 눈을 뜨면 흘러넘치도록 뇌에 가득하지만 심적 활동을 수행할 때마다 조금씩 줄어들기 때문에 오후로 갈수록 집중력과 자기통제력이 저하되는 결과를 낳는다. 한 전문가가 「파이낸셜 타임스*Financial Times*」와의 인터뷰에서 지적했듯이, "우리의 뇌는 하루에 할 수 있는 질적 사고의 양이 한정되어 있다."[3] 이 이론에 따르면 우리가 직장에서 이따금 일을 미루고 게으름을 부리는 것도 심적 자원의 한계로 설명이 가능하다. 눈앞의 과제에 집중함으로써 자기통제력을 발휘할 때면 심적 자원이 조금씩 소모되는데, 그렇게 자원이 소진되고 나면, 결국 페이스북, 트위터, 유튜브를 보고 싶다는 욕구를 도저히 떨쳐낼 수 없는 순간이 온다. 이렇게 되면 결국 시계가 퇴근 시간을 가리킬 때까지 오후 내내 하릴없이 시간을 흘려보낸다.

중요한 사실은 같은 심적 자원이 동시에 다양한 과제의 동력원으로도 쓰이나 보니 한 영역에서 자원을 가져다 쓰면 이후 다른 영역에서 부족 현상을 경험한다는 점이다. 우리가 직장에서 고된 하루를 보내고 집에 오면 정크 푸드를 한정 없이 집어먹는 것도 같은 이유에서 비롯되었다고 여겨진다. 즉 장시간 집중해서 일을 하고 나면 군것질거리의 유혹을 떨쳐낼 힘마저 소진되는 것이다. 늦은 밤 아마존이나 이베이에서 과소비를 하는 현상 또한 마찬가지로 뇌가 피로한 탓에 일어난다고 볼 수 있다. 심적 자원이 이미 고갈된 상태에서는 분명히 나중에 괜히 샀다고 후회할 법한 쓸모없는 물건을 향한 지름신의 유혹도 도저히 거부할 수가 없기 때문이다. 일부 학자들은 이렇듯 심적 자원이 한정되어 있다는 이론을 통해서 중책을 맡은 인물들이 바람을 피우는 행위도 설명할 수 있다고 주장한다. 그러니까 이 이론에 따르면 빌 클린턴과 같은 인물도 숨 돌릴 틈 없이 빡빡한 일정으로 의사결정에 필요한 에너지가 고갈되면서 자기 자신을 통제하지 못하는 지경에 이른 것으로 볼 수 있다.

이렇듯 심적 자원의 고갈로 인해서 폭주하는 현상은 막을 방법이 없을까? 심적 자원이 한정되어 있고 시간이 지나면 바닥난다는 사실은 분명 우리가 집과 일터에서 직접 경험하는 바와도 일치한다. 꼭 심리학을 전공하지 않았어도 우리는 참을성의 "한계"를 느낀다거나 인내심이 "바닥나고 있다"거나 "하얗게 불태웠다"와 같은 일상적인 표현에 담긴 개념을 이해할 수 있다. 그리고 바로 이 점이 심적 자원 관련 연구에서 가장 문제가 되는 부분이다. 스트레스를 연구할 때 그랬던 듯이 사회에 극도로 만연한 기대 효과가 원인이 되어 우리 스스로가 능력에 한계를 설정했을 가능성을 간과한 것이다.

사실 대부분의 사람들은 자신이 가진 잠재력의 극히 일부만을 사용하는 한편, 자원의 나머지를 어마어마한 비축분으로 늘 대기 상태에 둔다. 흥미롭게도 이미 많은 문화권에서는 집중력과 자기통제력이 노력에 의해서 증진될 수 있다는 관점이 퍼져 있으며, 실제로 자기 통제력을 향상시키기 위한 노력이 행동 방식에서도 묻어난다. 한때 우리가 생물학적인 한계라고 믿었던 것은 알고 보면 문화적 산물이다. 이러한 기대를 바꾸는 방법을 익힘으로써 뇌의 엄청난 비축자원을 보다 잘 활용하는 일도 얼마든지 가능하다. 이 같은 이해는 나아가 신을 믿든 믿지 않든 누구나가 자신만의 의식과 기도의 강력한 영향력을 깨닫는 데에 도움이 될 수 있다.

자아 고갈

흔히 "의지력"이라는 용어로 한데 묶이는 정신 집중력과 자기통제력을 지금과 같은 방식으로 설명한 이론들의 시초는 정신분석학의 아버지 지그문트 프로이트였다. 그는 인간의 정신이 원초아id, 자아ego, 초자아superego라는 세 가지 요소로 구성된다고 보았다. 그의 이론에 따르면 원초아는 제멋대로에 충동적인 특성을 띠는 반면, 초자아는 도덕적이고 비판적이어서 우리가 가장 윤리적이고 사회적으로 적절한 행동을 취하도록 지시한다. 실용적인 성격의 자아는 이 두 독립체가 벌이는 싸움 가운데에 서서 초자아의 지시에 따라 원초아를 통솔하는 역할을 맡는다. 하지만 이렇듯 어떤 행동이 우리 자신에게 가장 이로운지를 판단하고 올바른 행동을 실행에 옮기는 과정에서 자아는 에너지를 필요로 한다. 만약 자아가 힘을 잃으면 밑바닥의 충동성 가득한 원초아가 나머지 둘을 누르고 날뛰게 된다.[4]

1990년대 후반이 되자 로이 바우마이스터의 지휘하에 프로이트의 이론을 체계적으로 검증하는 작업이 이루어졌다. 첫 번째 실험에서 바우마이스터는 미각 검사라는 명목으로 참가자들을 모집했다. 실험실에 들어선 참가자들은 탁자에 놓인 두 개의 그릇을 보았다. 한 그릇에는 무가, 다른 그릇에는 쿠키가 가득 담겨 있었다. 일부 운 좋은 참가자들은 연구진이 방을 나설 때 쿠키 두세 조각을 먹어도 좋다는 말을 들은 반면, 나머지 불운한 참가자들은 쿠키 말고 무를 맛보라는 지시를 받았다. (연구진은 참가자들 모르게 양방향 투과성 거울 뒤편에서 참가자들이 지시대로 행동하는지 지켜보았다.) 시식을 마치자 이번에는 엄청나게 복잡해서 사실상 풀이가 불가능한 기하학 과제가 주어졌다. 만약 참가자들이 중간에 과제를 포기하고 싶어진 경우에는 종을 울리면 연구진이 와서 과제를 수거해갔다. 포기 의사를 밝히지 않으면 총 30분 동안 과제에 도전할 수 있었다.

바우마이스터는 쿠키를 먹고 싶은 유혹을 억누르느라 심적 자원이 고갈된 무 시식 집단의 참가자들이 문제 해결 과제에서 버티는 힘이 더 약할 것으로 예상했다. 그리고 이는 실제 결과와 정확히 일치했다. 무 시식 집단의 참가자들은 평균 8.5분 만에 기하학 과제를 포기하고 종을 울렸는데, 이는 편하게 쿠키를 먹었던 참가자들이 평균 19분을 버텼던 것과 비교하면 현격한 심적 지구력의 차이였다.[5]

이러한 결과를 바탕으로 바우마이스터는 우리의 의지력이 시간이 갈수록 피로해지는 일종의 심적 근육과 같다고 보았다. 그는 프로이트의 이론에 대한 경의로 이처럼 자기통제와 집중력을 발휘하는 활동 이후에 경험하는 심적 고갈 현상을 "자아 고갈ego depletion"이라고 명명했고, 얼마 지나지 않아 이를 지지하는 후속 연구 결과들도 수백 건이나 등장했다.[6] 예를 들면 한 실험에서는 로빈 윌리엄스의 영화를 보면서 웃거나 미소 짓지 말라는 지시를 수행한 참가자들이 이후 애너그램(문자들을 재배열하여 의미 있는 단어를 만드는 퍼즐/옮긴이)을 푸는 과제에서 집중력이 현저하게 떨어지는 모습을 보였다.[7] 또한 화면에 어른거려서 집중에 방해가 되는 문구들을 무시하고 인터뷰 음성에 귀를 기울이는 과제를 수행했던 참가자들은 심적 자원이 고갈된 탓에 이어진 추론이나 독해 시험에서 훨씬 산만함을 느꼈다.[8]

오바마가 일상의 사소한 의사결정에 들어가는 심적 자원을 절약해야겠다고 결심하는 계기가 되었다고 언급한 연구들 중 하나에서는 참가자들에게 자신의 전공과목을 직접 선택하도록 했다. 전공과목은 궁극적으로 학업적 성공 가능성에 막대한 영향을 미칠 수 있다. 그리고 이렇게 의사결정에 집중함으로써 심적 고갈이 일어난 참가자들은 중요한 수학 시험을 앞두고 공부를 열심히 하기보다 나중으로 미루는 모습을 보였다.[9] 한편 소비자 행동 연구에서도 마찬가지로 지루한 과학자들의 전기傳記를 소리 내어 읽는 일에 억지로 집중하느라 심적 자원이 고갈된 참가자들이 나중에 충동 구매를 할 가능성이 높다는 결과가 나왔다.[10]

이 같은 사례들은 모두 유혹에 저항하든, 방해가 되는 것들을 애써 무시하든, 어려운 문제를 풀든, 미래를 계획하든, 감정을 억누르려 노력하든, 어쨌든 어느 한 가지 영역에서 자제력과 집중력을 한껏 발휘하고 나면 다른 영역에서의 수행 능력이 떨어지는 결과를 보여주었다. 근거는 명확했다. 우리는 피로해지기 전까지만 자신의 마음과 행동을 통제할 수 있다.

이 실험들이 특히 충격적인 이유는 소위 심적 "고갈"을 야기한다는 활동이 아주 부담이 큰 활동은 아니어서 크게 보면 우리가 매일 마주하는 작은 일들 또한 비슷한 결과를 불러올 가능성이 있기 때문이었다. 이와 관련해서 바우마이스터는 2012년 월간 「사이콜로지스트*The Psychologist*」에 "우리가 입이 간질거리는 것을 참고, 흡연이나 음주 욕구 또는 식욕을 억누르고, 공격성을 제어하고, 화장실 가는 것을 잠시 미루고, 재미없는 농담에 예의상 웃어주고, 하기 싫은 일을 하도록 스스로를 채찍질할 때면 우리 안의 어떤 중요한 에너지가 차츰 고갈되어 다음번에 직면할 과제에는 대처할 능력이 부족해진다"라고 썼다.[11] 과연 바우마이스터가 무작위로 시간 간격을 설정해서 그때마다 떠오르는 생각을 기록하도록 참가자들의 스마트폰에 팝업창을 띄워 확인한 결과, 보통 사람들은 하루의 약 4분의 1을 성관계에서부터 소셜 미디어 접속에 이르기까지 다양한 욕구들에 저항하며 보내고 있었다.[12] 이렇듯 심적 자원을 소진시키는 일들이 주변에 많다 보니 우리가 때때로 의지력을 유지하기 힘들다고 느끼는 것도 무리는 아니다.

뇌 영상기법을 활용한 연구에서는 심지어 전전두피질과 전측대상피질anterior cingulate cortex이라는, 모든 형태의 자아 통제에 관여하는 것으로 추정되는 뇌 영역도 발견했다. 하지만 이론을 공고히 하기 위해서는 시간이 지남에 따라 고갈된다는 그 연료의 정체를 정확히 밝히는 작업이 필요했다. 그리고 연구자들은 고민 끝에 근육의 연료이기도 한 포도당 분자를 가장 유력한 후보로 선정했다.[13]

확실히 집중력과 의지력을 발휘하는 일은 신체적인 시련에 대처하는 것과 비슷한 느낌을 줄 수 있다. 소설가 에드워드 세인트 오빈은 고도의 정신 집중이 전신에 부담을 주는 듯, 글을 쓸 때면 땀이 너무 많이 흘러 수건으로 몸을 둘둘 감고 쓴다고 한다.[14] 실제로 연구 결과, 자기통제에 쏟는 노력의 여파가 몸 전체에 미쳐 땀을 평소보다 많이 흘릴 수 있다는 사실이 드러났다.[15]

포도당 이론을 뒷받침하기 위해서 바우마이스터는 뇌의 에너지 소비를 측정할 수 있는 양전자 방출 단층촬영positron emission tomography, PET을 이용하여 어려운 과제를 수행할 때에 뇌의 전두 영역에서 포도당 대사량이 증가한다는 결과를 발견한 연구를 근거로 들었다.[16] 바우마이스터가 직접 진행한 실험에서도 참가자들이 혈중 포도당 수치가 낮을수록 낮은 의지력을 보이는 등 혈중 포도당 농도와 자아 고갈의 영향 사이에서 뚜렷한 상관관계가 드러났다. 게다가 참가자들 스스로가 심적 자원이 고갈되었다고 느낄 때 레모네이드 한 잔으로 신속하게 당분을 보충해주자, 이들의 정신 집중력과 자기통제력이 회복되는 모습이 관찰됨으로써 이론에 설득력이 더해졌다.[17]

고작 5분 동안의 심적 활동만으로도 빠르게 뇌의 자원이 고갈되는 듯한 현상은 다소 절망적으로 느껴질 수 있지만, 다행히 바우마이스터의 연구는 여기에 그치지 않고 이처럼 한정된 자원을 최대한 활용할 수 있는 실용적인 방법들도 다양하게 알려준다. 그는 먼저 자기통제력과 정신 집중력이 마치 근육처럼 연습을 통해서 단련이 가능하다는 사실을 발견했는데, 자아 고갈 현상과 마찬가지로 단련의 효과 또한 여러 영역에 여파를 미칠 수 있었다. 가령 그의 초기 실험들 중 하나에서는 참가자들에게 2주일 동안 바른 자세를 하는 데에 신경 쓰도록 했더니 본 실험 과제에서도 인내력이 향상된 모습이 관찰되었다. 그러는가 하면 군것질을 하지 않도록 노력한 참가자들은 나중에 담배를 끊을 가능성도 두 배나 증가했으며, 일상 대화에서 욕을 하지 않으려고 애썼던 이들은 연인과의 관계에서도 훨씬 참을성이 커졌다.[18] 어쩐지 뇌가 자원을 확장하고 고갈에 대처하는 방법을 학습한 것만 같았다.

바우마이스터는 전반적인 자기통제력을 향상시키는 가장 확실한 방법은 평소에 심적 자원을 조금씩 갉아먹는 사소한 시련들을 피함으로써 정말 중요한 일에 에너지를 쏟을 수 있도록 주변 환경 자체를 바꾸는 것이라고 주장했다. 예컨대 군것질거리의 유혹에 약한 사람이라면, 유혹과 싸우느라 쓸데없이 심적 자원이 고갈되지 않게 집이나 회사 책상에서 아예 간식들을 치워버리는 것이 좋은 방법이다. 일할 때 스마트폰으로 인해서 산만해지기 쉬운 편이라면 사물함에 스마트폰을 넣어두는 방법도 있다. 그리고 미국의 대통령쯤 되는 사람이라면 옷장과 식단을 간소하게 정리하여 자질구레한 일상의 의사결정 상황들을 피하고, 그 에너지를 국가의 중대 사안을 결정하는 데에 쏟을 수도 있다.

누가 보아도 빈틈없는 완벽한 진리 같았다.[19] 그런데 최근 들어 자아 고갈이 정말 우리가 생각하는 것처럼 피할 수 없는 일인지 의혹을 제기하는 연구들이 나오기 시작했다. 바우마이스터의 이론에는 아주 중요한 무엇인가가 빠져 있었다. 즉 뇌의 자원을 스스로 통제할 수 있다는 믿음이 가진 힘 말이다.

마음의 한계

어느 직종에서든 우리는 경험상 같은 유형의 심적 활동을 하고도 어떤 사람이 남들보다 훨씬 피로감을 느낀다는 것을 알 수 있다. 주변을 둘러보자. 누구는 퇴근할 때가 되면 완전히 녹초가 되는 반면, 다른 누구는 소설을 수백 권씩 읽거나 오케스트라 악단에서 연주를 하거나 영화 시나리오를 쓰고도 남을 만큼 자원의 비축분이 넘치는 듯한 모습을 보인다. 이러한 개인차는 어느 정도는 우리가 과제 자체에 대해서 가지고 있는 믿음에 기인한다. 가령 어떤 이는 독서를 힘든 일이라고 생각하면서도 악기 연주는 휴식처럼 여길 수 있고, 혹은 그 반대로 생각하는 사람도 있을 수 있는데, 바로 이 같은 믿음에 따라 우리 스스로가 해당 활동에서 얼마나 피로감을 느끼는지가 달라진다. 만약 여러분이 아이를 키우고 있거나 누군가를 가르치는 일을 하거나 다른 사람들에게 지시를 내리는 관리자의 위치에 있다면, 더욱 이점을 명심할 필요가 있다. 네덜란드의 한 연구팀은 실험 참가자들이 어떤 활동을 시작하기에 앞서 단순히 많은 사람들이 이 활동을 하고 피로감을 느끼기보다 활력을 얻었다는 말을 듣는 것만으로도 심적 고갈을 덜 경험하고 과제에 끈기 있게 집중했다는 결과를 발표하며, 사람들이 직접 과제를 체험해보기 전에 군이 과제의 어려움을 지나치게 강조하지 않는 편이 좋다는 사실을 보여주었다.[20]

그런데 그보다 강력한 것이 **전반적으로** 자신의 능력에 대해서 품고 있는 기대 수준과 어려운 심적 과제를 마주했을 때 보이는 반응 양상이라는 사실이 오스트리아 빈 대학교의 베로니카 잡이 발표한 획기적인 연구 결과에 의해서 드러났다. 다시 말해서 뇌의 자원이 무한하다고 여기든, 유한하다고 여기든 이를 둘러싼 우리의 믿음이 압박감을 느끼는 상황에서 우리가 겪는 자아 고갈의 경험과 자기통제 및 집중을 유지할 수 있는 능력에 크나큰 영향을 미칠 수 있다는 것이다.

2000년대 후반 잡은 스탠퍼드 대학교의 연구자들과 공동연구를 진행하며 참가자들에게 문항마다 1점(매우 동의함)에서 6점(매우 동의하지 않음)으로 응답하게 함으로써 집중력과 자기통제력에 관한 이들의 "암묵적 이론"(implicit theory, 인간의 다양한 능력 및 행동의 본질적 특성과 관련하여 각 개인이 내면에 품고 있는 기본 신념/옮긴이)을 살펴볼 수 있는 질문지를 개발했다. 질문지에는 다음과 같은 문항들이 포함되었다.

- 유혹이 계속되면 유혹을 떨쳐내기가 점점 어려워진다.
- 많은 노력이 필요한 심적 활동은 자원을 고갈시키므로 이후 반드시 재충전의 시간이 필요하다(휴식, 멍 때리기, 텔레비전 시청, 군것질 등).
- 많은 노력이 필요한 심적 활동을 마친 이후에는 다시 심적 자원을 회복할 시간이 있어야 하므로, 곧바로 이에 버금가는 집중력이 필요한 활동은 할 수가 없다.

한편 이런 문항들도 있었다.

- 많은 노력을 요하는 심적 활동을 하고 나면 활력이 생기는 느낌을 받아 곧바로 다른 도전적인 활동을 시작할 수 있다.

- 강한 유혹을 이겨낸 직후에는 전보다 단련된 느낌이 들어 그 어떤 새로운 유혹이 와도 버텨낼 수 있다.
- 심적 지구력은 별도의 재충전이 필요 없다. 많은 노력이 필요한 심적 활동을 끝낸 직후라도 여전히 더 많은 활동에 임할 수 있다.

앞의 문항들에 더 많이 동의한 참가자들은 암묵적으로 "유한한" 심적 자원 이론을, 뒤의 문항들에 동의한 이들은 "무한한" 심적 자원 이론을 믿는다고 볼 수 있다. (실제 실험에서는 연구자의 의도를 알아차리지 못하도록 "미끼" 문항들과 함께 모든 문항이 뒤섞인 채 제시되었다.)

문항들에 응답을 마친 참가자들에게는 일부러 심적 자원을 "고갈시키도록" 고안된, 한 장 가득 인쇄된 글의 모든 단어에서 특정 문자를 지우는 단순하지만 성가신 작업이 주어졌다. 끝으로 참가자들은 다양한 색깔을 의미하는 단어들을 여러 가지 색깔로 화면에 제시함으로써 집중력을 시험하는 스트룹 과제Stroop test를 수행했다. 이 과제에서 참가자들은 단어 자체의 의미는 무시한 채 글자의 색깔에만 집중해 답해야 했다. (가령 화면에 파란색 글자로 적힌 "빨간색"이라는 단어, 주황색으로 적힌 "검은색", 노란색으로 적힌 "노란색"이 등장할 경우 파란색, 주황색, 노란색이라고 말하면 정답이다.)

이 모든 설명을 듣고 조금 골치가 아파온다면 여러분도 당시 참가자들의 기분에 공감할 수 있을 것이다. 그리고 "유한한" 심적 자원 이론을 믿은 참가자들은 이 같은 과제들에서 자아 고갈 이론이 예측한 그대로 행동했다. 성가신 글자 지우기 과제 탓에 심적으로 녹초가 되어 스트룹 과제에서 제대로 집중하지 못한 것이다. 결국 이들은 글자 지우기 과제를 하지 않고 스트룹 과제를 수행한 통제 집단 참가자들보다 정확도가 현저히 낮았다.

반면 "무한한" 심적 자원 이론을 믿은 참가자들은 글자 지우기 과제를 마친 뒤에도 전혀 피로 징후를 보이지 않았다. 지친 기색을 보이기는커녕 지루하고 피곤한 단어 지우기 과제 없이 맑은 정신으로 스트룹 과제를 수행한 통제 집단 참가자들과 거의 비슷한 정확도를 기록했다. 잡의 연구 결과는 놀랍게도 자아 고갈이라는 현상이 분명 실재하지만, 오직 이 현상이 일어나리라 믿을 때에만 경험하게 된다는 사실을 시사한다.

이후 잡은 또다른 참가자들을 모집해서 자신이 이들의 신념을 바꿀 수 있는지, 그리고 그렇게 함으로써 과제 수행 능력에 영향을 미칠 수 있는지 확인해보았다. 이번에는 앞에서 사용했던 문항들을 한 번에 전부 제시하는 대신에 절반의 참가자들에게는 "유한한" 심적 자원을 뒷받침하는 문항들만, 나머지 절반에게는 "무한한" 심적 자원을 가리키는 문항들만 보여줌으로써 참가자들이 둘 중 하나의 마음가짐에 치우치도록 미묘한 조작을 가했다. 그런 다음 모든 참가자들이 처음 실험과 마찬가지로 단어 지우기와 스트룹 과제를 수행했다. 효과는 엄청났다. 집중력이 노력하면 향상될 수 있다는 관념에 노출된 참가자들은 심적 자원이 쓰면 쓸수록 고갈된다는 생각을 하도록 유도된 참가자들보다 스트룹 과제에서 2배나 높은 정확도를 보였다.[21] 그저 한쪽 믿음을 향해 가볍게 유도만 했는데도 참가자들의 의지력이 강해지거나 약해졌으므로 이로써 인과관계가 증명된 셈이었다. 실제로 "무한한" 심적 이론을 심어준 참가자들은 스트룹 과제 전에 별다른 심적 활동을 하지 않았을 때보다 심적 자원을 고갈시키는 과제들을 수행했을 때에 오히려 더 나은 수행 능력을 보였다. 심적 활동이 활력을 준다는 믿음이 현실이 된 것이다.

이 같은 연구 결과에 관해서 나와 이야기를 나누면서 잡이 말해주기를, 그녀가 본국인 스위스의 학회에서 처음 자신의 가설을 발표했을 때 다른 연구자들은 기대 효과가 그런 결과를 불러일으킬 수 있다는 데에 상당히 회의적인 시선을 보냈다고 한다. 하지만 이런 학계의 판도를 뒤집을 만한 발견은 그후로 수차례 반복 검증되었고, 장기적인 효과에 대한 근거까지 더해졌다. 이를테면 참가자들의 일상적인 활동을 기록한 일지를 분석한 잡은 "무한한" 심적 자원 이론을 믿은 참가자들이 다음 날 성취할 것들에 대한 기대 수준이 높았던 덕분에 길고 고된 하루 일과를 끝낸 뒤에도 뛰어난 회복력을 보였으며, 그 결과 실제로도 높은 생산성을 보인다는 사실을 발견했다. 여기에서 더 놀라운 점은 이들이 크게 힘들지 않은 하루를 보낸 다음 날보다 특히나 힘든 심적 활동을 한 다음 날 (평소보다) 더 생산적이었다는 사실이다. 이들에게는 더 힘든 일이 심적 고갈을 일으키는 대신에 오히려 지구력을 끌어올리고 목표 달성을 향한 동기에 불을 지펴주었다.[22]

이러한 마음가짐의 효과는 시험 기간처럼 스트레스가 극심한 때에 더욱 두드러진다. 심적 자원이 유한하다고 믿은 사람들은 이렇듯 스트레스가 많은 시기에 나쁜 때보다 더 심한 피로감을 느끼다 보니 해야 할 일을 미루는 경향도 심해져서 결국 성적과 정서적 안녕감에까지 악영향을 받는다. 게다가 자기통제력이 고갈된 상태이므로 기분을 전환하고자 정크 푸드를 마구 집어먹고 충동 구매를 하는 등 전형적인 자아 고갈의 징후들을 보일 가능성 또한 높아진다. 이와 달리 심적 자원이 무한하다고 믿는 사람들은 눈앞의 부담스러운 일을 미루거나 건강을 소홀히 하지 않으면서 꾸준히 공부해서 좋은 성적을 받는 일을 비교적 수월하게 해낸다.[23]

의지력의 한계를 둘러싼 믿음은 심지어 만성질환에 대한 우리의 반응 양상까지 좌우할 수 있다. 일례로 당뇨병을 앓는 동일 연령 집단의 참가자들을 연구한 잡은 이들의 마음가짐이 의사의 지시를 따를 가능성에 영향을 준다는 사실을 밝혀냈다. 전반적으로 의지력이 무한할 수 있다는 관점의 참가자들은 약을 꼬박꼬박 챙겨먹고 체중을 조절하며 자기 관리(혈당 수치를 매일 기록하는 등)에 훨씬 성실히 임했다.[24] 하루 일과를 마치고 심적으로 녹초가 되었다고 느끼면 자신의 몸을 챙길 여력이 없게 마련이지만, 심적 자원이 무한하다고 믿으면 이러한 함정에 빠지지 않기 때문에 더 건강해질 수 있는 것이다.

의지력에 한계가 있다는 믿음은 서구 문화권에서는 매우 흔한 편이지만 다른 국가에서는 그렇지 않다. 싱가포르 난양 공과대학교의 크리슈나 사바니와의 공동연구에서 잡은 인도 학생들 사이에서는 미국이나 스위스 사람들에 비해 마음에 한계가 없다는 믿음이 더 널리 퍼져 있으며 결과적으로 이들의 심적 지구력도 월등하다는 사실을 발견했다.[25]

잡과 사바니는 인도에서 이렇듯 심적 자원이 무한하다는 믿음이 흔한 현상이 불교, 힌두교, 자이나교 등 다양한 종교적 전통에서 비롯되었다고 주장했다. 이 같은 종교의 신자들은 평소에도 집중력과 자기통제력을 증진시키기 위해서 일부러 심적 부담이 큰 활동들로 수련을 하고는 한다. 특히 잡과 사바니는 요가 명상법의 일종으로 시각을 검은 점이나 촛불 끝과 같은 단일 지점에 집중하고 그외의 모든 자극을 무시하는 트라타카rataka를 예로 들었다. 이는 서구권 연구자들이 실험 참가자의 심적 자원을 고갈시키기 위해서 사용한 주의력 과제와 기본적으로 동일하다. 하지만 요가 수행자들에게 트라타카는 마음을 "정화시켜" 집중력을 강화하는 수단이다. 이 훈련을 규칙적으로 반복하는 과정에서 정신을 집중하는 훈련이 피로감이 아닌 활력을 준다는 관념이 공고해진 덕분에 이들은 실생활에서도 향상된 집중력과 자기통제력을 발휘할 수 있게 되는 듯했다.[26] 만약 심적 피로감에 대한 최초의 연구가 비서구 문화권에서 이루어졌다면, 의지력과 관련된 과학적 연구가 지금과 얼마나 다르게 흘러갔을지 생각해보면 흥미롭기만 하다.

의지력에 대한 통합적 이론?

이 같은 연구 결과들은 이제 자아 고갈 이론도 수명이 다했음을 알리는 것처럼 보일 수 있다. 그런데 뇌가 스스로 에너지 수준을 조절하는 방식을 잘 생각해보면, 바우마이스터의 이론과 잡의 이론이 양립할 수 있는 방법이 있다. 한 이론에 따르면 우리의 뇌는 마치 회계 담당자처럼 포도당(아울러 심적 활동에 필요한 그밖의 다른 연료들)의 공급이 위험한 수준까지 떨어지지 않도록 자원을 배분한다. 제5장과 제

6장에서 보았듯이, 우리 몸의 센서는 에너지의 섭취량과 소비량을 그다지 정확하게 판단하지 못한다. 이 말은 곧 우리 내부의 회계 담당자가 우리의 기대에 따라 이리저리 휘둘릴 수 있음을 뜻하며, 여기에는 의지력의 한계에 대한 믿음도 포함된다.

우리가 심적 자원이 유한하다고 생각하면 에너지가 많이 필요한 활동을 마친 뒤에 뇌가 포도당의 소비를 줄이기 위해서 다소 인색하게 구는 것도 납득이 간다. 이렇게 절약함으로써 뇌는 에너지를 보충할 기회가 생기기 전에 완전히 에너지가 소진되는 상황을 피하면서 남은 비축분으로 근근이 활동을 이어갈 수 있다. 이 경우에는 자원이 고갈되었다는 느낌이 결코 상상의 산물이 아니다. 우리가 다음 월급날까지 허리띠를 졸라매고 지출을 줄이는 것과 마찬가지로 우리의 기대에 따른 생리적 결과로 뇌가 정말로 에너지 사용량을 줄이고 있는 것이다.

그러나 만약 우리가 심적 자원이 무한하다고 믿는다면 우리 안의 회계 담당자는 구두쇠 짓을 하지 않아도 되므로 비축해둔 에너지가 바닥날 걱정 없이 필요한 만큼 마구 가져다 쓰게 된다. 즉 뇌가 앞으로도 에너지가 충분하리라고 믿고 필요한 연료를 충분히 사용하기 때문에 우리가 공부를 하거나 유혹에 저항하거나 까다로운 의사결정을 하면서도 계속해서 집중력을 유지할 수 있다는 뜻이다. 뇌의 입장에서는 구태여 에너지 소비를 줄여 수행 능력을 떨어뜨릴 이유가 없으니까 말이다.

이 같은 뇌의 자원 분배 가설이 맞다면, 의지력이 훈련을 통해서 향상되는 현상도 설명이 가능해진다. 즉 바우마이스터를 비롯한 연구자들이 훈련을 통해서 참가자들 스스로 심적 자원이 생각보다 쉽게 고갈되지 않는다는 사실을 깨닫게 해주자 이들이 다른 여러 상황에서도 집중력과 자기통제력을 유지할 수 있었던 것도, 심적 자원의 한계에 대한 기대가 수정되어 뇌가 비축분에 얽매이지 않고 충분히 연료를 끌어다 쓸 수 있게 된 덕분이다.

이 새로운 "통합적" 이론은 과거 연구자들이 혼란을 겪었던 자기통제력과 집중력에 관한 다른 수많은 수수께끼를 푸는 데에도 도움을 줄 수 있다. 예를 들면 우리는 과제가 거의 끝나간다고 믿으면 집중력이 향상되는 반면, 아직도 갈 길이 멀었다고 느낄 때는 전혀 그런 기미를 보이지 않는다. 이는 기존의 자아 고갈 이론으로는 도저히 있을 수 없는 일이지만, 뇌가 자원을 배분할 필요가 있다는 사실을 고려하면 의외로 충분히 말이 된다. 과제 수행 성공에 돈이 걸려 있으면 심적 부담이 큰 과제에서도 사람들이 일반적으로 뛰어난 수행을 보이는 현상 역시 같은 맥락에서 설명할 수 있다. 아무리 자원이 유한하다고 믿더라도 곧 보상을 받을 수 있다는 기대가 주어지면 뇌가 기꺼이 자원 고갈의 위험을 무릅쓰고 해당 활동에 더 많은 자원을 투입하는 것이다.[27]

뇌가 이렇듯 회계 업무를 수행한다고 본다면 당분이 많은 음료를 마시기만 해도 포도당이 실제 뉴런에 도달하기도 전에 즉각적으로 수행 능력이 향상되는 이유 또한 이해할 수 있게 된다. 일부 연구에서는 심지어 실탕물로 입을 헹구고 뱉어내는 셋만으로도 수행 능력이 높아진다는 결과를 보고한 바 있다. 이는 말하자면 입 안의 포도당 수용체로부터 연료가 더 들어온다는 신호를 받은 뇌가 기존에 있던 에너지를 좀더 넉넉하게 사용해도 좋다는 사실을 알게 되어 발생하는 현상이다. 잡의 연구도 이런 가설과 일관되게 설탕이 많이 들어간 음료를 섭취함으로써 경험하는 안도 효과가 심적 자원이 무한하다고 여기는 사람들보다 유한하다고 믿고 이제 곧 에너지가 고갈될지 모른다고 느끼며 비축분을 전보다 훨씬 보수적으로 배분하려던 사람들에게서 더욱 크게 나타난다는 사실을 발견했다.[28]

집중력 향상 보조제로 쓰이는 다른 여러 물질들도 해당 물질의 직접적인 화학 작용보다는 이 같은 믿음을 바탕으로 효능을 나타낼 가능성이 높다. 기대 효과의 영향을 제대로 고려해 대조 임상시험 연구를 진행해보니 카페인의 뇌 활동 증진 효과 역시 주로 카페인의 효능에 대한 우리의 믿음에서 비롯된 것으로 밝혀졌다. 실제로 한 연구에서는 커피가 또렷한 정신 집중력을 연상시키는 덕분에 커피 향만 맡아도 충분히 그 즉시 수행 능력이 향상되는 효과를 볼 수 있다는 결과를 확인했다. 의욕이 넘치는 학생과 직장인들이 집중력을 높이기 위해서 소위 똑똑하게 만들어주는 약이라고 알고 복용하는 암페타민염amphetamine salt 역시 진짜 생화학적 작용과는 별개로 사용자 자신의 능력에 대한 기대를 높여줌으로써 효력을 발휘하는 것일 수 있다.[29]

강철 같은 의지

인간은 연료가 완전히 바닥나기 전까지 과연 얼마만큼의 의지력을 가용할 수 있을까? 믿기 어려울 만큼 다작하는 미국의 소설가 대니얼 스틸(steel은 강철을 의미하는 영어 단어이기도 하다/옮긴이)을 보면 몇 가지 놀라운 단서를 얻을 수 있다. 작가가 된 이래 총 179권의 책을 쓴 스틸은 자신이 이루어낸 어마어마한 성과가 아침 8시 반부터 하루에 꼬박 20시간씩 온갖 방해 요소들을 물리쳐가며 작업한 결과라고 밝혔다. 도중에 창작의 어려움에 맞닥뜨리더라도 그는 자신의 무한한 에너지에 의지하여 그저 계속해서 묵묵히 글을 썼다. "문제에서 도망치려 할수록 상황은 더 악화되게 마련이다. 그냥 돌파하는 편이 낫다"라고 스틸은 말했다. 어떻게 일을 하면서 기력이 소진될 수 있는지 도무지 이해할 수 없다던 그의 태도는 확실히 잡이 연구했던 심적 능력에는 한계가 없다는 믿음과 매우 닮아 있다. 그의 작업실에는 심지어 이런 문구가 걸려 있다. "세상에 기적은 없다. 오직 자기 수양만이 있을 뿐이다."[30]

2019년에 발표된 이 인터뷰 내용은 이내 널리 알려졌고, 수많은 신문 기사 및 방송에서 스틸의 집중력과 자기통제력이 "탈인간급"이라며 떠들기 시작했다. 「가디언Guardian」에서도 "이렇듯 자신을 몰아붙이는 것은 쉽지 않은 일이다. 의지력을 끌어모아 그 동력을 계속 유지하는 것은 더욱 어려운 일이다"라고 묘사했다.[31] 대부분의 사람들은 아무리 짧은 시간이라도 한눈팔지 않고 정신을 집중하면 쉽게 피로해진다고 여겼으므로, 이런 반응을 보이는 것도 지극히 당연한 일이었다.

잡의 연구 결과는 우리도 올바른 마음가짐만 갖춘다면 시급보다 얼마든지 생산성을 높일 수 있음을 시사하지만, 스틸의 노력을 보면 이 같은 자세를 무턱대로 밀어붙여도 좋을지 다시 한번 고민하게 된다. 가령 잡의 연구에는 심적 자원이 무한하다는 믿음으로 인해서 우리가 자칫 인생의 어떤 즐거움도 누리지 못한 채 지독하게 일만 하게 될 위험이 있다는 비판이 따라붙을 수 있다. 그러나 적어도 잡의 연구 결과에 의하면, 이처럼 심적 자원이 무한하다고 믿는 사람들 중에서 극단적인 일 중독자는 다행히 흔하지 않다. 오히려 이들은 심적 자원이 고갈되기 쉽다고 믿는 사람들보다 더 행복하고 건강했다. 이는 전형적인 일 중독자와는 거리가 멀다. 그 이유 중의 하나는 이들이 괜한 곳에 시간을 쓰지 않고 심적 자원을 활용하여 효과적으로 일을 하도록 계획을 세운다는 점이었다. 잡은 "이들은 보다 효율적으로 자신의 목표에 도달하는데, 이 목표 달성이야말로 안녕감의 강력한 예측 요인"이라고 언급했다. 그리고 이들은 퇴근 후에도 다른 일상의 일들을 활력이 넘치게 처리할 수 있게 된다.

이와 달리 심적 자원이 유한하다고 믿는 사람들은 이미 너무나 에너지가 고갈되었다고 느끼다 보니 해야 할 일을 체계적으로 정리하지 못하며, 그 결과 훨씬 큰 부담감에 시달린다. 게다가 잔뜩 녹초가 된 기분으로 퇴근하므로 자기 시간을 온전히 즐길 에너지도 부족하다고 느낀다.[32] 이렇듯 심적 자원이 유한하다고 믿는 사람들은 의외로 잠도 잘 이루지 못한다. 자기통제력이 부족하기 때문에(혹은 그렇게 믿기 때문에) 정말 잠이 필요한데도 일찍 잠자리에 들지 않고 미적미적 취침 시간을 늦추는 "수면 미루기sleep procrastination" 현상을 보이며 피로감을 가중시킨다.[33] 그러니까 요는 의지력이 증진되면 스틸처럼 모든 것을 쏟아붓는 일정이든 서너 시간 동안 짧고 굵게 집중해서 일한 다음 오랜 시간 노는 생활이든 자신에게 가장 잘 맞는 방식으로 일과 생활의 균형을 잡을 수 있다는 것이다. 이로써 필요할 때면 언제든 모자라는 느낌 없이 심적 자원을 운용할 수 있다.

여러분이 만약 심적 자원이 유한하다는 믿음에 갇혀 있는데 이를 바꾸고 싶은 의향이 있다면, 자신의 심적 자원에 막대한 비축분이 있다는 사실을 깨닫는 것만으로도 그 즉시 집중력과 자기통제력이 향상되는 효과를 누릴 수 있다. 가령 한 실험에서는 참가자들에게 "무한한 의지력의 생물학적 원리"라며 일반적으로 뇌 안에 사실 포도당 비축분이 매우 풍부하며 우리 몸이 필요로 할 경우 더 많은 능력을 발휘할 수 있다고 설명한 기사를 읽게 했다. 글의 주장은 곧 자기 충족적 예언이 되었다. 이렇듯 뇌의 자원이 충분하다는 정보를 접한 참가자들은 인지 과제를 수행할 때 과제의 난도가 올라가자 집중력이 훨씬 높아지는 모습을 보였다.[34] 이번에도 자신의 기대를 재평가하는 사소한 행동만으로 생리적으로 어쩔 수 없다고 믿었던 양상에 큰 변화를 낳은 것이다.

이런 사실들을 천천히 머릿속에서 곱씹어보면서 여러분 스스로도 과거에 심적으로 많은 에너지가 필요한 일을 마치고 난 뒤에 전보다 활력이 생기는 듯한 경험을 한 적이 없는지 잠깐 떠올려보면 더욱 도움이 될 것이다. 심적 자원에 한계가 있다고 믿는다고 해도, 복잡한 과제를 수행하면서 "무아지경"에 빠져 시간 가는 줄도 모르고 몰두했던 경험이 한 번쯤은 있을 것이다. 밤늦도록 어떤 소설에 완전히 몰입했거나 생각을 집중해야 하는 컴퓨터 게임을 몇 시간이고 계속해본 경험 말이다. 너무 재미있어서 당시에는 깨닫지 못했을지도 모르지만, 이 같은 경험 또한 노력하면 집중력이 향상된다는 사실을 뒷받침하는 사례이다. 자기통제력을 발휘할수록 점점 강해지는 것 같다는 느낌을 받았던 순간은 없는지 생각해보자. 이처럼 단순히 자신의 실제 경험을 상기하는 것만으로도 집중력과 자기통제력을 위한 심적 자원의 비축분이 생각보다 훨씬 어마어마하다는 관념을 받아들이게 될 수도 있다.

일단 이를 스스로 깨닫기 시작했다면 먼저 작은 도전 과제부터 시작해서 자신의 한계를 시험해보자. 단, 꼭 이루고 싶다는 강한 내적 동기가 반영된 현실적인 목표여야 한다.[35] (전형적인 자아 고갈 실험에서 참가자들은 다른 사람들이 시킨 일을 할 때보다 자발적으로 선택한 활동에 임할 때에 피로감을 덜 느꼈다.) 하루 동안 소셜 미디어에 접속하고 싶은 욕구를 참음으로써 자신이 기존에 생각했던 것보다 더 생산적으로 일할 수 있는지 시험해보는 식의 단순한 과제도 좋고, 만약 평소에 자신이 무의미한 활동들로 저녁 시간을 낭비한다고 느낀다면 하루는 텔레비전을 보는 대신 다른 취미 활동을 하며 전보다 더 활력이 생기는지 확인해볼 수도 있다. 아니면 아예 잡과 사바니가 인도인들을 대상으로 했던 연구를 참고하여 잠시 동안 한 점에 집중해 마음을 "정화하고" 집중력을 날카롭게 가다듬는 전통적인 트라타카 명상법을 연습해보는 것도 좋다.

다만 무엇을 하든 처음부터 대니얼 스틸만큼 장시간 고도의 의지력을 유지하기를 바라서는 안 된다. 무엇이든 짧은 시간 안에 지나치게 많은 것을 해내려고 들면 실패할 가능성이 높은데, 그렇게 되면 심적 자원이 유한하고 쉽게 고갈될 수 있다는 믿음만 공고해질 뿐이다.[36] 스트레스 관련 연구(제7장)에서도 보았지만, 스스로 설정한 한계에 안주하지 않고 천천히 발전해나가는 자체가 의미가 있으며, 그 과정에서 어떤 느낌이 들었는지 돌아보는 것이 중요하다. 그렇게 시간이 가다 보면 차츰 필요한 만큼 자기통제력과 집중력을 발휘하는 자신을 발견하게 되리라.

아이를 키우고 있거나 가르치는 입장에 있다면 특히 주목하자. 교육 환경에서 자기통제력과 집중력은 타고난 지능만큼이나 아이의 학업 성취에 중요한 역할을 하는데, 어릴 때부터 아이에게 이런 자질을 키워줄 수 있는 새로운 방법을 제시한 연구 결과가 있다. 심리학자 카일라 하이모비츠 연구팀은 최근 샌프란시스코 만 지역에 있는 한 유치원을 방문해서 4세부터 5세의 아동들에게 어떤 소녀가 선물 포장을 뜯거나 아이스크림을 손에 넣거나 어려운 퍼즐을 풀기까지의 기다림의 과정을 참고 견디는 내용이 담긴 짧은 이야기를 읽어주었다. 그리고 주인공이 각각의 도전 상황을 마주할 때마다 오래 기다릴수록 인내심이 "점점 강해지는" 느낌을 받았다고 묘사하며 아이들에게 의지력이 무한하다는 교훈을 심어주었다.

이야기를 다 들은 아이들에게는 작은 간식을 원하는 즉시 먹을 것인지 아니면 13분을 기다려 좀더 큰 간식을 먹을 것인지 선택하는 고전적인 자기조절력 시험 과제가 주어졌다. (사실상 미취학 아동으로서는 자기통제력을 시험할 수 있는 가장 어려운 과제였다.) 그 결과 다른 이야기를 들은 아동은 45퍼센트만이 눈앞의 유혹을 참아낸 반면, 의지력을 북돋는 이야기를 들은 아동들은 74퍼센트가 과제를 성공적으로 해냈다.[37] 물론 고작 이야기 하나로 한 사람의 인생을 바꿀 수는 없을 것이다. 그러나 이와 유사한 교훈을 주기적으로 접하다 보면 다른 모든 과제에서도 의지력을 발휘할 수 있는 자질을 갖추게 되어 나중에 중압감이 심하고 기력이 많이 소모되는 상황을 마주하더라도 회복탄력성을 발휘할 수 있게 될 것이다.

이처럼 기대 효과를 활용해서 교사나 조직의 리더로서 구성원 전체의 잠재력을 증진시키기 위해서 취할 수 있는 다양한 전략에 관해서는 다음 장에서 더 자세히 알아보기로 하자. 그에 앞서서 지금은 먼저 하던 이야기를 마무리 지을 겸 집중력과 자기통제력을 끌어올릴 수 있는 최후의 수단을 살펴보자. 바로 기도와 의식이다.

세속적인 미신

지금 당장 아무 세계적인 운동선수나 유명 연예인을 정해서 그 사람의 자전적 이야기를 찾아보라. 아마 그들 중 많은 수가 자신만의 징크스나 의식이 있다는 정보를 발견할 수 있을 것이다. 예를 들면 농구 선수들은 대부분 자유투를 던지기 전에 드리블을 하거나, 얼마간 숨을 고르거나, 정확한 횟수만큼 공을 튀기고 손 안에서 굴리거나, 심지어 공에 입을 맞추는 등 자신만의 정해진 루틴이 있다. 세리나 윌리엄스는 코트에 들어가기 전에 언제나 같은 노래(아이린 카라의 "플래시댄스")를 듣고 첫 번째 서브를 넣기 전 5번 공을 튀기며, 라파엘 나달은 시합을 앞둔 날이면 매번 찬물로 샤워를 하고 코트에서 상대를 기다리며 특유의 제스처를 취한다.

예술계로 넘어가면, 비욘세는 무대에 오르기 전에 기도를 하고 정해진 횟수만큼의 스트레칭 운동을 하며, 미국의 가장 위대한 무용가 중의 한 명으로 평가받는 발레리나 수잰 패럴은 레오타드(몸에 딱 붙는 무용복/옮긴이) 안쪽에 늘 작은 장난감 쥐를 달아두었다고 한다. 징크스와 미신적 의식은 작가나 작곡가들에게도 흔하다. 닥터 수스는 글을 쓰다 막힐 때면 자신만의 행운의 모자를 썼다고 알려져 있으며, 베토벤은 커피를 창작의 원동력으로 삼아 한 잔에 정확히 원두 60알을 세서 넣었다고 한다.[38]

기대 효과의 힘을 알기 전에는 나도 이 같은 미신이 실제 이들의 수행 능력에는 직접적인 영향을 주지 않는, 단순한 정서적 버팀목 정도에 불과하다고 생각했다. 그리고 내 생각은 틀렸다. 가령 농구 선수들의 자유투 정확도를 살펴본 한 연구에서는 이들이 그냥 공을 던졌을 때보다 각자의 루틴에 따라 공을 던졌을 때의 정확도가 12.4퍼센트포인트나 더 높다는 결과가 나왔다. 전반적으로 루틴을 따르지 않았을 경우에는 71.4퍼센트에 그쳤던 슛 성공률이 정확히 루틴대로 던지자 83.8퍼센트까지 높아졌다.[39] 각종 미신과 그에 따른 의식은 온갖 영역의 인지적 과제에서도 인내력과 수행 능력을 향상시킬 수 있으며, 그 효과의 크기는 대체로 무시하지 못할 수준이다. 예를 들면 한 연구에서는 참가자들이 자신만의 행운의 부적을 몸에 지니고 있을 때에 그렇지 않았을 때보다 언어 능력이 향상되어 애너그램 풀이의 정확도가 50퍼센트나 증가했다는 결과를 발표했다. 뿐만 아니라 단순히 행운의 의미가 있는 미신적 표현("대박 기원" 등)을 듣는 것만으로도 작지만 유의미한 효과가 나타났다.[40]

미신은 어떻게 이처럼 다양한 영역에서 사람들의 능력을 향상시킬 수 있을까? 가장 먼저 떠올릴 수 있는 가설은 미신적 믿음과 그에 따른 의식을 행함으로써 눈앞의 상황에 대한 통제력이 생겨 불안을 어느 정도 가라앉힐 수 있게 되기 때문이라는 것이다. 물론 이것도 중요한 요인의 하나일 터이다. 하지만 이에 못지않게 중요한 이유는 이런 의식 덕분에 자신의 심적 자원의 비축분에 대한 믿음이 커져 스스로가 더욱 뛰어난 집중력과 자기통제력을 발휘할 수 있다고 믿게 된다는 데에 있을 것이다. 그리고 그 결과 다른 사람들이 하나둘 지쳐 쓰러지기 시작해도 계속해서 버틸 수 있으며, 정신 집중력이 향상되어 자칫 수행 능력을 떨어뜨릴 수 있는 요인들을 피할 수 있게 된다.

미신적 믿음이 의지력에 미치는 영향을 직접 살펴본 어떤 연구에서는 종교적인 명상에 시간을 할애하는 사람들이 그렇지 않은 사람들보다 집중력을 요하는 과제에서 더 뛰어난 성과를 보인다는 사실을 발견했다.[41] 그러니 만약 여러분이 최근 들어 의지력이 약해지는 듯한 느낌이 든다면, 미신의 도움을 받는 것도 심적 자원을 재충전할 수 있는 방법들 중의 하나가 될 수 있다.

이 같은 결과들이 보고되자 일각에서는 이런 의지력 상승 효과야말로 애초에 수많은 문화권에서 종교적 의식과 믿음이 발달한 주요 원인일지도 모른다는 가설을 제시했다.[42] 과거 인류에게는 자기통제력의 향상이 곧 집단의 이익을 위해서 옳지 못한 충동성(폭력성을 보이거나 이웃의 재물을 훔치는 등)을 억제하고, 즉각적인 쾌락(접근이 금지된 음식물을 먹어치우는 등)을 포기하는 능력과 직결되었을 테니, 이는 그럴듯한 가설이다.

다행히 무신론자들도 특별히 전지전능한 힘에 기대지 않고 의식의 효과를 누릴 수 있다. 제2장에서 "오픈라벨" 연구들을 통해서도 확인했지만, 환자가 가짜 치료라는 사실을 분명히 인지하더라도 치료 행위 자체가 주는, 몸이 나아질 것이라는 기대로 인해서 플라세보 치료가 효과를 내고는 한다. 미신적 의식도 이와 전혀 다르지 않아서 해당 의식을 수행하는 사람 스스로도 효과가 나타날 아무런 합리적인 이유가 없다는 사실을 명확히 알고 있는 상태에서조차 능력이 향상될 수 있다는 확실한 증거들이 발견되고 있다.

가령 하버드 대학교의 앨리슨 우드 브룩스와 동료들이 진행한 한 특이한 실험에서는 참가자들에게 노래방 기계로 저니Journey의 "돈 스톱 빌리빈Don't Stop Believin"을 부르게 했다. 더불어 참가자들이 최선을 다해 부르게 하기 위해서 노래방 기계의 소프트웨어를 바탕으로 정확도를 평가해서 음정이 완벽할 경우 실험 참가 사례비에 최대 5달러를 추가로 지급한다고 알려주었다.

노래를 시작하기 전, 참가자들 중 절반에게는 다음과 같은 지시가 주어졌다.

다음의 의식을 수행하시오: 현재 느끼는 기분을 그림으로 표현한다. 그림 위에 소금을 골고루 뿌린다. 소리 내어 다섯을 센다. 종이를 구긴다. 쓰레기통에 던져버린다.

노래에 직접적으로 전혀 도움이 되지 않는 이 의식을 단순히 따르는 것만으로도 참가자들은 노래를 하기 전에 그냥 가만히 대기했던 이들보다 100점 만점에 13점이나 높은 점수를 기록했다. 어려운 수학 시험을 과제로 제시한 후속 실험에서도 유사한 수행 능력 향상 효과가 관찰되었다. 또한 준비 과정에 수행한 일련의 행동을 어떻게 프레이밍하는지도 중요한 것으로 나타났다. 가령 같은 행동이라도 "의식"이라고 표현했을 때는 이처럼 참가자들의 수행 능력이 향상되었지만, 단순히 "별 의미 없는 행동들"이라고 묘사했을 때는 효과가 없었다. 플라세보라는 단어가 나름의 의학적 효과를 불러일으켰던 것과 정확히 같은 방식으로, 의식이라는 단어에 담긴 의미가 압박감이 느껴지는 상황에서도 참가자들이 집중력을 유지할 수 있게 해주었음이 명확하게 드러난 결과였다.[43]

세속적인 의식은 흔히 맛있는 간식의 유혹 이겨내기 등 심적 자원의 고갈을 유발하는 전형적인 과제들에서도 우리가 더욱 굳건한 의지력을 발휘할 수 있게 해준다. 이를 살펴본 한 실험에서는 먼저 다이어트 중인 참가자들을 모집해서 일부에게는 의식(바른 자세로 앉아 눈을 감은 채로 고개를 숙이고 열까지 세기)을 수행하게 한 반면, 나머지에게는 의미 없는 동작들을 하라고 지시했다. 그런 다음 초콜릿바와 저칼로리의 시리얼바 중에서 하나를 선택하도록 했다.

그러자 의식을 수행한 참가자들은 이어진 설문지에서 "이 의사결정을 내릴 때 나는 스스로가 정신력이 강한 사람이라고 느꼈다"라든지 "이 의사결정을 내릴 때 나는 또렷하게 문제에 집중하고 있다고 느꼈다"와 같은 문항들에 높은 점수를 주며 자신의 의지력을 훨씬 높게 평가하는 경향이 나타났다. 그리고 이는 참가자들의 간식 선택에도 반영되었다. 무의미한 동작들을 했던 참가자들 중에서는 48퍼센트만이 시리얼바를 고른 데에 비해, 의식을 수행한 참가자 중에서는 64퍼

센트가 보다 체중 감소라는 목표에 보탬이 되는 간식을 선택했다.[44]

이런 결과들을 놓고 보면 우리 모두가 자기통제력과 집중력을 키우는 데에 도움이 되는 몇 가지 미신적인 의식을 따르는 것도 나쁘지 않을 듯하다. 각 개인에게 의미가 있으면서도 직관적인 행동을 찾는 것이 관건인데, 앞의 실험에서 다이어트 중인 참가자들이 행했던 것처럼 손쉽게 자기 내면의 힘을 느낄 수 있는 간단한 의식이 좋다. 지나치게 복잡하면 필요할 때 의식 루틴을 수행하는 일 자체가 번거롭게 느껴져 오히려 불안이 가중되고 수행 능력이 떨어질 수도 있다.

매일 아침 일을 시작하기 전에 똑같은 스트레칭 동작들을 반복하거나 중요한 프리젠테이션 직전에 나만의 발성법으로 목을 푼다거나 자기통제력을 시험하는 상황을 앞두고 특별한 주문을 외는 것처럼 단순한 행동만으로도 분명 도움을 받을 수 있다. 개인적으로 나는 글을 쓰기에 앞서 모닝커피를 중심으로 의식을 수행하려고 하는 편으로, 베토벤이 그랬듯이 원두의 개수를 세며 커피 잔 안에 의미를 담고 정신을 가다듬고는 한다. 여러분도 특히 좋아하는 옷이나 향수가 있다면 이를 행운의 부적으로 삼아 중압감이 느껴지는 상황을 마주할 때에 한번 활용해보자.

여러분이 프로 운동선수든, 가수 혹은 강연자든, 아니면 그저 어떤 일이든 미루고 시간을 낭비하는 습관을 고치기 위해서 자기통제력이 필요한 사람이든, 의지력을 갉아먹는 유일한 방해꾼은 이에 대한 자기 자신의 기대임을 명심하라. 여기에 인위적으로 만든 "행운"과 자기통제감이 조금 더해진다면 그 무엇도 우리의 성공을 막을 수 없을 것이다.

생각의 전환 : 의지력

- 심적 자원이 유한하다고 믿더라도 자기 자신의 활동을 스스로가 통제할 수 있다는 자율감을 느낀다면, 자아 고갈을 덜 경험할 수 있다. 그러니 가능하면 다른 사람들의 지시대로 움직이기보다 나만의 활동 루틴을 정하고 이런 활동이 개인적으로 어떤 의미와 목적을 띠는지 주기적으로 되새기자.

- 심적 노력을 기울였더니 오히려 활력을 얻는 경험을 했던 순간이 언제인지 생각해보자. 어렵기 때문에 더욱 즐거운 활동으로는 어떤 것들이 있을까? 이 같은 활동들을 떠올리는 것만으로도 자신의 잠재력에 대한 믿음이 생길 수 있다.

- 어떤 활동을 할 때 지치는 느낌이 든다면 평소에 나 자신에게 활력을 주는 다른 활동들보다 이 활동이 객관적으로도 유독 힘든지 아니면 그저 힘든 활동이라는 선입견 때문인지 고민해보자. 다른 사람들도 이 활동을 힘들다고 여길까? 기력이 소진되는 느낌이 덜한 다른 활동들보다 정말 객관적으로 그렇게 힘든 것이 맞을까? 이렇게 자문하다 보면 어느 순간 여러분이 스스로 생각했던 것보다 훨씬 많은 것을 해낼 수 있다는 사실을 깨닫게 될 것이다.

- 중압감이 심한 상황에서도 통제감을 잃지 않게 해줄 나만의 의식과 미신적 신념을 만들어보자. 긍정적인 것들을 연상시키는 "행운"의 부적도 좋고, 괜스레 안도감을 주는 일련의 동작들도 좋다. 개인적으로 의미 있고 성공 예감을 북돋는 것이라면 무엇이든 보탬이 된다.

9

미개발 천재

믿음은 어떻게 나와 상대의 지능, 창의력, 기억력을 향상시키는가

잠시 주변 사람들을 떠올려보자. 상사, 동료, 연인, 친구들. 이들 곁에 있을 때 여러분은 스스로가 똑똑하다고 느끼는가? 아니면 늘 자신이 두뇌 회전이 느리고 창의력이 부족한 편이라고 느끼며 주변 사람들의 재기를 따라잡느라 용을 쓰는가? 과거 학교 선생님이나 부모님은 어땠는가? 그분들은 여러분에게 잠재력이 있다고 보았는가? 아니면 여러분의 능력을 과소평가하는 편이었는가?

제4장에서 우리는 전염성 강한 노세보 효과가 어떻게 심인성 질환을 우리에게 전파하는지 살펴보았다. 지금까지 우리 자신의 믿음이 회복탄력성과 의지력에 어떤 영향을 미칠 수 있는지는 충분히 알아보았으니, 이제부터는 주변 사람들의 믿음이 우리의 지능에 어떤 변화를 야기할 수 있는지 탐구해보도록 하자. 타인과 상호작용을 할 때면 미묘한 단서들을 통해서 상대방이 우리를 어떻게 생각하는지가 전해지는데, 그렇게 시간이 지나다 보면 그 생각들이 마치 진실인 양 우리

내면에 자리를 잡아 우리의 능력에 깊은 영향을 미치게 된다. 혹시 어떤 사람들과 있을 때는 여러분이 가진 능력을 최대한 발휘하는 반면, 또 어떤 사람들 앞에서는 능력의 반의반도 보이지 못하는 경험을 한 적이 있다면 바로 이 이유 때문이다.

이 같은 현상은 샌프란시스코 남부에 자리한 스프루스 초등학교에서 진행된 어느 역사적인 실험을 통해서 처음 알려졌다.[1] 1964년 봄 학기, 빡빡한 일정으로 한창 바쁜 와중에 당시 교장이었던 레노어 제이컵슨은 교사들에게 한 가지 일거리를 더 얹어주었다. 로버트 로젠탈이라는 이름의 심리학자가 동급생들보다 월등하게 "폭발적인" 성장을 보일 학생들을 구별하는 법을 연구 중이라며 찾아온 것이다. 아동의 성장 궤적을 예측하는 인지 검사를 개발한 그는 학교 학생들에게 이를 시험해보고자 했다. 그렇게 전교생이 검사를 받았고, 여름이 지난 뒤 교사들에게는 "성공 가능성이 높은 아이들"의 목록이 전달되었다.

이쯤에서 여러분도 눈치챘을지 모르지만, 로젠탈이 설명한 연구의 전제는 사실 가짜였다. 소위 성공 가능성이 높은 아이들의 목록이란 교사의 높은 기대가 이듬해 해당 학생의 학업 성취에 영향을 미치는지 살펴보기 위해서 무작위로 작성된 것이었다. 아울러 1964년 봄에 학생들이 받은 인지 검사의 결과는 향후 지능 향상 정도를 측정할 기준선이 되었다.

일부 "성공 가능성이 높은 아이들"에게 교사들의 높은 기대가 미친 영향은 실로 대단했다. 가령 "작고 검은 눈동자가 특징인 자그마하고 강단 있는 말괄량이 소녀" 바이올렛을 예로 들어보자. 이 아이는 정육업자와 주부 사이에서 태어난 6남매 중 다섯째였다. 반항심 높고 친구들과 다툼이 잦은 아이로, 그 학교 교사들 사이에서는 모르는 사람이 없었다. 하지만 이처럼 문제행동을 일삼았음에도 바이올렛은 1학년 한 해 동안 지능이 엄청나게 발달해 두 번째 시험에서는 IQ 점수가 무려 37점이나 상승했다. 이 정도의 지능 발달은 일반적인 초등학교 공교육은 물론이고 아무리 집중적인 개인 과외를 받아도 도저히 불가능한 어마어마한 수준이었다.

연구가 시작될 당시 막 2학년이 된 공장 노동자와 타자수의 아들 마리오도 있었다. 마리오는 밝고 명랑한 아이였지만 글을 낭독할 때면 한 번씩 더듬거렸으며 그때까지 글자도 좌우 반전된 형태로 쓰고는 했다. 그런데 첫 번째 검사를 받고 고작 8개월 뒤, 그는 IQ 점수 69점 상승에 상당하는 지적 성장을 보여주었다.[2]

모든 학생이 이처럼 놀라운 성과를 보인 것은 아니었다. 하지만 전반적으로 성공 가능성이 높다고 알려진 아이들의 지적 성장 정도는 같은 학년의 다른 아이들보다 2배나 높아서, 1학년에서는 15.4점, 2학년에서는 9.5점의 IQ 점수 차이로 동급생을 압도하는 결과를 보였다.[3]

여기에서 중요한 점은 교사들이 단순히 대놓고 이 아이들에게 더 많은 관심을 기울였기 때문에 차이가 발생한 것이 아니라는 사실이다. 오히려 교사들은 이 아이들에게 시간을 덜 쏟은 편이었다. 그러나 대신 일상적인 대화에 은근하게 이들을 향한 믿음이 녹아든 덕분에 아이들이 스스로 자신의 능력을 보다 긍정적으로 바라볼 수 있게되었다. 그 믿음이 어린 아이들을 성공으로 이끌었던 것이다.

로젠탈과 제이컵슨의 연구 결과가 정말 현실성이 있는지를 두고 처음에는 다소 논란이 있었다. 하지만 기대 효과와 관련하여 새롭게 밝혀진 사실들을 고려하면, 이 학생들이 보여준 지적 성장도 전혀 터무니없는 결과가 아님을 알 수 있다. 지능이나 창의성과 같은 특질은 분명히 우리 자신의 믿음에 영향을 받을 수 있으며, 적어도 어느 정도는 주변 사람의 믿음도 여기에 기여한다. 이런 기대가 반대로 우리의 성장을 늦추는 브레이크로 작용하는 경우도 너무나 많은데, 일단 그 브레이크를 풀기만 하면 훨씬 쉽게 잠재력을 발휘할 수 있다. 뒤에서 살펴보겠지만, 이들의 연구 결과는 기대 효과가 사회적 평등 수준을 높일 수 있다는 강력한 근거가 된다는 이유로 정치적으로 많이 이용되었다. 다행히 일부 최신 기술들을 활용하면 타인이 설정한 한계를 뛰어넘어 우리 자신만의 자기 충족적 예언을 만드는 일도 가능하다.

지적 능력의 즉각적인 상승 효과

우리가 "스스로 생각하는 대로 똑똑해진다"는 발상은 그 자체만으로도 큰 충격이었다. 그도 그럴 것이, 심리학의 역사상 대부분의 기간 동안 지능은 인간의 특질이 선천적인지 후천적인지를 논할 때면 빠지지 않던 가장 뜨거운 주제였다. 그 결과 유전자가 지적 능력을 결정짓는 가장 큰 요인으로 여겨졌고, 식습관이나 가정환경과 같은 요인들이 그 뒤를 이었다. 이것들에 비하면 기대 효과의 영향은 당연히 미미할 터였다.

그런데 이 같은 상식에 반하는 증거가 두뇌 훈련 연구로부터 제기되었다. 여러분이 만약 2000년대 초반에 컴퓨터 게임에 관심이 있었다면, 당시 사용자의 지능을 높여준다는 게임들이 우후죽순 쏟아졌다는 사실을 기억할 것이다. 그중에서도 가장 유명했던 게임이 인기 여배우 니콜 키드먼이 광고했던 가와시마 류타 박사의 닌텐도 DS용 두뇌 트레이닝과, 서비스 시작 이래 무려 1억 명이 이용한 웹사이트와 앱 기반의 루모시티Lumosity이다.

앞에서 의지력에 관한 로이 바우마이스터의 이론이 시사했던 바와 비슷하게, 이 두뇌 훈련 게임 개발 회사들은 우리의 지적 능력 또한 근육과 같아서 단련할수록 더 똑똑해질 수 있다고 주장했다. 이 게임들은 대체로 작업기억(입력된 정보를 비교적 짧은 시간 동안 보유하며 이를 활용해서 여러 인지적 과정을 수행할 수 있는 능력/옮긴이), 공간 추론, 인지적 유연성, 암산 등 다양한 과제에서 지능 판단의 도구로 활용되는 기술들을 향상시키기 위해서 고안되었다. 이 같은 게임을 이용해 본 사람들은 정신이 또렷해지고 기억력이 좋아지는 느낌을 경험했다고 보고했다. 학계에서도 몇 주일 동안 규칙적으로 훈련한 뒤에 재측정한 IQ 점수에서 눈에 띄는 향상 효과를 발견하며 이들의 주장을 순조롭게 뒷받침하는 듯했다. 어쩌면 성인이 된 이후의 환경의 변화에도 타고난 능력 못지않게 한 개인의 지능을 결정짓는 큰 영향력이 있는지도 몰랐다.

문제는 이런 결과들 중 상당수가 참가자들의 노력이 과연 정말로 의미가 있었는지 믿을 수 있도록 "유효한" 통제 집단을 실정하여 올바른 방법으로 효과의 크기를 비교하는 과정을 생략했다는 점이다.[4] 통제 집단을 설정한 실험도 이 집단의 참가자들에게 두뇌 훈련 게임과 유사한 수준의 정신적인 몰입을 유도하기보다는 단순히 교육적인 내용의 DVD를 시청하게 하는 등 따분한 과제를 제시했다.[5] 여러분이나 나나 지루한 수업 시간에 앉아 있는 것만으로 지적 능력이 급상승하는 경험은 해본 적이 없으니, 이것이 이런 유의 실험에서 적절한 과제가 아니라는 사실은 쉽게 알 수 있을 것이다. 그러다 보니 두뇌 훈련 게임을 한 참가자들과 교육 영상을 시청한 참가자들 사이에는 처음부터 과제를 마친 뒤의 지적 능력 향상에 대한 기대에 극명한 차이가 있었을 확률이 높다. 심지어 더 큰 문제는 이 같은 연구들이 대부분 대학생들을 참가자로 모집하며 많은 경우 공고에 "두뇌 훈련 실험"이라는 사실을 명시했다는 점이다. 그 결과 참가자들은 이미 자신이 실험에서 하게 될 경험에 대해서 강한 선입견을 품은 상태로 실험실에 들어섰다.

앞에서 발표된 연구 결과들이 실제로는 기대 효과에 의해서 왜곡된 것이었을 가능성을 탐구하기 위해 버지니아 주 페어팩스 소재 조지메이슨 대학교의 사이러스 포루기와 동료들은 두 가지 종류의 공고문을 교내 곳곳에 게시하여 참가자들을 모집했다.

한 공고문에는 지적 능력이 엄청나게 향상되리라는 기대를 심어주는 내용이 명시적으로 쓰여 있었다.

두뇌 훈련 & 인지능력 향상

수많은 연구 결과가 작업기억 훈련을 통해서
유동지능이 향상될 수 있음을 증명합니다.
여러분도 당장 연구에 참여해보세요!

반면 또다른 공고문에서는 참가 시 보너스 학점을 얻을 수 있다는 점을 강조했다.

연구 참가 이메일 신청

보너스 학점이 필요하신가요?

연구에 참가하고 최대 5점의 보너스 학점도 받아가세요.

여러분도 당장 연구에 참여해보세요!

참가자들이 실험 전에 어떤 공고를 보았는지 명확히 할 수 있도록 연구진은 두 공고문에 각기 다른 이메일 주소를 첨부하여 참가 신청 문의를 받았다. 실험실에 도착한 참가자들은 두 가지 개별적인 지능 검사를 받았고, 그 결과가 1시간가량의 두뇌 훈련에 임하기 전 이들의 기준선 점수가 되었다. 그렇게 훈련을 마친 참가자들은 이튿날 다시 실험실을 방문해 추가로 두 번의 지능 검사를 받았다.

포루기 스스로도 언급했지만, 사실 겨우 1시간 동안의 훈련만으로 지능에 의미 있는 변화가 나타날 가능성은 극히 낮았다. (꼬박 1년의 교육 기간을 거쳐야 비로소 IQ 점수가 5점쯤 상승할까 말까 한다는 것이 정설이었다.) 그런데 모두의 예상을 뒤집고 그것이 정말 현실로 나타났다. 통제 집단에서는 별다른 변화가 없었던 것과 달리, 두뇌 훈련의 효과에 거는 기대가 높았던 참가자들의 IQ 점수는 훈련 전후에 5 10점이니 차이 니는 등 엄청닌 향싱 효과를 보인 것이다. 즉 오로지 단순한 기대 효과의 힘만으로 참가자들은 지적 능력의 즉각적인 상승 효과를 경험했다.

이 결과를 뒷받침할 만한 근거를 더 찾고자 포루기는 이전의 다른 두뇌 훈련 연구들을 살펴보고 자신의 실험에서처럼 참가자 모집 당시 훈련의 이점을 명시한 경우와 명시하지 않은 경우의 효과 크기를 비교했다. 그러자 아나나 다를까 (의도치 않게) 참가자들의 기대를 높였던 실험에서 훨씬 큰 폭으로 인지능력이 상승했다는 사실이 밝혀졌다.[6]

일각에서는 포루기의 연구 결과가 두뇌 훈련이 전혀 효과가 없다는 증거라고 본다. 하지만 이는 지나치게 단순한 결론이다. 실제로 연구 결과를 통해서 적어도 단기적인 관점에서는 "두뇌 훈련장"에서 힘든 심적 활동을 하면 진짜 뇌를 단련할 수 있음이 확인되었다. 다만 효과의 일정 부분이 광고에서 비롯되었을 뿐이다. 그러니까 사실상 니콜 키드먼은 가와시마의 두뇌 훈련 게임을 광고하면서 게임 이용자들이 조금 더 똑똑해지는 데에 기여한 셈이다.[7]

이와 유사한 기대 효과는 최근 들어 비침습적 뇌 자극술 연구에서도 보고되고 있다. 가령 두피에 미량의 전류를 흘려 그 아래에 있는 뉴런들의 활동에 변화를 일으키는 장치가 시중에 판매되고 있는데, 그중 일부는 이를 통해서 지적 능력이 즉각 향상된다며 광고하기도 한다. 이 기술이 과연 정말로 일부 사람들의 주장처럼 강력한 효과를 발휘하는지를 두고 학계에서는 여전히 논쟁이 이어지고 있지만, 최소한 이 장치의 효과 중 일정 부분은 이것을 사용함으로써 능력이 향상되리라는 사용자의 기대에서 비롯되는 것으로 보인다.[8]

물론 IQ 검사는 우리의 지적 잠재력을 측정하는 여러 방법들 가운데 하나에 불과하다. IQ 점수를 통해서 알 수 있는 것은 그저 새로운 정보를 신속하게 처리하는 능력일 뿐일지도 모른다. 그런데 이외에도 다양한 사고 능력의 측정치들 역시 기대 효과에 쉽게 휘둘릴 수 있다는 사실이 연구 결과 밝혀졌다.

가령 창의력 및 주어진 문제에 대해서 자신만의 해결법을 찾아내는 능력을 한번 생각해보자. 아무 상업 잡지나 웹사이트를 택해 둘러보다 보면, 보드카 한 잔 마시기[9]부터 가만히 누워 있기[10]까지 저마다 창의력을 기르는 가장 좋은 방법이라며 다양한 팁들을 적어둔 글을 볼 수 있다. 그러나 두뇌 훈련 연구와 마찬가지로 이러한 방법들을 시험해본 연구들은 대체로 참가자들이 실험실에 들어서는 순간부터 품었던 믿음이 결과에 영향을 미쳤을 가능성은 간과한다. 실제로 우리 대부분은 어니스트 헤밍웨이 같은 작가들이 술에 취한 상태에서 영감을 받고는 했다는 사실을 알고 있다. 그러다 보니 우리 스스로도 술을 마신 뒤에 창의적인 사고를 시험한다고 하면 이미 검사에 임하기 전부터 자신이 기발한 발상을 척척 내놓을 수 있으리라는 기대를 하게 된다. 같은 맥락에서 트루먼 커포티, 블라디미르 나보코프, (요즘 작가들 중에서는) 피비 월러 브리지 등은 이불 속에서 일하기를 좋아했다는 말을 들어본 사람들도 있을 것이다. 이런 생각들은 모두 실험 결과에 영향을 미쳤을 가능성이 상당히 높으며, 적절한 통제 집단과의 대조 과정이 부재한 상황에서는 특정 결과가 보드카(또는 편안하게 누운 자세) 때문인지 아니면 이를 통해서 어떤 차이를 경험하리라는 우리의 기대 때문인지를 알 방도가 없다.[11]

기대 효과가 정말로 우리를 더욱 창의적인 사람으로 만들어주는지를 알아보기 위해서 이스라엘 레호보트의 바이츠만 과학 연구소 연구팀은 모집한 참가자들 중 일부에게 시나몬 향을 맡으면 보다 참신한 발상을 할 수 있다는 믿음을 심어주었다. 그러자 예상대로 이들은 시나몬 향에 노출되었을 때 신발, 못, 단추 등 집 안에서 볼 수 있는 평범한 사물들의 새로운 용도를 떠올리는 과제를 비롯한 표준화된 창의력 검사에서, 시나몬 향의 효과에 대한 이야기를 듣지 못한 참가자들보다 훨씬 높은 점수를 받았다. 즉 연구진이 제시한 향이 두뇌 회전에 도움을 준다는 기대 없이 향을 맡았던 통제 집단 참가자들에게서는 향이 아무런 효과도 일으키지 못했다.[12]

그렇다면 기억력은 어떨까? 아무리 기대 효과가 대단하다고 해도 완전히 무에서 유를 창조할 수는 없다. 마음과 몸과 영혼의 연결성을 강조하는 측에서 다소 터무니없이 주장하는 바와 달리, 자신이 프랑스어를 유창하게 구사할 수 있다고 믿는 것만으로 오드리 토투처럼 멋지게 프랑스어를 할 수 있게 되는 것은 아니다. 다만 우리는 평소에 스스로가 깨닫는 것보다 더 많은 양의 정보를 흡수하고 있는데, 최근에 학생들의 일반 상식을 살펴본 한 연구에서는 기대 효과에 따라 바로 이런 정보들을 인출하기가 쉬워질 수도, 어려워질 수도 있음이 밝혀졌다.

연구진은 실험 참가자들에게 식역하 지각(의식적으로 지각할 수 있는 수준에 미치지 못할 정도로 빠른 속도 또는 약한 강도의 자극이 감각 기관을 통해서 입력되었을 때에 이를 무의식적으로 감지하는 것/옮긴이)을 시험하는 과제라며, 각 질문에 대한 답이 아주 순식간에 화면에 제시될 것이라고 일러주었다. 가령 "「게르니카」는 누구의 작품인가? 파블로 피카소, 살바도르 달리, 호안 미로, 엘 그레코"라는 질문을 하면, 그 직전에 피카소의 이름이 화면에 빠르게 나타났다가 사라지는 식이었다. 여기에는 참가자들이 의식적으로 알아차리기도 전에 화면상의 답이 사라질 테지만, 잠재의식 차원에서는 충분히 답을 읽을 수 있을 것이라는 설명이 따라붙었다. 연구진은 "직감대로 답하시면 됩니다. 여러분의 무의식은 이미 답을 알고 있으니까요"라고 참가자들에게 조언했다. 물론 실제로는 이런 식역하 단서가 제공되지 않았다. 그러나 자신이 틀림없이 힌트를 받았다고 믿은 참가자들은 그렇지 않은 이들에 비해서 각 문제에 더 높은 정답률을 보였다.[13]

어떻게 이런 일이 가능할까? 의식을 연구하는 신경과학자들은 우리의 머릿속에 매 순간 제한된 양의 정보를 필요에 따라 이리저리 정리하고 조직할 수 있는 일종의 화이트보드 같은 "심적 작업장mental workspace"이 있다고 이야기한다. 만약 우리가 스스로를 두뇌 회전이 느리고 창의력이 부족한 편이라고 여긴다면, 자신의 능력에 대한 불안이 이 작업장을 쓸데없는 생각들로 어수선하게 만들 것이다. 반면 자신의 지적 잠재력에 대한 믿음이 있다면, 작업장이 훨씬 유용한 정보들로 정돈된 상태가 되어 생각이 다른 곳으로 흐르거나 막히지 않고 눈앞의 과제에 효율적으로 주의를 기울일 수 있다. 또한 자신의 능력을 믿고 있으므로 최선의 문제 해결책이 곧바로 떠오르지 않더라도 조금 더 참고 버틸 가능성이 높다.

기대 효과의 중요성은 우리가 기존의 능력을 시험하는 어려운 새 도전 과제와 직면했을 때에 특히 두드러진다. 그리고 수많은 연구 결과는 흔히 우리가 새로운 것에 도전할 때 경험하는 적당한 수준의 좌절감이 오히려 학습이 일어나고 있다는 신호라는 사실을 보여준다.

다시 말해서 고민할 것도 없이 뚝딱 해치울 수 있는 쉬운 일보다는 난해하거나 수행하기 어려운 일이 오히려 실력 향상에 도움이 되고 오랜 시간이 지난 뒤에도 기억에 남아 있을 확률이 높다. (신경과학자들이 학습에서 "바람직한 어려움desirable difficulty"의 이점을 강조하는 이유도 이 때문이다.) 하지만 불행히도 우리는 대부분 이런 진리를 깨닫지 못하고 자신이 구제불능이라는 두려움에 스멀스멀 잠식당하며 자멸적인 사고에 빠져버린다. 이에 일부 실험에서는 단순히 이 같은 좌절감이 자신에게 도움이 된다는 사실을 상기하기만 해도 무력감이 줄어들고 작업기억을 비롯한 심적 자원을 충분히 활용할 수 있게 되어 시간이 지날수록 수행 능력이 향상되면서 문제가 해결된다는 강력한 근거들을 발견하기도 했다.[14] 이번에도 역시 자기 충족적 예언이 관여한 셈이다. 어려운 도전에서 느껴지는 좌절감이 학습에 도움이 된다고 믿으면, 그것이 현실이 된다. 좌절감이 자신의 능력 부족을 나타내는 신호라고 여기며 자신은 앞으로도 영영 이를 극복하지 못하리라 믿는다면 그 또한 현실이 된다.

물론 지나친 자만심은 경계해야 마땅하다. 아무런 근거 없이 막연히 자신이 매사에 뛰어난 사람이라고 믿었다가는 실패하고 창피당하기 십상이다. 어디까지나 현실적인 목표를 세우는 것이 관건으로, 가능하다면 조금씩 차근차근 자신의 능력을 시험해보는 방법이 가장 좋다. 무턱대로 처음부터 자신의 능력에 과도한 기대를 하지는 말되, 자신의 능력에 대해서 품고 있는 생각이 과연 타당한지 되돌아보고 열린 마음을 가지도록 해야 한다. 여러분도 보통은 무능감에 빠져 허우적대는 지경에까지 이르지는 않을지 몰라도 특정 영역에 한해서는

"내 능력을 벗어난 일"이라는 생각을 하는 경우가 있을 수 있다. 하지만 그런 생각이 근본부터 잘못되었을 가능성에 눈을 뜨고 나면, 자신이 생각했던 것보다 훨씬 많은 일을 해낼 수 있다는 사실을 깨닫고 갇혀 있던 잠재력을 발휘하여 스스로가 점점 더 발전해가는 모습을 보게 될 것이다.

피그말리온 효과의 힘

우리의 믿음이 이처럼 자신의 지적 잠재력을 제한하기도, 발휘하게도 한다면, 다른 사람들이 우리에게 품은 믿음은 어떨까?

스프루스 초등학교에서의 실험이 끝난 뒤 로젠탈과 제이컵슨은 결과를 상세하게 정리하여 『피그말리온 효과*Pygmalion in the Classroom*』라는 책으로 발표했다. 이 제목은 어느 조각가가 자신이 만든 조각상과 사랑에 빠졌는데 신이 그의 소원을 듣고 조각상에 생명을 불어넣어주었다는 오비디우스의 『변신 이야기*Metamorphoses*』에 수록된 한 고대 신화와, 꽃을 파는 소녀가 열정적인 선생을 만나 상류층 사람처럼 행동하는 법을 익히게 된다는 내용의 조지 버나드 쇼의 희곡 『피그말리온 *Pygmalion*』에서 차용한 것이다. (희곡 『피그말리온』은 우연인지 로젠탈과 제이컵슨의 연구가 이루어진 것과 같은 해에 개봉한 오드리 헵번 주연의 영화로도 유명한 뮤지컬 「마이 페어 레이디」의 원작이기도 하다.)

1960년대에는 믿음이 현실이 될 수 있다는 관념이 철저하게 창작물과 신화 속에서만 존재했던 듯하다. 이때만 해도 기대 효과의 존재가 여전히 의학계에만 제한적으로 알려져 있었으며 그마저도 약물에 대한 "실제" 생리적 작용을 살펴보는 데에 방해가 되는 요소로만 여겨졌다는 사실을 떠올려보자. 상황이 그러했으니 스프루스 초등학교 학생들의 어마어마한 지능 발달 양상을 처음 접한 당시의 심리학자들이 회의적인 태도를 보였던 것도 지극히 당연하다. 더구나 학생의 표본 수가 비교적 적어서 효과가 과장되었을 가능성을 비롯해 결과에 의구심을 품을 만한 타당한 이유도 몇 가지 있었다. 그러나 이후 수십 년간 이어진 다수의 후속 연구에서도 교사의 기대가 학생의 교육에 긍정적 또는 부정적 영향을 미칠 수 있다는 사실이 확인되었다.[15] 어떤 이유에서든 교사가 담당 학생의 능력을 부족하게 생각하면 그 아이의 실제 능력과는 관계없이 교사 자신도 모르는 사이에 학생의 발달에 브레이크를 걸게 되는 것이다. 게다가 연구 결과에 따르면 안타깝게도 이렇게 발생하는 능력의 손실 정도는 교사의 긍정적인 시선으로 나타날 수 있는 지적 능력의 향상 폭보다 훨씬 크다.[16] 이에 피그말리온 효과 연구의 권위자인 오클랜드 대학교의 교육학자 크리스틴 루비 데이비스는 "교사의 기대가 큰 차이를 만든다는 데에 이제 더는 의심의 여지가 없다고 본다"라고 말했다.

특히 지난 10여 년간은 교사의 기대에 따른 변화가 놀라울 만큼 장기적인 결과로 이어질 수 있다는 증거들이 등장하면서 피그말리온 효과를 향한 관심이 다시 폭증했다. 이를테면 2010년대 초, 펜실베이니아 주 필라델피아 소재 템플 대학교의 니콜 소라건은 미국 내 10개 도시의 학생 1,000여 명의 학업 성취도를 추적 조사한 결과를 분석했다. 이 학생들이 1학년일 때 각 담임교사들은 다양한 학업 능력을 주관적으로 평가하여 생활기록부를 작성했는데, 소라건은 이 정보를 토대로 같은 해 표준화된 시험에서 이 아이들이 받은 성적과 비교했다. 만약 이 두 평가 결과 사이에 차이가 있다면, 해당 교사가 아이의 능력을 과소평가 또는 과대평가하고 있다는 뜻이었다. 그리고 분석 결과 이렇게 취학 초기의 평가가 학생이 15세가 되었을 때의 수학 성적, 독해력, 어휘력을 예측할 수 있다는 사실이 발견되었다. 다시 말해서 학생에 대한 교사의 높은 기대 또는 불합리하게 낮은 평가의 영향이 아이가 고등학생이 될 때까지도 남아 있었다는 것이다.[17]

이런 연구 결과가 조직의 생산성을 높일 방법을 찾고 있던 조직심리학자들의 주목을 받게 된 것은 어쩌면 당연한 수순일 것이다. 지금은 타인의 기대가 네덜란드의 경찰에서부터 뉴욕의 씨티은행 본사 직원에 이르기까지 모든 직장 내 구성원들의 수행 능력을 좌우하는 강력한 힘으로 작용할 수 있음이 분명하게 밝혀졌다. 요컨대 각 조직의 리더가 가진 기대 또한 스프루스 초등학교 교사들이 학생들의 지적 잠재력을 발휘하게 한 것과 정확히 같은 방식으로 조직 구성원들의 수행 능력을 향상시키기도, 저하시키기도 한다.

이와 관련해서 가장 인상적인 결과를 보여준 것이 15주간 갖가지 전술 및 실전 기술을 평가하는 전투지휘자 훈련에서 이스라엘 군사들의 훈련 성취도를 살펴본 연구였다.[18] 지휘관이 무작위로 선정된 특정 훈련병들에게 긍정적인 기대를 품고 훈련을 진행하자, 기대를 받은 훈령병늘의 평균 점수와 그 같은 기대를 받지 못한 훈련병들의 점수 차이가 무려 3표준편차까지 벌어졌다. 쉽게 말해서 일반적인 환경에서 평범한 훈련병도 지휘관이 잠재력을 믿어주기만 한다면 전체 병사의 상위 0.1퍼센트에 들 정도로 높은 성취도를 기록할 수 있다는 뜻이다.

이렇게 어마어마한 효과는 사실 극히 이례적인 것이어서 이스라엘 방위군만의 특수한 환경 때문에 다른 곳에서는 보기 힘든 극적인 결과가 나타났으리라고 볼 수도 있다. 그러나 이외의 직종에서 진행한 실험 결과 역시 조직 내 리더의 긍정적인 기대를 받은 경우 평균적으로 백분위 점수가 16점가량 상승하는 등 대다수의 심리적 중재법들과 견주어도 그 효과가 매우 컸다.[19]

교사나 리더의 기대가 정확히 어떤 수단을 통해서 해당 학생이나 구성원들에게 전해지는가는 각자의 성향이나 처한 상황에 따라 달라진다. 가장 확실한 수단은 직접적인 칭찬이나 비판이다. 격려의 말을 들으면 힘이 나고 부정적인 지적을 받으면 힘이 빠지는 것은 당연하다. 하지만 꼭 직접 말로 하지 않더라도 리더가 설정하는 목표를 통해서 그들이 각 구성원에게 품고 있는 기대 수준이 드러나며, 이는 궁극적으로 수행 능력에 영향을 미칠 수 있다. 가령 선생님이 편애하는 학생에게만 계속해서 의욕적으로 수준 높은 과제를 내준다면 그 학생은 학습의 기회가 더 많아지는 반면에 나머지 학생들은 기회를 놓치게 된다.

한편 좀더 미묘한 방식으로 전달되는 신호들도 있다. 여러분이 어떤 질문을 받았는데 답을 하는 과정에서 실수를 했다고 상상해보자. 질문자가 여러분의 능력에 거는 기대 수준이 높다면 질문을 다른 말로 풀어서 다시 해주거나 이해가 될 때까지 문제를 차근차근 설명해줄 것이다. 그러나 기대 수준이 낮다면, 그냥 여러분의 틀린 답을 무시하고 넘어감으로써 여러분이 실수를 올바르게 파악하고 앞으로 같은 실수를 하지 않게 학습할 능력조차 없다고 여긴다는 신호를 간접적으로 전달할 것이다.[20]

무엇보다 중요한 것은 비언어적인 단서들이다. 상대방에게 많은 기대를 하지 않는 경우에는 미소를 짓거나 눈을 맞추는 등의 비언어적인 격려의 신호를 덜 보내게 되는데, 이는 상호작용 과정에서 아주 작은 차이이지만 어린아이든 성인이든 쉽게 알아차릴 수 있다. 때로는 침묵도 중요하다. 중간에 끼어들지 않고 잠시 멈추어 기다려줌으로써 상대가 생각을 확장할 기회를 줄 수 있기 때문이다. 이렇듯 아무리 자신의 감정을 숨기려고 애를 써도 의도치 않게 자신의 기대가 상대에게 전해지게 되므로, 심리학자들은 이 같은 미묘한 신호들이 전달되는 과정을 가리켜 "누출leakage"이라고 표현한다.[21]

기대가 전해지는 방식이 어떻든, 연구 결과에 따르면 그 기대의 신호를 받은 쪽에서는 이것이 곧 내재화되어 동기 수준 및 자신에 대한 믿음이 저하되기도 하고 증진되기도 한다. 그리고 대부분은 이러한 심경의 변화를 야기한 단서를 의식적으로 알아차리지 못한 채 수행 능력에 영향을 받는다.

여기까지 읽은 여러분은 어쩌면 시간이 지나고 열심히 하는 모습을 보이다 보면 결국 자신의 능력을 증명하여 여러분에 대한 교사나 리더의 기대도 달라질 수 있지 않을까 생각할지도 모르겠다. 하지만 불행히도 이들의 기대를 뛰어넘는 수행 능력을 보이는 것은 오히려 역효과를 낳고는 한다. 로젠탈과 제이컵슨은 스프루스 초등학교의 교사들이 성공 가능성이 높은 아이들이 보인 나이에 맞지 않은 발달 수준은 너그러운 마음으로 받아들인 반면, 그 명단에 있지 않으면서 예상치 못한 뛰어난 성장을 보인 아이들은 눈엣가시처럼 여긴다는 사실을 발견했다. 이에 로젠탈과 제이컵슨은 "이 아이들의 능력이 향상될수록 이들에 대한 교사들의 평가는 비판적으로 변해갔다"라고 「사이언티픽 아메리칸Scientific American」에 발표한 글에서 지적했다.[22] 일단 교사의 마음속에 부정적인 믿음이 형성되고 나면 그 대상이 된 아이는 자신에 대한 평가를 뒤집기가 굉장히 힘들었다.

이런 현상은 일종의 "확증 편향confirmation bias"이 반영된 것으로 볼 수 있다. 우리는 언제나 기존의 견해를 뒷받침하는 근거만을 찾으려고 하며, 반대되는 증거가 눈앞에 뻔히 보이더라도 이를 받아들여 믿음을 바꾸기보다는 그냥 묵살하는 편을 택한다. 마치 정성들여 이야기의 기승전결을 구축해가는 극작가처럼, 우리는 자신이 어떤 기대를 품고 바라보는 대상이 미리 짜놓은 각본에서 벗어나는 꼴을 도저히 보지 못하는 것이다.[23]

편향의 감옥

대다수의 사람들이 타인을 정확하고 타당하게 평가한다면 사실 피그말리온 효과도 그렇게 나쁘지만은 않을 수 있다. 성공한 인물들의 전기를 보아도 어린 시절 이들의 놀라운 잠재력을 발견해준 참된 스승이 곁에서 끊임없이 격려하고 북돋아준 덕분에 자신의 재능을 깨닫게 되었다는 이야기가 흔하게 등장하지 않는가. 그리고 일부 사례에서는 이 같은 스승들의 평가가 전적으로 옳았다.

그 유명한 박식가 마야 안젤루의 경우에는 버사 플라워스의 지속적인 격려가 문학을 향한 그녀의 열정에 불을 지피고 그녀에게 자기 가치감을 불어넣었다. 이와 관련해서 안젤루는 "나는 헨더슨 부인의 손녀나 베일리의 여동생이 아닌 마거릿 존슨이라는 인간으로서 존중받았다"라고 회고했다.[24] (마거릿 존슨은 당시 안젤루의 이름이었다.) 오프라 윈프리에게는 던컨 선생님이 있었다. 후에 윈프리는 자신의 쇼에서 던컨과 마주보고 "선생님 덕분에 언제나 세상 그 무엇도 두렵지 않았어요"라고 밝히기도 했다.[25] 그리고 물리학자 스티븐 호킹의 곁에는 그의 엉망진창인 필체와 타고난 게으름에 가려진 내면의 잠재력을 꿰뚫어보고 우주에 대한 흥미를 북돋아준 디크란 타타가 있었다. 이에 호킹은 "비범한 인물 뒤에는 언제나 비범한 스승이 있다"는 말을 남겼다.[26]

그러나 심리학 연구 결과에 의하면 대부분의 사람들에게는 이처럼 타인의 잠재적 재능을 알아보는 비범한 능력이 없다. 일반적으로 우리는 사소한 피상적 차이에 근거하여 타인을 평가하고 또 평가받는다. 다시 말해서 특정인에게 주어지는 따뜻한 기대가 사실 부당한 경우도 많다는 뜻이다.

이를테면 "후광 효과"(어떤 대상의 겉모습 등 외적으로 드러난 두드러진 특성이 이와 전혀 관련 없는 그 대상의 다른 전반적인 특성을 평가하는 데에도 영향을 미치는 현상/옮긴이)라고 알려진 편향은 우리가 얼굴의 좌우대칭성이 높아 전형적인 미의 기준을 충족하는 사람을 보면 그 사람이 지능도 높고 잠재력도 뛰어날 것이라고 믿게 만든다. 그야말로 아무런 논리적 근거도 없는 순수한 편견에 불과하다. 어느 논문의 저자가 쓴 표현처럼 "아름다움에 눈이 먼" 상태가 된 것이다.[27]

슬프지만 우리는 아주 어릴 때부터 외모를 바탕으로 평가를 받는다. 부모, 교사, 코치, 상사의 이 같은 기대는 지속적으로 우리의 내면으로 스며들어 외모와는 전혀 무관한 영역에서의 실제 수행 능력까지도 좌우할 수 있다. 그렇게 왜곡된 지각은 결국 우리의 현실이 되고 만다.[28]

일반적인 피그말리온 효과를 살펴본 연구 결과에서도 드러났듯이, 이처럼 사소한 편향의 영향력은 시간이 지날수록 더 커질 수 있다.[29] 수많은 연구 결과들이 아동의 외모가 담당 교사의 기대를 예측하는 요인이 될 수 있으며, 결국 아동의 학업 성취에까지 영향을 미칠 수 있음을 확인했다.[30] 그리고 학교 성적이 좋으면 좋은 직업을 얻게 될 확률도 높은데, 여기에서도 마찬가지로 반반한 외모 덕에 업무 능력이 뛰어날 것이라는 기대를 받기 쉽다. 이후 승진 가능성과 고액 연봉을 받을 가능성 또한 높아지며 외모가 빚은 지각 왜곡의 효과는 눈덩이처럼 불어난다. 가령 1990년대 초반에 발표된 한 조사 연구는 외모가 매력적인 MBA 학생이 졸업하고 10년이 지나자 당시 덜 매력적이던 다른 동기들보다 연봉을 1만 달러나 더 받았다는 결과를 보고하기도 했다.[31]

심지어 목소리의 높낮이처럼 하찮게만 보이는 요인조차 후광 효과로 인해서 누적된 긍정적(또는 부정적) 효과를 통해 한 개인의 장기적인 성공 여부에 영향을 미칠 수 있다. 일반적으로 목소리가 낮은 사람들은 능력 있는 인물로 여겨지는 경향이 있다. 노스캐롤라이나 주

더럼에 있는 듀크 대학교의 윌리엄 메이유는 미국 대기업의 CEO 792명의 목소리를 분석해서 목소리가 낮은 사람이 더 큰 기업을 경영하는 경향이 있음을 발견했다. 이들은 다른 모든 조건이 동일할 때 목소리가 높은 CEO들보다 평균 18만7,000달러를 더 벌었다. (맥도날드의 CEO 제임스 스키너의 목소리는 표본 중 가장 낮은 축에 속했다. 그는 매년 무려 1,471만 달러를 벌었다.[32]) 아울러 목소리는 재임 기간과도 상관이 있어서 목소리가 낮은 CEO들이 더 오랜 기간 자리를 유지했다.

이처럼 피상적인 차이가 우리에 대한 타인의 지각에 이다지도 강력한 영향을 미쳐서 궁극적으로 우리의 삶의 전반적인 궤적에까지 큰 차이를 빚어낼 수 있다는 사실은 충격을 넘어 두려움마저 안겨준다. 그런데 고정관념에 바탕을 둔 기대가 우리의 실제 능력에 변화를 야기하는 현상이 정말 심각한 문제가 되는 경우는 이외에도 아주 많다.

이를테면 영국의 신경과학자 지나 리폰은 성 역할에 대한 성인들의 기대가 아이의 뇌를 태어나는 순간부터 변화시킨다고 주장한다. 그는 아기를 "사회적 스펀지"라고 묘사하며, 부모, 교사, 친구가 보내는 아무리 미묘한 신호라도 아이들의 자신감을 북돋아주거나 불안감을 느끼게 함으로써 다양한 영역에서 능력의 발달을 가속화할 수도, 저해할 수도 있다고 강조한다.

가령 여자아이가 레고를 가지고 노는 모습을 본 친척 어른이 약간 놀란 듯한 반응을 보이며 예상치 못한 행동이라는 미묘한 신호를 보낸다면, 아이는 이를 바람직하지 못한 행동이라고 해석하고 이후로는 레고를 가지고 놀 가능성이 낮아질 수 있다. 이렇듯 레고 놀이 시간이 줄어든 것은 어쩌면 사소해 보일지 몰라도 놀이를 통해서 공간 및 비언어적 추론 능력을 발달시킬 수 있는 기회를 놓치게 함으로써 이 아이가 더 성장했을 때 같은 연령대의 남자아이들에 비해 약간 불리한 입장에 놓이게 만들 수도 있다.

한편 학교에서는 교사가 여자아이는 수학을 잘하지 못할 것이라는 믿음을 머릿속에 심어준 탓에 아이가 실제 수학 시험에서 능력을 전부 발휘하지 못하는 일이 생길지도 모른다. 자신이 걱정했던 대로 수학 성적이 낮게 나온 아이는 다음 시험에서 더 나쁜 성적을 받고 그렇게 점점 더 수학에 흥미를 잃게 될 수 있다. 결국 처음에 형성된 이 같은 기대가 즉각적인 수행 능력을 떨어뜨리고 장기적인 학습을 방해하여 적어도 이 아이에게는 "여자는 수학을 못 한다"는 믿음이 자기 충족적 예언이 되고 마는 것이다.

이러한 성 편견은 학교를 넘어 직장으로 확장될 수 있다. 편견은 대상이 되는 이들을 모든 일에서 필요 이상으로 힘들게 하며, 시간이 지날수록 과학, 기술, 공학, 수학 관련 직종에서의 성 격차로까지 이어질 수 있다.

어떤 이들은 아직도 기대 효과의 중요성을 부정하고 성차性差란 선천적인 것이라고 주장한다. 그리고 남자아이와 여자아이, 혹은 남성과 여성의 뇌의 해부학적 차이를 보여준다는 뇌 스캔 결과를 근거로 들이밀고는 한다. 예컨대 남성의 뇌에서는 공간 추론이나 수리 능력에 관여하는 영역이 여성의 뇌보다 크다는 설도 있다. 하지만 이처럼 뇌 스캔에서 나타나는 해부학적 차이는 타고난 성차의 증거와는 거리가 멀며, 오히려 문화적 성 편견이 반영된 결과라고 보는 편이 타당하다. 뇌는 당연히 우리가 속한 환경과 주로 사용하는 능력에 따라 반응한다. 레고를 가지고 노는 아이의 뇌는 이와 관련된 영역의 활동이 활발해지고 연결성이 강화된다. 그러니까 뇌의 해부학적 차이 또한 그저 우리와 우리 주변 사람들이 가진 기대가 실제로 우리의 몸에 물리적인 변화를 일으킬 수 있음을 보여주는 또다른 예인 셈이다.

기대 효과는 이처럼 특정 학문 영역에서 성별에 따른 적성 차이가 두드러지는 원인이 될 뿐만 아니라 경제적 불평등의 악영향을 심화시키기도 한다. 교사들이 지속적으로 저소득 가정 아이들의 능력을 과소평가한다는 사실을 뒷받침하는 분명한 증거도 발견되었다. 가정 내의 부족함을 교사의 긍정적인 기대 효과에 기대어 만회함으로써 가장 많은 변화를 보일 수 있는 대상도 이 저소득 계층의 아이들이라는 연구 결과를 고려하면, 이러한 편향은 특히나 비극이다.[33] 이미 여건이 좋지 못한 사람에게는 한 조각의 자신감도 아쉬운 법이다.

잘못된 기대 효과는 소수민족 집단에게는 더욱 심각한 문제를 야기한다. (제이컵슨과 로젠탈은 처음에 발표한 글에서도 이런 사실을 지적했다.) 대놓고 인종차별을 하지 않는 사람들도 많은 경우 민족성에 대한 암묵적인 편견을 가지고 있으며, 이 편향이 무의식적으로 편견의 대상에게 전달되어 학업 및 직업 환경에 크나큰 영향을 초래할 수 있음을 증명하는 연구 결과도 매우 많다. 이와 관련하여 미국에서 시행된 어느 주요한 조사 연구에서는 유치원부터 8학년까지 총 8,500명이 넘는 다양한 배경의 학생 표본을 추적 관찰하며 수학 성적을 중점적으로 살펴보았다. 2018년에 발표된 이 연구는 교사의 기대 효과가 "백인 남학생보다 백인 여학생과 소수민족 남녀학생에게서 더욱 크게 나타난다"라고 결론지었다.[34] 게다가 이 같은 부정적인 기대 효과는 흔히 집단의 문화 전반으로 퍼져갈 수 있다. 소득 수준이 낮고 민족적 다양성이 높은 학교의 교사들은 이 유형에 속하는 학생들을 "가르치기 어려운" 집단이라고 생각할 가능성이 더 컸다. 이런 믿음은 결국 학생들의 어려운 여건과 더불어 교사의 행동 방식이 큰 영향을 미친 탓에 사실로 판명된다.[35]

때로는 사회적 약자들이 성공을 하려면 이와 같은 장애물을 피하지 말고 "적극적으로" 뛰어넘어 사회에 만연한 문화적 편견이 틀렸음을 입증하기 위해서 더 노력해야 한다고 주장하는 사람들을 볼 수 있다. 하지만 이는 터무니없는 소리이다. 사람들은 자신이 속한 집단에 대한 부정적인 기대에 스스로가 끼워맞춰질 위험에 놓였다고 느끼면, "고정관념 위협stereotype threat"이라는 형태의 불안을 경험하게 되어 수행 능력이 저하된다. "남들의 반이라도 따라가려면 두 배는 더 열심히 해야 한다"와 같은 말을 듣고 자신이 처한 불리한 상황을 되새기고 각오를 다지려고 애쓴들 스트레스만 가중될 뿐이다.[36]

어린 시절 우리는 동화 속 평범한 아이가 요정의 축복 마법에 걸리거나 마녀의 저주에 걸리는 것을 보며 들뜨고는 했지만, 막상 현실에서는 걱정스럽게도 많은 이들이 인종이나 성별, 외모처럼 아무것도 아닌 것들을 바탕으로 만들어진 타인의 예언에 쉽게 휘둘리고 있다. 정말 사소한 편향에도 인생의 궤적을 송두리째 바꿀 수 있는 힘이 실려 있다. 만약 이대로 부정적인 기대 효과가 계속해서 퍼져나가도록 내버려둔다면, 아무리 재능이 뛰어나도 호킹이나 윈프리, 안젤루를 있게 한 따뜻한 격려를 경험하지 못하고 그 비범한 잠재력을 이끌어낼 비범한 스승을 만나지 못하는 사람이 많아질 것이다. 그리고 그렇게 이 세상에서 비범한 사람들이 점점 사라져갈 것이다.

그렇다면 지금 당장 우리는 무엇을 해야 할까?

각본 새로 쓰기

로젠탈과 제이컵슨의 연구가 처음 발표되었을 때, 일부 비평가들은 이들이 불평등을 야기하는 다른 잠재적 요인들은 아예 고려하지 않거나 최소한 그 중요성을 깎아내리려고 한다고 생각했다. 이에 「뉴욕 타임스*New York Times*」의 한 칼럼니스트는 이렇게 비꼬았다. "수천만 명의 아이들이 읽고, 쓰고, 말하고, 계산하는 법을 익히는 데 어려움을 겪는다면 그것은 한 교실에 지나치게 많은 학생들이 있기 때문도 아니고, 그 학생들의 사회경제적 여건이 열악한 탓도 아니며, 교육방식이나 교구가 변변찮다든지 교사의 역량이 부족해서는 더더욱 아니다. 아이들이 제대로 학습을 하지 못하는 이유는 다름 아닌 그 아이들이 학습을 할 수 있다고 교사가 기대하지 않기 때문이다."[37]

물론 제이컵슨과 로젠탈의 견해를 부당하게 과장하기는 했지만, 이들이 염려하는 것처럼 구조적인 요인의 중요성도 진지하게 고려해야 한다. 지금도 많은 이들이 타인의 암묵적인 기대가 빚어낸 효과뿐만 아니라 공공연한 성차별, 인종차별, 세급차별과 싸우고 있으며, 미국과 영국을 비롯한 수많은 나라들에서 불평등을 지속시키는 원인인 제도적 장벽은 말할 것도 없다. 기대 효과의 여파에 대해서 고민한다고 해서 이 모든 문제들이 마법처럼 해결되지는 않는다. 플라세보가 기적처럼 불치병을 완치시킬 수는 없듯이 말이다.

그렇지만 이런 사실을 인정하더라도 심리적인 변화의 가능성과 그 중요성까지 전면 부정해야 마땅한 것은 아니다. 스프루스 초등학교에서의 그 잊지 못할 실험 이후 50여 년이 지난 지금은 교사나 조직의 리더가 구성원들에게 품고 있는 기대를 전달하는 방식도 얼마든지 바뀔 수 있다는 연구 결과가 계속 증가하고 있다. 이 같은 중재법이 당연히 만병통치약은 아니지만, 분명 우리 모두가 잠재력을 최대한 발휘하기 위해서 내딛는 중요한 한 걸음이 될 것이다.

뉴질랜드 오클랜드 대학교의 크리스틴 루비 데이비스는 속임수에 일절 기대지 않고 교사들의 머릿속 각본을 새로 쓰는 데에 성공했다. 로젠탈과의 공동연구에서 그녀는 초중등 교사 90명을 모집한 뒤 임의로 실험 집단과 통제 집단으로 나누어 비교 실험을 진행했다. 전체 교사 참가자의 절반은 통제 집단으로서, 학생들의 참여도와 성취도를 향상시킬 수 있는 일반적인 방법들을 다루는 평범한 교사 연수에 참여한 반면, 나머지 절반은 자기 충족적 예언의 중요성을 깨우치기 위해서 특별히 설계된 네 차례의 워크숍에 참여했다. ("피그말리온" 워크숍과 일반 교수 연수는 소요 시간이나 활동 요구도가 대체로 비슷했다.)

워크숍에서 루비 데이비스는 교사들에게 기대 효과가 얼마나 강력하며 학생들의 학업 수행 능력에 어떻게 영향을 미칠 수 있는지 가르치고, 모든 학생이 스스로에 대한 기대치를 높일 수 있는 전략들도 몇 가지 알려주었다. 여기에는 각 학생과의 면담을 통해서 명확한 목표

세우기, 모든 학생(편애하는 학생뿐만 아니라)이 주기적으로 피드백을 받을 수 있는 평가방법 도입하기, 학생들의 자율성을 키워주어 자신에게 문제를 해결할 능력이 있음을 분명히 인식하게 할 방법 고안하기 등이 포함되었다.

또한 교사들에게 각자의 수업시간을 촬영하도록 해서 다음 워크숍에서 실제 수업 장면을 함께 분석했다. 이 동영상 촬영과 분석이 바로 실험의 성공을 좌우할 핵심이었는데, 몸짓이나 말투처럼 무의식적인 행동 방식을 통해서 특정 학생들을 향한 부정적인 기대가 "누출될" 수 있는 다양한 경우들을 교사들이 직접 확인하게 하는 장치였기 때문이다. 피그말리온 효과를 살펴본 이전의 다른 연구들에서와 마찬가지로 교사들은 대부분 자신의 편향을 전혀 인식하지 못하고 있었다. 후에 루비 데이비스는 "교사들은 돌연 자신이 수학 시간에 남학생들에게만 질문을 하고 있었다거나 평소에 주로 백인 학생들하고만 대화를 나누었다는 사실을 깨달았고, 이는 이들에게 정말 강력한 학습 경험이 되었다"라고 언급했다.

실험 결과는 정확히 예상했던 그대로였다. 특별 워크숍에 참여했던 교사의 학생들은 피그말리온 효과와 전혀 관련 없는 일반 교사 연수에 참여했던 교사의 학생들에 비해 수학 점수가 28퍼센트나 더 향상되었다.[38] 이로써 타인에 대한 기대가 그 대상에게 전해지는 방식을 바꾸고 자신에 대한 믿음을 강화시키는 일이 가능하며, 그에 따라 실질적으로 그들의(혹은 우리 자신의) 삶 전반에도 그 나큰 영향을 받을 수 있다는 사실이 명백해졌다.[39]

이상적인 상황은 모든 교육 기관 및 직장에서 이런 유의 중재법을 활용하는 것인데, 기대 효과의 개념이 널리 알려지고 나면 언젠가는 현실이 될 수도 있을 것이다. 하지만 그렇게까지 되지 않더라도 최소한 다른 사람들의 기대가 알게 모르게 우리에게 미치는 영향에 대비하여 우리 스스로를 보호할 수는 있다.

대부분의 부정적인 효과는 수행 불안performance anxiety과 자신이 눈앞에 있는 과제를 해낼 능력이 부족하다는 믿음 탓에 발생하므로, 우선은 제7장에서 다룬 스트레스 재평가 기법을 이용해서 우리가 직면한 어려움을 다른 시각에서 살피는 방법을 시도해볼 수 있다. 이 방법은 모든 불안 유형에 적용 가능하지만, 지금까지 보고된 바에 따르면 부정적인 고정관념에 맞서는 경우에 특히 효과적이다. 가령 여학생들에게 불안감에는 뇌의 활력을 돋우고 수행 능력을 향상시키는 등의 이점이 있다는 사실을 알려주자, 이들의 수학 시험 성적이 올랐다. 여기에서 중요한 점은 여학생들에게 여자는 수학을 잘 못할 것이라는 기대를 명시적으로 상기시켰을 때 중재법의 효과가 가장 두드러졌다는 사실이다. 이는 곧 스트레스 재평가가 고정관념 위협의 영향을 줄이는 데에 실질적으로 도움이 되었음을 의미한다.[40]

다른 방법으로는 자기 가치 확인self-affirmation이라는 활동을 시도해볼 수 있다. 명칭이 무슨 뉴에이지 지침서 따위에나 나올 법한 활동처럼 느껴져 다소 당황스러울지도 모르지만, 그렇다고 지레 거부하지는 말자. 실험심리학자들이 정의한 자기 가치 확인이란 막연한 소망적 사고와는 엄연히 다르며, 자기 자신에 대한 비합리적 의구심을 쉽게 줄일 수 있는 한 가지 방법이다.[41]

눈앞의 과제에 집중하다 보면 자기 능력에 비해 너무 어렵다는 생각에 사로잡혀 쓸데없이 부정적인 반추만 하게 될 것이 뻔하므로, 해당 과제와 무관한 자신의 전반적인 능력과 가치에 초점을 맞추는 것이 이 활동의 목표이다. 이를 통해서 자신의 다른 자질들을 알아차리게 되면 자신의 능력에 대한 믿음이 강해지고, 자기 가치가 주어진 문제를 얼마나 잘 해결하느냐에 따라 결정되는 것이 아님을 상기할 수 있다. 그리고 이렇게 불안 수준이 낮아지면 성공을 가로막는 부정적인 사고로 가득 차 있던 심적 작업장에도 여유가 생겨 기억력과 집중력이 높아지고, 힘든 도전을 이어나갈 수 있도록 결의를 다지는 데에도 도움을 받을 수 있다. 다시 말해서 자기 가치 확인은 자신에 대한 믿음이 다른 사람들의 평가에 더 이상 쉽게 휘둘리지 않게끔 자기 가치감의 기본 토대를 튼튼하게 해주는 과정이라고 볼 수 있다.

자, 여러분도 직접 해보자. 방법은 간단하다. 먼저 유머 감각, 창의성, 독립성, 사회성, 운동 능력 등 여러분이 개인적으로 의미 있게 생각하는 특성을 열 가지 나열해보자. 다 떠올렸다면 이제 그중에서 가장 중요한 하나를 골라 여러분의 인생에서 이 특성이 특히 중요하게 작용했던 경험을 비롯해 여러분이 왜 이 특성에 큰 의미를 두는지 짤막하게 묘사하자.

이것은 언제, 어디서나 쉽게 할 수 있지만 그 단순함 뒤에는 엄청난 힘이 숨어 있다. 최초로 자기 가치 확인 활동의 효과를 증명한 인상적인 연구 중의 하나는 앨버타 대학교와 애리조나 대학교의 공동 연구팀이 시계 방향 혹은 반시계 방향으로 회전된 도형들 가운데에서 주어진 도형과 같은 것을 찾는 공간지능 검사를 활용하여 참가자들의 수행 능력을 비교한 실험이었다. 온갖 성차별적 농담의 주제가 되는 것

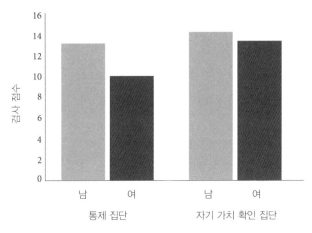

자기 가치 확인에 따른 공간 추론 점수의 성차 감소

에서도 짐작할 수 있듯이 여자는 보통 공간 지각능력이 약하다고 알려져 있는데, 기대 효과 탓에 이것이 종종 자기 충족적 예언으로 나타나고는 한다.

본격적인 검사에 앞서 실험 참가자들의 절반은 간단하게 자기 가치 확인 활동을 한 반면, 나머지 통제 집단 참가자들은 다른 사람의 성격에 대해서 쓰는 과제를 수행했다. 이후 연구진은 과연 부정적인 신념이 아주 뚜렷한 상황에서도 자기 가치 확인이 도움이 될지 확인하기 위해서 "검사 결과 남자와 여자의 점수가 얼마나 다른지 살펴보고 여자가 공간 회전 과제에 더 어려움을 느낀다는 고정관념이 실제로 얼마나 정확한지 알아보는 것"이 연구의 목적이라고 말하며, 일부러 참가자들에게 성차별적 고정관념을 상기시켰다.

자기 가치 확인의 효과는 굉장했다. 남녀 참가자들의 점수 차이가 거의 사라졌던 것이다.[42]

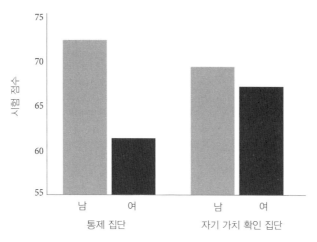

자기 가치 확인에 따른 물리학 점수의 성차 감소

　수학 시험에서도 매우 흡사한 결과가 관찰되었다. 이 과제 또한 남자 참가자들은 일반적으로 자신에 대한 믿음을 북돋기 위해서 별도의 활동을 필요로 하지 않았던 반면(즉 자기 가치 확인 활동에 따른 점수 향상 효과가 크지 않았다), 여자 참가자들은 두드러진 향상을 보였다.

　아직도 설득력이 부족하다고 느낀다면 이번에는 대학교 물리학 개론 시험에서 학생들이 받은 점수를 보자. 물리학 역시 전형적으로 여성이 남성에 비해 수행 능력이 낮다고 여겨지는 분야 중의 하나이다. 위의 그래프에서 왼쪽은 통제 집단의 시험 결과를 나타낸다. 그리고 오른쪽이 학기 초와 중간고사 직전에 자기 가치 확인 활동을 실시한 학생들의 점수이다. 한눈에 일 수 있나시피 10섬 가까이 벌어져 있던 남녀의 점수 차이가 고작 몇 점 차이로 줄어들었다. 연구진은 이로써 자기 가치 확인의 보호 효과를 확인했을뿐더러 그 효과의 크기가 기존에 성차별적 고정관념의 대상이 되었던 여자들에게서 가장 크다는 사실을 밝혀냈다. 이들에게 자기 가치 확인은 사회가 전염시킨 부정적인 신념에 대항하는 일종의 해독제로 작용했다.[43]

자기 가치 확인은 이처럼 특정 영역에서 남녀의 수행 능력 차이를 줄여줄 뿐만 아니라 경제적 수준이 낮은 계층과 연관된 부정적인 기대로 인한 문제도 해결할 수 있다. 가령 영국에서 진행된 한 연구에서는 11-14세의 학생들에게 학년 초 영어 시간에 자기 가치 확인 작문 과제를 주었다. 이후 1년간 무상 급식 대상인 저소득층 학생과 상대적으로 가정 형편에 여유가 있는 학생들의 시험 성적을 비교해보니, 이 단순한 작문 과제가 두 계층의 학생 사이의 학입 성취도 차이를 62퍼센트까지 줄여준 것으로 나타났다.[44]

그렇지만 가장 충격적인 결과를 보여준 것은 미국 내 흑인 학생들의 학업 성취도를 살펴본 연구였다. 이 연구에 참가한 흑인 학생들도 영국에서의 참가 학생들과 마찬가지로 7학년 초에 자기 가치 확인 활동을 수행했고, 일부는 "부스터booster" 조건에 할당되어 이듬해에 추가로 몇 차례 더 같은 활동을 반복했다. 이 자기 가치 확인 활동은 각 회기마다 15분밖에 소요되지 않아 전체 학사 일정으로 보면 극히 짧은 시간에 불과했지만, 흑인과 백인 학생의 평균 성적 차이를 40퍼센트가량 감소시키는 극적인 결과를 낳았다.[45] 더욱 놀라운 사실은 이 같은 효과가 처음 활동 수행 이후 무려 9년이 지난 뒤에도 여전히 건재했다는 점이다. 전반적으로 통제 집단의 흑인 학생들 중 78퍼센트만 대학에 진학한 것과 비교해 자기 가치 활동을 수행한 흑인 학생들은 92퍼센트가 대학에 진학했다.[46]

이처럼 효과가 크고 오래 지속되었다는 것은 변화의 선순환이 일어났음을 시사한다. 요컨대 타인으로부터 주어진 부정적인 기대에 대항해 자기 가치감을 북돋운 결과, 즉각적인 수행 능력의 향상이 나타나고, 이를 경험한 학생이 다음번 시험에는 더욱 자신감 있게 임할 수 있게 된 것이다. 이렇듯 자신의 능력과 가치를 올바르게 인식하는 간단한 과정만으로도 시간이 가면 사회가 만들어낸 자기 충족적 예언을 완전히 물리치고 정해진 운명과 전혀 다른 길을 개척할 수 있는 힘을 기를 수 있게 된다.[47]

현재 자기 가치 확인은 부정적인 고정관념의 영향과 맞서 싸우기 위해서 시도해볼 수 있는 가장 검증된 중재법 중의 하나이다.[48] 다양한 배경의 학생들 간 학업 불평등을 줄일 새로운 방법을 찾고자 한다면, 자기 가치 확인 활동을 널리 적용하는 것을 최우선으로 고려해야 할 것이다.

●●●

제이컵슨과 로젠탈은 조지 버나드 쇼가 쓴 희곡의 주인공 일라이자 두리틀이 다른 사람들의 기대가 자신에게 미치는 영향을 묘사하며 남긴 명대사를 인용하는 것으로 스프루스 초등학교에서의 피그말리온 연구를 마무리 지었다. "보세요, 확실히 사람들이 알아차릴 수 있는 것들(옷차림이나 말씨 등)을 제외하면 상류층 여성과 꽃 파는 소녀의 차이는 그 여자가 어떻게 행동하느냐가 아니라 다른 이들로부터 어떤 대우를 받느냐에 있는 걸요. 히긴스 교수님은 언제나 저를 꽃 파는 소녀로 대하시고 앞으로도 그러실 테니 교수님에게 저는 늘 꽃

파는 소녀일 테지요. 하지만 대령님은 저를 마치 상류층 여성처럼 대해주시고 앞으로도 그러실 테니 저는 대령님 앞에서는 상류층 여성이 될 수 있답니다." (제이컵슨과 로젠탈은 이 구절을 가리켜 피그말리온 효과에 대한 "쇼의 한 줄 요약"이라고까지 묘사했다.)

다만 두리틀의 이 달곰씁쓸한 대사만으로는 제이컵슨과 로젠탈이 얼마나 낙관적인 전망을 품고 있었는지까지는 표현할 수 없었다. 당시 이들의 논문에는 피그말리온 효과를 깊이 이해하기만 하면 아이들의 능력을 끌어올리는 일도 시간문제이리라는 흥분이 가득했다. 그러나 그로부터 60여 년이 흐른 지금까지도 여전히 우리는 겨우 시작점 부근에 서 있을 뿐이다.

기대와 달리 시간이 많이 지체되어 답답하기는 하지만, 마침내 시작점에 다시 서기까지 그토록 오래 둘러왔다는 사실 자체는 그다지 놀랍지 않다. 이 책에서 내내 이야기했듯이 기대 효과라는 개념을 받아들인다는 것은 곧 우리의 뇌와 몸, 사회에 관해 당연시했던 믿음들을 상당수 뒤엎어야 한다는 뜻이며, 그러기 위해서는 엄청나게 많은 근거들이 뒷받침되어야 하기 때문이다. 그래도 최근 들어 기대 효과를 향한 관심이 되살아난 덕분에 마침내 우리는 피그말리온 효과의 굉장한 힘을 통해서 우리 자신과 타인이 잠재력을 발휘하게 할 방법을 깨닫고 이해하게 되었다.

만약 이 세상이 한 편의 연극 무대라면 우리의 각본은 우리 주변 인물들에 의해서 쓰이고는 한다. 과거에는 뭣도 모르고 얼떨결에 주어진 역할대로 연기해야 했지만 이제는 그럴 필요가 없다. 우리에게 주어진 각본이 어떤 것인지 알아차리는 법을 배워 자신에게 맞지 않는 지문은 거부하고 우리 스스로 운명을 만들어가는 것도 얼마든지 가능하다.

생각의 전환 : 지능, 학습, 창의성

- 자신의 능력을 솔직하게 있는 그대로 평가하고 타인의 부정적인 기대가 내재화된 것은 없는지 되돌아보자. 정말 타고나기를 수학이나 미술을 못 하는 사람이라고 믿을 만한 타당한 근거가 있는가? 아니면 실력을 더 향상시킬 여지가 있는가?

- 성장 잠재력이 있어 보이는 영역을 찾았다면, 평소에 자신의 지능이나 창의성의 한계라고 느꼈던 선 이상의 능력을 요하는 새로운 과제에 도전함으로써 기존의 부정적인 믿음이 과연 사실인지 시험해보자.

- 이 과정에서 좌절감이 느껴지는 순간이야말로 효과적인 학습이 일어나고 있다는 신호이자, 해당 과제가 자신에게 얼마나 중요한지를 나타내는 증거임을 인식하자. 이처럼 간단한 리프레이밍만으로도 수행 능력 향상에 보탬이 될 것이다.

- 너무 불안 수준이 높거나 고정관념 위협에 휘둘릴 것 같다는 생각이 든다면, 자기 가치 확인 활동을 시도해보자(308–313쪽). 실패에 대한 두려움과 부정적인 기대의 영향을 줄이는 방법의 일환으로 눈앞의 과제 외에 자기 자신이 본질적으로 중요하게 생각하는 자신의 특성이나 가치에 집중할 수 있게 될 것이다.

- 만약 여러분이 교사이거나 한 조직의 리더 위치에 있다면, 여러분이 품고 있는 타인에 대한 기대가 언어적, 비언어적 행동을 통해서 그들에게 전해

질 수 있다는 사실을 염두에 두자. 자신이 평소에 어떤 몸짓이나 말투를 보이는지 의식하지 못할 수도 있으므로, 다른 사람에게 관찰을 부탁하거나 학생 또는 조직의 구성원들과 상호작용하는 모습을 동영상으로 찍어 살펴보는 방법이 도움이 될 수 있다.

슈퍼 노인

믿음은 어떻게 우리의 신체적, 정신적 연령을 결정짓는가

패디 존스는 벌써 10년이 넘도록 특유의 화끈한 살사 춤으로 전 세계의 관객을 열광시키고 있다. 그녀는 2009년에 스페인의 오디션 프로그램인 「투 시 케 발레스Tú Sí Que Vales, "네, 당신은 그만한 가치가 있습니다"라는 뜻」에서 인기를 얻기 시작해서 영국의 「브리튼스 갓 탤런트Britain's Got Talent」, 독일의 「다스 갓 탤런트Das Supertalent」, 아르헨티나의 댄스 쇼 「바일란도Bailando」를 거치며 승승장구하다가 2018년에는 이탈리아의 유서 깊은 산레모 음악제에서 인디밴드인 로 스타토 소치알레Lo Stato Sociale와 함께 게스트로 공연하기도 했다.[1]

또한 어쩌다 보니 80대 중반에도 활동을 이어가고 있는 존스는 세계에서 가장 나이 많은 아크로바틱 살사 댄서로 기네스 세계기록에도 올랐다. 영국에서 유년기를 보내며 어릴 때부터 춤에 열성을 쏟았던 그녀는 직업 무용수로 활동하다가 스물두 살에 남편 데이비드와 결혼하면서 무대를 떠났고, 이후 네 명의 자녀를 두었다. 남편이 은퇴한 뒤에는 스페인으로 이사했는데, 그곳에서 결국 암에 걸린 남편과 사별한 비극이 계기가 되어 다시 댄스 레슨을 받게 되었다. 라틴 아메리칸 스타일을 모조리 섭렵하고 나자, 그녀는 곧 아크로바틱 살사의 매력에 빠졌고, 본격적으로 연습을 하면서부터는 파트너인 니코의 손에 의해서 수시로 허공에 던져지고 있다. 2014년에 어느 매체와 진행한 인터뷰에서 존스는 "저는 여든이라는 나이가 실감이 나지 않기 때문에 굳이 제 나이를 변명거리로 삼거나 나이에 맞게 행동하려 애쓰지 않아요"라고 말했다. 그리고 자신이 춤을 멈추는 경우는 마흔 살 연하인 니코가 지쳤을 때뿐이라고 덧붙였다.[2]

지금까지 우리는 기대 효과가 우리의 지각, 음식 섭취나 운동, 스트레스에 대한 생물학적 반응, 나아가 인지능력에 변화를 초래하며 정신적, 신체적 안녕감에 얼마나 다양한 방식으로 강력한 영향을 미칠 수 있는지 살펴보았다. 이제부터는 이 모든 기대 효과의 영향이 어떻게 한데 모여 궁극적으로 우리가 나이 들어가는 방식까지 바꿀 수 있는지 알아보기로 하자. 우리 자신의 믿음이 실제 우리가 경험하는 나이에 몇 년을 더할 수도, 뺄 수도 있다는 사실은 내가 생각하기에 뇌가 예측 기계로서 작용한다는 새로운 이론이 밝혀낸 가장 놀라우면서도 중요한 결과이며, 마음과 몸이 서로 연결되어 있다는 특성을 아주 진지하게 고려해야 한다고 보는 이유이기도 하다.

그러면 계속 진행하기에 앞서 아래의 네 가지 문항에 대해서 여러분은 어떻게 생각하는지 솔직하게 답해보기 바란다.

1. 나이가 들어가면 모든 것이 전보다 나아지는가? 전보다 나빠지는가?

전과 다름없이 그대로인가?

2. 다음에 나열된 각 단어 쌍에서 은퇴 이후의 삶과 더 잘 어울리는 설명
   은 무엇인가? 얽매이지 않는/어딘가에 깊이 관여하는, 무능한/유능
   한, 의존적인/독립적인, 빈둥거리는/바쁜

3. 중년을 지나 노년에 접어드는 시기는 언제인가?

4. 실제 나이는 무시하고 순수하게 주관적인 경험에 비춰볼 때, 현재 자
   신이 몇 살처럼 느껴지는가?

지금부터 살펴보겠지만, 위의 문항 또는 유사한 질문들에 어떻게
답을 하느냐가 미래의 건강을 결정하는 데에 현재의 건강 상태만큼
이나, 아니, 어쩌면 더 중요한 역할을 할 수 있다. 실제로 현재 많은
연구자들이 나이 드는 과정과 관련된 우리의 믿음이 진짜 나이에 버
금갈 정도로 장기적인 안녕감에서 중요하다는 결론을 내리고 있다.[3]
우리의 믿음은 여러 가지 경로를 통해서 세포의 생물학적 시계가 흐
르는 속도에 영향을 미쳐, 자질구레한 통증과 불편감에서부터 심장
질환, 치매, 사망 위험까지 사실상 모든 것을 좌우한다. 패디 존스와
같은 젊은 마음가짐이 결국 젊음의 묘약인 셈이다.

시간을 돌릴 수 있다면…

우리의 생각과 기대가 노화의 속도를 높이거나 늦출 수 있음을 가리
키는 최초의 단서는 하버드 대학교의 심리학자 엘렌 랭어의 인상적인

실험을 통해서 드러났다.

랭어는 다소 이단아 같은 면이 있는 연구자로 알려져 있다. 그녀는 마음챙김 명상의 이점이 과학적인 연구의 주제로 유행하기 한참 전부터 이미 관심을 가지고 그것을 살펴본 최초의 인물 중 한 명이기도 하다. (제1장에서 기대 효과가 시력에 영향을 줄 수 있다는 사실을 밝혀낸 인물도 그녀이다.) 1979년, 랭어는 마음과 몸의 연결성을 탐구하고자 70세에서 80세까지의 참가자들을 모집해서 그들에게 마치 1959년으로 돌아간 것처럼 생활해달라고 부탁했다.

참가자 모집은 지역신문 광고를 통해서 이루어졌다. 참가자들은 먼저 일반적으로 노화 관련 문제들을 진단하는 데에 사용되는 다양한 검사를 받았고, 이후 기억력 검사와 더불어 종이에 그려진 미로의 탈출 경로를 찾아내는 등 보통 나이가 들면서 느려진다고 여겨지는 뇌의 처리 속도를 측정하기 위해서 고안된 여러 가지 인지 과제를 수행했다. 참가자들의 시력과 청력, 관절의 유연성도 함께 측정되었다.

그리고 나서 참가자들은 1950년대 말에서 시간이 멈춘 것처럼 꾸며진 뉴햄프셔 주 피터버러의 한 수도원에서 일주일간 생활했다. 이들이 생활공간 내에서 접할 수 있는 것들은 거실에 놓인 잡지부터 라디오에서 흘러나오는 음악(페리 코모, 냇 킹 콜, 로즈마리 클루니 등의 노랫소리)과 텔레비전으로 볼 수 있는 영화(「뜨거운 것이 좋아」, 「북북서로 진로를 돌려라」, 「벤허」 등)까지 전부 철저한 고증을 바탕으로 선정되었다. 이에 더해 실험 환경이 참가자들의 마음가짐을 보다 확실하게 바꿀 수 있도록 연구진은 추가로 참가자별로 그 당시에 자신의 삶이 어떠했는지 현재 시제를 사용해서 적어보게 한 다음, 그에 따라 지금이 1959년인 것처럼 생활하며 그 시점 이후에 일어난 일들은 일절 언급하지 말아달라고 명시적으로 공지했다. 대신 그 시기의 정치나 스포츠 이슈를 주제로 대화하는 것은 적극 권장되었다. 이 모든 장치들의 연상 작용을 통해서 참가자들이 훨씬 젊고 건강했던 20년 전의 자신의 모습을 떠올리게 하는 것이 목표였다.

비교를 위해서 연구진은 일주일 뒤에 또다른 참가자들을 데리고 같은 실험을 진행했다. 생활공간의 물건들이나 식사, 사회적인 활동과 같은 요인들은 모두 이전 참가자들과 동일했지만, 이번 참가자들에게는 실제로 젊어진 것처럼 행동하라고 말하는 대신에 그저 과거를 회상하라고 일러주었다. 아울러 당시 자신의 삶에 대한 글을 쓸 때는 현재 시제가 아닌 과거 시제를 사용하게 하는 등 얼핏 사소해 보이는 차이를 이용해 참가자들의 마음가짐이 앞의 참가자들과 달리 여전히 현재 나이에 머무르도록 유도했다.

참가자들 모두 일주일 동안의 합숙을 마치고 난 뒤의 검사들에서 합숙 전보다 높은 점수를 받았지만, 1959년의 삶에 완전히 몰입했던 첫 번째 집단의 참가자들 쪽에서 현저하게 큰 효과가 나타났다. 이를테면 두 번째 집단의 참가자들 중 44퍼센트만이 합숙 후 인지 검사에서 유의미한 점수 향상을 보인 것과 비교해서 첫 번째 집단은 63퍼센트의 참가자들이 향상 효과를 보였다. 게다가 시력이 좋아졌고, 관절이 유연해졌으며, 관절의 염증 수치가 낮아져 손을 전보다 섬세하게 놀릴 수 있게 되었다. 심지어 외모에서도 뚜렷한 변화가 나타났다. 자세가 꼿꼿해지면서 키가 커지고 걸음걸이도 더 가벼워졌던 것이다. 랭어는 합숙 전과 후의 참가자들의 모습을 사진으로 찍어 실험의 목적에 관해 아무런 정보도 듣지 못한 외부 관찰자들에게 보여주었고, 이들은 두 번째 사진이 첫 번째 사진보다 훨씬 젊어 보인다고 평가했다. 마치 랭어가 정말로 시간을 거꾸로 돌린 것만 같았다.[4]

그러나 랭어의 연구는 흥미로워 보이는 만큼이나 마음가짐에 관한 초기 연구들 일부(뿐만 아니라 사실상 그 시대에 이루어진 심리학 연구 상당수)에서 지적된 것과 똑같은 결함들을 가지고 있었다. 가장 큰 문제는 표본 수였다. 각 집단에 8명을 할당하여 실험을 진행했는데, 이는 보통 모집단 전체로 일반화시켜 결론을 내리기에 충분한 수는 아니다. 자고로 평범하지 않은 주장은 그만큼 평범하지 않은 증거가 뒷받침되어야 설득력을 얻는 법인데, 우리의 마음가짐이 어떤 식으로든 신체적 노화에 영향을 미칠 수 있다는 주장은 과학적인 이론으로서 가장 평범하지 않은 축에 속하므로 기존의 방법보다 훨씬 강력한 근거가 필요했다.

예일 대학교 공중보건학과의 베카 레비는 바로 이 주장을 뒷받침할 충분한 증거를 찾을 방법을 모색하는 일에 앞장서고 있다. 가장 이목을 끄는 그의 초기 논문들 중 한 편은 노화와 은퇴에 관한 오하이오 종단 연구 자료를 분석한 결과를 발표한 것이다. 이 종단 연구에서는 1975년 7월 1일을 기준으로 50세에 접어든 1,100명 이상을 선정해 그로부터 수십 년간 어떻게 생활하는지 추적 조사했다. 연구 시작과 함께 참가자들에게는 다음과 같은 문항들이 주어졌고, 각각에 얼마나 동의하는지 점수를 매기도록 했다.

- 나는 작년만큼 여전히 활력이 있다.

- 사람은 나이를 먹어갈수록 쓸모가 없어진다.
- 나이가 들면 모든 것이 전보다 나빠진다.

이 문항들에 대한 점수를 바탕으로 레비 연구팀은 참가자들을 나이 들어가는 과정을 긍정적으로 지각하는 이들과 부정적으로 지각하는 이들로 나눈 다음, 각 참가자들의 사망 위험률을 살펴보았다.

그 결과 레비는 나이듦에 대한 태도가 상대적으로 긍정적인 사람들은 연구 시작 시점으로부터 평균적으로 22.6년을 산 반면, 부정적인 사람들은 평균 15년밖에 살지 못하면서 두 집단의 수명에서 약 7.5년의 차이가 발생한 것을 발견했다. 사회경제적 지위나 외로움 등 다른 위험 요인들을 고려해도 결과는 마찬가지였다. 이 같은 결과는 그의 논문이 처음 발표되었던 2002년 당시나 지금이나 많은 것을 시사한다. 레비 연구팀은 논문에서 "정체불명의 바이러스가 기대 수명을 7년 이상 감소시킨다는 사실이 발견되었다면 그 원인을 규명하고 치료제를 도입하기 위해서 분명 상당한 노력을 기울였을 것이다"라고 주장하며, "한 가지 가능성 높은 원인이 밝혀졌다. 바로 사회적으로 용인된 노인에 대한 폄하이다"라고 덧붙였다.[5]

후속 연구들 역시 사람들의 기대와 신체적 노화 사이의 관계를 공고하게 뒷받침하는 한편, 나이듦과 관련하여 당연시되던 일반적인 인식들 중 일부는 틀렸다고 일축했다. 가령 사람들이 나이듦을 대하는 태도는 단순히 노쇠한 현 상태를 있는 그대로 반영하는 것일 뿐 신체 기능의 악화에 직접적으로 기여하는 요인이 아니라고 생각하기 쉽다. 하지만 그렇게 해서는 레비를 비롯한 연구자들이 발표한 놀라운 연구 결과들 대부분을 제대로 설명할 수 없다. 예를 들면 레비는 1950년대 후반부터 21세기 초반까지 수백 명의 노화 과정을 추적 조사한, 노화에 관한 볼티모어 종단 연구를 살펴보았다. 이 연구의 참가자들에게는 1968년부터 "노인은 무력하다"와 같은 문항에 얼마나 동의하는지 등 노년기에 대한 태도를 묻는 질문들이 주어졌다. 당시 평균 연령 36세였던 참가자들 대부분은 심각한 노화 관련 장애를 겪기 전이었으므로, 나이듦과 관련된 이들의 견해는 경험보다는 이들이 속한 문화의 영향을 받았을 가능성이 높았다. 그리고 레비는 38년이 지나고부터는 이처럼 나이듦을 대하는 태도가 협심증, 울혈성 심부전, 심근경색, 뇌졸중과 같은 질병의 발병 위험을 예측하는 요인이 될 수 있으며, 비만, 흡연 습관, 심혈관계 질환 가족력 등 기존의 위험 요인들을 통제하더라도 여전히 결과가 유효하다는 사실을 발견했다.[6]

나아가 나이듦에 대한 긍정적인 태도는 특정 유형의 치매에 걸릴 위험을 낮춰주는 보호 요인이 될 수도 있다. 이를테면 알츠하이머병의 정확한 원인을 규명하려면 아직 연구가 더 필요하기는 하지만, 세포 사이의 베타 아밀로이드beta-amyloid라는 단백질이 축적되는 현상을 포함하여(여담이지만 최근에 베타 아밀로이드의 축적이 알츠하이머의 원인임을 밝힌 논문이 조작 논란에 휩싸였다/옮긴이) 이 병에 수반되는 신경학적 변화의 상당수는 이미 밝혀졌다. 플라크plaque라는 이름의 이 덩어리들이 뇌에 쌓이면 신경 신호 체계에 필수적인 시냅스synapse를 파괴한다. 이에 더해서 알츠하이머병 환자들은 뇌 세포 내에 자체적으로 타우tau라는 단백질 응집체가 생기기도 한다. "아포 지질 단백E4APOE ε4"라는 유전자형이 있으면, 알츠하이머병에 보다 취약할 수 있다는 사실도 알려져 있다. 그렇지만 APOE ε4를 보유한 사람 중 많은 수가 평생 치매에 걸리지 않는다는 점을 고려하면, 이렇듯 선천적인 차이가 꼭 운명을 결정한다고 볼 수도 없다.

나이듦을 긍정적으로 대하는 태도가 과연 정말로 알츠하이머병에 걸릴 가능성을 줄여줄 수 있는지 확인하기 위해서 레비는 다시 한번 나이듦에 대한 태도를 측정한 종단 연구들에서 참가자들의 의료 기록을 살펴보았는데, 그중 한 연구에는 운 좋게도 참가자들의 뇌를 주기적으로 스캔한 MRI 결과와 사후에 뇌를 부검한 결과까지 포함되어 있었다. 그리고 마치 참가자들이 품었던 기대가 뇌 곳곳에 새겨지기라도 한 것처럼 나이듦에 부정적인 시각을 보였던 이들의 뇌 전반에서 베타 아밀로이드 플라크가 축적되고 타우 단백질 덩어리가 엉겨붙어 있는 현상이 눈에 띄게 많이 관찰되었다. 더불어 뇌 깊은 곳에 위치하며 기억 형성을 담당하는 해마라는 조직에서도 손상이 두드러졌다.[7]

후속 연구에서는 나이듦에 대한 태도의 영향이 알츠하이머병의 위험 인자로 꼽히는 APOE ε4를 보유한 사람들에게서 특히 크게 나타난다는 사실을 발견했다. 같은 유전자형을 보유한 사람들 중에서 나이듦을 긍정적으로 바라본 이들은 나이가 들면서 정신적, 신체적 쇠퇴가 수반된다고 믿었던 사람들에 비해 치매 발병 위험이 절반 수준에 머물렀다. 심지어 나이듦에 긍정적인 기대를 품은 사람들 사이에서는 APOE ε4 보유 여부에 따른 치매 발병 위험의 차이가 사실상 거의 나타나지 않았다.[8]

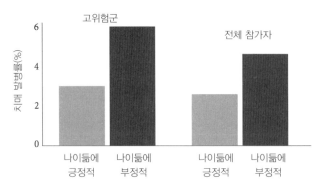

나이듦에 대한 믿음이 치매 발생률에 미치는 영향

●●●

이러한 결과들이 얼마나 중요한 함의를 지니는지는 아무리 말해도 부족할 것이다. 나이가 들면서 알츠하이머병의 진행 속도를 높일 수 있는 순수 생물학적인 위험 요인들에 관해서는 이미 수많은 주장들이 제기되었다. 그러나 레비 등의 연구 결과에 따르면 우리 개개인이 품은 생각들도 이에 못지않게 영향력이 크다. 가령 높은 혈중 콜레스테롤 농도는 평균 기대 수명을 최대 4년까지 낮추는 것으로 여겨지는데, 미래의 건강을 암울하게 바라보는 시각이 기대 수명을 7.5년이나 줄인다는 것과 비교하면 오히려 훨씬 낮은 수치이다.[9]

다른 모든 의학적인 위험 요인들과 마찬가지로 나이듦에 대한 부정적인 태도가 각 개인에게 얼마나 큰 위험으로 작용하는지는 다양한 요인에 의해서 달라진다. 영국 화이트홀 소속 공무원들을 대대적으로 연구한 결과에 따르면, 심지어 "나이듦"을 정의하는 방식과 같은 단순한 문제까지도 이 효과의 크기를 결정짓는 요인이 될 수 있다.

화이트홀 연구는 본래 하위 계층에 속하는 사람들이 상위에 속한 사람들에 비해서 극심한 건강 부담을 호소한다는 사실을 밝힘으로써 사회적 지위가 건강에 영향을 미칠 수 있음을 보인 것으로 가장 유명하다. 그런데 1990년대 초 들어 연구진은 연구에 참가했던 공무원들에게 중년이 끝나고 노년이 시작되는 나이가 몇 살이라고 생각하느냐고 물었다. 그러자 참가자들이 노년이 시작되는 연령을 이르게 정의할수록 본인 스스로도 상대적으로 이른 나이부터 기력이 쇠하는 경험을 했다는 사실이 드러났다. 이를테면 60세 언저리부터 노년기로 본다고 답했던 이들은 이후 10년간 관상동맥 심장병에 걸릴 확률이 70세 이상까지 중년기에 해당한다고 답했던 이들보다 40퍼센트가량 높았다.[10] 다시 말해서 아직 자신이 노년기에 접어들지 않았다고 생각함으로써 노화의 영향을 피할 수 있는 셈이다.

자, 이제 다시 318-319쪽의 네 문항 중 마지막인 실제 나이와 관계없이 자신이 경험하는 "주관적인 나이"라는 문제로 돌아가보자. "마음이 젊으면 몸도 젊다"는 말이 관용구처럼 쓰이고 있는데, 실제로도 수천 명의 참가자들을 추적 조사한 여러 연구 결과들을 보면 주관적인 나이가 젊을수록 신체적, 정신적으로도 건강했다.[11] 어떻게 이런 일이 가능할까? 한 가지 가설은 주관적인 나이를 젊게 인식할 경우 다른 사람들이 나이 들면서 일반적으로 겪는 쇠락 현상이 자신에게만은 예외라고 생각하게 될 가능성이다. 그리고 이러한 믿음이 나이를 먹어갈수록 자신의 건강에 긍정적인 기대를 품게 해서 결국 보통의 상황이라면 엄청난 악영향을 끼쳤을 부정적인 고정관념의 위협으로부터 스스로를 지킬 수 있게 해주는 것이다.[12]

근본적으로 랭어가 1979년에 시간 여행 연구를 통해서 얻고자 했던 효과도 바로 이것이다. 그는 수도원 내부 공간과 그곳에서의 생활을 1950년대 후반처럼 꾸며 참가자들의 주관적인 나이가 20년 젊어지기를 꾀했다. 참가자들은 처음 시설에 들어갈 때만 해도 스스로를 70대에서 80대 노인으로 느끼며 그 나이에 수반되는 온갖 걱정거리를 고스란히 안고 있었다. 하지만 실험이 끝날 무렵이 되자, 활력 넘치고 삶의 의욕이 충만했던 50대에서 60대 시절로 돌아간 듯 다시금 활기를 찾았다. 그리고 이런 변화는 적어도 이 소수의 참가자들에 한해서는 분명한 효과를 발휘했다. 이들의 마음은 정말 일시적으로 시간을 돌리기라도 한 듯 젊어졌으며, 그보다는 덜 극적이었지만 신체 또한 유의미한 수준의 회춘을 보였다.

고정관념 체화 이론

우리의 부정적인 기대는 어디에서 비롯될까? 또 어떻게 우리의 안녕감에 그토록 강력한 영향력을 행사할까? 이 질문에 답하기 위해서는 먼저 "고정관념 체화stereotype embodiment"라는 과정을 이해해야 한다.

작가 마틴 에이미스의 사례를 보면 이해가 빠를 것이다. 이 장의 도입부에 등장한 댄서 패디 존스가 나이듦에 대한 최적의 태도를 보여준다면, 에이미스는 정확히 그 반대를 보여준다. 2010년에 진행한 어느 인터뷰에서 그는 노령 인구의 증가를 "실버 쓰나미"라고 묘사했다. 더불어 "앞으로는 정상적인 사고가 불가능한 늙은이들의 인구가 끔찍한 이민자들이 침략해오듯 식당과 카페, 상가를 악취로 가득 메울 것"이라며, 향후 "10년에서 15년 내에는 늙은이와 젊은이 사이에 일종의 내전이 발발하리라 본다"라고 말했다. 뿐만 아니라 길모퉁이마다 "안락사 부스"를 설치해야 한다는 경박한 주장을 하는가 하면, 문학 축제에 참석해서는 노화 과정을 각자가 직접 제작하고 주연으로 참여한 "마지막에서야 최악의 장면이 등장하는 저예산 호러 영화"라고 묘사하기도 했다.[13] 어르신들에게는 건강하게 나이 들어갈 바에는 차라리 죽는 편이 낫다고 하는 것처럼 가혹한 말이 또 있을까.

당시 문학 비평가들이 지적했던 바와 같이 에이미스의 소설은 벌써 오래 전부터 노화에 대한 두려움과 혐오를 드러냈으며, 그에 못지않게 기성세대에 관한 부정적인 고정관념으로 가득했다. (그는 자신의 첫 번째 소설에서 스무 살을 젊음의 끝이라고 주장했다.[14]) 그러다 에이미스 자신도 나이가 들어가면서부터는 자신의 운명에 대한 두려움에 시달렸다. 그는 「스미스소니언*Smithsonian*」과의 인터뷰에서 "거울을 들여다보면 40대 초반만 되어도 젊음이 증발한다"고 말하며, "그러고 나면 이제는 죽지 않을 것처럼 허세를 부리는 일이 전업이 되고 만다"라고 덧붙였다.[15] 60대가 된 그는 이미 자신이 창작 능력을 잃어가고 있다며 글에서 "활력과 음악성"이 사라졌다고 묘사했다. 한때는 "폭포"와 같았던 그의 창의성은 그렇게 말라갔다.[16]

과학적인 연구 결과에 따르면, 에이미스가 겪은 과정은 대단히 일반적이다. 보통 우리는 젊은 시절, 노화가 다른 사람들의 일처럼 느껴질 때에는 이에 관한 부정적인 고정관념을 접하게 된다. 그러나 어느 시점에 이르면 우리도 특정 나이가 되거나 은퇴를 하거나 흰 머리가 나는 등 삶의 변화를 겪게 된다. 그리고 그제서야 그 고정관념이 자신에게도 적용된다는 사실을 깨닫게 된다. 그때가 되면 고정관념을 "체화한" 우리는 자기 충족적 예언을 실현하기 시작하고, 그로 인해서 신체적, 인지적 쇠락이 촉발된다.[17]

고정관념의 체화 과정은 서로 연결된 다수의 경로를 통해서 동시다발적으로 이루어진다. 첫 번째 경로는 순전히 심리적이다. 기억력이 저하되는 현상을 예로 들어보자. 부정적인 고정관념을 접하면 노인들은 대체로 자신의 인지능력에 자신감을 잃고, 기억에만 전적으로 기대기보다는 쇼핑 목록을 작성해 참고하거나 자동차 네비게이션을 적극 활용하는 식으로 외부의 도움을 선호하는 경향을 보인다. 하지만 연구 결과에 따르면 나이가 많은 사람들도 기억에만 의존하도록 몰아붙일 경우 자신의 예상보다 훨씬 많은 정보를 제대로 기억할 수 있으며, 이처럼 의식적으로 인지능력을 단련하려고 노력한다면 저하되는 속도를 늦출 수 있다.[18]

집중력 문제 역시 마찬가지로 부정적인 기대에서 비롯될 수 있다. 집중을 잘 하지 못해 부정적인 고정관념을 증명하게 될까봐 두려워할수록 실제로 집중이 더 어려워지기 때문이다. 주의집중 시간이 줄어드는 현상은 꼭 개인의 생물학적인 현실을 반영했다기보다는 단순한 착시 현상인 경우가 많다.[19] 이를테면 네덜란드 트벤테 대학교의 게르벤 베스터호프는 노인의 무능력한 모습을 본 고연령 시청자들이 인지능력의 손상을 겪었다는 연구 결과를 통해서, 연령차별적인 텔레비전 광고를 보는 것처럼 사소한 행동만으로도 사람들의 사고가 이 같은 영향을 받을 수 있음을 보여주었다. 이런 기대 효과는 처음에는 일시적이지만 시간이 갈수록 내면에 깊이 뿌리를 내려 결국 영구적인

능력 저하로 이어질 수 있다.[20]

두 번째 경로는 행동 및 동기와 관련이 있다. 만약 우리의 몸이 쇠약해지고 기능을 잃어가는 것이 이미 정해진 수순이라고 여기고 우리가 처한 환경의 영향력을 실제보다 더 압도적으로 느낀다면, 열심히 운동해야겠다는 동기가 약화될 수밖에 없으며, 부정적인 기대 효과로 인해서 운동을 하면서도 신체적으로 훨씬 피로감을 느낄 것이다. 아울러 사람들이 급격한 신체적 쇠락을 예상할 때에는 걸음걸이처럼 일상적인 움직임도 차츰 느려지고 활기가 떨어지는 현상이 관찰된다.[21] 레비의 연구에서 참가자들이 나이가 들어가면서 나이듦에 대한 태도와 비만 위험성 간의 상관관계가 강하게 나타난 것도 어쩌면 이 때문일지도 모른다.[22]

마지막으로 세 번째는 심신성 경로이다. 노쇠에 대한 기대 효과가 노세보 반응을 일으키면 신체적 통증과 더불어 메스꺼움이나 어지럼증과 같은 불편감을 증폭하는 식으로 노인 상당수가 호소하는 전반적으로 "몸이 좋지 않다"는 자각이 생길 수 있다.[23] 호흡과 대사에 변화가 생기면서 실제로 신체 활동이 전보다 어려워질 수도 있다. (자신의 체력을 부정적으로 바라본 사람들이 운동을 더욱 힘들어하고 운동의 이로운 효과도 덜 누리게 된다는 사실은 이미 앞의 장에서 확인했다.)

더욱 중요한 것은 이러한 부정적인 기대가 건강하지 못한 스트레스 반응을 유발하여 장기적으로 건강에 지대한 영향을 미친다는 점이다. 우리의 뇌는 예측 기계로서 스스로 새로운 위협이나 도전 과제에 얼마만큼의 대응 능력이 있는지 신중하게 계산하며, 이를 바탕으로 아드레날린이나 코르티솔처럼 장기적으로 건강에 조금 좋지 않더라도 눈앞의 위협에 대처할 수 있도록 준비 태세를 갖추는 호르몬과 세포 조직의 유지 및 회복에 관여하며 흔히 긍정적인 도전 과제를 마주했을 때 가장 많이 분비되는 DHEAS 같은 호르몬의 분비량을 조절한다는 사실을 떠올려보자. 또한 뇌는 심혈관계 반응을 통제하여 혈관을 수축할지(위협 상황에서 출혈을 막기 위한 조치) 아니면 확장할지(뇌와 팔다리에 산소를 공급하여 도전 상황에서 능력을 충분히 발휘하기 위한 조치), 혹은 에너지를 비축할 필요가 있는지, 주어진 상황에 맞설 수 있도록 남겨둔 에너지를 더 사용해도 좋은지 결정한다. 그러니까 만약 여러분이 스스로를 노화로 인해서 전보다 약하고 기능이 온전하지 않으며 여러모로 취약해졌다고 믿는다면, 살다가 어떤 어려움을 마주했을 때 이를 긍정적인 도전 과제로 여기기보다는 부정적인 위협으로 받아들이게 된다. 결과적으로 시간이 갈수록 점점 더 많은 문제를 초래할 유해한 스트레스 반응을 보일 가능성도 높아진다.

이런 현상은 실험실 환경에서 진행된 연구들에서 분명하게 드러났다. 이를테면 나이듦에 관련된 부정적인 고정관념을 접한 노년의 참가자들은 스트레스 상황에서 수축기 혈압이 상승한 반면에 긍정적인 고정관념을 접한 이들은 상대적으로 차분한 반응을 보였다.[24] 보다 장기적인 관점에서 레비는 나이듦에 부정적인 사람들의 경우 50세부터 코르티솔 수치가 꾸준히 증가하여 80세에 이르러서는 대략 40퍼센트까지 높아졌다는 연구 결과를 발표하기도 했다. 한편 같은 연구에서 비교적 긍정적인 관점을 견지한 참가자들은 이 기간 동안 인생의 새로운 단계를 맞이하고 적응하는 과정을 거치면서 오히려 코르티솔 수치가 10퍼센트가량 낮아졌다.[25] 만성적인 스트레스 반응은 만성 염증을 일으켜 세포 조직을 전반적으로 손상시키며, 관절염, 심장병, 알츠하이머병 등 다양한 질환의 발병에 기여하는 것으로도 알려져 있다. 아니나 다를까 레비의 최신 연구 결과에 따르면, 나이듦에 부정적인 태도를 취한 사람들은 4년 뒤 염증 수치가 확연히 상승했으며, 결과적으로 그로부터 2년 내에 사망할 위험도 높았다.[26]

　부정적인 기대 효과의 영향은 심지어 유전체 청사진이 저장된 개별 세포핵에서도 찾아볼 수 있다. 우리의 유전자는 각 세포의 염색체 안에 단단히 감겨 있으며, 이 염색체의 끝부분에는 텔로미어telomere라는 작은 보호장치가 있어서 DNA를 안정적으로 유지하고 손상되지 않도록 해준다. (이 때문에 텔로미어를 흔히 신발끈 끝에 달린 플라스틱 조각에 비유하고는 하는데, 틀린 말은 아니지만 텔로미어가 우리의 생존에 얼마나 중요한 역할을 하는지를 고려하면 그 장엄함을 온전히 담아낸 멋진 비유는 분명 아니다.) 텔로미어는 우리가 갓 태어났을 무렵에는 길고 튼튼하지만, 만성적인 스트레스가 쌓이면 닳고 해어질 수 있는 데다가 나이가 들수록 차츰 그 길이가 짧아진다. 이렇게 짧아진 텔로미어는 세포가 오류 없이 복제를 이어갈 수 있는 능력을 떨어뜨리므로, 텔로미어가 일정 길이 이하가 되면 세포 분열이 더 이상 이루어지지 못한다.[27]

　텔로미어의 길이는 실제 나이가 같은 사람들 사이에서도 염증과 스트레스를 비롯한 개개인의 생활방식 요인들에 따라서 다를 수 있다. 이를 통해서 수명과 질병 발생 위험을 예측할 수도 있다고 여겨진다. 레비의 고정관념 체화 이론은 노화에 부정적인 사람들의 텔로미어가 다른 사람들보다 짧으리라 예상하는데, 연구 결과 실제로도 그렇다는 사실이 밝혀졌다.[28]

나이듦에 대한 우리의 태도는 스트레스나 염증 반응 등을 통해서 염색체 내 개별 유전자의 발현에도 영향을 줄 수 있다. 각 세포 안의 DNA에는 개별 유전자의 발현 스위치를 "켜거나 끌 수 있는" 작은 장치가 붙어 있다. 이 스위치는 각 세포가 생성하는 단백질의 종류를 결정함으로써 궁극적으로 해당 세포의 기능을 좌우한다. 나이가 들면 유전자의 활성화 또는 비활성화가 특정 패턴을 보이는 양상이 흔하게 나타나는데, 이로써 질병에 보다 취약해지는 현상 등 노화와 관련하여 발생하는 변화들도 상당수 설명이 가능하다. 중요한 사실은 노년에 대해서 부정적인 사람들에게서 이 특징적인 노화 관련 변화가 두드러지는 반면, 상대적으로 긍정적인 사람들에게서는 이른바 "후성유전적 시계epigenetic clock"가 천천히 흐른다는 점이다.[29]

레비는 어쩌면 나이듦에 긍정적인 사람들이 APOE ε4의 보유 여부와 관계없이 치매에 걸릴 가능성이 낮은 이유도 이 때문일지 모른다는 가설을 세웠다. 즉 나이듦에 부정적인 사람들에게는 과도한 스트레스가 이 유전자의 영향력을 높이는 쪽으로 후성유전적 변화를 일으켜 치매에 더욱 취약하게 만들지만, 긍정적인 사람들에게서는 이 유전자가 발현되지 않을 수 있다고 본 것이다.[30]

이런 노화 관련 변화 중 일부는 원상태로 돌리는 것도 가능하다.[31] 가령 텔로머레이스telomerase라는 효소는 텔로미어의 수선을 도울 수 있으며, 이 효소를 활성화하면 조기 노화의 영향도 어느 정도 되돌릴 수 있다고 알려져 있다. 미래에는 세포가 전혀 손상되지 않도록 예방하는 약이 개발될지도 모른다. 하지만 지금은 최소한 건강한 생활방식을 유지하고 나이 들어간다는 것의 의미를 다른 시각으로 바라봄으로써 노화와 관련된 변화의 속도를 늦추어볼 수 있을 것이다.

나이는 단지 숫자에 불과하다?

나이듦에 수반되는 진짜 한계를 재평가하기에 앞서 패디 존스처럼 사회의 연령차별적인 고정관념을 뒤집고 인생 후반부에도 많은 것을 이룰 수 있음을 몸소 입증한 사람들을 만나보자.

첫 번째 주인공은 일본 지바 현에 거주하는 이나다 히로무이다. 그는 18년 전에 수영, 달리기, 사이클을 시작해서 1년 만에 처음으로 철인 삼종 경기에 출전했다. 이후 일종의 강박적인 집착을 보이더니 끝내 하와이 카일루아 코나 대회에서 수영 3.86킬로미터, 사이클 180.25킬로미터, 달리기 42.195킬로미터를 소화하며, 이 극한의 지구력을 겨루는 경기를 완주하는 기염을 토했다. 이를 위해서 이나다는 무자비한 훈련 일정을 수행했다. 그는 매일같이 아침 4시 반에 기상해 6시면 체육관에 도착했다. 그렇게 해가 지고 나서까지 훈련을 계속했고, 일주일에 단 하루만 휴식을 취했다.

2020년까지 이나다는 풀코스 철인 삼종 경기를 평균 16시간 50분 언저리의 기록으로 세 차례나 완주했다. 나이를 불문하고 철인 삼종 경기는 완주하는 것만으로도 사실 대단한 성과이다. 그런데 이나다는 리포터직에서 은퇴한 60대부터 훈련을 시작했다. 그로부터 몇 년 지나지 않아 생애 최초로 올림픽 코스 대회(수영 1.5킬로미터, 사이클 40킬로미터, 달리기 10킬로미터로 단축한 단거리 코스/옮긴이)에 출전했고, 정규 철인 삼종 경기에 출전하기 시작했을 때에는 80대 초반이었다. 그가 가장 최근에 완주한 기록은 2018년으로, 86세 생일을 한 달 남짓 앞둔 시점이었다.

주관적인 나이에 관한 연구 결과들처럼 이나다는 젊어 보이는 모습을 유지했고, 비범한 성취에 나이는 전혀 걸림돌이 되지 않는다고 생각했다. 그는 심지어 일흔이 되었을 때도 스스로 "매우 젊다"고 느꼈다고 말했으며, 이후로도 훈련을 계속한 덕분에 신체 능력이 저하되는 속도가 늦춰졌다.

95세의 나이에 스위스 바젤에서 열린 울트라 마라톤(일반 마라톤의 정규 거리인 42.195킬로미터보다 긴 거리를 달리는 경기/옮긴이) 대회를 완주한 스위스의 달리기 선수 알베르트 스트리커도 이에 버금간다. 이나다와 마찬가지로 스트리커 또한 65세에 은퇴한 이후에야 운동을 시작했으며, 90세에 처음으로 풀코스 마라톤을 뛰었다. 그는 주말을 제외하고는 매일 5-10킬로미터를 달리며 훈련했다. 그가 출전한 바젤 대회는 12시간 동안 최대 얼마만큼의 거리를 달릴 수 있는지 겨루는 경기였는데, 스트리커는 총 53킬로미터를 소화했다. 그의 나이에 이처럼 강도 높은 운동을 하면 신체적으로 심한 타격을 입을 것 같지만, 취리히 대학교 일차 의료인 양성기관의 비트 크네흐틀이 검사를 해보니 스트리커는 닷새 안에 완벽하게 회복했다.[32]

존스나 이나다, 스트리커가 머지않아 젊은 엘리트 운동선수들의 기록까지 위협할 가능성은 없다고 보아도 무방할 것이다. 다른 모든 조건이 동일하다면 젊은 사람의 신체 능력이 분명 월등하기 때문이다. 그러나 어쨌든 이 세 사람은 노년에도 대단히 높은 수준의 신체 능력과 지구력을 손에 넣는 일이 가능하다는 사실을 증명했다.

크네흐틀이 남성 울트라 마라톤 선수들의 경기 기록을 분석한 결과에 따르면, 이들의 경기력은 평균적으로 10년에 약 8퍼센트씩 저하되었다.[33] 그리고 이 감소폭은 고연령대 선수들의 전반적인 기량이 향상되고 전보다 효율적인 방법으로 훈련하면서 점점 줄어들고 있다. 예를 들면 1980년대만 해도 철인 삼종 경기의 60-64세 선수들이 40대 이하의 최상위권 선수들과 비교해 60퍼센트의 경기력을 보였다면, 이제는 70퍼센트 이상의 경기력을 보이고 있다.[34] 분명한 사실은 이처럼 신체를 한계까지 몰아붙여본 사람의 수가 턱없이 부족한 탓에 우리는 여전히 노년까지 얼마만큼의 신체 능력을 보존할 수 있는지 정확히 알지 못한다는 것이다. 그렇지만 노인의 잠재력이 우리가 흔히 생각하는 것보다 훨씬 뛰어나다는 사실을 보여주는 증거는 지금도 충분히 많다. 앞선 사례들만큼 극적이지는 않지만, 다른 연구들에서도 올바른 생활방식과 마음가짐으로 적절한 치료를 병행하면 인간의 신체가 생각보다 시간의 흐름을 잘 버텨낼 수 있음이 증명되는 등 일관된 패턴이 관찰되었다.

한편 나이듦이 인지능력에 미치는 영향을 평가할 때에는 평균 퇴직 연령에 이르러 갑작스레 놀라울 정도의 창의력을 발휘하기 시작한 몇몇 예술가들의 사례를 염두에 둘 필요가 있다. 가령 피넬로피 피츠제럴드를 보자. 교직을 비롯해 다양한 직군에서 일해온 그녀는 60세에 첫 번째 소설을 발표해 2년 뒤에 부커상을 받았다. 80세에 이르러서는 그녀의 최대 걸작으로 꼽히는 마지막 작품 『푸른 꽃The Blue Flower』으로 전미 도서 비평가협회상을 수상했다.[35] 「뉴요커New Yorker」의 평론가 제임스 우드는 그녀에 대해서 "나이가 들어갈수록 점점 훌륭한 작가가 되어가고 있다"며 "더 깊으면서도 폭이 넓어졌고, 자신감 넘치면서도 유연해졌다"라고 썼다.[36] 이는 아무리 보아도 마틴 에이미스가 묘사한 창의성의 메마름과는 전혀 거리가 멀었다.

미술계에서는 파블로 피카소와 앙리 마티스가 말년에 새로운 영감을 얻은 것으로 유명하다. 피카소는 60세를 전후로 도예에 빠져 이후 회화와 판화, 조각을 융합한 작품을 3,500점 이상 제작했다.[37] 한편 마티스는 스스로 "색채를 조각하는 작업"이라고 묘사한, 종이를 가위로 오려 작품을 만드는 놀라운 "컷아웃cut-out" 기법을 선보였다. 이때의 작품들은 그의 대표작 중 일부로 남았다.[38]

이처럼 비범한 인물들의 이야기는 모두 마음속 깊이 새겨둘 가치가 있다. 단순히 마음가짐이나 생활방식의 변화를 통해서 자신의 노화를 스스로 통제할 수 있다는 사실을 깨닫는 것만으로도 나이듦과 관련된 부정적인 고정관념의 영향을 무력화시킬 힘을 얻을 수 있기 때문이다.

컬럼비아 대학교의 데이비드 와이스가 60세에서 90세까지의 노인을 대상으로 진행한 2018년도 연구를 한번 살펴보자. 먼저 그는 참가자들에게 다음과 같은 두 유형의 문장들 중에서 어느 쪽에 더 동의하는지 물음으로써 이들이 나이듦을 본질주의적인 관점에서 바라보는지, 보다 가변적인 과정으로 생각하는지 확인했다.

한 사람의 나이는 생물학적으로 그 사람의 능력 중 상당 부분을 결정
짓는다.

또는

인생의 어느 시기에 있든 사람은 언제나 자기 자신의 노화 과정에 영향
력을 행사할 수 있다.

이 두 문장 자체에는 그저 노화 과정이 통제 가능한지에 관한 믿음
만 담겨 있을 뿐 나이듦을 "긍정적"이거나 "부정적"으로 보는 견해는
담겨 있지 않다는 점에 주목하자.

참가자들이 질문지에 응답을 마치자 와이스는 이들에게 노인에 대
한 고정관념을 상기시키기 위해서 치매와 신체적 장애에 대한 문제를
풀게 했다. 그리고 마지막으로 참가자들이 기억력 검사를 수행하는
동안 스트레스 반응을 측정했다. 그 결과 노화가 생물학적으로 피할
수 없는 과정이라고 생각한 이들은 치매 관련 문제에서 부각된 부정
적인 고정관념에 많은 영향을 받아 기억력 검사에서 큰 스트레스 반
응과 낮은 과제 수행 능력을 보였다. 이는 어찌 보면 당연한 결과이
다. 자기 자신의 생물학적 변화를 제어할 수 없다고 믿는다면, 그로
인해서 기능이 저하된다는 생각이 한층 무섭게 느껴지기 마련이다.

그런데 나이듦에 따른 자신의 운명을 비교적 통제 가능하다고 느
낀 사람들에게서는 정반대의 결과가 나왔다. 똑같이 노화로 인한 쇠
퇴와 기능 저하를 강조하는 온갖 고정관념에 노출되었음에도 기억력

검사에서 더 나은 수행 능력을 보였던 것이다.[39] 즉 자신이 통제권을 쥐고 있다는 느낌 덕분에 이들은 나이듦에 대한 비관적인 예측들이 자신에게는 적용되지 않는다는 사실을 증명할 힘을 얻게 되었고, 결국 부정적인 고정관념에 맞서는 도전으로부터 오히려 활력을 얻어 자신의 능력을 충분히 발휘할 수 있었다.

나이가 들어가는 과정이 마틴 에이미스 같은 사람들의 묘사처럼 불행하고 암울하기만 한 것이 아니라 생각보다 훨씬 열정 가득하고 흥미진진할 가능성이 있음을 이해하기 위해서 반드시 철인 삼종 경기에 참가하는 운동선수가 되거나 권위 있는 상을 받는 작가 또는 다작하는 예술가가 되어야겠다는 패기를 보여야만 하는 것은 아니다. 이들의 이야기는 그저 우리의 잠재력이 얼마나 무궁무진한지를 보여주는 참고 자료일 뿐이다. 우리가 어떻게 나이 들어가느냐는 우리의 손에 달렸다. 이 사실을 잘 기억할수록 사회가 우리에게 강요한 부정적인 고정관념에 맞서 자신만의 삶을 개척하기도 쉬워질 것이다. 이나가가 2019년 「재팬 타임스*Japan Times*」와의 인터뷰에서 말했듯이, "모든 사람이 자신도 젊은 세대와 똑같은 일을 해낼 수 있음을 깨닫고 용기를 얻을 수 있기를 바란다."[40]

불로장생의 묘약

모든 사람이 이렇듯 나이듦에 대한 기대 효과를 깨닫는 일은 단시일 내에 이루어지기 어렵다. 2015년을 기준으로 60세 이상 인구는 약 9

억100만 명으로, 전 세계 인구의 12.3퍼센트에 해당했다. 2030년이면 이 수가 14억 명(전 세계 인구의 16.4퍼센트)으로 늘어날 것으로 예상되며, 2050년이 되면 21억 명(전 세계 인구의 21.3퍼센트)으로 불어날 것이다.[41] 그리고 지금 같은 진단 추세라면, 21세기 중반에는 치매 환자의 수가 1억5,200만 명에 달할 수 있다.[42]

오늘날 의사들은 종종 평균수명 대신 건강수명(심각한 장애나 질병 없이 산 기간)을 이야기하고는 한다. 여기에는 단순히 생존 기간을 연장하기보다는 질병 없이 건강한 삶을 영위하는 것이 인생의 진정한 목표라는 관념이 반영되어 있다.[43] 그런데 노화를 보다 긍정적으로 바라봄으로써 놀랍게도 우리는 이 두 가지 수명을 모두 늘릴 수 있다. 그러니 과학자들이 이 분야의 연구 결과를 광범위하게 적용할 최선의 방법을 찾기 위해서 고심하는 것도 당연하다.

계속된 연령차별주의의 영향에 관한 연구의 일환으로 레비는 61세에서 99세의 참가자들을 모집하여 이들이 컴퓨터로 간단한 과제를 수행하는 동안 나이듦과 연관된 긍정적인 단어들("지혜롭다", "정정하다", "창의적이다" 등)을 화면에 짧게 제시했다. 참가자들이 의식적으로 이 단어들을 지각하지는 못했을 테지만 같은 과정을 일주일 간격으로 총 4차례 진행하는 동안 나이듦에 대한 이들의 태도가 유의미하게 긍정적으로 변한 것을 보면, 분명 그 안의 의미는 받아들인 듯했다. 그리고 이렇게 새롭게 습득한 낙관적인 관념은 다시 신체적인 안녕감이 현저하게 향상되는 결과로 이어져서 참가자들의 기동력을 증진시키고 걸음걸이와 자세를 젊은 사람처럼 바꾸었다. 놀라운 점은 이처럼 암묵적인 메시지로 얻은 이점이 일주일에 3번씩 6개월간

가벼운 신체 활동을 한 집단의 변화 정도를 웃돌았다는 사실이다.[44]

레비의 실험은 무의식적인 단서가 사람들의 기대를 바꾸고 긍정적인 효과를 불러일으키는 강력한 역할을 할 수 있음을 보여준 아주 중요한 개념 증명(proof of concept, 어떤 새로운 개념이 실현 가능하다는 것을 증명하는 일/옮긴이)이다. 이에 일부 연구자들은 영화나 텔레비전 프로그램에 이와 유사한 메시지를 더하는 방안을 고안하기도 했지만, 이 같은 식역하 조작은 어떤 사람들에게는 불편하게 여겨질 소지가 있어 막상 실행에 옮기기에는 어려움이 따른다.[45]

지금으로서는 이처럼 숨은 단서들을 사용하지 않고 의식적인 변화를 이끄는 데에 주력하는 방법이 가장 현실적이다. 그중에서도 특히 흥미로운 중재법은 나이듦과 관련된 고정관념을 교육하는 과정을 신체 운동 등 다른 활동들과 결합하여 사람들이 자신의 능력을 시험해보도록 하는 것이다. 이를 통해서 참가자들 스스로가 자신의 삶에 한계를 설정하고 있음을 체험할 수 있다.

현재까지 보고된 중재법의 효과는 실로 놀라운 수준이다. 가령 한 연구에서는 로스앤젤레스에 거주하는 노인들이 매주 나이가 들더라도 신체 및 인지 기능이 어느 정도의 잠재력을 유지하고 있으며 부정적인 고정관념이 어떤 방식으로 이를 저해할 수 있는지에 관해 교육을 받았고, 이어 학습 내용을 공고히 하기 위해서 한 시간씩 운동 수업에 참가했다. 이렇게 교육을 마치고 나서 비교해보니 참가자들은 만보기 수치상 일주일 평균 걸음수가 24,749보에서 30,707보로 24퍼센트나 증가하는 등 움직임이 엄청나게 향상되었다. 중요한 사실은 생각이 긍정적으로 바뀔수록 전보다 활동적으로 변하는 등 나이듦을 대하는 태도의 변화와 신체적인 변화가 서로 상관이 있음이 이들을 통해서 증명되었다는 점이다. 게다가 참가자들은 일상생활에서 전보다 더 잘 지내게 되었으며, 만성적인 질환(관절염 등)의 통증도 나아졌다고 보고했다.[46]

이 같은 결과는 이후 다양한 연령대의 참가자들을 대상으로 수차례 반복 검증되었다. 어떤 경우에는 중재법을 적용한 지 한참이 흐르고 나서 확인해보니 기대 효과로 인해서 참가자들의 신체 활동량이 두 배가 되기도 했으며, 이는 나이듦과 관련된 참가자들의 태도 변화에 의도적으로 초점을 맞추지 않은 일반적인 운동과는 비교도 되지 않는 엄청난 효과였다.[47] 이렇게 효과가 큰 명확한 이유는 알기 어렵지만, 중재법이 "고정관념 체화"의 세 가지 요소인 심리적, 행동적, 심신성 요인들에 모두 작용했기 때문일 가능성이 높다. 다시 말해서 참가자들의 긍정적인 믿음이 나이듦과 관련된 스트레스를 완화하고 자신의 신체적, 정신적 상태를 보다 낙관적으로 바라보게 하여 이들이 스스로 운동을 더욱 의욕적으로 하는 결과를 가져왔을 것이다.

이상적인 상황은 이러한 유의 중재법이 전 세계의 의료 서비스를 통해서 하루빨리 보급되는 것이다. 그렇게 되기를 기다리는 사이에 우리가 할 수 있는 것은 자신의 생각을 아주 조금은 비판적인 시각으로 되짚어보는 일이다. 만약 특정 활동을 하기에 자신이 너무 늙었다는 느낌이 든다면, 그 생각이 어디에서 비롯되었는지 자문해보자. 진짜 이 순간 나 자신이 겪고 있는 신체적 장애를 바탕으로 생겨난 것인가? 다른 사람들의 시선에 영향을 받지는 않았는가? 그렇다면 지금이 바로 기존의 한계를 뛰어넘어 그동안 두려워서 시도해보지 못했던 새로운 활동에 도전해볼 시기인가? 적어도 인지 기능과 관련해서는 중년 및 노년기에 새로운 기술을 익히는 것이 기억력과 집중력을 유지하는 데에 도움이 된다. 또한 무엇보다 자신의 능력에 믿음을 가지게 해서 부정적인 고정관념의 영향을 상쇄하고 선순환을 일으킬 수 있다는 사실이 충분히 증명되었다.[48]

나와 이야기를 나눌 당시 패디 존스는 조심스럽게 자신의 건강은 어느 정도 운도 따랐기 때문이라고 말했다. 하지만 다른 사람들이 스스로 얼마만큼의 능력을 가지고 있으며 황금기에 무엇을 더 성취할 수 있는지에 대해서 불필요할 정도로 비관적인 관점을 가지고 있다는 데에는 그녀도 동의했으며, 이 같은 관점이 과연 타당한지 자문해보기를 바란다고 독려했다. 존스는 인기를 얻기 시작한 이래로 그녀 덕분에 새로운 활동에 도전할 용기를 얻었다는 메시지를 정말 많이 받았다며, 다른 사람들도 그 대열에 합류하기를 바라는 마음을 담아 이렇게 말했다. "무엇이든 하고 싶은 일이 있고 그 일에 열정을 느낀다면 주저 말고 도전하세요! 해보고 안 된다면 그때는 할 수 있는 다른 일을 찾으면 되니까요."

나이와 나이듦에 대한 태도를 재평가하는 과정은 은퇴처럼 중대한 생활사건(일상생활에서 보편적으로 경험하는 긍정적, 부정적 사건/옮긴이)을 마주했을 때에 특히나 더 중요하다. 패디 존스나 초인적인 지구력을 보여준 운동선수 이나다 히로무와 알베르트 스트리커 모두 인생 전반부의 일들을 마무리하고 난 뒤에 운동을 시작했다. 그리고 많은 사람들이 자신들의 나이를 비관적으로 받아들이기 시작하는 바로 그 시기에 이들은 그러한 태도에 맞서고 지속적으로 자신의 능력을 증명할 방법을 찾아냈다. 노후에 이루고자 하는 바가 거창하든 소박하든 누구나 이들의 이야기로부터 많은 것을 배울 수 있다.

연령 통합적 사회?

2019년 11월, 나는 우연한 계기로 이탈리아 사르데냐 섬 동부 해안에 위치한 누오로 주를 방문하게 되었다. 험준한 바위산이 지중해 위로 가파르게 솟아 있는 이곳에는 20만 명의 주민들이 골짜기 곳곳에 드문드문 작은 마을과 도시를 이루며 살아가고 있다.[49] 주민들은 지금도 염소와 돼지를 길러 생계를 이어간다.

　예전에 누오로는 노벨상 수상 작가인 그라치아 델레다의 출생지로 가장 유명했다. 반면 현재는 세계에서 100세 이상 인구가 가장 많은 곳으로 더 많이 알려져 있다. 전체 인구 대비 이곳의 100세 이상 인구 비율은 사르데냐 섬의 나머지 지역들보다는 3배, 미국보다는 10배나 더 높다.[50]

　이들의 장수 비결을 설명하는 데에는 다양한 가설이 있다. 사르데냐 주민들은 역사상 오랫동안 다른 지역들과 분리된 채 살아왔고, 그 결과 독특한 유전적 특성을 띠게 되었다. 그러나 이미 살펴보았듯이 유전자가 우리의 운명을 전부 결정지을 수는 없다. 이와 관련해서 2018년에는 개인별 수명의 차이 중 7퍼센트만이 유선석 요인에서 기인한다고 볼 수 있다는 연구 결과가 발표되었다.[51] 아울러 소박하지만 영양가 높고 세포의 손상을 예방한다고 알려진 항산화제가 풍부하게 함유된 식단은 물론이고, 70대, 80대가 되어서도 일부 사람들이 여전히 농장일을 돌보는 등 전반적으로 꾸준히 운동하는 생활습관도 장수에 도움이 되었을 것이다.

그런데 기대 효과의 특성과 그 효과가 우리의 삶에 미치는 영향력을 고려하면, 자연히 사르데냐 주민들의 지역사회가 공유하는 어른을 공경하는 문화가 이들의 놀라운 장수 비결 중에서 큰 부분을 차지하지 않을까 하는 궁금증이 떠오른다. 그리고 누오로 주 아르자나의 작은 마을 의사인 라파엘 세스투 박사는 이 가설이 틀림없다고 생각했다. 그는 근무 중 100세 이상 주민들을 수십 명 만나보니 그중 대부분이 나이가 들어서도 가족의 큰 어른으로서 공경을 받고 있었다며 이렇게 말했다. "자신이 아직도 할 수 있는 역할이 있음을 인식하고 자기 자신의 능력을 믿는 사람들은 삶의 질이 높고 100세 이상 장수하기도 쉽다."[52]

그러나 안타깝게도 북아메리카 대륙과 유럽, 아시아를 통틀어 다수의 선진국에는 이런 태도가 결여되어 있는 듯하다. 젊은 세대와 노년 세대가 어우러져 생활하는 대가족을 점점 찾아보기가 어렵고, 노인이 가족의 귀한 구성원이 아닌 부담으로 치부되는 경우가 다반사이다.[53] 이처럼 부정적인 마음가짐은 조부모가 된 노인뿐만 아니라 자식 세대와 손주들에게도 손해이다. 수많은 연구 결과가 노인과 주기적으로 교류함으로써 젊은 사람들도 나이듦에 대해 보다 긍정적인 관점을 가질 수 있음을 가리키고 있다. 그리고 이렇게 자란 아이들은 장차 성인이 되고 중년에 이르더라도 과거 조부모와의 경험을 바탕으로 건강하게 나이 들어가면 어떤 모습일 수 있는지를 떠올리게 된다. 반면 이렇듯 노인과 정기적으로 교류해보지 않은 사람들은 매체가 전하는 연령차별적인 고정관념에 쉽게 휘둘린다.[54] 특정 연령층의 사람들을 직접 겪어보지 못하면 이들을 조롱하거나 폄하하기도 쉬울 수 있다. 의료기술의 발전으로 전보다 기대 수명은 훨씬 연장되었는데도 여러 가지 사회적 변화들로 인해서 수많은 역경을 이겨내고 장수하는 노인들을 더는 소중히 대하고 존중해야 할 대상이 아니라 성가신 존재로 여기게 되었다는 사실은 슬프고 아이러니하기만 하다.

오늘날 연륜을 강점으로 인정하는 누오로 같은 곳은 전보다 더 찾아보기 어려워졌지만, 그렇다고 손 놓고 바라보기만 해서는 안 된다. 개인 차원에서 우리는 세대 간의 연결 고리를 강화하고 자신보다 나이가 많은 사람 및 적은 사람과도 기꺼이 친해질 수 있는 사람이 되려고 노력해야 한다. 그리고 사회 차원에서는 여기에서 한 걸음 더 나아가 인종차별주의나 호모포비아homophobia를 비롯한 다양한 차별에 맞서듯이, 연령차별주의와도 적극적으로 싸워야 한다. 우리가 생각 없이 연령차별적인 고정관념을 나타내는 표현을 사용할 때면 사실상 남들뿐만 아니라 언젠가 자기 자신에게도 해를 입히게 될 치명적인 병원체를 퍼뜨리는 셈이다.

나이듦에 대한 기대 효과라는 측면에서 우리는 모두 이처럼 해로운 관념이 계속 퍼지도록 내버려둘지 아니면 변화하도록 도울지 선택할 힘을 가지고 있다. 그리고 이제 우리는 행동에 나서야 한다. 우리 자신의 삶, 그리고 우리가 사랑하는 사람의 삶이 우리 손에 달려 있다.

- 젊음을 이상적으로 바라보는 대신에 경험, 지식, 감정 조절과 의사결정 능력 등 나이가 들수록 향상될 수 있는 요소들에 집중하자.

- 신체적으로 약해지는 현상을 비롯해서 우리가 일반적으로 나이듦과 관련지어 생각하는 것들 중 상당수가 실은 우리 스스로 통제할 수 있는 문제들이며 생활방식을 보다 건강하게 바꿈으로써 얼마든지 개선할 수도 있다는 사실을 기억하자.

- 몸이 아픈 원인을 나이 탓으로 돌리는 행위는 노쇠가 피할 수 없는 현상이라는 생각을 더욱 강화할 수 있으므로 피하도록 하자. 나이듦을 긍정적으로 바라보는 사람들은 이를 부정적으로 보는 사람들보다 질병에서 회복하는 속도도 빠르다.

- 패디 존스나 이나다 히로무처럼 사회의 고정관념과 맞서 싸운 훌륭한 롤모델을 찾아보자.

- 매체 소비에 주의하자. 노인을 비하하는 고정관념을 더욱 강화하는 영화나 텔레비전 프로그램이 많다. 나이 드는 과정을 좀더 세심하게 다룬 드라마나 다큐멘터리를 보든지, 아니면 적어도 자신이 시청하는 프로그램을 비판적으로 바라보도록 노력해보자.

- 만약 여러분이 아직 젊거나 중년에 해당한다면, 여러분보다 윗세대의 사람들과 친해져보자. 연구 결과에 따르면 이러한 행동만으로도 나이듦에 대한 태도가 긍정적으로 바뀔 수 있다.

에필로그

이제 다시 미국의 허몽족 이민자들과 그들이 다초 때문에 겪은 원인 불명 야면 돌연사 증후군으로 돌아가보자. 사태의 심각성이 최고조에 달했던 1980년대만 해도 자신이 곧 죽으리라는 생각이 실제 사망 위험성을 높일 수 있다는 발상은 도무지 믿기 어려운 것이었다. 그러나 이들이 경험한 것은 21세기에 밝혀진 기대 효과 및 그 영향력에 관한 최신 연구 결과들과 완벽하게 맞아떨어진다.

이런 연구 결과들로부터 영감을 받은 일부 의사들은 직접 행동에 나섰다. 가령 캘리포니아의 머시 의료 센터는 그 지역에 많이 모여 사는 허몽족 주민들의 치료 효과를 높이기 위해서 주술사들과 적극적으로 공조하고 있다.

시작은 장 괴사로 죽어가던 허몽족 남성 한 명의 단일 사례 연구에서부터였다. 그 어떤 치료도 효과가 없던 와중에 그를 문병하러 온 허몽족 주민들이 의료진에게 주술사의 도움을 받게 해달라고 부탁했다. 마침내 병원은 이 제안을 받아들였고, 주술사는 익령을 쫓기 위해서 병동 문 위에 검을 걸어두는 등 나름의 의식을 거행했다. 이후 환자는 처음에 받았던 진단을 뒤집고 말끔하게 회복되어 다시 허몽족의 활발한 구성원으로 돌아갔다.

머시 의료 센터의 대변인은 "의사들이 때때로 이 같은 '기적'을 경험한다"며, "이번 사례는 주술적 의식의 힘을 정말로 뚜렷하게 보여주었다. 누군가를 치료한다는 것은 단순히 의학적인 요소만이 아니라 그 사람들을 이해하는 데에서 비롯된다"라고 설명했다. 이후 머시 의료 센터에서는 병원 내에서 의사들과 함께 일할 수 있도록 주술사 140명을 훈련시켜 그들의 주술적 의식으로 일반적인 진료 과정을 보조하게 했다. 이 정책의 시행으로 더 많은 사람들이 치료를 받기 위해서 이곳을 찾았고, 전해지는 바에 따르면 치료에 대한 환자들의 반응도 향상되었다고 한다.[1]

● ● ●

이 책을 읽은 여러분에게도 이제는 우리가 모두 이처럼 자신의 믿음에 영향을 받는다는 사실이 분명해졌기를 바란다. 기적 같아 보일지 몰라도 이러한 유의 사건들은 특정 종교를 믿는 사람에게든 믿지 않는 사람에게든 놀랍도록 흔하게 일어난다.

수술을 받을 때, 건강과 체력을 지키고자 할 때, 오랜 기간 지속된 스트레스에 대처할 때, 어마어마한 압박감 속에서 일할 때, 우리의 기대는 우리가 처한 상황에 대한 심리적, 생리적 반응을 바꿀 수 있다. 뇌는 과거의 개인적인 경험, 타인을 관찰한 결과, 문화적 규범을 바탕으로 주어진 상황을 예측하도록 진화했으며, 이 예측 과정이 바로 우리가 현실을 지각하고 앞으로 다가올 일들에 정신적, 신체적으로 대비하는 데에 기본이 된다. 그리고 이 책에서는 이러한 예측과 기대를 재평가함으로써 자기 충족적 예언을 이룰 수 있는 방법들까지도 살펴보았다.

각 장에서 나는 기대 효과에 대한 인식이 높아진다고 해서 오늘날 우리 사회가 마주하고 있으며 미래에도 틀림없이 직면해야 할 중대한 문제들을 경시하는 것은 결코 아님을 명확하게 하려고 노력했다. 경제적 불확실성이나 사회적 부조리는 그냥 없어지기를 바란다고 해서 사라지는 문제가 아니며, 기대 효과는 절대로 우리가 겪는 모든 문제에 만병통치약이 아니다. 그렇지만 우리가 개인적으로 회복탄력성을 키우는 데에는 틀림없이 유용한 도구가 될 수 있으며, 때로는 실질적인 변화를 일으킬 힘을 줌으로써 어려움을 극복하고 목표하는 바를 이루게 해줄 수도 있다.

이상적인 목표는 이 책에서 제시한 방법들을 습관화하여 앞으로 무엇을 하든, 또 어떤 새로운 메시지를 접하든, 의도하지 않게 아무런 합리적인 근거 없이 부정적인 자기 충족적 예언을 만들고 있지는 않은지 스스로 살피고 확인할 수 있게 되는 것이다. 내가 겪은 항우울제의 부작용이 노세보 효과에서 비롯되었다는 사실을 깨달은 이래로 나는 확실히 이러한 방법들을 실천함으로써 삶이 달라졌다. 기대 효과에 대한 지식은 내가 먹고 운동하는 방식, 잠을 대하는 태도, 그리고 나이듦에 관해서 품은 생각을 크게 변화시켰다. 이 책은 대부분 코로나-19가 유행하던 시기에 쓴 것으로, 여기에서 설명한 기법들이 종종 내게는 계속되는 봉쇄 조치에 따른 외로움과 스트레스에도 슬기롭게 대처할 수 있도록 말로 다 할 수 없이 많은 도움을 주었다.

여러분의 삶에도 이처럼 뇌에 관한 이 획기적인 지식이 유익하게 쓰이기를 바란다. 어쩌면 벌써부터 조금씩 효과를 경험하고 있을지도 모른다. 아는 것이 힘이므로 기대 효과의 과학적인 원리와 그 영향력을 접하는 것만으로도 마음가짐이 달라져 여러분의 삶에 눈에 띄는 변화가 나타날 수 있다. 그렇지만 혹시라도 이 중에서 실생활에 적용하기 어려운 부분들이 있다면, 다음 세 가지 전략의 도움을 받아보자. 이 책에 소개된 다른 모든 기법들과 마찬가지로 이것들 역시 탄탄한 과학적 근거에 기반하고 있으며, 함께 사용할 때 흔히 마주칠 수 있는 대부분의 문제를 해결하는 데에 보탬이 될 것이다.

우리의 마음이 "지속적인 발전 과정"에 있음을 명심하자

우선은 우리의 뇌가 구조적, 기능적 변화 능력, 이른바 신경가소성 neuroplasticity을 갖추고 있어 기대 효과로 인해서 뇌가 근본적으로 변할 수 있다는 것부터 시작해보자.

신경과학이 처음 등장했을 당시에는, 뇌가 정적인 존재로 간주되었다. 아이들의 마음은 어느 정도 유연할지 몰라도 이 같은 신경학적인 변화 능력은 청소년기가 지나면서 사라지므로 그후로는 능력과 성격 특성을 바꾸기가 어려워진다는 것이 정설이었다. 이와 관련하여 현대 신경과학의 창시자 산티아고 라몬 이 카할은 1928년에 "성인의 중추신경 경로는 고정불변의 완성형이다"라는 글을 남겼다.[2] 확실히 이렇다면, 기존의 사고방식을 바꾸기 어려울 것임이 틀림없다. 요즘도 내가 기대 효과에 관해 이야기할 때면, 일부 의심 많은 사람들은 우리가 특정 방식으로 세상을 보도록 "뇌의 회로가 형성되어" 있으며, 특히 어떤 믿음은 머릿속에 너무 깊이 박혀 있어서 바꿀 수가 없지 않느냐고 묻고는 한다.

다행히 이제는 뇌의 가변성에 대해서 그토록 비관적인 생각을 할 이유가 없다는 사실이 밝혀졌다. 세심한 연구를 통해서 신경과학자들이 뇌의 회로가 어떤 연결은 강화하고 또 어떤 연결은 끊어버리며 때로는 우리가 처한 환경에 반응하여 완전히 새로운 신경망을 추가하기도 하는 등 지속적으로 변화하고 있음을 증명한 것이다. 그리고 이렇게 새롭게 다듬어진 회로의 연결이 우리의 능력을 결정한다. 극단적으로는 귀가 들리지 않거나 눈이 보이지 않게 태어난 사람이 인공 달팽이관이나 망막을 이식받자, 처음에는 새로운 감각 정보를 이해하지 못하던 뇌가 곧 소리를 듣고 세상을 볼 수 있게 적응하는 사례도 있다. 하지만 신경가소성은 꼭 이뿐만이 아니라 우리가 새로운 기술을 습득할 때면 언제든 볼 수 있다. 신경질적이라든지 내성적인 성향처럼 한때는 절대로 바꿀 수 없다고 여겨지던 일부 성격 특성도 시간이 흐르면 달라질 수 있다.

여러분이 현재 어떤 상황에 있든 여러분의 뇌는 생각보다 훨씬 가변적일 수 있다. 그리고 특정 태도를 취한다면 그 변화가 더욱 쉬워지기도 한다. 스탠퍼드 대학교의 캐럴 드웩은 일부 사람들은 무엇인가를 잘하거나 못하는 능력이 고정불변이라고 생각한다는 사실을 발견했다. 반면 또다른 사람들은 자신의 처음 실력이 어땠긴 차츰 향상될 수 있다고 믿는다. 일반적으로 이처럼 "성장형 마음가짐growth mindset"을 가진 사람들이 전자인 "고정형 마음가짐fixed mindset"을 가진 사람들보다 더 빨리 발전한다.

성장형 마음가짐은 교육계에서 주로 많이 알려져 있었지만, 최근에는 뇌가 본질적으로 가변성을 띠고 있다는 사실을 깨닫는 것이 이밖에도 다양한 영역에서의 변화에 지대한 영향을 미칠 수 있음이 명백해지고 있다. 예를 들면 불안이나 우울 증세가 있는 경우에도 성장형 마음가짐인 사람이 고정형 마음가짐인 사람보다 인지 행동 치료로 효과를 볼 가능성이 높다.[3] 이를 바탕으로 이제 연구자들은 여러 분야에서 성장형 마음가짐을 고취시킬 수 있는 중재법을 찾고 있다. 그리고 그 결과 단순히 뇌가 가변적인 성질을 띠고 있다는 사실을 가르쳐주기만 해도 사람들이 현재의 사고방식에 갇혀 있을 필요가 없다는 것을 깨달아서 이들의 신체적, 정신적 건강이 증진될 수 있음이 밝혀졌다.[4]

만약 여러분이 어떤 특정한 영역에서는 기대 효과의 이론을 적용하기가 마음처럼 쉽지 않다고 느끼며 눈앞의 일들을 생산적이고 긍정적인 방향으로 리프레이밍하는 데에 애를 먹고 있다면 뇌의 가소성을 떠올리자. 여러분이 아무리 노력해도 같은 실수를 반복하고 지금 빠져 있는 수렁에서 영원히 헤어날 수 없는 운명이라고 생각하기보다는 세상을 새로운 시각으로 보는 법을 학습하면서 뇌도 덩달아 변화하는 모습을 상상해보자. 직접 변화를 체험한다면 성장형 마음가짐의 효과를 더욱 쉽게 믿을 수 있으므로, 우선은 충분히 성취할 수 있는 작은 목표에 집중하여 자신이 달라질 수 있는 능력을 가지고 있음을 스스로 증명한 다음, 차근차근 목표를 높여나가며 그 사이에 겪는 실패는 모두 유용한 학습 경험이라고 생각하도록 노력하는 것도 도움이 될 수 있다.

현재 여러분이 세상을 바라보는 관점은 지금껏 살아오는 내내 쌓아온 것이므로 이를 보다 긍정적인 방향으로 전환하는 데에도 당연히 어느 정도 시간이 걸리게 마련이다. 어느 성장형 마음가짐 연구자들이 한 말처럼 "우리의 뇌는 모두 지속적인 발전 과정에 있다!"[5]

상황을 객관적으로 바라보자

여러분이 아무리 성장형 마음가짐을 지니고 있어도 유난히 힘든 순간에는 기대 효과의 이론을 실생활에 적용하기가 어려울 수 있다. 통증과 불안, 피로감을 리프레이밍한다는 것은 말이야 쉽지, 이미 불편감을 겪고 있어 자기 자신을 다잡는 데에도 애를 먹고 있다면 실천하기가 매우 어렵다.

이런 상황에서는 먼저 이 같은 불편한 느낌을 아예 느껴지지도 않는 것처럼 무시할 필요는 없다는 사실을 기억해야 한다. 실질적으로 이를 완전히 무시하기란 엄청나게 어려운 일인 데다가, 자칫하면 역효과를 낳을 수도 있다. 기대 효과는 우리가 겪고 있는 느낌이 어떤 의미가 있으며 그 결과는 어떠할지에 관한 생각을 조정함으로써 얻는 것이지, 그 느낌 자체를 즉시 다르게 바꿔서 얻을 수 있는 것이 아니다. 이를테면 신체적 증상들이 몸이 낫고 있다는 신호임을 상기하며 굳이 통증 그 자체를 적극적으로 억누르려고 하지 않는다든지, 스트레스를 계속 느끼는 와중에도 불안감이 실제 수행 능력을 향상시켜줄 수 있다는 사실을 떠올리는 방법을 시도해볼 수 있을 것이다. 이렇게 하면 불편한 느낌 자체를 부정하거나 억누르거나 다른 느낌으로 바꿀 필요 없이 생각의 전환만으로 보다 건강한 반응을 이끌어낼 수 있다.

이러한 과정을 더욱 쉽게 하기 위해서 미시간 대학교의 심리학자 이선 크로스가 개발한 나와 거리두기self-distancing 기법도 시도해볼 수 있다. 크로스의 연구 결과에 따르면, 우리는 보통 자신의 감정을 너무 당연한 것으로 느끼는 나머지, 주어진 상황을 객관적으로 생각하지 못하고 부정적인 반추에 빠져들어, 자꾸만 두렵거나 불행한 생각에 휘둘림으로써 더더욱 감정이 격해지고 비이성적으로 사고하게 된다. 하지만 억지로 이 상황에서 한 걸음 뒤로 물러나 객관적인 시선으로 바라보면 부정적인 반추의 순환을 끝낼 수 있다는 것이 크로스의 주장이다.

나와 거리두기를 실천할 수 있는 방법은 다양하다. 현 상황을 몇 달 혹은 몇 년이 지난 미래의 어느 시점에서 다시 돌아본다고 상상하는 것도 한 가지 방법이다. 아니면 스스로를 이 상황이 펼쳐지는 광경을 다른 곳에서 지켜보는 외부의 관찰자라고 상상해볼 수도 있다. 나는 개인적으로 내가 같은 상황에 처한 친구에게 조언을 해주는 입장이라고 상상하는 방법이 가장 도움이 되었다.

이제는 수많은 연구 결과들이 나와 거리두기 전략이 다양한 상황에서 사람들의 고통을 서서히 완화해주고 눈앞의 상황을 보다 건설적으로 리프레이밍할 수 있게 도와준다는 사실을 뒷받침하고 있다. 가령 많은 사람 앞에서 발표하는 것처럼 스트레스가 심할 수 있는 상황에서 나와 거리두기 전략을 사용하는 사람은 이를 창피만 당하고 실패 경험으로 남게 될 잠재적 위협이 아닌 긍정적인 도전 과정으로 바라보며 자기 자신의 능력을 선보일 기회라고 여길 가능성이 높다.[6] 이 책에서 내내 확인했듯이, 이러한 마음가짐의 변화는 신체에 건강한 스트레스 반응을 일으킨다.[7]

이러한 예시는 나와 거리두기 전략이 우리의 생각을 부정적인 반추에서 눈앞의 상황에 대한 건설적인 재평가로 옮겨가게 함으로써 스스로를 더 나은 사람으로 변화시켜주는 매우 유용한 도구임을 증명한 수많은 사례들 중의 하나일 뿐이다. 가령 내가 질병으로 인한 통증을 리프레이밍하고자 한다면, 괴로워하고 있는 친구에게 어떻게 하면 현실적인 회복 가능성과 치료의 이점을 상기시켜줄 수 있을지 생각할 것이다. 이 같은 생각은 모두 나 자신이 현 상황에서 조금 떨어져 있다고 느껴지면 훨씬 떠올리기 수월해진다. 나이듦에 관한 생각도 마찬가지여서, 나 스스로가 아닌 다른 누군가에게 이야기를 건넨다고 상상한다면 미래를 음울하게 바라볼 가능성도 확연히 낮아진다. 그 대신 나이가 들더라도 여전히 건재한 온갖 기회와 가능성을 열심히 강조하게 될 터이다.

어떤 상황에서 기대 효과를 얻고자 하든 잠시만 시간을 들여 나와 거리두기 전략을 사용하면 훨씬 건설적인 마음가짐을 지니게 되어 자신이 가지고 있던 선입견을 알아차리고 이를 조정하여 보다 건강한 사고를 하는 일도 한결 쉬워질 것이다.

자기 자신을 자비의 마음으로 대하자

이 책의 마지막 조언은 책임감과 관련되어 있다. 뇌의 예측 기계적 특성과 더불어 우리가 리프레이밍 등의 기법을 통해서 주어진 상황에 대한 자신의 반응을 변화시킬 수 있는 힘이 있다는 사실을 깨닫고 나면, 이 모두가 경이롭게 느껴질 수 있다. 하지만 이러한 인식은 자칫 자책감을 빚어낼 위험도 있다. 가령 발표를 하면서 긴장감에 짓눌리는 경우, 스트레스를 심신을 쇠약하게 만드는 요인으로 여기는 자신이 문제라고 생각할 수 있는 것이다. 너무 피곤해서 더 이상 일을 못할 것처럼 느껴진다면 순전히 의지력에 대한 마음가짐이 잘못된 탓이다! 체력이 예전만 못하다고 느껴진다면 스스로를 늙었다고 생각하기 때문이다!

이처럼 지나치게 감정적인 사고는 기대 효과를 탐구하는 연구자들이나 나의 견해와는 전혀 다르며, 이러한 생각들이 퍼지는 것이야말로 내가 생각할 수 있는 최악의 상황이다. 모든 도구가 그렇듯 이 책에서 소개한 전략들의 난이도 및 효과는 개인마다, 또 상황마다 다를 수 있다. 만약 특정 기법이 자신에게 잘 맞지 않는다고 느낀다면 억지로 자신을 끼워맞추려고 애쓰지 말고 일단 넘어갔다가 나중에 좀더 준비가 되었다는 생각이 들 때 다시 시도해보기 바란다. 스스로를 탓하고 마음가짐을 바꾸지 못하는 자신의 무능력을 마치 인생의 실패처럼 여기는 일은 반드시 피하자.

현재 전 세계의 심리학자들이 우리가 보다 나은 방향으로 변화하기 위해서는 "자기자비self-compassion"의 태도가 매우 중요하다는 사실을 깨닫고 있다. 자기자비란 자신을 고난에 빠뜨리는 데에 기여한 여러 가지 요인들을 있는 그대로 받아들이고, 나뿐만 아니라 다른 사람들도 얼마든지 같은 어려움을 겪는다는 사실을 알아차리는 마음가짐이다.

자기자비는 물론 그 자체만으로도 우리의 정신적, 신체적 건강에 도움을 주지만 그에 못지않게 중요한 것이 이로 인해서 우리가 안전감을 느껴 새로운 습관을 익히고 자신의 삶을 긍정적으로 변화시키는 일을 한결 수월하게 해낼 수 있게 된다는 점이다. 그리고 이 자기자비에는 우리가 이 책에서 줄곧 이야기했던 재평가 기법을 활용하는 것도 포함된다.[8] 결국 핵심은 스스로를 지나치게 비판적으로 대하는 대신 성장 잠재력을 알아봐주는 것이다. 가족 중에서 누군가가 힘들어하면 우리가 따뜻한 말을 건네는 것과 마찬가지로 말이다.

우리 모두가 기대 효과의 이론을 삶에 적용할 때 자기자비의 태도를 가져야 한다. 기존에 건강하지 못하거나 해로운 믿음을 품고 있었다는 사실은 전혀 부끄러워할 일이 아니며, 언젠가는 마음가짐을 바꾸는 데에 애를 먹게 될 때도 필연적으로 생길 것이다. 무엇이든 새로운 기술을 익힐 때면 늘 그래왔듯이, 이 또한 그저 연습이 필요할 뿐이다.

어떤 영역에서 기대 효과를 얻고자 하든 실패는 너그럽게 봐주고 성공은 자축하며 최대한 열린 마음으로 다양한 기법들을 시험해보자. 스스로에게 너 나은 방향으로 변화할 능력이 있다고 믿고 그 과정에서 작은 실수를 눈감아줄 자비로운 마음만 있다면, 여러분도 여러분만의 자기 충족적 예언을 실현할 수 있게 될 것이다.

400년도 더 전, 셰익스피어는 햄릿의 입을 빌려 "이 세상에는 좋은 것도, 나쁜 것도 없다. 단지 생각이 그렇게 만들 뿐이다"라고 이러한 진리를 절묘하게 표현했다. 그리고 이 같은 깨달음이 있다면 우리 모두 자신의 운명을 스스로 만들어갈 수 있다.

감사의 글

이 책은 많은 분들의 따뜻한 도움 덕분에 세상의 빛을 보게 되었다. 먼저 이 책의 초기 구상안에 깊은 관심을 가지고 수차례 교정 과정을 거치는 동안 꼭 필요한 피드백을 주며 출간에 이르기까지 내내 열의를 보여준 출판 에이전트 캐리 플릿에게 감사의 인사를 전한다. 펠리시티 브라이언 에이전시 회사의 다른 팀원들에게도 많은 신세를 졌으며, 미국에서 이 책을 맡아줄 출판사를 찾는 데 뉴욕 조이 판야멘타 에이전시에 큰 도움을 받았다.

지혜롭고 친절한 캐넌게이트 출판사의 사이먼 소로굿과 헨리홀트 출판사의 코너 민츠너 등 두 편집자에게도 대단히 고마움을 전한다. 무엇보다 두 사람과 함께 일하며 정말 즐거웠다. 또 셀 수 없이 많은 문장 오류들을 바로잡아준 교열 편집자 뎁스 워너, 헬렌 카와 더불어 캐넌게이트와 홀트의 생산, 마케팅, 홍보, 판매 담당자들, 그중에서도 비키 러더퍼드, 캐트린 실버색, 루시 조에게 감사를 전한다.

내가 인용한 논문들의 원서사인 연구자들에게는 아무리 감사해도 부족할 것이다. 특히 따로 시간을 내어 마음가짐과 기대 효과에 관한 자신의 연구를 상세하게 설명해준 이들에게 고마움을 전하고 싶다.

모셰 바르, 앤디 클라크, 루아나 콜로카, 앨리아 크럼, 그레이스 자일스, 수잰 힉스, 제러미 제이미슨, 베로니카 잡, 요하네스 라페르톤, 카리 라이보비츠, 베카 레비, 아이리스 마우스, 티머시 녹스, 키스 피트리, 크리스틴 루비 데이비스, 아닐 세스, 존 스톤까지, 모두 감사했다. 아울러 자신의 인생 이야기를 들려준 패디 존스에게도 감사를 표한다.

이 책의 초기 콘셉트는 「뉴 사이언티스트」의 케이트 더글러스가 의뢰한 글에서 출발했다. 내가 생각나는 대로 풀어놓은 이야기를 받아들여 다듬고 여기까지 굴러올 수 있도록 도와준 그에게는 감사한 마음뿐이다. 리처드 피셔는 내가 초기에 골치를 썩었던 일부 장에 많은 피드백을 주었고, 그가 해준 조언들 덕분에 무사히 나무가 아닌 숲을 보며 글을 다듬을 수 있었다. 멜리사 호겐붐과 주기적으로 만나 이야기를 나눈 시간 또한 글을 쓰다 좌절감이 느껴지거나 의욕을 잃었을 때 나에게 더없는 격려가 되었고 덕분에 글 쓰는 과정이 훨씬 덜 외로웠다.

샐리 아디, 린지 베이커, 에이미 찰스, 에일린과 피터 데이비스, 케리 데인스, 스티븐 도울링, 나타샤와 샘 펜윅, 필리파 포가티, 사이먼 프란츠, 앨리슨 조지, 자리아 고벳, 리처드 그레이, 크리스천 재럿, 캐서린 드 랭, 레베카 로렌스, 피오나 맥도날드, 다미아노 미리글리아노, 윌 파크, 엠마와 샘 파팅턴, 조 페리, 미투 스토로니, 닐과 로렌 설리번, 이안 터커, 메러디스 투리츠, 가이아 빈스, 제임스 월먼, 리처드 웹, 클레어 윌슨을 비롯한 나의 친구와 동료들에게도 고마움을 전하고 싶다.

나의 부모님께는 말로 다 표현할 수 없을 만큼 큰 은혜를 입었다. 아울러 이 여정의 매 순간 힘이 되어주고 내 인생 모든 부분에서 언제나 든든한 버팀목이 되어주는 로버트 데이비스에게 누구보다 고맙다. 그가 없었다면 이 책은 쓰지 못했을 것이다.

주

들어가며

1. Crum, A.J., and Langer, E.J. (2007). Mind-set matters: Exercise and the placebo effect. *Psychological Science, 18*(2), 165–71.

2. Sharpless, B.A., and Barber, J.P. (2011). Lifetime prevalence rates of sleep paralysis: a systematic review. *Sleep Medicine Reviews, 15*(5), 311–15.

3. 미국 내 허몽족 이민자들의 죽음에 기여한 다른 요인들에 관한 보다 흥미롭고 상세한 분석은 다음 책을 참조하자. Adler, S.R. (2011). *Sleep Paralysis: Night-mares, Nocebos, and the Mind-Body Connection.* New Brunswick, NJ: Rutgers University Press.

4. Zheng, J., Zheng, D., Su, T., and Cheng, J. (2018). Sudden unexplained nocturnal death syndrome: The hundred years' enigma. *Journal of the American Heart Association, 7*(5), e007837.

5. 마음가짐의 영향에 관한 앨리아 크럼의 말은 2018년 1월 세계경제포럼에서 한 연설을 인용했다. https://sparq.stanford.edu/sparq-health-director-crum-discusses-mindsets-world-economic-forum-video. 3.

제1장 예측 기계

1. 드론 사태에 대한 이 같은 묘사는 다음 기사들에서 차용했다. Shackle, S. (2020). The mystery of the Gatwick drone. *Guardian*, 1 December. https://www.theguardian.com/uk-news/2020/dec/01/the-mystery-of-the-gatwick-drone. 다음의 기사도 참조하라. Jarvis, J. (2018). Gatwick drone latest. *Evening Standard*, 23 December. https://www.standard.co.uk/news/uk/ Gatwick-drone-latest-police-say-it-is-a-possibility-there-was-never-a-drone-a4024626.html.

2. "예측 기계"라는 용어는 앤디 클라크의 다음 책에서 처음 소개되었다. *Surfing Uncertainty: Prediction, Action, and the Embodied Mind* (2016). Oxford: Oxford University Press. 혹자는 "예측 엔진"이라고 표현하기도 하지만 의미를 명료하고 일관되게 전달하기 위해 이 책에서는 계속 클라크의 용어를 사용했다.

3. von Helmholtz, H. (1925). *Treatise on Physiological Optics*, vol. 3, ed. James P.C. Southall,

1–37. Birmingham, AL: Optical Society of America. "시각을 비롯해서 우리의 통각 (anschauungen, 칸트가 강조한 다양한 지각들을 통일하는 의식/옮긴이) 가운데 얼마만큼이 직접적인 감각에 의한 것이며 또 얼마만큼이 이와 달리 경험과 훈련에 의한 것인지 확언하기란 어려운 일이다." Meyering, T.C. (1989). *Helmholtz's Theory of Unconscious Inferences. Historical Roots of Cognitive Science*, 181–208. doi:10.1007/978-94-009-2423-9_10도 참조하라.

4. Foa, M. (2015). *Georges Seurat: The Art of Vision*, 21. New Haven, CT: Yale University Press.

5. 예측 기제의 성질 및 다양한 영향에 대한 심도 있는 고찰은 다음 책을 참조하자. Clark, A. (2016). *Surfing Uncertainty: Prediction, Action, and the Embodied Mind*. Oxford: Oxford University Press; Hohwy, J. (2013). *The Predictive Mind*. Oxford: Oxford University Press. 다음도 보라. De Lange, F.P., Heilbron, M., and Kok, P. (2018). How do expectations shape perception? *Trends in Cognitive Sciences*, 22(9), 764–79; O'Callaghan, C., Kveraga, K., Shine, J.M., Adams Jr, R.B., and Bar, M. (2017). Predictions penetrate perception: Converging insights from brain, behaviour and disorder. *Consciousness and Cognition*, 47, 63–74.

6. Barrett, L.F. (2017). *How Emotions Are Made: The Secret Life of the Brain*, 60. London: Pan Macmillan.

7. Fenske, M.J., Aminoff, E., Gronau, N., and Bar, M. (2006). Top-down facilitation of visual object recognition: Object-based and context-based contributions. *Progress in Brain Research*, 155, 3–21.

8. Bar, M., Kassam, K.S., Ghuman, A.S., Boshyan, J., Schmid, A.M., Dale, A.M.,... and Halgren, E. (2006). Top-down facilitation of visual recognition. *Proceedings of the National Academy of Sciences*, 103(2), 449–54.

9. Madrigal, A. (2014). Things you cannot unsee. *Atlantic*, 5 May. https://www.theatlantic.com/technology/archive/2014/05/10-things-you-cant-unsee-and-what-that-says-about-your-brain/361335.

10. Brugger, P., and Brugger, S. (1993). The Easter bunny in October: Is it disguised as a duck? *Perceptual and Motor Skills*, 76(2), 577–8. 뇌를 예측 기계로 바라본 현대 이론의 관점에서는 위 논문의 해석을 어떻게 논했는지 알고자 한다면 다음 논문을 읽어보자. Seriès, P., and Seitz, A. (2013). Learning what to expect (in visual perception). *Frontiers in Human Neuroscience*, 7,668.

11. Liu, J., Li, J., Feng, L., Li, L., Tian, J., and Lee, K. (2014). Seeing Jesus in toast: Neural and behavioral correlates of face pareidolia. *Cortex*, 53, 60–77. 다음도 보라. Aru, J., Tulver, K., and Bachmann, T. (2018). It's all in your head: Expectations create illusory perception in a dual-task setup. *Consciousness and Cognition*, 65, 197–208; Barik, K., Jones, R., Bhattacharya, J., and Saha, G. (2019). Investigating the influence of prior

expectation in face pareidolia using spatial pattern. In *Machine Intelligence and Signal Analysis*, 437–51. Singapore: Springer.

12. Merckelbach, H., and van de Ven, V. (2001). Another White Christmas: fantasy proneness and reports of 'hallucinatory experiences' in undergraduate students. *Journal of Behavior Therapy and Experimental Psychiatry*, 32(3), 137–44; Crowe, S.F., Barot, J., Caldow, S., d'Aspromonte, J., Dell'Orso, J., Di Clemente, A.,... and Sapega, S. (2011). The effect of caffeine and stress on auditory hallucinations in a non-clinical sample. *Personality and Individual Differences*, 50(5), 626–30.

13. 위의 연구들에서 언급했듯 우리가 무엇인가에 관한 환각을 경험할 때면 실제 물리적인 상을 바라볼 때와 매우 흡사한 뇌 활동이 나타난다. Summerfield, C., Egner, T., Mangels, J., and Hirsch, J. (2006). Mistaking a house for a face: Neural correlates of misperception in healthy humans. *Cerebral Cortex*, 16(4), 500–8.

14. 이 일화의 세부적인 정보는 다음 책을 참고했다. Huntford, R. (2000). *Scott and Amundsen: Their Race to the South Pole*, 567. London: Abacus.

15. Hartley-Parkinson, R. (2019). Mum claims she can see Jesus in flames of Notre Dame Cathedral. *Metro*, 17 April. https://metro.co.uk/2019/04/17/mum-laims-can-see-jesus-flames-notre-dame-cathedral-9225760.

16. Dunning, D., and Balcetis, E. (2013). Wishful seeing: How preferences shape visual perception. *Current Directions in Psychological Science*, 22(1), 33–7. See also: Balcetis, E. (2014). Wishful seeing. *Psychologist*, 27(1), 22–25. https://thepsychologist.bps.org.uk/volume-27/january-2014/wishful-seeing.

17. Greene, B. (2017). How does consciousness happen? https://blog.ted.com/how-does-consciousness-happen-anil-seth-speaks-at-ted2017.

18. https://rarediseases.org/rare-diseases/fnd/

19. 이 사례 연구는 다음 논문에 자세하게 묘사되어 있다. Yeo, J.M., Carson, A., and Stone, J. (2019). Seeing again: treatment of functional visual loss. *Practical Neurology*, 19(2), 168–72. 일부 이해하기 어려웠던 묘사를 다시금 명확하게 설명해준 존 스톤에게 많은 감사를 표한다.

20. 이런 과정을 보다 상세히 알고 싶다면 다음 논문을 읽어보자. Pezzulo, G. (2014). Why do you fear the bogeyman? An embodied predictive coding model of perceptual inference. *Cognitive, Affective, and Behavioral Neuroscience*, 14(3), 902–11.

21. Teachman, B.A., Stefanucci, J.K., Clerkin, E.M., Cody, M.W., and Proffitt, D.R. (2008). A new mode of fear expression: Perceptual bias in height fear. *Emotion*, 8(2), 296.

22. Vasey, M.W., Vilensky, M.R., Heath, J.H., Harbaugh, C.N., Buffington, A.G., and Fazio, R.H. (2012). It was as big as my head, I swear! Biased spider size estimation in spider phobia. *Journal of Anxiety Disorders*, 26(1), 20–4; Basanovic, J., Dean, L., Riskind, J.H., and MacLeod, C. (2019). High spider-fearful and low spider-fearful individuals

differentially perceive the speed of approaching, but not receding, spider stimuli. *Cognitive Therapy and Research*, 43(2), 514–21.

23. Jolij, J., and Meurs, M. (2011). Music alters visual perception. *PLoS One*, 6(4), e18861. See also: Siegel, E.H., Wormwood, J.B., Quigley, K.S., and Barrett, L.F. (2018). Seeing what you feel: Affect drives visual perception of structurally neutral faces. *Psychological Science*, 29(4), 496–503; Wormwood, J.B., Siegel, E.H., Kopec, J., Quigley, K.S., and Barrett, L.F. (2019). You are what I feel: A test of the affective realism hypothesis. *Emotion*, 19(5), 788–98. "본 연구 결과는 정동 상태가 중립적인 표적 얼굴 표정을 지각자가 얼마나 긍정적 또는 부정적으로 보게 만드는지에 매우 직접적인 영향을 미친다는 최신 실증 연구 결과와도 일치한다(Siegel et al., 2018). 즉, 중립적인 얼굴 표정은 의식적으로 지각되지 않는 긍정적 정동 자극과 동시에 제시될 때면 미소 짓는 표정으로 지각되는 경향이 크게 나타났으며, 의식적으로 지각되지 않는 부정적인 정동 자극과 동시에 제시될 때면 찡그린 표정으로 지각되는 경향이 나타났다." Otten, M., Seth, A.K., and Pinto, Y. (2017). A social Bayesian brain: How social knowledge can shape visual perception. *Brain and Cognition*, 112, 69–77. O'Callaghan, C., Kveraga, K., Shine, J.M., Adams Jr, R.B., and Bar, M. (2016). Convergent evidence for top-down effects from the 'predictive brain'. *Behavioral and Brain Sciences*, 39, e254.

24. Bangee, M., Harris, R.A., Bridges, N., Rotenberg, K.J., and Qualter, P. (2014). Loneliness and attention to social threat in young adults: Findings from an eye tracker study. *Personality and Individual Differences*, 63, 16–23.

25. Prinstein, M. (2018). *The Popularity Illusion*, Kindle edition, location 2110. London: Ebury.

26. 이런 지각 효과의 기제, 불안이나 우울 증상에 미치는 영향, 잠재적 치료 효과에 관해서는 다음의 논문들을 참조하자. Herz, N., Baror, S., and Bar, M. (2020). Overarching states of mind. *Trends in Cognitive Sciences*, 24(3), 184–99; Kube, T., Schwarting, R., Rozenkrantz, L., Glombiewski, J.A., and Rief, W. (2020). Distorted cognitive processes in major depression: A predictive processing perspective. *Biological Psychiatry*, 87(5), 388–98; Sussman, T.J., Jin, J., and Mohanty, A. (2016). Top-down and bottom-up factors in threat-related perception and attention in anxiety. *Biological Psychology*, 121, 160–72.

27. Shiban, Y., Fruth, M.B., Pauli, P., Kinateder, M., Reichenberger, J., and Mühlberger, A. (2016). Treatment effect on biases in size estimation in spider phobia. *Biological Psychology*, 121, 146–52.

28. Dennis, T.A., and O'Toole, L.J. (2014). Mental health on the go: Effects of a gamified attention-bias modification mobile application in trait-anxious adults. *Clinical Psychological Science*, 2(5), 576–90; Mogg, K., and Bradley, B.P. (2016). Anxiety and attention to threat: Cognitive mechanisms and treatment with attention bias modification. *Behaviour Research and Therapy*, 87, 76–108; Kress, L., and Aue, T. (2019). Learning to look at the

bright side of life: Attention bias modification training enhances optimism bias. *Frontiers in Human Neuroscience*, 13, 222; Kuckertz, J.M., Schofield, C.A., Clerkin, E.M., Primack, J., Boettcher, H., Weisberg, R.B., ... and Beard, C. (2019). Attentional bias modification for social anxiety disorder: What do patients think and why does it matter? *Behavioural and Cognitive Psychotherapy*, 47(1), 16–38; Abado, E., Aue, T., and Okon-Singer, H. (2020). The missing pieces of the puzzle: A review on the interactive nature of a-priori expectancies and attention bias toward threat. *Brain Sciences*, 10(10), 745; Jones, E.B., and Sharpe, L. (2017). Cognitive bias modification: A review of meta-analyses. *Journal of Affective Disorders*, 223, 175–83; Gober, C. D., Lazarov, A., and Bar-Haim, Y. (2021). From cognitive targets to symptom reduction: overview of attention and interpretation bias modification research. *Evidence-Based Mental Health*, 24(1), 42–6.

29. 미각의 기대 효과 및 예측 기계적 처리 과정과의 관련성에 관한 상세한 설명은 다음 논문을 참조하자. Piqueras-Fiszman, B., and Spence, C. (2015). Sensory expectations based on product-extrinsic food cues: An interdisciplinary review of the empirical evidence and theoretical accounts. *Food Quality and Preference*, 40, 165–79.

30. Spence, C., and Piqueras-Fiszman, B. (2014). *The Perfect Meal: The Multisensory Science of Food and Dining*. Chichester: John Wiley and Sons.

31. Lee, L., Frederick, S., and Ariely, D. (2006). Try it, you'll like it: The influence of expectation, consumption, and revelation on preferences for beer. *Psychological Science*, 17(12), 1054–8.

32. Plassmann, H., O'Doherty, J., Shiv, B., and Rangel, A. (2008). Marketing actions can modulate neural representations of experienced pleasantness. *Proceedings of the National Academy of Sciences*, 105(3), 1050–4.

33. Clark, A. (2016). *Surfing Uncertainty: Prediction, Action, and the Embodied Mind*, 55–6. Oxford: Oxford University Press.

34. Grabenhorst, F., Rolls, E.T., and Bilderbeck, A. (2007). How cognition modulates affective responses to taste and flavor: Top-down influences on the orbitofrontal and pregenual cingulate cortices. *Cerebral Cortex*, 18(7), 1549–59.

35. Herz, R.S., and von Clef, J. (2001). The influence of verbal labeling on the perception of odors: Evidence for olfactory illusions? Perception, 30(3), 381–91.

36. Fuller, T. (2013). A love letter to a smelly fruit. *New York Times*, 3 December. https://www.nytimes.com/2013/12/08/travel/a-love-letter-to-a-smelly-fruit.html.

37. Amar, M., Ariely, D., Bar-Hillel, M., Carmon, Z., and Ofir, C. (2011). *Brand Names Act Like Marketing Placebos*. Available at: http://www.ratio.huji.ac.il/sites/default/files/publications/dp566.pdf.

38. Langer, E., Djikic, M., Pirson, M., Madenci, A., and Donohue, R. (2010). Believing is seeing: Using mindlessness (mindfully) to improve visual acuity. *Psychological Science*,

21(5), 661–6. See also: Pirson, M., Ie, A., and Langer, E. (2012). Seeing what we know, knowing what we see: Challenging the limits of visual acuity. *Journal of Adult Development*, 19(2), 59–65. 일각에서는 이 같은 시력의 차이가 단순히 '주관적인 느낌'에 불과하다고 주장한다. 하향식 정보 처리 과정이 객관적으로 시력을 향상시킬 수 있음을 증명한 명쾌한 실험은 다음 연구에서 찾아볼 수 있다. Lupyan, G. (2017). Objective effects of knowledge on visual perception. *Journal of Experimental Psychology: Human Perception and Performance*, 43(4), 794.

제2장 선의의 거짓말

1. Blease, C., Annoni, M., and Hutchinson, P. (2018). Editors' introduction to special section on meaning response and the placebo effect. *Perspectives in Biology and Medicine*, 61(3), 349–52. See also: letter from Thomas Jefferson to Caspar Wistar, 21 June 1807. Available at: http://memory.loc.gov/service/mss/mtj/mtj1/038/038_0687_0692.pdf.

2. Raglin, J., Szabo, A., Lindheimer, J.B., and Beedie, C. (2020). Understanding placebo and nocebo effects in the context of sport: A psychological perspective. *European Journal of Sport Science*, 1–9; Aronson, J. (1999). Please, please me. *BMJ*, 318(7185), 716; Kaptchuk, T.J. (1998). Powerful placebo: The dark side of the randomised controlled trial. *The Lancet*, 351(9117), 1722–5; De Craen, A.J., Kaptchuk, T.J., Tijssen, J.G., and Kleijnen, J. (1999). Placebos and placebo effects in medicine: historical overview. *Journal of the Royal Society of Medicine*, 92(10), 511–15.

3. Details of Beecher's wartime experiments, and his overall influence in medicine, can be found in the following: Beecher, H.K. (1946). Pain in men wounded in battle. *Annals of Surgery*, 123(1), 96; Benedetti, F. (2016). Beecher as clinical investigator: Pain and the placebo effect. *Perspectives in Biology and Medicine,* 59(1), 37–45; Gross, L. (2017). Putting placebos to the test. *PLoS Biology*, 15(2), e2001998; Evans, D. (2004). *Placebo.* London: HarperCollins; Best, M., and Neuhauser, D. (2010). Henry K. Beecher: Pain, belief and truth at the bedside. The powerful placebo, ethical research and anaesthesia safety. *BMJ Quality and Safety*, 19(5), 466–8.

4. Colloca, L. The placebo effect in pain therapies. *Annual Review of Pharmacology and Toxicology* 59 (2019), 191–211.

5. https://www.apdaparkinson.org/article/the-placebo-effect-in-clinical-trials-in-parkinsons-disease.

6. Lidstone, S.C., Schulzer, M., Dinelle, K., Mak, E., Sossi, V., Ruth, T.J., and Stoessl, A.J. (2010). Effects of expectation on placebo-induced dopamine release in Parkinson disease. *Archives of General Psychiatry*, 67(8), 857–65; Quattrone, A., Barbagallo, G., Cerasa, A., and Stoessl, A.J. (2018). Neurobiology of placebo effect in Parkinson's disease: What we have learned and where we are going. *Movement Disorders*, 33(8), 1213–27.

7. Vits, S., Cesko, E., Benson, S., Rueckert, A., Hillen, U., Schadendorf, D., and Schedlowski, M. (2013). Cognitive factors mediate placebo responses in patients with house dust mite allergy. *PLoS One*, 8(11), e79576. 이때 환자들이 치료 효과에 대해서 기존에 품고 있던 믿음이나 의료진을 향한 태도를 비롯하여 다양한 요인들이 플라시보 반응에 영향을 미칠 수 있음에 주의하자. Howe, L.C., Goyer, J.P., and Crum, A.J. (2017). Harnessing the placebo effect: Exploring the influence of physician characteristics on placebo response. *Health Psychology*, 36(11), 1074; Leibowitz, K.A., Hardebeck, E.J., Goyer, J.P., and Crum, A.J. (2019). The role of patient beliefs in open-label placebo effects. *Health Psychology*, 38(7), 613; Darragh, M., Chang, J.W., Booth, R.J., and Consedine, N.S. (2015). The placebo effect in inflammatory skin reactions: The influence of verbal suggestion on itch and weal size. *Journal of Psychosomatic Research*, 78(5), 489–94; Pfaar, O., Agache, I., Bergmann, K.C., Bindslev-Jensen, C., Bousquet, J., Creticos, P.S., ... and Frew, A.J. (2021). Placebo effects in allergen immunotherapy: An EAACI Task Force Position Paper. *Allergy*, 76(3), 629–47.

8. Kemeny, M.E., Rosenwasser, L.J., Panettieri, R.A., Rose, R.M., Berg-Smith, S.M., and Kline, J.N. (2007). Placebo response in asthma: A robust and objective phenomenon. *Journal of Allergy and Clinical Immunology*, 119(6), 1375–81. 플라시보는 환자들의 주관적인 불편감 완화에 매우 큰 효과가 있었을 뿐만 아니라 실제 환자들의 호흡과 같은 객관적인 측정치에서도 효과를 나타냈다. Luc, F., Prieur, E., Whitmore, G.A., Gibson, P.G., Vandemheen, K.L., and Aaron, S.D. (2019). Placebo effects in clinical trials evaluating patients with uncontrolled persistent asthma. *Annals of the American Thoracic Society*, 16(9), 1124–30.

9. Al-Lamee, R., Thompson, D., Dehbi, H.M., Sen, S., Tang, K., Davies, J.,... and Nijjer, S.S. (2018). Percutaneous coronary intervention in stable angina (ORBITA): A double-blind, randomised controlled trial. *The Lancet*, 391(10115), 31–40.

10. Horwitz, R.I., Viscoli, C.M., Donaldson, R.M., Murray, C.J., Ransohoff, D.F., Berkman, L., ... and Sindelar, J. (1990). Treatment adherence and risk of death after a myocardial infarction. *The Lancet*, 336(8714), 542–5; 논의에 대해서는 다음을 참조하자. Brown, W.A. (1998). Harnessing the placebo effect. *Hospital Practice*, 33(7), 107–16.

11. 그중 일부로는 다음과 같은 연구들이 있다. Simpson, S.H., Eurich, D.T., Majumdar, S.R., Padwal, R.S., Tsuyuki, R.T., Varney, J., and Johnson, J.A. (2006). A meta-analysis of the association between adherence to drug therapy and mortality. *BMJ*, 333(7557), 15; Pressman, A., Avins, A.L., Neuhaus, J., Ackerson, L., and Rudd, P. (2012). Adherence to placebo and mortality in the Beta Blocker Evaluation of Survival Trial (BEST). *Contemporary Clinical Trials*, 33(3), 492–8.

12. 수많은 과학자들이 이 같은 주장을 제기하고 있다. Moerman, D.E. (2002). *Meaning, Medicine, and the 'Placebo Effect'*, 116–1. Cambridge: Cambridge University Press;

Chewning, B. (2006). The healthy adherer and the placebo effect. *BMJ*, 333(7557), 18; Wilson, I.B. (2010). Adherence, placebo effects, and mortality. *Journal of General Internal Medicine*, 25(12), 1270–2; Yue, Z., Cai, C., Ai-Fang, Y., Feng-Min, T., Li, C., and Bin, W. (2014). The effect of placebo adherence on reducing cardiovascular mortality: A meta-analysis. *Clinical Research in Cardiology*, 103(3), 229–35.

13. 앞의 세 문단은 플라시보 효과에 관한 다양한 설명들을 종합한 것으로, 그중 일부를 들면 다음과 같다. Petrie, K.J., and Rief, W. (2019). Psychobiological mechanisms of placebo and nocebo effects: Pathways to improve treatments and reduce side effects. *Annual Review of Psychology*, 70, 599–625; Colloca, L., and Barsky, A.J. (2020). Placebo and nocebo effects. *New England Journal of Medicine*, 382(6), 554–61; Colagiuri, B., Schenk, L.A., Kessler, M.D., Dorsey, S.G., and Colloca, L. (2015). The placebo effect: From concepts to genes. *Neuroscience*, 307, 171–90; Ongaro, G., and Kaptchuk, T.J. (2019). Symptom perception, placebo effects, and the Bayesian brain. *Pain*, 160(1), 1; Koban, L., Jepma, M., Lopez-Sola, M., and Wager, T.D. (2019). Different brain networks mediate the effects of social and conditioned expectations on pain. *Nature Communications*, 10(1), 1–13; Miller, F.G., Colloca, L., and Kaptchuk, T.J. (2009). The placebo effect: Illness and interpersonal healing. *Perspectives in Biology and Medicine*, 52(4), 518; Trimmer, P.C., Marshall, J.A., Fromhage, L., McNamara, J.M., and Houston, A.I. (2013). Understanding the placebo effect from an evolutionary perspective. *Evolution and Human Behavior*, 34(1), 8–15; Meissner, K. (2011). The placebo effect and the autonomic nervous system: Evidence for an intimate relationship. *Philosophical Transactions of the Royal Society B: Biological Sciences*, 366(1572), 1808–17.

14. Crum, A.J., Phillips, D.J., Goyer, J.P., Akinola, M., and Higgins, E.T. (2016). Transforming water: Social influence moderates psychological, physiological, and functional response to a placebo product. *PLoS One*, 11(11), e0167121. 다음도 참조하자. https://sparq.stanford.edu/director-crum-publishes-intriguing-study-placebo-effects.

15. Ho, J.T., Krummenacher, P., Lesur, M.R., and Lenggenhager, B. (2020). Real bodies not required? Placebo analgesia and pain perception in immersive virtual and augmented reality. bioRxiv. https://www.biorxiv.org/content/10.1101/2020.12.18.423276v1.abstract.

16. Buckalew, L.W., and Ross, S. (1981). Relationship of perceptual characteristics to efficacy of placebos. *Psychological Reports*, 49(3), 955–61.

17. Faasse, K., and Martin, L.R. (2018). The power of labeling in nocebo effects. *International Review of Neurobiology*, 139, 379–406.

18. Faasse, K., Martin, L.R., Grey, A., Gamble, G., and Petrie, K.J. (2016). Impact of brand or generic labeling on medication effectiveness and side effects. *Health Psychology*, 35(2), 187.

19. Walach, H., and Jonas, W.B. (2004). Placebo research: The evidence base for harnessing

self-healing capacities. *Journal of Alternative and Complementary Medicine*, 10 (Supplement 1), S-103.

20. Howe, L.C., Goyer, J.P., and Crum, A.J. (2017). Harnessing the placebo effect: Exploring the influence of physician characteristics on placebo response. *Health Psychology*, 36(11), 1074.

21. Howick, J., Bishop, F.L., Heneghan, C., Wolstenholme, J., Stevens, S., Hobbs, F.R., and Lewith, G. (2013). Placebo use in the United Kingdom: Results from a national survey of primary care practitioners. *PLoS One*, 8(3), e58247.

22. Silberman, S. (2009). Placebos are getting more effective. Drug makers are desperate to know why. *Wired Magazine*, 17, 1–8.

23. Walsh, B.T., Seidman, S.N., Sysko, R., and Gould, M. (2002). Placebo response in studies of major depression: variable, substantial, and growing. *JAMA*, 287(14), 1840–7; Dunlop, B.W., Thase, M.E., Wun, C.C., Fayyad, R., Guico-Pabia, C.J., Musgnung, J., and Ninan, P.T. (2012). A meta-analysis of factors impacting detection of antidepressant efficacy in clinical trials: The importance of academic sites. *Neuropsychopharmacology*, 37(13), 2830–6.

24. Tuttle, A.H., Tohyama, S., Ramsay, T., Kimmelman, J., Schweinhardt, P., Bennett, G.J., and Mogil, J.S. (2015). Increasing placebo responses over time in US clinical trials of neuropathic pain. *Pain*, 156(12), 2616–26. 통계 분석에 대해서는 다음을 참조하자. Marchant, J. (2015). Strong placebo response thwarts painkiller trials. Nature News. https://www.nature.com/news/strong-placebo-response-thwarts-painkiller-trials-1.18511?WT.mc_id=TWT_NatureNews.

25. Bennett, G.J. (2018). Does the word 'placebo' evoke a placebo response? *Pain*, 159(10), 1928–31.

26. Beecher, H.K. (1955). The powerful placebo. *Journal of the American Medical Association*, 159(17), 1602–6. (인용문의 강조는 내가 한 것이다.)

27. 플라시보 효과에 대한 설명이 오픈라벨 플라시보의 효과를 높일 수 있다는 근거는 다음 연구들을 참조하자. Locher, C., Nascimento, A.F., Kirsch, I., Kossowsky, J., Meyer, A., and Gaab, J. (2017). Is the rationale more important than deception? A randomized controlled trial of open-label placebo analgesia. *Pain*, 158(12), 2320–8; Wei, H., Zhou, L., Zhang, H., Chen, J., Lu, X., and Hu, L. (2018). The influence of expectation on nondeceptive placebo and nocebo effects. *Pain Research and Management*. doi: 10.1155/2018/8459429.

28. Carvalho, C., Caetano, J.M., Cunha, L., Rebouta, P., Kaptchuk, T.J., and Kirsch, I. (2016). Open-label placebo treatment in chronic low back pain: A randomized controlled trial. *Pain*, 157(12), 2766.

29. Carvalho, C., Pais, M., Cunha, L., Rebouta, P., Kaptchuk, T.J., and Kirsch, I. (2020).

Open-label placebo for chronic low back pain: A 5-year follow-up. *Pain*, 162(5), 1521–7.

30. Kaptchuk, T. J., and Miller, F. G. (2018). Open label placebo: can honestly prescribed placebos evoke meaningful therapeutic benefits?. *BMJ (Clinical research ed.)*, 363, k3889. doi:10.1136/bmj.k3889.

31. Schaefer, M., Sahin, T., and Berstecher, B. (2018). Why do open-label placebos work? A randomized controlled trial of an open-label placebo induction with and without extended information about the placebo effect in allergic rhinitis. *PLoS One*, 13(3), e0192758.

32. Bernstein, M.H., Magill, M., Beaudoin, F.L., Becker, S.J., and Rich, J.D. (2018). Harnessing the placebo effect: A promising method for curbing the opioid crisis? *Addiction*, 113(11), 2144–5.

33. 미국 질병통제예방센터의 오피오이드 분석 자료와 출처: https://www.cdc.gov/drugoverdose/data/analysis.html.

34. Morales-Quezada, L., Mesia-Toledo, I., Estudillo-Guerra, A., O'Connor, K.C., Schneider, J.C., Sohn, D.J., ... and Zafonte, R. (2020). Conditioning open-label placebo: A pilot pharmacobehavioral approach for opioid dose reduction and pain control. *Pain Reports*, 5(4). 다음도 참조하자. Flowers, K.M., Patton, M.E., Hruschak, V.J., Fields, K.G., Schwartz, E., Zeballos, J., ... and Schreiber, K.L. (2021). Conditioned open-label placebo for opioid reduction after spine surgery: a randomised controlled trial. *Pain*, 162(6), 1828–1839.

35. Laferton, J.A., Mora, M.S., Auer, C.J., Moosdorf, R., and Rief, W. (2013). Enhancing the efficacy of heart surgery by optimizing patients' preoperative expectations: Study protocol of a randomized controlled trial. *American Heart Journal*, 165(1), 1–7. 이런 심상 훈련법의 배경이 된 이론에 대한 보다 자세한 설명은 다음을 참조하자. Doering, B.K., Glombiewski, J.A., and Rief, W. (2018). Expectation-focused psychotherapy to improve clinical outcomes. *International Review of Neurobiology*, 138, 257–70.

36. Auer, C.J., Laferton, J.A., Shedden-Mora, M.C., Salzmann, S., Moosdorf, R., and Rief, W. (2017). Optimizing preoperative expectations leads to a shorter length of hospital stay in CABG patients: Further results of the randomized controlled PSY-HEART trial. *Journal of Psychosomatic Research*, 97, 82–9.

37. Rief, W., Shedden-Mora, M.C., Laferton, J.A., Auer, C., Petrie, K.J., Salzmann, S., ... and Moosdorf, R. (2017). Preoperative optimization of patient expectations improves long-term outcome in heart surgery patients: Results of the randomized controlled PSY-HEART trial. *BMC Medicine*, 15(1), 1–13.

38. 기대 효과가 수술 요법의 성공을 좌우할 가능성을 뒷받침하는 보다 다양한 관점에서의 근거는 다음 연구들을 참조하자. Auer, C.J., Glombiewski, J.A., Doering, B.K., Winkler, A., Laferton, J.A., Broadbent, E., and Rief, W. (2016). Patients' expectations predict surgery outcomes: A meta-analysis. *International Journal of Behavioral Medicine*, 23(1),

49–62; Kube, T., Glombiewski, J.A., and Rief, W. (2018). Using different expectation mechanisms to optimize treatment of patients with medical conditions: A systematic review. *Psychosomatic Medicine*, 80(6), 535–43; Van Der Meij, E., Anema, J.R., Leclercq, W.K., Bongers, M.Y., Consten, E.C., Koops, S.E.S., ... and Huirne, J.A. (2018). Personalised perioperative care by e-health after intermediate-grade abdominal surgery: A multicentre, single-blind, randomised, placebo-controlled trial. *The Lancet*, 392(10141), 51–9; Laferton, J.A., Oeltjen, L., Neubauer, K., Ebert, D.D., and Munder, T. (2020). The effects of patients' expectations on surgery outcome in total hip and knee arthroplasty: A prognostic factor meta-analysis. *Health Psychology Review*, 1–17.

39. Akroyd, A., Gunn, K.N., Rankin, S., Douglas, M., Kleinstauber, M., Rief, W., and Petrie, K.J. (2020). Optimizing patient expectations to improve therapeutic response to medical treatment: A randomized controlled trial of iron infusion therapy. *British Journal of Health Psychology*, 25(3), 639–51.

40. Leibowitz, K.A., Hardebeck, E.J., Goyer, J.P., and Crum, A.J. (2018). Physician assurance reduces patient symptoms in US adults: An experimental study. *Journal of General Internal Medicine*, 33(12), 2051–2.

41. Rakel, D., Barrett, B., Zhang, Z., Hoeft, T., Chewning, B., Marchand, L., and Scheder, J. (2011). Perception of empathy in the therapeutic encounter: Effects on the common cold. *Patient Education and Counseling*, 85(3), 390–7.

제3장 약은 죄가 없다

1. Rose, R. (1956). *Living Magic: The Realities Underlying the Psychical Practices and Beliefs of Australian Aborigines*, 28–47. New York: Rand McNally.

2. 다음도 참조하자. Cannon, W.B. (1942). 'Voodoo' death. *American Anthropologist*, 44(2), 169–81; Benson, H. (1997). The nocebo effect: History and physiology. *Preventive Medicine*, 26(5), 612–15; Byard, R. (1988). Traditional medicine of aboriginal Australia. *CMAJ: Canadian Medical Association Journal*, 139(8), 792. 이런 죽음에 대한 다른 설명은 다음을 읽어보자. Lester, D. (2009). Voodoo death. *OMEGA: Journal of Death and Dying*, 59(1), 1–18.

3. 부두 죽음에 관한 의학적 이론의 개괄은 다음을 참조하자. Samuels, M.A. (2007). 'Voodoo' death revisited: The modern lessons of neurocardiology. *Cleveland Clinic Journal of Medicine*, 74(Suppl 1), S8–S16; Morse, D.R., Martin, J., and Moshonov, J. (1991). Psychosomatically induced death relative to stress, hypnosis, mind control, and voodoo: Review and possible mechanisms. *Stress Medicine*, 7(4), 213–32.

4. Meador, C.K. (1992). Hex death: Voodoo magic or persuasion? *Southern Medical Journal*, 85(3), 244–7.

5. Milton, G.W. (1973). Self-willed death or the bone-pointing syndrome. *The Lancet*,

301(7817), 1435–6. 이와 유사한 설명들로는 다음을 참조하자. Benson, H. (1997). The nocebo effect: History and physiology. *Preventive Medicine*, 26(5), 612–15.

6. 많은 연구자들이 노시보 효과와 부두 죽음이 관계가 있을 가능성을 인식하고 있다. 예를 들어 다음 연구들을 읽어보자. Edwards, I.R., Graedon, J., and Graedon, T. (2010). Placebo harm. *Drug Safety*, 33(6), 439–41; Benedetti, F. (2013). Placebo and the new physiology of the doctor-patient relationship. *Physiological Reviews*, 93(3), 1207–46; Cheyne, J.A., and Pennycook, G. (2013). Sleep paralysis postepisode distress: Modeling potential effects of episode characteristics, general psychological distress, beliefs, and cognitive style. *Clinical Psychological Science*, 1(2), 135–48.

7. Mackenzie, J.N. (1886). The production of the so-called 'rose cold' by means of an artificial rose, with remarks and historical notes. *American Journal of the Medical Sciences*, 91(181), 45. 물론 이는 단일 사례에 불과하지만, 최신 연구 결과들 역시 고초열을 경험할 것이라는 단순한 기대만으로 환자에게서 실제 증상들이 발생할 수 있음을 뒷받침한다. Besedovsky, L., Benischke, M., Fischer, J., Yazdi, A.S., and Born, J. (2020). Human sleep consolidates allergic responses conditioned to the environmental context of an allergen exposure. *Proceedings of the National Academy of Sciences*, 117(20), 10983–8. See also: Jewett, D.L., Fein, G., and Greenberg, M.H. (1990). A double-blind study of symptom provocation to determine food sensitivity. *New England Journal of Medicine*, 323(7), 429–33.

8. Beecher, H.K. (1955). The powerful placebo. *Journal of the American Medical Association*, 159(17), 1602–6.

9. Howick, J., Webster, R., Kirby, N., and Hood, K. (2018). Rapid overview of systematic reviews of nocebo effects reported by patients taking placebos in clinical trials. *Trials*, 19(1), 1–8. 다음도 보자. Mahr, A., Golmard, C., Pham, E., Iordache, L., Deville, L., and Faure, P. (2017). Types, frequencies, and burden of nonspecific adverse events of drugs: Analysis of randomized placebo-controlled clinical trials. *Pharmacoepidemiology and Drug Safety*, 26(7), 731–41.

10. https://www.nhs.uk/medicines/finasteride.

11. Mondaini, N., Gontero, P., Giubilei, G., Lombardi, G., Cai, T., Gavazzi, A., and Bartoletti, R. (2007). Finasteride 5 mg and sexual side effects: How many of these are related to a nocebo phenomenon? *Journal of Sexual Medicine*, 4(6), 1708–12.

12. Myers, M.G., Cairns, J.A., and Singer, J. (1987). The consent form as a possible cause of side effects. *Clinical Pharmacology and Therapeutics*, 42(3), 250–3.

13. Varelmann, D., Pancaro, C., Cappiello, E.C., and Camann, W.R. (2010). Nocebo-induced hyperalgesia during local anesthetic injection. *Anesthesia and Analgesia*, 110(3), 868–70.

14. Tinnermann, A., Geuter, S., Sprenger, C., Finsterbusch, J., and Buchel, C. (2017). Interactions between brain and spinal cord mediate value effects in nocebo hyperalgesia.

Science, 358(6359), 105–8.

15. Aslaksen, P.M., Zwarg, M.L., Eilertsen, H.-I. H., Gorecka, M.M., and Bjørkedal, E. (2015). Opposite effects of the same drug. *Pain*, 156(1), 39–46; Flaten, M.A., Simonsen, T., and Olsen, H. (1999). Drug-related information generates placebo and nocebo responses that modify the drug response. *Psychosomatic Medicine*, 61(2), 250–5.

16. Scott, D.J., Stohler, C.S., Egnatuk, C.M., Wang, H., Koeppe, R.A., and Zubieta, J.K. (2008). Placebo and nocebo effects are defined by opposite opioid and dopaminergic responses. *Archives of General Psychiatry*, 65(2), 220–31.

17. Enck, P., Benedetti, F., and Schedlowski, M. (2008). New insights into the placebo and nocebo responses. *Neuron*, 59(2), 195–206.

18. Planes, S., Villier, C., and Mallaret, M. (2016). The nocebo effect of drugs. *Pharmacology Research and Perspectives*, 4(2), e00208; Liccardi, G., Senna, G., Russo, M., Bonadonna, P., Crivellaro, M., Dama, A.,... and Passalacqua, G. (2004). Evaluation of the nocebo effect during oral challenge in patients with adverse drug reactions. *Journal of Investigational Allergology and Clinical Immunology* 14(2), 104–7.

19. Faasse, K., Cundy, T., Gamble, G., and Petrie, K.J. (2013). The effect of an apparent change to a branded or generic medication on drug effectiveness and side effects. *Psychosomatic Medicine*, 75(1), 90–6.

20. Faasse, K., Cundy, T., and Petrie, K.J. (2009). Thyroxine: Anatomy of a health scare. *BMJ*, 339. 다음을 참조하자. Faasse, K., Cundy, T., Gamble, G., and Petrie, K.J. (2013). The effect of an apparent change to a branded or generic medication on drug effectiveness and side effects. *Psychosomatic Medicine*, 75(1), 90–6; MacKrill, K., and Petrie, K.J. (2018). What is associated with increased side effects and lower perceived efficacy following switching to a generic medicine? A New Zealand cross-sectional patient survey. *BMJ Open*, 8(10), e023667. 전체 분석 결과는 다음 논문을 참조하자. Faasse, K., and Martin, L.R. (2018). The power of labeling in nocebo effects. *International Review of Neurobiology*, 139, 379–406.

21. Blasini, M., Corsi, N., Klinger, R., and Colloca, L. (2017). Nocebo and pain: An overview of the psychoneurobiological mechanisms. *Pain Reports*, 2(2).

22. Sciama, Y. (2017). France brings back a phased-out drug after patients rebel against its replacement. *Science*, 27 September. https://www.sciencemag.org/news/2017/09/france-brings-back-phased-out-drug-after-patients-rebel−against-its-replacement.

23. Rippon, G. (2019). *The Gendered Brain*, 29. London: Bodley Head; Ruble, D.N. (1977). Premenstrual symptoms: A reinterpretation. *Science*, 197(4300), 291–2.

24. Horing, B., Weimer, K., Schrade, D., Muth, E.R., Scisco, J.L., Enck, P., and Klosterhalfen, S. (2013). Reduction of motion sickness with an enhanced placebo instruction: An experimental study with healthy participants. *Psychosomatic Medicine*,

75(5), 497–504; Eden, D., and Zuk, Y. (1995). Seasickness as a self-fulfilling prophecy: Raising self-efficacy to boost performance at sea. *Journal of Applied Psychology*, 80(5), 628.

25. Ferrari, R., Obelieniene, D., Darlington, P., Gervais, R., and Green, P. (2002). Laypersons' expectation of the sequelae of whiplash injury: A cross-cultural comparative study between Canada and Lithuania. *Medical Science Monitor*, 8(11), CR728–CR734; Buchbinder, R., and Jolley, D. (2005). Effects of a media campaign on back beliefs is sustained three years after its cessation. *Spine*, 30(11), 1323–30; Polich, G., Iaccarino, M.A., Kaptchuk, T.J., Morales–Quezada, L., and Zafonte, R. (2020). Nocebo effects in concussion: Is all that is told beneficial? *American Journal of Physical Medicine and Rehabilitation*, 99(1), 71–80.

26. Whittaker, R., Kemp, S., and House, A. (2007). Illness perceptions and outcome in mild head injury: a longitudinal study. *Journal of Neurology, Neurosurgery and Psychiatry*, 78(6), 644–6. 다음의 논문도 참조하자. Hou, R., Moss-Morris, R., Peveler, R., Mogg, K., Bradley, B.P., and Belli, A. (2012). When a minor head injury results in enduring symptoms: A prospective investigation of risk factors for postconcussional syndrome after mild traumatic brain injury. Journal of Neurology, *Neurosurgery and Psychiatry*, 83(2), 217–23.

27. Polich, G., Iaccarino, M.A., Kaptchuk, T.J., Morales-Quezada, L., and Zafonte, R. (2020). Nocebo effects in concussion: Is all that is told beneficial? *American Journal of Physical Medicine and Rehabilitation*, 99(1), 71–80.

28. Reeves, R.R., Ladner, M.E., Hart, R.H., and Burke, R.S. (2007). Nocebo effects with antidepressant clinical drug trial placebos. *General Hospital Psychiatry*, 29(3), 275–7.

29. Usichenko, T.I., Hacker, H., and Hesse, T. (2016). Nocebo effect of informed consent: Circulatory collapse before elective caesarean section. *International Journal of Obstetric Anesthesia*, 27, 95–6.

30. Samuels, M.A. (2007). Voodoo death revisited: The modern lessons of neurocardiology. *Cleveland Clinic Journal of Medicine*, 74 (Suppl 1), S8–S16. 다음도 읽어보자. Amanzio, M., Howick, J., Bartoli, M., Cipriani, G.E., and Kong, J. (2020). How do nocebo phenomena provide a theoretical framework for the COVID–19 pandemic? *Frontiers in Psychology*, 1, 589884. doi: 10.3389/fpsyg.2020.589884.

31. Eaker, E.D., Pinsky, J., and Castelli, W.P. (1992). Myocardial infarction and coronary death among women: Psychosocial predictors from a 20-year follow-up of women in the Framingham Study. *American Journal of Epidemiology*, 135(8), 854–64. 다음의 논문도 참조하자. Olshansky, B. (2007). Placebo and nocebo in cardiovascular health: Implications for healthcare, research, and the doctor-patient relationship. *Journal of the American College of Cardiology*, 49(4), 415–21.

32. Barefoot, J.C., Brummett, B.H., Williams, R.B., Siegler, I.C., Helms, M.J., Boyle, S.H., ... and Mark, D.B. (2011). Recovery expectations and long-term prognosis of patients with coronary heart disease. *Archives of Internal Medicine*, 171(10), 929–35.

33. Carey, I.M., Shah, S.M., DeWilde, S., Harris, T., Victor, C.R., and Cook, D.G. (2014). Increased risk of acute cardiovascular events after partner bereavement: A matched cohort study. *JAMA Internal Medicine*, 174(4), 598–605.

34. Shimizu, M., and Pelham, B.W. (2008). Postponing a date with the grim reaper: Ceremonial events and mortality. *Basic and Applied Social Psychology*, 30(1), 36–45; Wilches-Gutierrez, J.L., Arenas-Monreal, L., Paulo-Maya, A., Pelaez-Ballestas, I., and Idrovo, A.J. (2012). A 'beautiful death': Mortality, death, and holidays in a Mexican municipality. *Social Science and Medicine*, 74(5), 775–82; Ajdacic-Gross, V., Knopfli, D., Landolt, K., Gostynski, M., Engelter, S.T., Lyrer, P.A.,... nd Rossler, W. (2012). Death has a preference for birthdays: An analysis of death time series. *Annals of Epidemiology*, 22(8), 603–6; Kelly, G.E., and Kelleher, C.C. (2018). Happy birthday? An observational study. *Journal of Epidemiology and Community Health*, 72(12), 1168–72. 다음의 논문도 참조하자. Phillips, D.P., and Feldman, K.A. (1973). A dip in deaths before ceremonial occasions: Some new relationships between social integration and mortality. *American Sociological Review*, 678–96; Byers, B., Zeller, R.A., and Byers, P.Y. (1991). Birthdate and mortality: An evaluation of the death-dip/death-rise phenomenon. *Sociological Focus*, 24(1), 13–28; Phillips, D.P., Van Voorhees, C.A., and Ruth, T.E. (1992). The birthday: Lifeline or deadline? *Psychosomatic Medicine*, 54(5), 532–42.

35. National Constitution Center. (2021). Three presidents die on July 4th: Just a coincidence? https://constitutioncenter.org/blog/three-presidents-die-on-july-4th-just-a-coincidence.

36. 이 모든 현상들을 보다 폭넓은 관점으로 살펴보고자 한다면 다음 논문을 읽어보자. Ray, O. (2004). How the mind hurts and heals the body. *American Psychologist*, 59(1), 29.

37. Pan, Y., Kinitz, T., Stapic, M., and Nestoriuc, Y. (2019). Minimizing drug adverse events by informing about the nocebo effect: An experimental study. *Frontiers in Psychiatry*, 10, 504.

38. Howick, J. (2020). Unethical informed consent caused by overlooking poorly measured nocebo effects. *Journal of Medical Ethics*. doi: 10.1136/medethics-2019-105903. 다음의 논문도 참조하자. Colloca, L. (2017). Tell me the truth and I will not be harmed: Informed consents and nocebo effects. *American Journal of Bioethics*, 17(6), 46–8.

39. Faasse, K., Huynh, A., Pearson, S., Geers, A.L., Helfer, S.G., and Colagiuri, B. (2019). The influence of side effect information framing on nocebo effects. *Annals of Behavioral Medicine*, 53(7), 621–9.

40. James, L.K., and Till, S.J. (2016). Potential mechanisms for IgG4 inhibition of immediate hypersensitivity reactions. *Current Allergy and Asthma Reports*, 16(3), 1–7; Couzin-

Frankel, J. (2018). A revolutionary treatment for allergies to peanuts and other foods is going mainstream. *Science*, 18 October. https://www.sciencemag.org/news/2018/10/revolutionary-treatment-allergies-peanuts-and-other-foods-going-mainstream-do-benefits.

41. Howe, L.C., Leibowitz, K.A., Perry, M.A., Bitler, J.M., Block, W., Kaptchuk, T.J., ... and Crum, A.J. (2019). Changing patient mindsets about non-life-threatening symptoms during oral immunotherapy: A randomized clinical trial. *Journal of Allergy and Clinical Immunology: In Practice*, 7(5), 1550–9; 땅콩 알레르기 치료제의 부작용에 대한 긍정적인 마음가짐이 약효를 향상시키기도 한다. https://med.stanford.edu/news/all-news/2019/02/positive-mindset-about-side-effects-of-peanut-allergy-treatment.html. 마음가짐의 효과와 치료적 활용 가능성에 관한 보다 폭넓은 탐구는 다음 연구를 참조하자. Leibowitz, K.A., Howe, L.C., and Crum, A.J. (2021). Changing mindsets about side effects. *BMJ Open*, 11(2), e040134.

42. 통증 파국화 사고가 오피오이드 신호 체계에 미치는 영향을 뒷받침하는 근거는 다음 연구들에서 찾아볼 수 있다. King, C.D., Goodin, B., Kindler, L.L., Caudle, R.M., Edwards, R.R., Gravenstein, N., ... and Fillingim, R.B. (2013). Reduction of conditioned pain modulation in humans by naltrexone: An exploratory study of the effects of pain catastrophizing. *Journal of Behavioral Medicine*, 36(3), 315–27; Vogtle, E., Barke, A., and Kroner-Herwig, B. (2013). Nocebo hyperalgesia induced by social observational learning. *Pain*, 154(8), 1427–33.

43. Granot, M., and Ferber, S.G. (2005). The roles of pain catastrophizing and anxiety in the prediction of postoperative pain intensity: A prospective study. *Clinical Journal of Pain*, 21(5), 439–45; Witvrouw, E., Pattyn, E., Almqvist, K.F., Crombez, G., Accoe, C., Cambier, D., and Verdonk, R. (2009). Catastrophic thinking about pain as a predictor of length of hospital stay after total knee arthroplasty: A prospective study. *Knee Surgery, Sports Traumatology, Arthroscopy*, 17(10), 1189–94.

44. Drahovzal, D.N., Stewart, S.H., and Sullivan, M.J. (2006). Tendency to catastrophize somatic sensations: Pain catastrophizing and anxiety sensitivity in predicting headache. *Cognitive Behaviour Therapy*, 35(4), 226–35; Mortazavi Nasiri, F.S., Pakdaman, S., Dehghani, M., and Togha, M. (2017). The relationship between pain catastrophizing and headache-related disability: The mediating role of pain intensity. *Japanese Psychological Research*, 59(4), 266–74; Martinez-Calderon, J., Jensen, M.P., Morales-Asencio, J.M., and Luque-Suarez, A. (2019). Pain catastrophizing and function in individuals with chronic musculoskeletal pain. *Clinical Journal of Pain*, 35(3), 279–293.

45. Darnall, B.D., and Colloca, L. (2018). Optimizing placebo and minimizing nocebo to reduce pain, catastrophizing, and opioid use: A review of the science and an evidence-informed clinical toolkit. *International Review of Neurobiology*, 139, 129–57.

46. Darnall, B.D., and Colloca, L. (2018). Optimizing placebo and minimizing nocebo to

reduce pain, catastrophizing, and opioid use: A review of the science and an evidence-informed clinical toolkit. *International Review of Neurobiology*, 139, 129–57.

47. Seng, E.K. (2018). Using cognitive behavioral therapy techniques to treat migraine. *Journal of Health Service Psychology*, 44(2), 68–73.

48. Ehde, D.M., and Jensen, M.P. (2004). Feasibility of a cognitive restructuring intervention for treatment of chronic pain in persons with disabilities. *Rehabilitation Psychology*, 49(3), 254.

49. Lumley, M.A., and Schubiner, H. (2019). Psychological therapy for centralized pain: An integrative assessment and treatment model. *Psychosomatic Medicine*, 81(2), 114–24.

50. Lumley, M.A., and Schubiner, H. (2019). Psychological therapy for centralized pain: An integrative assessment and treatment model. *Psychosomatic Medicine*, 81(2), 114–24. Similar results can be found for people with auto-immune disorders: Karademas, E.C., Dimitraki, G., Papastefanakis, E., Ktistaki, G., Repa, A., Gergianaki, I.,... and Simos, P. (2018). Emotion regulation contributes to the well-being of patients with autoimmune diseases through illness-related emotions: A prospective study. *Journal of Health Psychology*, 1359105318787010; Nahman-Averbuch, H., Schneider, V.J., Chamberlin, L.A., Van Diest, A.M.K., Peugh, J.L., Lee, G.R.,... and King, C.D. (2021). Identification of neural and psychophysical predictors of headache reduction after cognitive behavioral therapy in adolescents with migraine. *Pain*, 162(2), 372–81.

51. Adamczyk, A.K., Ligeza, T.S., and Wyczesany, M. (2020). The dynamics of pain reappraisal: The joint contribution of cognitive change and mental load. *Cognitive, Affective, and Behavioral Neuroscience*, 1–18.

52. De Peuter, S., Lemaigre, V., Van Diest, I., and Van den Bergh, O. (2008). Illness-specific catastrophic thinking and over-perception in asthma. *Health Psychology*, 27(1), 93.

53. Brown, R.L., Shahane, A.D., Chen, M.A., and Fagundes, C.P. (2020). Cognitive reappraisal and nasal cytokine production following experimental rhinovirus infection. *Brain, Behavior, and Immunity-Health*, 1, 100012.

54. Dekker, R.L., Moser, D.K., Peden, A.R., and Lennie, T.A. (2012). Cognitive therapy improves three-month outcomes in hospitalized patients with heart failure. *Journal of Cardiac Failure*, 18(1), 10–20. 다음의 논문도 읽어보자. Norlund, F., Olsson, E.M., Pingel, R., Held, C., Svardsudd, K., Gulliksson, M., and Burell, G. (2017). Psychological mediators related to clinical outcome in cognitive behavioural therapy for coronary heart disease: A sub-analysis from the SUPRIM trial. *European Journal of Preventive Cardiology*, 24(9), 917–925. 인지행동 치료의 생리적, 행동적 기제에 관한 가설은 다음 논문을 참조하자. Celano, C.M., Villegas, A.C., Albanese, A.M., Gaggin, H.K., and Huffman, J.C. (2018). Depression and anxiety in heart failure: A review. *Harvard Review of Psychiatry*, 26(4), 175.

제4장 집단 히스테리의 근원

1. Escola encerra devido a alergis. CM, 18 May 2006. https://www.cmjornal.pt/portugal/ detalhe/escola-encerra-devido-a-alergias; Televirus volta a atacar. CM, 18 May 2006. https://www.cmjornal.pt/portugal/detalhe/televirus-volta-a-atacar.

2. Bartholomew, R.E., Wessely, S., and Rubin, G.J. (2012). Mass psychogenic illness and the social network: Is it changing the pattern of outbreaks? *Journal of the Royal Society of Medicine*, 105(12), 509–12.

3. Kilner, J.M., Friston, K.J., and Frith, C.D. (2007). Predictive coding: An account of the mirror neuron system. *Cognitive Processing*, 8(3), 159–66.

4. See Di Pellegrino, G., Fadiga, L., Fogassi, L., Gallese, V., and Rizzolatti, G. (1992). Understanding motor events: A neurophysiological study. *Experimental Brain Research*, 91(1), 176–80; Lametti, D. (2009). Mirroring behavior. *Scientific American*, 9 June. https:// www.scientificamerican.com/article/mirroring-behavior; Rizzolatti, G., Fogassi, L., and Gallese, V. (2006). Mirrors in the mind. *Scientific American*, 295(5), 54–61; and Blakeslee, S. (2006). Cells that read minds. *New York Times*, 10 January. https://www.nytimes. com/2006/01/10/science/cells-that-read-minds.html.

5. Bentivoglio, L. (2012). Rizzolati: 'Ecco perche i sentimenti sono contagiosi'. *La Repubblica*, 27 August. https://parma.repubblica.it/cronaca/2012/08/27/news/rizzolatti_ecco_perch_ i_sentimenti_sono_contagiosi-41547512.

6. Bastiaansen, J.A., Thioux, M., and Keysers, C. (2009). Evidence for mirror systems in emotions. *Philosophical Transactions of the Royal Society B: Biological Sciences*, 364(1528), 2391–404.

7. 이 단락에서 다루는 연구 대부분은 다음 개관논문에 실려 있다. Hatfield, E., Carpenter, M., and Rapson, R.L. (2014). Emotional contagion as a precursor to collective emotions. *Collective Emotions*, 108–22. 더 자세한 내용은 다음의 논문을 참조하자. Laird, J.D., Alibozak, T., Davainis, D., Deignan, K., Fontanella, K., Hong, J.,... and Pacheco, C. (1994). Individual differences in the effects of spontaneous mimicry on emotional contagion. *Motivation and Emotion*, 18(3), 231–47; Carsten, T., Desmet, C., Krebs, R.M., and Brass, M. (2018). Pupillary contagion is independent of the emotional expression of the face. *Emotion*, 19(8), 1343–52.

8. Likowski, K.U., Muhlberger, A., Gerdes, A., Wieser, M.J., Pauli, P., and Weyers, P. (2012). Facial mimicry and the mirror neuron system: Simultaneous acquisition of facial electromyography and functional magnetic resonance imaging. *Frontiers in Human Neuroscience*, 6, 214.

9. Neal, D.T., and Chartrand, T.L. (2011). Embodied emotion perception: Amplifying and dampening facial feedback modulates emotion perception accuracy. *Social Psychological and Personality Science*, 2(6), 673–8. 이런 결과는 최근 들어 다음 연구에서 반복 검증되

었다. Borgomaneri, S., Bolloni, C., Sessa, P., and Avenanti, A. (2020). Blocking facial mimicry affects recognition of facial and body expressions. *PLoS One*, 15(2), e0229364. 안면 근육 움직임에서 비롯된 피드백이 참가자들의 정서에 미묘한 영향을 미친다는 사실을 검증한 다음 메타 분석 결과도 참조하자. Coles, N.A., Larsen, J.T., and Lench, H.C. (2019). A meta-analysis of the facial feedback literature: Effects of facial feedback on emotional experience are small and variable. *Psychological Bulletin*, 145(6), 610.

10. Havas, D.A., Glenberg, A.M., and Rinck, M. (2007). Emotion simulation during language comprehension. *Psychonomic Bulletin and Review*, 14(3), 436–41; Foroni, F., and Semin, G.R. (2009). Language that puts you in touch with your bodily feelings: The multimodal responsiveness of affective expressions. *Psychological Science*, 20(8), 974–80.

11. Rizzolatti, G., Fogassi, L., and Gallese, V. (2006). Mirrors in the mind. *Scientific American*, 295(5), 54–61.

12. Christakis, N.A., and Fowler, J.H. (2009). *Connected: The Surprising Power of Our Social Networks and How they Shape Our Lives*, 50–2. New York: Little, Brown Spark.

13. Faasse, K., and Petrie, K.J. (2016). From me to you: The effect of social modeling on treatment outcomes. *Current Directions in Psychological Science*, 25(6), 438–43.

14. Mazzoni G., Foan L., Hyland M.E., Kirsch I. (2010). The effects of observation and gender on psychogenic symptoms. *Health Psychology* 29, 181–5; Lorber, W., Mazzoni, G., and Kirsch, I. (2007). Illness by suggestion: Expectancy, modeling, and gender in the production of psychosomatic symptoms. *Annals of Behavioral Medicine*, 33(1), 112–16.

15. Broderick, J.E., Kaplan-Liss, E., and Bass, E. (2011). Experimental induction of psychogenic illness in the context of a medical event and media exposure. *American Journal of Disaster Medicine*, 6(3), 163.

16. Ditto, B., Byrne, N., Holly, C., and Balegh, S. (2014). Social contagion of vasovagal reactions in the blood collection clinic: A possible example of mass psychogenic illness. *Health Psychology*, 33(7), 639.

17. Faasse, K., Yeom, B., Parkes, B., Kearney, J., and Petrie, K.J. (2018). The influence of social modeling, gender, and empathy on treatment side effects. *Annals of Behavioral Medicine*, 52(7), 560–70.

18. Colloca, L., and Benedetti, F. (2009). Placebo analgesia induced by social observational learning. *Pain*, 144(1–2), 28–34; Świder, K., and Bąbel, P. (2013). The effect of the sex of a model on nocebo hyperalgesia induced by social observational learning. *Pain*, 154(8), 1312–17.

19. Benedetti, F., Durando, J., and Vighetti, S. (2014). Nocebo and placebo modulation of hypobaric hypoxia headache involves the cyclooxygenase-prostaglandins pathway. *Pain*, 155(5), 921–8.

20. Caporael, L.R. (1976). Ergotism: The Satan loosed in Salem? *Science*, 192(4234), 21–6.

21. Hatfield, E., Carpenter, M., and Rapson, R.L. (2014). Emotional contagion as a precursor to collective emotions. *Collective Emotions*, 108–22. 몇 가지 추가 세부 정보(공장의 실제 위치 포함)는 다음에서 참조했다. Baloh, R.W., and Bartholomew, R.E. (2020). A short history of spider, insect, and worm scares. In *Havana Syndrome: Mass Psychogenic Illness and the Real Story Behind the Embassy Mystery and Hysteria*, 151–66. Cham: Copernicus.

22. Baloh, R.W., and Bartholomew, R.E. (2020). A short history of spider, insect, and worm scares. In *Havana Syndrome*, 151–66. Cham: Copernicus.

23. Talbot, M. (2002). Hysteria hysteria. *New York Times Magazine*, 2 June. https://www.nytimes.com/2002/06/02/magazine/hysteria-hysteria.html.

24. Koran, L., and Oppmann, P. (2018). US embassy in Cuba to reduce staff indefinitely after 'health attacks'. CNN, 2 March. https://edition.cnn.com/2018/03/02/politics/us-embassy-cuba-staff-reductions-attacks/index.html.

25. 이 심인성 질환에 관한 상세한 설명은 발로(Baloh)와 바르톨로뮤(Bartholomew)의 책 『아바나 증후군(*Havana Syndrome[Cham]*)』을 참조하자. 다음의 연구도 참조하자. Stone, R. (2018). Sonic attack or mass paranoia. Science, doi:10.1126/science.aau5386; Hitt, J. (2019). The real story behind the Havana embassy mystery. *Vanity Fair*, 6 January. https://www.vanityfair.com/news/2019/01/the-real-story-behind-the-havana-embassy-mystery; Leighton, T.G. (2018). Ultrasound in air—Guidelines, applications, public exposures, and claims of attacks in Cuba and China. *Journal of the Acoustical Society of America*, 144(4), 2473–89; Bartholomew, R.E., and Baloh, R.W. (2020). Challenging the diagnosis of 'Havana Syndrome' as a novel clinical entity. *Journal of the Royal Society of Medicine*, 113(1), 7–11. 심인성 요인들이 전염되면서 증상이 심해지고 더 오랜 시간 지속되었을 가능성에 대한 탐구는 다음 자료집에서 다루고 있다. National Academies of Sciences, Engineering, and Medicine (2020). *An Assessment of Illness in US Government Employees and Their Families at Overseas Embassies*. 다음 기사에서는 실제로 모종의 무기가 사용되었을 가능성을 제기하지만, 다른 과학자들은 이 주장이 그다지 설득력은 없다고 본다. Vergano, D. (2020). Scientists are slamming a report saying microwave attacks could have caused 'Havana syndrome' in US diplomats. BuzzFeed, 7 December. https://www.buzzfeednews.com/article/danvergano/microwave-attacks-havana-syndrome-diplomats.

26. Entous, A., and Anderson, J.L. (2018). The mystery of the Havana syndrome. *New Yorker*, 9 November. https://www.newyorker.com/magazine/2018/11/19/the-mystery-of-the-havana-syndrome.

27. 다음에서 인용했다. Baloh, R.W., and Bartholomew, R.E. (2020). *Havana Syndrome: Mass Psychogenic Illness and the Real Story Behind the Embassy Mystery and Hysteria*, 21. Cham: Copernicus.

28. The telephone as a cause of ear troubles (1889). *British Medical Journal*, 2(1499), 671–72.

29. Rubin, G.J., Burns, M., and Wessely, S. (2014). Possible psychological mechanisms for

'wind turbine syndrome': On the windmills of your mind. *Noise and Health*, 16(69), 116.

30. Andrianome, S., De Seze, R., Braun, A., and Selmaoui, B. (2018). Descriptive self-reporting survey of people with idiopathic environmental intolerance attributed to electromagnetic fields (IEI-EMF): Similarities and comparisons with previous studies. *Journal of Public Health*, 26(4), 461–73.

31. Rubin, G.J., Hahn, G., Everitt, B.S., Cleare, A.J., and Wessely, S. (2006). Are some people sensitive to mobile phone signals? Within participants double blind randomised provocation study. *British Medical Journal*, 332(7546), 886–91.

32. Verrender, A., Loughran, S.P., Dalecki, A., Freudenstein, F., and Croft, R.J. (2018). Can explicit suggestions about the harmfulness of EMF exposure exacerbate a nocebo response in healthy controls? *Environmental Research*, 166, 409–17.

33. Nyhan, B., and Reifler, J. (2015). Does correcting myths about the flu vaccine work? An experimental evaluation of the effects of corrective information. *Vaccine*, 33(3), 459–64.

34. Nichol, K.L., Margolis, K.L., Lind, A., Murdoch, M., McFadden, R., Hauge, M.,... and Drake, M. (1996). Side effects associated with influenza vaccination in healthy working adults: A randomized, placebo-controlled trial. *Archives of Internal Medicine*, 156(14), 1546–50; World Health Organization (2012). Information sheet: observed rate of vaccine reactions: influenza vaccine. https://www.who.int/vaccine_safety/initiative/tools/Influenza_Vaccine_rates_information_sheet.pdf?ua=1.

35. CDC. Misconceptions about seasonal flu and flu vaccines. https://www.cdc.gov/flu/prevent/misconceptions.htm.

36. World Health Organization (2012). Information sheet: observed rate of vaccine reactions: influenza vaccine. https://www.who.int/vaccine_safety/initiative/tools/Influenza_Vaccine_rates_information_sheet.pdf?ua=1; Tosh, P.K., Boyce, T.G., and Poland, G.A. (2008). Flu myths: Dispelling the myths associated with live attenuated influenza vaccine. *Mayo Clinic Proceedings* 83(1), 77–84.

37. Huang, W.T., Hsu, C.C., Lee, P.I., and Chuang, J.H. (2010). Mass psychogenic illness in nationwide in-school vaccination for pandemic influenza A (H1N1) 2009, Taiwan, November 2009–January 2010. *Eurosurveillance*, 15(21), 19575.

38. Simas, C., Munoz, N., Arregoces, L., and Larson, H.J. (2019). HPV vaccine confidence and cases of mass psychogenic illness following immunization in Carmen de Bolivar, Colombia. *Human Vaccines and Immunotherapeutics*, 15(1), 163–6.

39. Matthews, A., Herrett, E., Gasparrini, A., Van Staa, T., Goldacre, B., Smeeth, L., and Bhaskaran, K. (2016). Impact of statin-related media coverage on use of statins: Interrupted time series analysis with UK primary care data. *BMJ*, 353, i3283. doi: 10.1136/bmj.i3283.

40. 한 예로 다음을 읽어보자. Rogers, L. (2015). Crippled by statins. *Daily Mail*, 3 November. https://www.dailymail.co.uk/health/article-3300937/Crippled-statins-Cholesterol-busting-

drugs-left-David-wheelchair-doctors-insisted-taking-them.html.

41. Finegold, J.A., Manisty, C.H., Goldacre, B., Barron, A.J., and Francis, D.P. (2014). What proportion of symptomatic side effects in patients taking statins are genuinely caused by the drug? Systematic review of randomized placebo-controlled trials to aid individual patient choice. *European Journal of Preventive Cardiology*, 21(4), 464–74.

42. Newman, C.B., Preiss, D., Tobert, J.A., Jacobson, T.A., Page, R.L., Goldstein, L.B.,... and Duell, P.B. (2019). Statin safety and associated adverse events: A scientific statement from the American Heart Association. *Arteriosclerosis, Thrombosis, and Vascular Biology*, 39(2), e38–e81.

43. Khan, S., Holbrook, A., and Shah, B.R. (2018). Does Googling lead to statin intolerance? *International Journal of Cardiology*, 262, 25–7.

44. Singh, P., Arora, A., Strand, T.A., Leffler, D.A., Catassi, C., Green, P.H., ... and Makharia, G.K. (2018). Global prevalence of celiac disease: Systematic review and meta-analysis. *Clinical Gastroenterology and Hepatology*, 16(6), 823–36.

45. https://www.nhs.uk/conditions/coeliac-disease.

46. Cianferoni, A. (2016). Wheat allergy: Diagnosis and management. *Journal of Asthma and Allergy*, 9, 13.

47. Servick, K. (2018). The war on gluten. *Science*. https://www.sciencemag.org/news/2018/05/what-s-really-behind-gluten-sensitivity.

48. Molina-Infante, J., and Carroccio, A. (2017). Suspected nonceliac gluten sensitivity confirmed in few patients after gluten challenge in double-blind, placebo-controlled trials. *Clinical Gastroenterology and Hepatology*, 15(3), 339–48. 대규모 노시보 효과를 보여준 또 다른 메타 분석 연구로는 다음 논문이 있다. Lionetti, E., Pulvirenti, A., Vallorani, M., Catassi, G., Verma, A.K., Gatti, S., and Catassi, C. (2017). Re-challenge studies in non-celiac gluten sensitivity: A systematic review and meta-analysis. *Frontiers in Physiology*, 8, 621. 글루텐 민감증에서의 기대 효과의 역할은 다음 연구에 상세히 설명되어 있다. Petrie, K.J., and Rief, W. (2019). Psychobiological mechanisms of placebo and nocebo effects: Pathways to improve treatments and reduce side effects. *Annual Review of Psychology*, 70, 599–625. 영국 영양재단에서 이 연구를 해석한 결과는 다음 사이트에 실려 있다. https://www.nutrition.org.uk/bnfevents/events/252-nutritionscience/researchspotlight/1043-2017issue3.html.

49. Croall, I.D., Trott, N., Rej, A., Aziz, I., O'Brien, D.J., George, H.A.,... and Hadjivassiliou, M. (2019). A population survey of dietary attitudes towards gluten. *Nutrients*, 11(6), 1276.

50. Unalp-Arida, A., Ruhl, C.E., Brantner, T.L., Everhart, J.E., and Murray, J.A. (2017). Less hidden celiac disease but increased gluten avoidance without a diagnosis in the United States: Findings from the National Health and Nutrition Examination Surveys from 2009

to 2014. *Mayo Clinic Proceedings* 92(1), 30–8; Cabrera-Chavez, F., Dezar, G.V., Islas-Zamorano, A.P., Espinoza-Alderete, J.G., Vergara-Jimenez, M.J., Magana-Ordorica, D., and Ontiveros, N. (2017). Prevalence of self-reported gluten sensitivity and adherence to a gluten−free diet in Argentinian adult population. *Nutrients*, 9(1), 81.

51. Crichton, F., Dodd, G., Schmid, G., Gamble, G., and Petrie, K.J. (2014). Can expectations produce symptoms from infrasound associated with wind turbines? *Health Psychology*, 33(4), 360; Crichton, F., Chapman, S., Cundy, T., and Petrie, K.J. (2014). The link between health complaints and wind turbines: Support for the nocebo expectations hypothesis. *Frontiers in Public Health*, 2, 220.

52. Crichton, F., and Petrie, K.J. (2015). Health complaints and wind turbines: The efficacy of explaining the nocebo response to reduce symptom reporting. Environmental Research, 140, 449–55.

53. 여기에는 프레이밍 방식도 큰 영향을 미칠 수 있다. 일례로 다음 논문을 읽어보자. Mao, A., Barnes, K., Sharpe, L., Geers, A.L., Helfer, S.G., Faasse, K., and Colagiuri, B. (2021). Using positive attribute framing to attenuate nocebo side effects: A cybersickness study. *Annals of Behavioral Medicine*. doi: 10.1093/abm/kaaa115.

제5장 더 빨리, 더 강하게, 더 건강하게

1. Voet, W. (2001). *Breaking the Chain*, 104. London: Yellow Jersey.

2. Bannister, R. (2014). *Twin Tracks: The Autobiography*, Kindle edition, location 828. London: Robson Press.

3. https://www.olympicchannel.com/en/stories/features/detail/eliud-kipchoge-marathon-olympics-world-record.

4. Gonzalez, R. (2019). How Eliud Kipchoge pulled off his epic, sub-2-hour marathon. *Wired*, 14 October. https://www.wired.com/story/how-eliud-kipchoge-pulled-off-his-epic-sub-2-hour-marathon.

5. Giulio, C.D., Daniele, F., and Tipton, C.M. (2006). Angelo Mosso and muscular fatigue: 116 years after the first Congress of Physiologists: IUPS commemoration. *Advances in Physiology Education*, 30(2), 51–7.

6. Noakes, T.D.O. (2012). Fatigue is a brain-derived emotion that regulates the exercise behavior to ensure the protection of whole body homeostasis. *Frontiers in Physiology*, 3, 82.

7. Cairns, S. P. (2006). Lactic acid and exercise performance. *Sports Medicine*, 36(4), 279–91. 다음도 보라. https://www.livescience.com/lactic-acid.html.

8. Corbett, J., Barwood, M.J., Ouzounoglou, A., Thelwell, R., and Dicks, M. (2012). Influence of competition on performance and pacing during cycling exercise. *Medicine and Science in Sports and Exercise*, 44(3), 509–15.

9. Marcora, S.M., Staiano, W., and Manning, V. (2009). Mental fatigue impairs physical

performance in humans. *Journal of Applied Physiology*, 106(3), 857–64.

10. 피로에 관한 기존 이론과 더불어 운동에 따라 생리적으로 나타나는 변화와 심리적으로 경험하는 노력의 강도를 분리할 필요성을 보다 심도 있게 탐구하고자 한다면 다음 논문을 참조하자. Noakes T.D. (2012). The Central Governor Model in 2012: Eight new papers deepen our understanding of the regulation of human exercise performance. *British Journal of Sports Medicine* 46, 1–3. 피로에 관한 심리생물학적 이론을 구성하는 세부 특징들의 개념에 대해서는 합의가 이루어진 반면, 이를 정확히 어떻게 공식화해서 표현할 것인지를 두고는 여전히 논쟁이 벌어지고 있다. Venhorst, A., Micklewright, D., and Noakes, T.D. (2018). Towards a three-dimensional framework of centrally regulated and goal-directed exercise behaviour: A narrative review. *British Journal of Sports Medicine*, 52(15), 957–66.

11. 이런 과정에 대한 직접적인 증거는 다음 연구를 참조하자. Piedimonte, A., Benedetti, F., and Carlino, E. (2015). Placebo-induced decrease in fatigue: Evidence for a central action on the preparatory phase of movement. *European Journal of Neuroscience*, 41(4), 492–7.

12. Morton, R.H. (2009). Deception by manipulating the clock calibration influences cycle ergometer endurance time in males. *Journal of Science and Medicine in Sport*, 12, 332–7.

13. Stone, M., Thomas, K., Wilkinson, M., Jones, A., St Clair Gibson, A., and Thompson, K. (2012). Effects of deception on exercise performance: Implications for determinants of fatigue in humans. *Medicine and Science in Sports and Exercise*, 44(3), 534–41.

14. Castle, P.C., Maxwell, N., Allchorn, A., Mauger, A.R., and White, D.K. (2012). Deception of ambient and body core temperature improves self paced cycling in hot, humid conditions. *European Journal of Applied Physiology*, 112(1), 377–85.

15. Iodice, P., Porciello, G., Bufalari, I., Barca, L., and Pezzulo, G. (2019). An interoceptive illusion of effort induced by false heart-rate feedback. *Proceedings of the National Academy of Sciences*, 116(28), 13897–902.

16. McMorris, T., Barwood, M., and Corbett, J. (2018). Central fatigue theory and endurance exercise: Toward an interoceptive model. *Neuroscience and Biobehavioral Reviews*, 93, 93–107; Holgado, D., and Sanabria, D. (2020). Does self-paced exercise depend on executive processing? A narrative review of the current evidence. *International Review of Sport and Exercise Psychology*, 1–24; Hyland-Monks, R., Cronin, L., McNaughton, L., and Marchant, D. (2018). The role of executive function in the self-regulation of endurance performance: A critical review. *Progress in Brain Research*, 240, 353–70.

17. Broelz, E.K., Wolf, S., Schneeweiss, P., Niess, A.M., Enck, P., and Weimer, K. (2018). Increasing effort without noticing: A randomized controlled pilot study about the ergogenic placebo effect in endurance athletes and the role of supplement salience. *PLoS One*, 13(6), e0198388.

18. Pollo, A., Carlino, E., and Benedetti, F. (2008). The top-down influence of ergogenic placebos on muscle work and fatigue. *European Journal of Neuroscience*, 28(2), 379–88.

19. Hurst, P., Schipof-Godart, L., Szabo, A., Raglin, J., Hettinga, F., Roelands, B.,,... and Beedie, C. (2020). The placebo and nocebo effect on sports performance: A systematic review. *European Journal of Sport Science*, 20(3), 279–92.

20. Ibid.

21. Montes, J., Wulf, G., and Navalta, J.W. (2018). Maximal aerobic capacity can be increased by enhancing performers' expectancies. *Journal of Sports Medicine and Physical Fitness*, 58(5), 744–9.

22. Stoate, I., Wulf, G., and Lewthwaite, R. (2012). Enhanced expectancies improve movement efficiency in runners. *Journal of Sports Sciences*, 30(8), 815–23.

23. Turnwald, B.P., Goyer, J.P., Boles, D.Z., Silder, A., Delp, S.L., and Crum, A.J. (2019). Learning one's genetic risk changes physiology independent of actual genetic risk. *Nature Human Behaviour*, 3(1), 48–56.

24. Saito, T., Barreto, G., Saunders, B., and Gualano, B. (2020). Is open-label placebo a new ergogenic aid? A commentary on existing studies and guidelines for future research. *Sports Medicine*, 50(7), 1231–2. 다음도 보라. Broelz, E.K., Wolf, S., Schneeweiss, P., Niess, A.M., Enck, P., and Weimer, K. (2018). Increasing effort without noticing: A randomized controlled pilot study about the ergogenic placebo effect in endurance athletes and the role of supplement salience. *PLoS One*, 13(6), e0198388.

25. Giles, G.E., Cantelon, J.A., Eddy, M.D., Brunye, T.T., Urry, H.L., Taylor, H.A.,... and Kanarek, R.B. (2018). Cognitive reappraisal reduces perceived exertion during endurance exercise. *Motivation and Emotion*, 42(4), 482–96. 여기에서 소개한 실천 방안 중 일부는 자일스와 인터뷰한 내용과 내가 직접 인지 재평가를 실행해본 경험을 바탕으로 하고 있다. 인지 재평가의 또다른 예는 다음 논문을 참조하자. Arthur, T.G., Wilson, M.R., Moore, L.J., Wylie, L.J., and Vine, S.J. (2019). Examining the effect of challenge and threat states on endurance exercise capabilities. *Psychology of Sport and Exercise*, 44, 51–9. 정서 지능과 피로의 심리적 근거의 관련성에 관한 탐구는 다음 연구에서 찾아볼 수 있다. Rubaltelli, E., Agnoli, S., and Leo, I. (2018). Emotional intelligence impact on half marathon finish times. *Personality and Individual Differences*, 128, 107–12.

26. Orvidas, K., Burnette, J.L., and Russell, V.M. (2018). Mindsets applied to fitness: Growth beliefs predict exercise efficacy, value and frequency. *Psychology of Sport and Exercise*, 36, 156–61.

27. Morris, J.N., Heady, J.A., Raffle, P.A.B., Roberts, C.G., and Parks, J.W. (1953). Coronary heart-disease and physical activity of work. The Lancet, 262(6796), 1111–20; Kuper, S. (2009). The man who invented exercise. Financial Times, 12 September. https://www.ft.com/content/e6ff90ea-9da2-11de-9f4a-00144feabdc0; Paffenbarger Jr, R.S., Blair, S.N., and Lee, I.M. (2001). A history of physical activity, cardiovascular health and longevity: The scientific contributions of Jeremy N. Morris, DSc, DPH, FRCP.

International Journal of Epidemiology, 30(5), 1184–92.

28. 출처 : https://sites.google.com/site/compendiumofphysicalactivities/home. 다음도 보라. Wilson, C. (2010). The truth about exercise. *New Scientist*, 205(2742), 34–7.

29. Patterson, R., Webb, E., Millett, C., and Laverty, A.A. (2018). Physical activity accrued as part of public transport use in England. *Journal of Public Health*.

30. Crum, A.J., and Langer, E.J. (2007). Mind-set matters: Exercise and the placebo effect. *Psychological Science*, 18(2), 165–71.

31. Zahrt, O.H., and Crum, A.J. (2017). Perceived physical activity and mortality: Evidence from three nationally representative US samples. *Health Psychology*, 36(11), 1017. A similar study, looking at people's health complaints: Baceviciene, M., Jankauskiene, R., and Emeljanovas, A. (2019). Self-perception of physical activity and fitness is related to lower psychosomatic health symptoms in adolescents with unhealthy lifestyles. *BMC Public Health*, 19(1), 980.

32. Lindheimer, J.B., O'Connor, P.J., and Dishman, R.K. (2015). Quantifying the placebo effect in psychological outcomes of exercise training: A meta-analysis of randomized trials. *Sports Medicine*, 45(5), 693–711; Jones, M.D., Valenzuela, T., Booth, J., Taylor, J.L., and Barry, B.K. (2017). Explicit education about exercise-induced hypoalgesia influences pain responses to acute exercise in healthy adults: A randomized controlled trial. *Journal of Pain*, 18(11), 1409–16; Vaegter, H.B., Thinggaard, P., Madsen, C.H., Hasenbring, M., and Thorlund, J.B. (2020). Power of words: Influence of preexercise information on hypoalgesia after exercise-randomized controlled trial. *Medicine and Science in Sports and Exercise*, 52(11), 2373–9.

33. Zahrt, O.H., and Crum, A.J. (2019). Effects of physical activity recommendations on mindset, behavior and perceived health. *Preventive Medicine Reports*, 101027.

34. Wen, C.P., Wai, J.P.M., Tsai, M.K., Yang, Y.C., Cheng, T.Y.D., Lee, M.C.,... and Wu, X. (2011). Minimum amount of physical activity for reduced mortality and extended life expectancy: A prospective cohort study. *The Lancet*, 378(9798), 1244–53. 다음도 참조하자. Curfman, G. (2015). Exercise: You may need less than you think. https://www.health.harvard.edu/blog/how-much-exercise-do-you-really-need-less-than-you-think-201512088770.

35. Prichard, I., Kavanagh, E., Mulgrew, K.E., Lim, M.S., and Tiggemann, M. (2020). The effect of Instagram #fitspiration images on young women's mood, body image, and exercise behaviour. *Body Image*, 33, 1–6. 다음의 논문도 참조하자. Robinson, L., Prichard, I., Nikolaidis, A., Drummond, C., Drummond, M., and Tiggemann, M. (2017). Idealised media images: The effect of fitspiration imagery on body satisfaction and exercise behaviour. *Body Image*, 22, 65–71.

36. Phelps, M., with Abrahamson, A. (2008). *No Limits: The Will to Succeed*, 8. New York:

Free Press. Cited in: Moran, A., Campbell, M., Holmes, P., and MacIntyre, T. (2012). Mental imagery, action observation and skill learning. *Skill Acquisition in Sport: Research, Theory and Practice*, 94.

37. Moran, A., Campbell, M., Holmes, P., and MacIntyre, T. (2012). Mental imagery, action observation and skill learning. *Skill Acquisition in Sport: Research, Theory and Practice*, 94. 다음의 논문도 참조하자. Slimani, M., Tod, D., Chaabene, H., Miarka, B., and Chamari, K. (2016). Effects of mental imagery on muscular strength in healthy and patient participants: A systematic review. *Journal of Sports Science and Medicine*, 15(3), 434.

38. Yao, W.X., Ranganathan, V.K., Allexandre, D., Siemionow, V., and Yue, G.H. (2013). Kinesthetic imagery training of forceful muscle contractions increases brain signal and muscle strength. *Frontiers in Human Neuroscience*, 7, 561. 신체 훈련과 상상 훈련 그리고 두 훈련의 다양한 조합을 비교한 연구 결과는 다음 논문을 참조하자. Reiser, M., Busch, D., and Munzert, J. (2011). Strength gains by motor imagery with different ratios of physical to mental practice. *Frontiers in Psychology*, 2, 194.

39. 이는 지난 수십 년간 정설로 여겨졌지만 최근 들어서는 근육량과 근력이 서로 큰 관련성이 없음을 가리키는 근거가 제기되고 있다. Loenneke, J.P., Buckner, S.L., Dankel, S.J., and Abe, T. (2019). Exercise-induced changes in muscle size do not contribute to exercise-induced changes in muscle strength. *Sports Medicine*, 49(7), 987–91.

40. Ridderinkhof, K.R., and Brass, M. (2015). How kinesthetic motor imagery works: A predictive-processing theory of visualization in sports and motor expertise. *Journal of Physiology – Paris*, 109(1-3), 53–63. 이 결과와 운동의 심리생물학적 모형의 관련성은 다음 연구를 참조하자. Slimani, M., Tod, D., Chaabene, H., Miarka, B., and Chamari, K. (2016). Effects of mental imagery on muscular strength in healthy and patient participants: A systematic review. *Journal of Sports Science and Medicine*, 15(3), 434.

41. Lebon, F., Collet, C., and Guillot, A. (2010). Benefits of motor imagery training on muscle strength. *Journal of Strength and Conditioning Research*, 24(6), 1680–7.

42. Clark, B.C., Mahato, N.K., Nakazawa, M., Law, T.D., and Thomas, J.S. (2014). The power of the mind: The cortex as a critical determinant of muscle strength/weakness. *Journal of Neurophysiology*, 112(12), 3219–26.

43. 한 예로 다음을 참조하자. Najafabadi, M.G., Memari, A.H., Kordi, R., Shayestehfar, M., and Eshghi, M.A. (2017). Mental training can improve physical activity behavior in adolescent girls. *Journal of Sport and Health Science*, 6(3), 327–32; Cooke, L.M., Duncan, L.R., Deck, S.J., Hall, C.R., and Rodgers, W.M. (2020). An examination of changes in exercise identity during a mental imagery intervention for female exercise initiates. *International Journal of Sport and Exercise Psychology*, 18(4), 534–50; Robin, N., Toussaint, L., Coudevylle, G.R., Ruart, S., Hue, O., and Sinnapah, S. (2018). Text messages promoting mental imagery increase self-reported physical activity in older adults: A

randomized controlled study. *Journal of Aging and Physical Activity*, 26(3), 462–70.

44. Newcomb, A. (2012). Super strength: Daughter rescues dad trapped under car. ABC News, 1 August. https://abcnews.go.com/US/superhero-woman-lifts-car-off-dad/story?id=16907591#.UMay9Hfeba4. 다음도 보라. Hadhazy, A. (2016). How it's possible for an ordinary person to lift a car. BBC Future, 2 May. https://www.bbc.com/future/article/20160501-how-its-possible-for-an-ordinary-person-to-lift-a-car.

45. Oregon man pinned under 3,000-pound tractor saved by teen daughters. Fox News, 11 April 2013. https://www.foxnews.com/us/oregon-man-pinned-under-3000-pound-tractor-saved-by-teen-daughters; Septuagenarian superhero? Man lifts car off son-in-law. NPR, 22 July 2013. https://www.npr.org/2013/07/22/204444515/septuagenarian-superhero-man-lifts-car-off-son-in-law.

46. Liptak, A. (2015). The Incredible Hulk was inspired by a woman saving her baby. Gizmodo, 30 August. https://io9.gizmodo.com/the-incredible-hulk-was-inspired-by-a-woman-saving-her-1727562968.

47. Evans, D.R., Boggero, I.A., and Segerstrom, S.C. (2016). The nature of self-regulatory fatigue and 'ego depletion': Lessons from physical fatigue. *Personality and Social Psychology Review*, 20(4), 291–310.

제6장 음식의 역설

1. 열량 정보 : 아보카도 토스트(501칼로리), 스무디(209칼로리), 참치 니스와즈 샐러드(455칼로리), 오렌지 주스(105칼로리), 닭고기 아스파라거스 브레이즈(480칼로리), 그래놀라바(279칼로리). 출처 : www.bbcgoodfood.com, www.pret.co.uk.

2. 열량 정보 : 크루아상(291칼로리), 핫초코(260칼로리), 푸타네스카 스파게티(495칼로리), 과일 샐러드(111칼로리), 생선파이(455칼로리), 샐러드(20칼로리), 도넛(110칼로리). 출처: www.pret.co.uk, www.bbcgoodfood.com, www.sainsburys.co.uk.

3. 여기에 소개된 헨리 몰레이슨의 인생 이야기는 다음 책의 도움이 컸다. Corkin, S. (2014). *Permanent Present Tense*. London: Penguin.

4. Ibid., 210.

5. 이 실험의 상세한 설명과 그 결과가 기억이 식욕에 미치는 영향에 대해서 시사하는 바는 다음 연구를 참조하자. Rozin, P., Dow, S., Moscovitch, M., and Rajaram, S. (1998). What causes humans to begin and end a meal? A role for memory for what has been eaten, as evidenced by a study of multiple meal eating in amnesic patients. *Psychological Science*, 9(5), 392–6; and Higgs, S. (2005). Memory and its role in appetite regulation. *Physiology and Behavior*, 85(1), 67–72.

6. Berthoud, H.R. (2008). Vagal and hormonal gut-brain communication: From satiation to satisfaction. *Neurogastroenterology and Motility*, 20, 64–72.

7. Desai, A.J., Dong, M., Harikumar, K.G., and Miller, L.J. (2016). Cholecystokinin-induced

satiety, a key gut servomechanism that is affected by the membrane microenvironment of this receptor. *International Journal of Obesity Supplements*, 6(1), S22–S27.

8. Martin, A.A., Davidson, T.L., and McCrory, M.A. (2018). Deficits in episodic memory are related to uncontrolled eating in a sample of healthy adults. *Appetite*, 124, 33–42.

9. Higgs, S. (2002). Memory for recent eating and its influence on subsequent food intake. *Appetite*, 39(2), 159–66. 더불어 힉스는 기억의 효과가 그밖의 전반적인 억제 능력과도 상관이 있음을 발견했다. Higgs, S., Williamson, A.C., and Attwood, A.S. (2008). Recall of recent lunch and its effect on subsequent snack intake. *Physiology and Behavior*, 94(3), 454–62.

10. Brunstrom, J.M., Burn, J.F., Sell, N.R., Collingwood, J.M., Rogers, P.J., Wilkinson, L.L.,... and Ferriday, D. (2012). Episodic memory and appetite regulation in humans. *PLoS One*, 7(12), e50707.

11. Brown, S.D., Duncan, J., Crabtree, D., Powell, D., Hudson, M., and Allan, J.L. (2020). We are what we (think we) eat: The effect of expected satiety on subsequent calorie consumption. *Appetite*, 104717.

12. Higgs, S., and Woodward, M. (2009). Television watching during lunch increases afternoon snack intake of young women. *Appetite*, 52(1), 39–43; Higgs, S. (2015). Manipulations of attention during eating and their effects on later snack intake. *Appetite*, 92, 287–94. 이 같은 연구 결과들의 개관은 다음 논문을 참조하자. Higgs, S., and Spetter, M.S. (2018). Cognitive control of eating: The role of memory in appetite and weight gain. *Current Obesity Reports*, 7(1), 50–9.

13. Brunstrom, J.M., Brown, S., Hinton, E.C., Rogers, P.J., and Fay, S.H. (2011). 'Expected satiety' changes hunger and fullness in the inter-meal interval. *Appetite*, 56(2), 310–15.

14. Vadiveloo, M., Morwitz, V., and Chandon, P. (2013). The interplay of health claims and taste importance on food consumption and self-reported satiety. *Appetite*, 71, 349–56.

15. Finkelstein, S.R., and Fishbach, A. (2010). When healthy food makes you hungry. *Journal of Consumer Research*, 37(3), 357–67.

16. Abizaid, A., and Horvath, T.L. (2012). Ghrelin and the central regulation of feeding and energy balance. *Indian Journal of Endocrinology and Metabolism*, 16 (Suppl 3), S617.

17. Crum, A.J., Corbin, W.R., Brownell, K.D., and Salovey, P. (2011). Mind over milkshakes: Mindsets, not just nutrients, determine ghrelin response. *Health Psychology*, 30(4), 424. 크럼의 연구 결과와 그에 따른 잠재적 체중 관리 방안에 관한 동료 연구자들의 논평은 다음 글을 참조하자. Tomiyama, A.J., and Mann, T. (2011). Commentary on Crum, Corbin, Brownell, and Salovey (2011). *Health Psychology*, 30(4), 430–1.

18. I spoke to Alia Crum for the following article: Robson, D. (2018). Mind over matter. *New Scientist*, 239(3192), 28–32.

19. Veldhuizen, M.G., Nachtigal, D.J., Flammer, L.J., de Araujo, I.E., and Small, D.M.

(2013). Verbal descriptors influence hypothalamic response to low-calorie drinks. *Molecular Metabolism*, 2(3), 270–80.

20. Cassady, B.A., Considine, R.V., and Mattes, R.D. (2012). Beverage consumption, appetite, and energy intake: What did you expect? *American Journal of Clinical Nutrition*, 95(3), 587–93.

21. Yeomans, M.R., Re, R., Wickham, M., Lundholm, H., and Chambers, L. (2016). Beyond expectations: The physiological basis of sensory enhancement of satiety. *International Journal of Obesity*, 40(11), 1693–8; Zhu, Y., Hsu, W.H., and Hollis, J.H. (2013). The impact of food viscosity on eating rate, subjective appetite, glycemic response and gastric emptying rate. *PLoS One*, 8(6), e67482.

22. Hallberg, L., Bjorn-Rasmussen, E., Rossander, L., and Suwanik, R. (1977). Iron absorption from Southeast Asian diets. II. Role of various factors that might explain low absorption. *American Journal of Clinical Nutrition*, 30(4), 539–48.

23. Bjorn-Rasmussen, E., Hallberg, L., Magnusson, B., Rossander, L., Svanberg, B., and Arvidsson, B. (1976). Measurement of iron absorption from composite meals. *American Journal of Clinical Nutrition*, 29(7), 772–8; Hallberg, L., Bjorn-Rasmussen, E., Rossander, L., and Suwanik, R. (1977). Iron absorption from Southeast Asian diets. II. Role of various factors that might explain low absorption. *American Journal of Clinical Nutrition*, 30(4), 539–48. 이 같은 결과에 대한 보다 최신 분석은 다음 논문을 참조하자. Satter, E. (2007). Eating competence: Definition and evidence for the Satter Eating Competence model. *Journal of Nutrition Education and Behavior*, 39(5), S142–S153.

24. Todes, D.P. (2014). Ivan Pavlov in 22 surprising facts. https://blog.oup.com/2014/11/ivan-pavlov-surprising-facts.

25. Jonas, W.B., Crawford, C., Colloca, L., Kaptchuk, T.J., Moseley, B., Miller, F.G.,⋯ and Meissner, K. (2015). To what extent are surgery and invasive procedures effective beyond a placebo response? A systematic review with meta-analysis of randomised, sham-controlled trials. *BMJ Open*, 5(12), e009655.

26. https://www.who.int/news-room/fact-sheets/detail/obesity-and-overweight.

27. Carels, R.A., Harper, J., and Konrad, K. (2006). Qualitative perceptions and caloric estimations of healthy and unhealthy foods by behavioral weight-loss participants. *Appetite*, 46(2), 199–206.

28. Suher, J., Raghunathan, R., and Hoyer, W.D. (2016). Eating healthy or feeling empty? How the 'healthy = less filling' intuition influences satiety. *Journal of the Association for Consumer Research*, 1(1), 26–40.

29. Briers, B., Huh, Y.E., Chan, E., and Mukhopadhyay, A. (2020). The unhealthy = tasty belief is associated with BMI through reduced consumption of vegetables: a cross-national and mediational analysis. *Appetite*, 150, 104639. 다음도 참조하라. Cooremans,

K., Geuens, M., and Pandelaere, M. (2017). Cross-national investigation of the drivers of obesity: Re-assessment of past findings and avenues for the future. *Appetite*, 114, 360–7.

30. Raghunathan, R., Naylor, R.W., and Hoyer, W.D. (2006). The unhealthy = tasty intuition and its effects on taste inferences, enjoyment, and choice of food products. *Journal of Marketing*, 70(4), 170–84.

31. Turnwald, B.P., Jurafsky, D., Conner, A., and Crum, A.J. (2017). Reading between the menu lines: Are restaurants' descriptions of 'healthy' foods unappealing? *Health Psychology*, 36(11), 1034.

32. Turnwald, B.P., Boles, D.Z., and Crum, A.J. (2017). Association between indulgent descriptions and vegetable consumption: Twisted carrots and dynamite beets. *JAMA Internal Medicine*, 177(8), 1216–18; Turnwald, B.P., Bertoldo, J.D., Perry, M.A., Policastro, P., Timmons, M., Bosso, C.,... and Gardner, C.D. (2019). Increasing vegetable intake by emphasizing tasty and enjoyable attributes: A randomized controlled multisite intervention for taste-focused labeling. *Psychological Science*, 30(11), 1603–15.

33. Fay, S.H., Hinton, E.C., Rogers, P.J., and Brunstrom, J.M. (2011). Product labelling can confer sustained increases in expected and actual satiety. *Appetite*, 57(2), 557.

34. Cheon, B.K., and Hong, Y.Y. (2017). Mere experience of low subjective socioeconomic status stimulates appetite and food intake. *Proceedings of the National Academy of Sciences*, 114(1), 72–7.

35. Sim, A.Y., Lim, E.X., Leow, M.K., and Cheon, B.K. (2018). Low subjective socioeconomic status stimulates orexigenic hormone ghrelin: A randomised trial. *Psychoneuroendocrinology*, 89, 103–12.

36. Brunstrom, J.M., Brown, S., Hinton, E.C., Rogers, P.J., and Fay, S.H. (2011). 'Expected satiety' changes hunger and fullness in the inter-meal interval. *Appetite*, 56(2), 310–15.

37. https://www.health.harvard.edu/staying-healthy/the-hidden-dangers-of-protein-powders.

38. Mandel, N., and Brannon, D. (2017). Sugar, perceived healthfulness, and satiety: When does a sugary preload lead people to eat more? *Appetite*, 114, 338–49.

39. Yeomans, M.R. (2015). Cued satiety: How consumer expectations modify responses to ingested nutrients. *Nutrition Bulletin*, 40(2), 100–3.

40. Kuijer, R.G., and Boyce, J.A. (2014). Chocolate cake. Guilt or celebration? Associations with healthy eating attitudes, perceived behavioural control, intentions and weight loss. *Appetite*, 74, 48–54.

41. Cornil, Y., and Chandon, P. (2016). Pleasure as a substitute for size: How multisensory imagery can make people happier with smaller food portions. *Journal of Marketing Research*, 53(5), 847–64. 음식을 묘사한 글을 읽고서도 유사한 결과가 나타났는데, 케이크에 대한 묘사가 자세할수록 직접 먹고자 하는 욕구가 감소했으며, 섭취 후 만족감 또한 커졌다. Policastro, P., Harris, C., and Chapman, G. (2019). Tasting with your eyes:

Sensory description substitutes for portion size. *Appetite*, 139, 42–9.

42. Morewedge, C.K., Huh, Y.E., and Vosgerau, J. (2010). Thought for food: Imagined consumption reduces actual consumption. *Science*, 330(6010), 1530–3.

43. 심지어 곧 음식을 먹으리라는 기대감이 그렐린의 억제 효과에도 영향을 미칠 수 있다는 근거가 발견되었다. Ott, V., Friedrich, M., Zemlin, J., Lehnert, H., Schultes, B., Born, J., and Hallschmid, M. (2012). Meal anticipation potentiates postprandial ghrelin suppression in humans. *Psychoneuroendocrinology*, 37(7), 1096–1100.

44. Bosworth, M.L., Ferriday, D., Lai, S.H.S., Godinot, N., Martin, N., Martin, A.A.... and Brunstrom, J.M. (2016). Eating slowly increases satiety and promotes memory of a larger portion size during the inter-meal interval. *Appetite*, 100(101), 225.

45. Raghunathan, R., Naylor, R.W., and Hoyer, W.D. (2006). The unhealthy = tasty intuition and its effects on taste inferences, enjoyment and choice of food products. *Journal of Marketing*, 70(4), 170–84.

46. Briers, B., Huh, Y.E., Chan, E., and Mukhopadhyay, A. (2020). The unhealthy = tasty belief is associated with BMI through reduced consumption of vegetables: A cross-national and mediational analysis. *Appetite*, 150, 104639.

47. Werle, C.O., Trendel, O., and Ardito, G. (2013). Unhealthy food is not tastier for everybody: The 'healthy = tasty' French intuition. *Food Quality and Preference*, 28(1), 116–21.

48. Rozin, P., Kabnick, K., Pete, E., Fischler, C., and Shields, C. (2003). The ecology of eating: Smaller portion sizes in France than in the United States help explain the French paradox. *Psychological Science*, 14(5), 450–4.

49. World Health Organization. (2014). *Global Status Report on Noncommunicable Diseases 2014*.

50. Rozin, P., Fischler, C., Imada, S., Sarubin, A., and Wrzesniewski, A. (1999). Attitudes to food and the role of food in life in the USA, Japan, Flemish Belgium and France: Possible implications for the diet-health debate. *Appetite*, 33(2), 163–80.

제7장 스트레스를 풀어주는 스트레스

1. Increase of heart-disease. *British Medical Journal* 1(586) (1872), 317.

2. Theodore Seward starts 'Don't Worry' clubs. *The Gazette* (York, PA), 17 January 1898, 3; Don't Worry circles, *New York Times*, 19 December 1897, 7.

3. Seward, T. (1898). *The Don't Worry Movement: A Wave of Spiritual Emancipation* (self-published).

4. James, W. (1902). *The Varieties of Religious Experience*, 94. New York: Longman.

5. James, W. (1963). *Pragmatism, and Other Essays*, 237. New York: Washington Square Press.

6. Wallis, C., Mehrtens, R., and Thompson, D. (1983). Stress: Can we cope? *Time*, 121(23), 48–54.

7. https://www.merriam-webster.com/dictionary/stressed-out.

8. https://www.health.harvard.edu/staying-healthy/understanding-the-stress-response. 다음도 참조하라. Burrows, V.L. (2015). The medicalization of stress: Hans Selye and the transformation of the postwar medical marketplace. Unpublished PhD thesis, City University of New York. https://academicworks.cuny.edu/gc_etds/877.

9. 앞의 문단들은 다음 자료들을 참고했다. Jackson, M. (2014). *Stress, Shock, and Adaptation in the Twentieth Century*, esp. ch. 1. Rochester, NY: University of Rochester Press; Burrows, V.L. (2015). The medicalization of stress: Hans Selye and the transformation of the postwar medical marketplace. Unpublished PhD thesis, City University of New York. 위협 요인에 의해서 발생하는 생리적, 정신적 변화에 관한 현대적인 관점에서의 설명은 다음 논문을 읽어보라. Mendes, W.B., and Park, J. (2014). Neurobiological concomitants of motivational states. *Advances in Motivation Science* 1, 233–70.

10. Jamieson, J.P., Peters, B.J., Greenwood, E.J., and Altose, A.J. (2016). Reappraising stress arousal improves performance and reduces evaluation anxiety in classroom exam situations. *Social Psychological and Personality Science*, 7(6), 579–87.

11. Jamieson, J.P., Mendes, W.B., Blackstock, E., and Schmader, T. (2010). Turning the knots in your stomach into bows: Reappraising arousal improves performance on the GRE. *Journal of Experimental Social Psychology*, 46(1), 208–12.

12. Jamieson, J.P., Nock, M.K., and Mendes, W.B. (2012). Mind over matter: Reappraising arousal improves cardiovascular and cognitive responses to stress. *Journal of Experimental Psychology: General*, 141(3), 417. 추가 해석(및 회복)에 대한 정보): Jamieson, J.P., Mendes, W.B., and Nock, M.K. (2013). Improving acute stress responses: The power of reappraisal. *Current Directions in Psychological Science*, 22(1), 51–6. 다음의 논문도 참조하라. Mendes, W.B., and Park, J. (2014). Neurobiological concomitants of motivational states. *Advances in Motivation Science*, 1, 233–70; Trotman, G.P., Williams, S.E., Quinton, M.L., and van Zanten, J.J.V. (2018). Challenge and threat states: Examining cardiovascular, cognitive and affective responses to two distinct laboratory stress tasks. *International Journal of Psychophysiology*, 126, 42–51.

13. 스트레스 재평가와 심혈관계 반응, 실제 과제 수행 능력 간의 상관관계에 대한 자세한 분석은 다음 논문을 참조하자. Behnke, M., and Kaczmarek, L.D. (2018). Successful performance and cardiovascular markers of challenge and threat: A meta-analysis. *International Journal of Psychophysiology*, 130, 73–7

14. Crum, A.J., Salovey, P., and Achor, S. (2013). Rethinking stress: The role of mindsets in determining the stress response. *Journal of Personality and Social Psychology*, 104(4), 716.

15. Crum, A.J., Akinola, M., Martin, A., and Fath, S. (2017). The role of stress mindset in

shaping cognitive, emotional, and physiological responses to challenging and threatening stress. *Anxiety, Stress, and Coping*, 30(4), 379–95; John-Henderson, N.A., Rheinschmidt, M.L., and Mendoza-Denton, R. (2015). Cytokine responses and math performance: The role of stereotype threat and anxiety reappraisals. *Journal of Experimental Social Psychology*, 56, 203–6.

16. "위협" 상황과 "도전" 상황의 차이에 대한 일반적인 설명은 다음 책을 참조하자. Blascovich, J., and Mendes, W.B. (2010). Social psychophysiology and embodiment. In S.T. Fiske, D.T. Gilbert, and G. Lindzey (eds), *The Handbook of Social Psychology*, 5th ed., 194–227. New York: Wiley.

17. Crum, A.J., Akinola, M., Martin, A., and Fath, S. (2017). The role of stress mindset in shaping cognitive, emotional, and physiological responses to challenging and threatening stress. *Anxiety, Stress, and Coping*, 30(4), 379–95.

18. Akinola, M., Fridman, I., Mor, S., Morris, M.W., and Crum, A.J. (2016). Adaptive appraisals of anxiety moderate the association between cortisol reactivity and performance in salary negotiations. *PLOS One*, 11(12), e0167977.

19. Smith, E.N., Young, M.D., and Crum, A.J. (2020). Stress, mindsets, and success in Navy SEALs special warfare training. *Frontiers in Psychology*, 10, 2962.

20. Beltzer, M.L., Nock, M.K., Peters, B.J., and Jamieson, J.P. (2014). Rethinking butterflies: The affective, physiological, and performance effects of reappraising arousal during social evaluation. *Emotion*, 14(4), 761.

21. Strack, J., Lopes, P.N., and Esteves, F. (2015). Will you thrive under pressure or burn out? Linking anxiety motivation and emotional exhaustion. *Cognition and Emotion*, 29(4), 578–91. 또다른 예로는 다음과 같은 연구들이 있다. Kim, J., Shin, Y., Tsukayama, E., and Park, D. (2020). Stress mindset predicts job turnover among preschool teachers. *Journal of School Psychology*, 78, 13–22; Keech, J.J., Cole, K.L., Hagger, M.S., and Hamilton, K. (2020). The association between stress mindset and physical and psychological wellbeing: Testing a stress beliefs model in police officers. *Psychology and Health*, 35(11), 1306–25; Casper, A., Sonnentag, S., and Tremmel, S. (2017). Mindset matters: The role of employees' stress mindset for day-specific reactions to workload anticipation. *European Journal of Work and Organizational Psychology*, 26(6), 798–810.

22. Keller, A., Litzelman, K., Wisk, L.E., Maddox, T., Cheng, E.R., Creswell, P.D., and Witt, W.P. (2012). Does the perception that stress affects health matter? The association with health and mortality. *Health Psychology*, 31(5), 677. 이 같은 결과를 거의 똑같이 반복 검증한 연구로는 다음 논문을 참조하자. Nabi, H., Kivimaki, M., Batty, G.D., Shipley, M.J., Britton, A., Brunner, E.J.,... and Singh-Manoux, A. (2013). Increased risk of coronary heart disease among individuals reporting adverse impact of stress on their health: The Whitehall II prospective cohort study. *European Heart Journal*, 34(34), 2697–705.

23. Szabo, A., and Kocsis, A. (2017). Psychological effects of deep-breathing: The impact of expectancy-priming. *Psychology, Health and Medicine*, 22(5), 564–9; Cregg, D.R., and Cheavens, J.S. (2020). Gratitude interventions: Effective self-help? A meta-analysis of the impact on symptoms of depression and anxiety. *Journal of Happiness Studies*, 1–33.

24. Brady, S.T., Hard, B.M., and Gross, J.J. (2018). Reappraising test anxiety increases academic performance of first-year college students. *Journal of Educational Psychology*, 110(3), 395.

25. 이 단락에서 제시한 조언들은 다음 논문을 바탕으로 한 것이다. Keech, J.J., Hagger, M.S., and Hamilton, K. (2019). Changing stress mindsets with a novel imagery intervention: A randomized controlled trial. *Emotion*. 21(1), 123–136. 아울러 다음의 자료도 확인해보라. http://socialstresslab.wixsite.com/urochester/research; https://mbl.stanford.edu/interventions/rethink-stress.

26. Jentsch, V.L., and Wolf, O.T. (2020). The impact of emotion regulation on cardiovascular, neuroendocrine and psychological stress responses. *Biological Psychology*, 107893.

27. King, B.J. (2008). *Pressure is Privilege*, 102–3. New York: LifeTime.

28. 마우스와는 본래 다음의 기사를 쓰기 위해서 인터뷰를 진행했다. Robson, D. (2018). Why the quickest route to happiness may be to do nothing. BBC Future, 18 December. https://www.bbc.com/future/article/20181218-whats-the-quickest-way-to-happiness-do-nothing.

29. Mauss, I.B., Tamir, M., Anderson, C.L., and Savino, N.S. (2011). Can seeking happiness make people unhappy? Paradoxical effects of valuing happiness. *Emotion*, 11(4), 807. 더 많은 연구 결과들을 개관한 논문은 다음을 참조하자. Gruber, J., Mauss, I.B., and Tamir, M. (2011). A dark side of happiness? How, when, and why happiness is not always good. *Perspectives on Psychological Science*, 6(3), 222–33.

30. McGuirk, L., Kuppens, P., Kingston, R., and Bastian, B. (2018). Does a culture of happiness increase rumination over failure? *Emotion*, 18(5), 755.

31. Ford, B.Q., Lam, P., John, O.P., and Mauss, I.B. (2018). The psychological health benefits of accepting negative emotions and thoughts: Laboratory, diary, and longitudinal evidence. *Journal of Personality and Social Psychology*, 115(6), 1075. See also: Shallcross, A.J., Troy, A.S., Boland, M., and Mauss, I.B. (2010). Let it be: Accepting negative emotional experiences predicts decreased negative affect and depressive symptoms. *Behaviour Research and Therapy*, 48, 921–9.

32. Luong, G., Wrzus, C., Wagner, G.G., and Riediger, M. (2016). When bad moods may not be so bad: Valuing negative affect is associated with weakened affect-health links. *Emotion*, 16(3), 387–401.

33. Tamir, M., and Bigman, Y.E. (2018). Expectations influence how emotions shape behavior. *Emotion*, 18(1), 15. 다음도 보라. Tamir, M., and Ford, B.Q. (2012). When

feeling bad is expected to be good: Emotion regulation and outcome expectancies in social conflicts. *Emotion*, 12(4), 807.

34. Ford, B.Q., and Tamir, M. (2012). When getting angry is smart: Emotional preferences and emotional intelligence. *Emotion*, 12(4), 685; Axt, J., and Oishi, S. (2016). When unfair treatment helps performance. *Motivation and Emotion*, 40(2), 243–57.

35. Thakral, M., Von Korff, M., McCurry, S.M., Morin, C.M., and Vitiello, M.V. (2020). Changes in dysfunctional beliefs about sleep after cognitive behavioral therapy for insomnia: A systematic literature review and meta-analysis. *Sleep Medicine Reviews*, 49, 101230. 다음도 참조하라. Courtauld, H., Notebaert, L., Milkins, B., Kyle, S.D., and Clarke, P.J. (2017). Individuals with clinically significant insomnia symptoms are characterised by a negative sleep-related expectancy bias: Results from a cognitive-experimental assessment. *Behaviour Research and Therapy*, 95, 71–8.

36. Lichstein, K.L. (2017). Insomnia identity. *Behaviour Research and Therapy*, 97, 230–41. 다음도 보라. Woosley, J.A., Lichstein, K.L., Taylor, D.J., Riedel, B.W., and Bush, A.J. (2016). Insomnia complaint versus sleep diary parameters: Predictions of suicidal ideation. *Suicide and Life-Threatening Behavior*, 46(1), 88–95.

37. Draganich, C., and Erdal, K. (2014). Placebo sleep affects cognitive functioning. *Journal of Experimental Psychology: Learning, Memory, and Cognition*, 40(3), 857; Gavriloff, D., Sheaves, B., Juss, A., Espie, C.A., Miller, C.B., and Kyle, S.D. (2018). Sham sleep feedback delivered via actigraphy biases daytime symptom reports in people with insomnia: Implications for insomnia disorder and wearable devices. *Journal of Sleep Research*, 27(6), e12726. 다음도 참조하자. Rahman, S.A., Rood, D., Trent, N., Solet, J., Langer, E.J., and Lockley, S.W. (2020). Manipulating sleep duration perception changes cognitive performance—an exploratory analysis. *Journal of Psychosomatic Research*, 132, 109992.

38. 이 내용은 2018년 4월 26일 앨라배마 대학교의 케니스 리히슈타인과 개인적으로 나눈 대화에 기초한다.

39. https://www.cdc.gov/mmwr/volumes/68/wr/mm6849a5.htm.

40. Espie, C.A., Broomfield, N.M., MacMahon, K.M., Macphee, L.M., and Taylor, L.M. (2006). The attention-intention-effort pathway in the development of psychophysiologic insomnia: A theoretical review. *Sleep Medicine Reviews*, 10(4), 215–45.

41. Thakral, M., Von Korff, M., McCurry, S.M., Morin, C.M., and Vitiello, M.V. (2020). Changes in dysfunctional beliefs about sleep after cognitive behavioral therapy for insomnia: A systematic literature review and meta-analysis. *Sleep Medicine Reviews*, 49, 101230. 다음도 보라. Eidelman, P., Talbot, L., Ivers, H., Belanger, L., Morin, C.M., and Harvey, A.G. (2016). Change in dysfunctional beliefs about sleep in behavior therapy, cognitive therapy, and cognitive-behavioral therapy for insomnia. *Behavior Therapy*, 47(1), 102–15.

42. Selye, H. (1979). *The Stress of My Life: A Scientist's Memoirs*, 117. New York: Van Nostrand Reinhold. 셀리에의 "유스트레스"라는 용어의 발명에 대한 자세한 내용은 다음을 보라. Szabo, S., Tache, Y., and Somogyi, A. (2012). The legacy of Hans Selye and the origins of stress research: A retrospective 75 years after his landmark brief 'letter' to the editor of Nature. *Stress*, 15(5), 472–8.

제8장 무한한 의지력

1. Lewis, M. (2012). Obama's way. *Vanity Fair*, 11 September. https://www.vanityfair.com/news/2012/10/michael-lewis-profile-barack-obama.

2. Elkins, K. (2017). Billionaires Mark Zuckerberg and John Paul DeJoria use a simple wardrobe trick to boost productivity. CNBC, 5 January. https://www.cnbc.com/2017/01/05/mark-zuckerberg-and-john-paul-dejorias-simple-wardrobe-trick.html.

3. De Vita, E. (2015). Creative thinking: Why a morning routine helps conserve your brainpower. *Financial Times*, 22 February. https://www.ft.com/content/ 3d07fcea-b37b-11e4-9449-00144feab7de.

4. Baumeister, R.F., Bratslavsky, E., Muraven, M., and Tice, D.M. (1998). Ego depletion: Is the active self a limited resource? *Journal of Personality and Social Psychology*, 74(5), 1252.

5. Ibid.

6. Inzlicht, M., Berkman, E., and Elkins-Brown, N. (2016). The neuroscience of 'ego depletion'. *Social Neuroscience: Biological Approaches to Social Psychology*, 101–23.

7. Baumeister, R.F., Bratslavsky, E., Muraven, M., and Tice, D.M. (1998). Ego depletion: Is the active self a limited resource? *Journal of Personality and Social Psychology*, 74(5), 1252.

8. Schmeichel, B.J., Vohs, K.D., and Baumeister, R.F. (2003). Intellectual performance and ego depletion: Role of the self in logical reasoning and other information processing. *Journal of Personality and Social Psychology*, 85(1), 33; Schmeichel, B.J. (2007). Attention control, memory updating, and emotion regulation temporarily reduce the capacity for executive control. *Journal of Experimental Psychology: General*, 136(2), 241.

9. Vohs, K.D., Baumeister, R.F., Schmeichel, B.J., Twenge, J.M., Nelson, N.M., and Tice, D.M. (2014). Making choices impairs subsequent self-control: A limited-resource account of decision making, self-regulation, and active initiative. *Motivation Science*, 1(S), 19–42.

10. Vohs, K.D., and Faber, R.J. (2007). Spent resources: Self-regulatory resource availability affects impulse buying. *Journal of Consumer Research*, 33(4), 537–47.

11. Baumeister, R.F. (2012). Self-control: The moral muscle. *The Psychologist*, 25(2), 112–15. https://thepsychologist.bps.org.uk/volume-25/edition-2/self-control-%E2%80%93-moral-muscle.

12. Hofmann, W., Vohs, K.D., and Baumeister, R.F. (2012). What people desire, feel conflicted about, and try to resist in everyday life. *Psychological Science*, 23(6), 582–8.

13. Baumeister, R.F., and Vohs, K.D. (2016). Strength model of self-regulation as limited resource: Assessment, controversies, update. *Advances in Experimental Social Psychology* 54, 67–127.

14. Parker, I. (2014). Inheritance. *New Yorker*, 2 June. https://www.newyorker.com/magazine/2014/06/02/inheritance.

15. Sheppes, G., Catran, E., and Meiran, N. (2009). Reappraisal (but not distraction) is going to make you sweat: Physiological evidence for self-control effort. *International Journal of Psychophysiology*, 71(2), 91–6; Wagstaff, C.R. (2014). Emotion regulation and sport performance. *Journal of Sport and Exercise Psychology*, 36(4), 401–12.

16. PET 기법에 대한 설명과 바우마이스터의 관련 연구 결과는 다음을 참조하자. Baumeister, R.F., and Vohs, K.D. (2016). Strength model of self-regulation as limited resource: Assessment, controversies, update. *Advances in Experimental Social Psychology* 54, 67–127.

17. Gailliot, M.T., Baumeister, R.F., DeWall, C.N., Maner, J.K., Plant, E.A., Tice, D.M.,... and Schmeichel, B.J. (2007). Self-control relies on glucose as a limited energy source: Willpower is more than a metaphor. *Journal of Personality and Social Psychology*, 92(2), 325.

18. Baumeister, R.F., and Vohs, K.D. (2016). Strength model of self-regulation as limited resource: Assessment, controversies, update. *Advances in Experimental Social Psychology* 54, 67–127.

19. 자아 고갈의 존재를 확인한 대규모의 최신 연구들은 다음을 참조하자. Dang, J., Liu, Y., Liu, X., and Mao, L. (2017). The ego could be depleted, providing initial exertion is depleting: A preregistered experiment of the ego depletion effect. *Social Psychology*, 48(4), 242–5; Garrison, K.E., Finley, A.J., and Schmeichel, B.J. (2019). Ego depletion reduces attention control: Evidence from two high-powered preregistered experiments. *Personality and Social Psychology Bulletin*, 45(5), 728–39; Dang, J., Barker, P., Baumert, A., Bentvelzen, M., Berkman, E., Buchholz, N.,... and Zinkernagel, A. (2021). A multilab replication of the ego depletion effect. *Social Psychological and Personality Science*, 12(1), 14–24.

20. Martijn, C., Tenbult, P., Merckelbach, H., Dreezens, E., and de Vries, N.K. (2002). Getting a grip on ourselves: Challenging expectancies about loss of energy after self-control. *Social Cognition*, 20(6), 441–60. 다음도 참조하자. Clarkson, J.J., Hirt, E.R., Jia, L., and Alexander, M.B. (2010). When perception is more than reality: The effects of perceived versus actual resource depletion on self-regulatory behavior. *Journal of Personality and Social Psychology*, 98(1), 29. 이와 유사한 연구 결과들을 개관한 논문으로는 다음을 참조하자. Klinger, J.A., Scholer, A.A., Hui, C.M., and Molden, D.C. (2018). Effortful experiences of self-control foster lay theories that self-control is limited. *Journal of Experimental Social Psychology*, 78, 1–13.

21. Job, V., Dweck, C.S., and Walton, G.M. (2010). Ego depletion: Is it all in your head? Implicit theories about willpower affect self-regulation. *Psychological Science*, 21(11), 1686–93. 다음의 논문도 보라. Miller, E.M., Walton, G.M., Dweck, C.S., Job, V., Trzesniewski, K.H., and McClure, S.M. (2012). Theories of willpower affect sustained learning. *PLoS One*, 7(6), e38680; Chow, J.T., Hui, C.M., and Lau, S. (2015). A depleted mind feels inefficacious: Ego-depletion reduces self-efficacy to exert further self-control. *European Journal of Social Psychology*, 45(6), 754–68.

22. Bernecker, K., and Job, V. (2015). Beliefs about willpower moderate the effect of previous day demands on next day's expectations and effective goal striving. *Frontiers in Psychology*, 6, 1496.

23. 종단 연구 결과는 다음을 참조하자. Job, V., Dweck, C.S., and Walton, G.M. (2010). Ego depletion: Is it all in your head? Implicit theories about willpower affect self-regulation. *Psychological Science*, 21(11), 1686–93. 다음의 논문도 보라. Job, V., Walton, G.M., Bernecker, K., and Dweck, C.S. (2015). Implicit theories about willpower predict self-regulation and grades in everyday life. *Journal of Personality and Social Psychology*, 108(4), 637; Bernecker, K., Herrmann, M., Brandstatter, V., and Job, V. (2017). Implicit theories about willpower predict subjective well-being. *Journal of Personality*, 85(2), 136–50.

24. Bernecker, K., and Job, V. (2015). Beliefs about willpower are related to therapy adherence and psychological adjustment in patients with type 2 diabetes. *Basic and Applied Social Psychology*, 37(3), 188–95. 이런 결과들을 개관한 논문으로는 다음도 참조하자. Job, V., Sieber, V., Rothermund, K., and Nikitin, J. (2018). Age differences in implicit theories about willpower: Why older people endorse a nonlimited theory. *Psychology and Aging*, 33(6), 940.

25. 본 실험의 상세한 설명과 더불어 이 같은 마음가짐의 문화적 기원과 교육의 효과에 관한 가설은 다음 논문을 참조하자. Savani, K., and Job, V. (2017). Reverse ego-depletion: Acts of self-control can improve subsequent performance in Indian cultural contexts. *Journal of Personality and Social Psychology*, 113(4), 589.

26. 트라타카가 잡과 사바니가 설명한 기대 효과를 통해서 수행자들의 집중력을 향상시킬 수 있다는 관념을 뒷받침하는 과학적 근거는 다음 논문에서 찾아볼 수 있다. Raghavendra, B.R., and Singh, P. (2016). Immediate effect of yogic visual concentration on cognitive performance. *Journal of Traditional and Complementary Medicine*, 6(1), 34–6.

27. 이 같은 자아 고갈의 보수적 관리 이론에 대한 설명과 증거는 다음 논문에서 확인할 수 있다. Baumeister, R.F., and Vohs, K.D. (2016). Strength model of self-regulation as limited resource: Assessment, controversies, update. *Advances in Experimental Social Psychology*, 54, 67–127.

28. Job, V., Walton, G.M., Bernecker, K., and Dweck, C.S. (2013). Beliefs about willpower determine the impact of glucose on self-control. *Proceedings of the National Academy of*

Sciences, 110(37), 14837–42.

29. Madzharov, A., Ye, N., Morrin, M., and Block, L. (2018). The impact of coffee-like scent on expectations and performance. *Journal of Environmental Psychology*, 57, 83–6; Denson, T.F., Jacobson, M., Von Hippel, W., Kemp, R.I., and Mak, T. (2012). Caffeine expectancies but not caffeine reduce depletion-induced aggression. *Psychology of Addictive Behaviors*, 26(1), 140; Cropsey, K.L., Schiavon, S., Hendricks, P.S., Froelich, M., Lentowicz, I., and Fargason, R. (2017). Mixed-amphetamine salts expectancies among college students: Is stimulant induced cognitive enhancement a placebo effect? *Drug and Alcohol Dependence*, 178, 302–9.

30. Leach, S. (2019). How the hell has Danielle Steel managed to write 179 books? *Glamour*, 9 May. https://www.glamour.com/story/danielle-steel-books-interview; Jordan, T. (2018). Danielle Steel: 'I know an idea is right for me when it just clicks'. *New York Times*, 2 February. https://www.nytimes.com/2018/02/02/books/review/danielle-steel-fall-from-grace-best-seller.html.

31. Burkeman, O. (2019). Danielle Steel works 20 hours a day, but is that to be envied? *Guardian*, 31 May. https://www.theguardian.com/money/oliver-burkeman-column/2019/may/31/danielle-steel-work-20-hour-day.

32. Konze, A.K., Rivkin, W., and Schmidt, K.H. (2019). Can faith move mountains? How implicit theories about willpower moderate the adverse effect of daily emotional dissonance on ego-depletion at work and its spillover to the home-domain. *European Journal of Work and Organizational Psychology*, 28(2), 37–149. 자아 고갈이 우리의 자유 시간을 어떻게 망칠 수 있는지 보여주는 또다른 예는 다음의 논문을 참조하자. Reinecke, L., Hartmann, T., and Eden, A. (2014). The guilty couch potato: The role of ego depletion in reducing recovery through media use. *Journal of Communication*, 64(4), 569–89.

33. Bernecker, K., and Job, V. (2020). Too exhausted to go to bed: Implicit theories about willpower and stress predict bedtime procrastination. *British Journal of Psychology*, 111(1), 126–47.

34. See experiment 4 in Savani, K., and Job, V. (2017). Reverse ego-depletion: Acts of self-control can improve subsequent performance in Indian cultural contexts. *Journal of Personality and Social Psychology*, 113(4), 589.

35. Sieber, V., Fluckiger, L., Mata, J., Bernecker, K., and Job, V. (2019). Autonomous goal striving promotes a nonlimited theory about willpower. *Personality and Social Psychology Bulletin*, 45(8), 1295–1307.

36. Klinger, J.A., Scholer, A.A., Hui, C.M., and Molden, D.C. (2018). Effortful experiences of self-control foster lay theories that self-control is limited. *Journal of Experimental Social Psychology*, 78, 1–13.

37. Haimovitz, K., Dweck, C.S., and Walton, G.M. (2020). Preschoolers find ways to resist

temptation after learning that willpower can be energizing. *Developmental Science*, 23(3), e12905.

38. 윌리엄스의 의식에 관한 기사: Serena Williams sings Flashdance theme to keep her calm on court. Sky News, 12 July 2015. https://www.skysports.com/tennis/news/32498/9910795/serena-williams-sings-flashdance-theme-to-keep-her-calm-on-court. 닥터 수스와 베토벤의 의식에 관한 기사: Weinstein, E. (2018). Ten superstitions of writers and artists. Paris Review, 13 April. https://www.theparisreview.org/blog/2018/04/13/ten-superstitions-of-writers-and-artists. 윌리엄스, 패럴, 비욘세에 관한 글: Brooks, A.W., Schroeder, J., Risen, J.L., Gino, F., Galinsky, A.D., Norton, M.I., and Schweitzer, M.E. (2016). Don't stop believing: Rituals improve performance by decreasing anxiety. Organizational Behavior and Human Decision Processes, 137, 71–85. 다음도 참조하자. Hobson, N.M., Schroeder, J., Risen, J.L., Xygalatas, D., and Inzlicht, M. (2018). The psychology of rituals: An integrative review and process-based framework. *Personality and Social Psychology Review*, 22(3), 260–84.

39. Lonsdale, C., and Tam, J.T. (2008). On the temporal and behavioural consistency of pre-performance routines: An intra-individual analysis of elite basketball players' free throw shooting accuracy. *Journal of Sports Sciences*, 26(3), 259–66.

40. Damisch, L., Stoberock, B., and Mussweiler, T. (2010). Keep your fingers crossed! How superstition improves performance. *Psychological Science*, 21(7), 1014–20.

41. Friese, M., Schweizer, L., Arnoux, A., Sutter, F., and Wanke, M. (2014). Personal prayer counteracts self-control depletion. *Consciousness and Cognition*, 29, 90–5.

42. Rounding, K., Lee, A., Jacobson, J.A., and Ji, L.J. (2012). Religion replenishes self-control. *Psychological Science*, 23(6), 635–42.

43. Brooks, A.W., Schroeder, J., Risen, J.L., Gino, F., Galinsky, A.D., Norton, M.I., and Schweitzer, M.E. (2016). Don't stop believing: Rituals improve performance by decreasing anxiety. *Organizational Behavior and Human Decision Processes*, 137, 71–85.

44. Tian, A.D., Schroeder, J., Haubl, G., Risen, J.L., Norton, M.I., and Gino, F. (2018). Enacting rituals to improve self-control. *Journal of Personality and Social Psychology*, 114(6), 851.

제9장 미개발 천재

1. 학계에는 실험이 진행된 학교의 명칭이 오크 학교(Oak School)라고 알려졌지만 「디스커버(*Discover*)」에 실린 기사를 통해서 진짜 장소가 밝혀졌다. Ellison, K. (2015). Being honest about the Pygmalion effect. *Discover*, 29 October. https://www.discovermagazine.com/mind/being-honest-about-the-pygmalion-effect.

2. Rosenthal, R., and Jacobson, L. (1968). *Pygmalion in the Classroom: Teacher Expectation and Pupils' Intellectual Development*, 85–93. New York: Holt, Rinehart and Winston.

3. Rosenthal, R., and Jacobson, L. (1966). Teachers' expectancies: Determinants of pupils' IQ gains. *Psychological Reports*, 19(1), 115–18.

4. See, for instance: Rudebeck, S.R., Bor, D., Ormond, A., O'Reilly, J.X., and Lee, A.C. (2012). A potential spatial working memory training task to improve both episodic memory and fluid intelligence. *PLoS One*, 7(11), e50431.

5. Boot, W.R., Simons, D.J., Stothart, C., and Stutts, C. (2013). The pervasive problem with placebos in psychology: Why active control groups are not sufficient to rule out placebo effects. *Perspectives on Psychological Science*, 8(4), 445–54.

6. Foroughi, C.K., Monfort, S.S., Paczynski, M., McKnight, P.E., and Greenwood, P.M. (2016). Placebo effects in cognitive training. *Proceedings of the National Academy of Sciences*, 113(27), 7470–4.

7. 다음의 논문을 참조하자. Jaeggi, S.M., Buschkuehl, M., Shah, P., and Jonides, J. (2014). The role of individual differences in cognitive training and transfer. *Memory and Cognition*, 42(3), 464–80; Miller, E.M., Walton, G.M., Dweck, C.S., Job, V., Trzesniewski, K.H., and McClure, S.M. (2012). Theories of willpower affect sustained learning. *PLoS One*, 7(6), e38680.

8. Turi, Z., Bjørkedal, E., Gunkel, L., Antal, A., Paulus, W., and Mittner, M. (2018). Evidence for cognitive placebo and nocebo effects in healthy individuals. *Scientific Reports*, 8(1), 1–14; Fassi, L., and Kadosh, R.C. (2020). Is it all in our head? When subjective beliefs about receiving an intervention are better predictors of experimental results than the intervention itself. bioRxiv. https://www.biorxiv.org/content/10.1101/2020.12.06.41185 0v1.abstract.

9. How drinking vodka makes you more creative. *The Week*, 16 February 2012. https://theweek.com/articles/478116/how-drinking-vodka-makes-more-creative.

10. Lipnicki, D.M., and Byrne, D.G. (2005). Thinking on your back: Solving anagrams faster when supine than when standing. *Cognitive Brain Research*, 24(3), 719–22.

11. Lapp, W.M., Collins, R.L., and Izzo, C.V. (1994). On the enhancement of creativity by alcohol: Pharmacology or expectation? *American Journal of Psychology*, 173–206.

12. Rozenkrantz, L., Mayo, A.E., Ilan, T., Hart, Y., Noy, L., and Alon, U. (2017). Placebo can enhance creativity. *PLoS One*, 12(9), e0182466. 다음의 논문도 참조하자. Weinberger, A.B., Iyer, H., and Green, A.E. (2016). Conscious augmentation of creative state enhances 'real' creativity in open-ended analogical reasoning. *PLoS One*, e0150773.

13. Weger, U.W., and Loughnan, S. (2013). Rapid communication: Mobilizing unused resources: Using the placebo concept to enhance cognitive performance. *Quarterly Journal of Experimental Psychology*, 66(1), 23–8.

14. Autin, F., and Croizet, J.C. (2012). Improving working memory efficiency by reframing metacognitive interpretation of task difficulty. *Journal of Experimental Psychology: General*,

141(4), 610. 다음도 참조하자. Oyserman, D., Elmore, K., Novin, S., Fisher, O., and Smith, G.C. (2018). Guiding people to interpret their experienced difficulty as importance highlights their academic possibilities and improves their academic performance. *Frontiers in Psychology*, 9, 781.

15. 로젠탈은 다음 논문에서 자신의 연구에 자주 제기되는 비판 중 일부를 다루었다. Rosenthal, R. (1987). Pygmalion effects: Existence, magnitude, and social importance. *Educational Researcher*, 16(9), 37–40. 다음도 보라. De Boer, H., Bosker, R.J., and van der Werf, M.P. (2010). Sustainability of teacher expectation bias effects on long-term student performance. *Journal of Educational Psychology*, 102(1), 168. 현대적 관점에서의 논문으로는 다음과 같은 것이 있다. Timmermans, A.C., Rubie-Davies C.M., and Rjosk, C. (2018) Pygmalion's 50th anniversary: The state of the art in teacher expectation research. *Educational Research and Evaluation*, 24(3–5), 91–8.

16. Szumski, G., and Karwowski, M. (2019). Exploring the Pygmalion effect: The role of teacher expectations, academic self-concept, and class context in students' math achievement. *Contemporary Educational Psychology*, 59, 101787. 보다 비판적인 관점에서 관련 연구를 개관하면서도 자기 충족적 예언의 중요성(특히 군부대 환경에서)을 인정한 논문으로는 다음을 참조하자. Jussim, L. (2017). Precis of social perception and social reality: Why accuracy dominates bias and self-fulfilling prophecy. *Behavioral and Brain Sciences*, 40.

17. Sorhagen, N.S. (2013). Early teacher expectations disproportionately affect poor children's high school performance. *Journal of Educational Psychology*, 105(2), 465.

18. Eden, D., and Shani, A.B. (1982). Pygmalion goes to boot camp: Expectancy, leadership, and trainee performance. *Journal of Applied Psychology*, 67(2), 194.

19. 이스라엘 방위군 연구에서의 효과 크기와 그외 직종에서의 평균 효과 크기는 다음 논문에서 찾아볼 수 있다. McNatt, D.B. (2000). Ancient Pygmalion joins contemporary management: A meta-analysis of the result. *Journal of Applied Psychology*, 85(2), 314. 다양한 직장에서의 피그말리온 효과를 보다 상세히 탐구하고자 한다면 다음 연구를 참조하자. Whiteley, P., Sy, T., and Johnson, S.K. (2012). Leaders' conceptions of followers: Implications for naturally occurring Pygmalion effects. *Leadership Quarterly*, 23(5), 822–34; and Avolio, B.J., Reichard, R.J., Hannah, S.T., Walumbwa, F.O., and Chan, A. (2009). A meta-analytic review of leadership impact research: Experimental and quasi-experimental studies. *Leadership Quarterly*, 20(5), 764–84.

20. Brophy, J.E., and Good, T.L. (1970). Teachers' communication of differential expectations for children's classroom performance: Some behavioral data. *Journal of Educational Psychology*, 61(5), 365.

21. Rubie-Davies, C.M. (2007). Classroom interactions: Exploring the practices of high-and low-expectation teachers. British Journal of Educational Psychology, 77(2), 289–306. 포

괄적인 개관은 다음 논문을 참조하자. Wang, S., Rubie-Davies, C.M., and Meissel, K. (2018). A systematic review of the teacher expectation literature over the past 30 years. *Educational Research and Evaluation*, 24(3–5), 124–79.

22. Rosenthal, R., and Jacobson, L.F. (1968). Teacher expectations for the disadvantaged. *Scientific American* 218(4), 19–23.

23. 다음의 개관논문에서 설명하듯이, 교사의 기대가 시간이 흘러도 큰 변화 없이 안정적으로 유지된다는 사실이 최신 연구 결과 밝혀졌다. Timmermans, A.C., Rubie-Davies C.M., and Rjosk, C. (2018) Pygmalion's 50th anniversary: The state of the art in teacher expectation research. *Educational Research and Evaluation*, 24(3–5), 91–8.

24. Angelou, M. (2020). *I know why the caged bird sings*, 83. London: Folio Society.

25. *The teachers who changed Oprah's life*. (1989). https://www.oprah.com/oprahshow/the-teachers-who-changed-oprahs-life/all.

26. Coughlan, S. (2016). Stephen Hawking remembers best teacher. BBC News, 8 March. https://www.bbc.co.uk/news/education-35754759.

27. Talamas, S.N., Mavor, K.I., and Perrett, D.I. (2016). Blinded by beauty: Attractiveness bias and accurate perceptions of academic performance. *PLoS One*, 11(2), e0148284. "성실성, 지능, 학업 성취에 대한 지각이 수업 환경은 물론이고 아이들의 학업적 성공에도 치명적인 영향을 미칠 수 있다"며 저자들은 기대 효과와의 직접적인 관계성을 지적한다.

28. 이를테면 다음과 같은 연구들이 있다. Todorov, A., Mandisodza, A.N., Goren, A., and Hall, C.C. (2005). Inferences of competence from faces predict election outcomes. *Science*, 308(5728), 1623–6; Moore, F.R., Filippou, D., and Perrett, D.I. (2011). Intelligence and attractiveness in the face: Beyond the attractiveness halo effect. *Journal of Evolutionary Psychology*, 9(3), 205–17.

29. See Jæger, M.M. (2011). 'A thing of beauty is a joy forever'? Returns to physical attractiveness over the life course. *Social Forces*, 89(3), 983–1003; Frevert, T.K., and Walker, L.S. (2014). Physical attractiveness and social status. *Sociology Compass*, 8(3), 313–23.

30. Clifford, M.M., and Walster, E. (1973). The effect of physical attractiveness on teacher expectations. *Sociology of Education*, 248–58; Bauldry, S., Shanahan, M.J., Russo, R., Roberts, B.W., and Damian, R. (2016). Attractiveness compensates for low status background in the prediction of educational attainment. *PLoS One*, 11(6), e0155313.

31. Frieze, I.H., Olson, J.E., and Russell, J. (1991). Attractiveness and income for men and women in management 1. *Journal of Applied Social Psychology*, 21(13), 1039–57. 보다 깊이 있는 고찰은 다음 글을 참조하자. Toledano, E. (2013). May the best (looking) man win: The unconscious role of attractiveness in employment decisions. *Cornell HR Review*. http://digitalcommons.ilr.cornell.edu/chrr/48.

32. Mayew, W.J., Parsons, C.A., and Venkatachalam, M. (2013). Voice pitch and the labor

market success of male chief executive officers. *Evolution and Human Behavior,* 34(4), 243–8. 스키너의 연봉과 같은 추가 정보는 이 논문에 함께 제시된 보충 자료와 내가 다음 영상 제작을 위해서 윌리엄 메이유를 인터뷰한 자료에서 인용했다. Does the way you speak reveal how much you earn? BBC Worklife. https://www.bbc.com/worklife/article/20180605-does-the-way-you-speak-give-away-how-much-you-earn.

33. Wang, S., Rubie-Davies, C.M., and Meissel, K. (2018). A systematic review of the teacher expectation literature over the past 30 years. *Educational Research and Evaluation,* 24(3–5), 124–79; Sorhagen, N.S. (2013). Early teacher expectations disproportionately affect poor children's high school performance. *Journal of Educational Psychology,* 105(2), 465.

34. Jamil, F.M., Larsen, R.A., and Hamre, B.K. (2018). Exploring longitudinal changes in teacher expectancy effects on children's mathematics achievement. *Journal for Research in Mathematics Education,* 49(1), 57–90.

35. Agirdag, O. (2018). The impact of school SES composition on science achievement and achievement growth: Mediating role of teachers' teachability culture. *Educational Research and Evaluation,* 24(3–5), 264–76.

36. 고정관념 위협 현상을 반복 검증하려는 시도가 일부 실패로 끝나면서 이 현상의 중요성을 두고 다소 논란이 일었다. 하지만 고정관념 위협의 중요성을 높이 평가하는 측에서는 이처럼 실패한 반복 검증 연구들에 방법론적인 문제가 있었으며, 큰 부담이 주어지는 여러 상황에서 고정관념 위협이 실재한다는 증거는 매우 확고하다고 주장한다. 이 같은 주장을 뒷받침하듯, 최근 어느 메타 분석 연구에서는 고정관념 위협을 감소시키기 위한 조치들이, 위협을 느낄 수 있는 당사자들의 수행 능력을 유의미하게 향상시켰음을 확인했다. 보다 자세한 정보는 다음 논문을 참조하자. Nussbaum, D. (2018). The replicability issue and stereotype threat research. *Medium,* 1 February. https://medium.com/@davenuss79/the-replicability-issue-and-stereotype-threat-research-a988d6f8b080; and Liu, S., Liu, P., Wang, M., and Zhang, B. (2020). Effectiveness of stereotype threat interventions: A meta-analytic review. *Journal of Applied Psychology.* doi: 10.1037/apl0000770.

37. Quoted in: Ellison, K. (2015). Being honest about the Pygmalion effect. *Discover,* 29 October. https://www.discovermagazine.com/mind/being-honest-about-the-pygmalion-effect.

38. Rubie-Davies, C.M., Peterson, E.R., Sibley, C.G., and Rosenthal, R. (2015). A teacher expectation intervention: Modelling the practices of high expectation teachers. *Contemporary Educational Psychology,* 40, 72–85. 이 연구 결과는 다음 논문에서 재분석되었으며, 본문에 쓰인 28퍼센트라는 수치는 여기에서 인용했다. Rubie-Davies, C.M., and Rosenthal, R. (2016). Intervening in teachers' expectations: A random effects meta-analytic approach to examining the effectiveness of an intervention. *Learning and Individual Differences,* 50, 83–92.

39. De Boer, H., Timmermans, A.C., and van der Werf, M.P. (2018). The effects of teacher expectation interventions on teachers' expectations and student achievement: Narrative review and meta-analysis. *Educational Research and Evaluation*, 24(3–5), 180–200.

40. John-Henderson, N.A., Rheinschmidt, M.L., and Mendoza-Denton, R. (2015). Cytokine responses and math performance: The role of stereotype threat and anxiety reappraisals. *Journal of Experimental Social Psychology*, 56, 203–6. 시험에 특히 스트레스를 많이 받는 저소득층 학생들에게서도 유사한 효과가 나타날 수 있다. Rozek, C.S., Ramirez, G., Fine, R.D., and Beilock, S.L. (2019). Reducing socioeconomic disparities in the STEM pipeline through student emotion regulation. *Proceedings of the National Academy of Sciences*, 116(5), 1553–8. 다음도 참조하자. Liu, S., Liu, P., Wang, M., and Zhang, B. (2020). Effectiveness of stereotype threat interventions: A meta-analytic review. *Journal of Applied Psychology*. doi: 10.1037/apl0000770.

41. 자기 가치 확인과 기대 효과 및 스트레스 연구의 직접적인 연관성을 지적한 연구로는 다음을 참조하자. Brady, S.T., Reeves, S.L., Garcia, J., Purdie-Vaughns, V., Cook, J.E., Taborsky-Barba, S.,... and Cohen, G.L. (2016). The psychology of the affirmed learner: Spontaneous self-affirmation in the face of stress. *Journal of Educational Psychology*, 108(3), 353.

42. Martens, A., Johns, M., Greenberg, J., and Schimel, J. (2006). Combating stereotype threat: The effect of self-affirmation on women's intellectual performance. *Journal of Experimental Social Psychology*, 42(2), 236–43.

43. Miyake, A., Kost-Smith, L.E., Finkelstein, N.D., Pollock, S.J., Cohen, G.L., and Ito, T.A. (2010). Reducing the gender achievement gap in college science: A classroom study of values affirmation. *Science*, 330(6008), 1234–7. 성별에 따른 점수 차이는 다음 사이트에 게시된 그래프와 보충 자료에서 가져왔다. www.sciencemag.org/cgi/content/full/330/6008/1234/DC1.

44. Hadden, I.R., Easterbrook, M.J., Nieuwenhuis, M., Fox, K.J., and Dolan, P. (2020). Self-affirmation reduces the socioeconomic attainment gap in schools in England. *British Journal of Educational Psychology*, 90(2), 517–36.

45. Cohen, G.L., Garcia, J., Apfel, N., and Master, A. (2006). Reducing the racial achievement gap: A social-psychological intervention. *Science*, 313(5791), 1307–10; Cohen, G.L., Garcia, J., Purdie-Vaughns, V., Apfel, N., and Brzustoski, P. (2009). Recursive processes in self-affirmation: Intervening to close the minority achievement gap. *Science*, 324(5925), 400–3.

46. Goyer, J.P., Garcia, J., Purdie-Vaughns, V., Binning, K.R., Cook, J.E., Reeves, S.L.,... and Cohen, G.L. (2017). Self-affirmation facilitates minority middle schoolers' progress along college trajectories. *Proceedings of the National Academy of Sciences*, 114(29), 7594–9. 다음도 참조하자. Sherman, D.K., Hartson, K.A., Binning, K.R., Purdie-Vaughns, V.,

Garcia, J., Taborsky-Barba, S.,... and Cohen, G.L. (2013). Deflecting the trajectory and changing the narrative: How self-affirmation affects academic performance and motivation under identity threat. *Journal of Personality and Social Psychology*, 104(4), 591. 인종에 따른 학업 성취도 차이에 대한 연구 결과들을 개관한 논문으로는 다음을 참조하자. Walton, G.M., and Wilson, T.D. (2018). Wise interventions: Psychological remedies for social and personal problems. *Psychological Review*, 125(5), 617.

47. 자기 가치 확인 중재법의 메타 분석 결과는 다음을 참조하자. Liu, S., Liu, P., Wang, M., and Zhang, B. (2020). Effectiveness of stereotype threat interventions: A meta-analytic review. *Journal of Applied Psychology*. 선순환에 관한 설명은 다음 논문에서 찾을 수 있다. Cohen, G.L., and Sherman, D.K. (2014). The psychology of change: Self-affirmation and social psychological intervention. *Annual Review of Psychology*, 65(1), 333–71.

48. Liu, S., Liu, P., Wang, M., and Zhang, B. (2020). Effectiveness of stereotype threat interventions: A meta-analytic review. *Journal of Applied Psychology*. Advance online publication. doi: 10.1037/apl0000770.

제10장 슈퍼 노인

1. Gagliardi, S. (2018). Sanremo 2018. *Huffpost*, 6 February. https://www.huffingtonpost. it/entry/sanremo-2018-paddy-jones-balla-a-83-anni-e-lascia-tutti-a-bocca-aperta-questanno-sanremo-lo-vince-lei-la-vecchia-che-balla-e-come-la-scimmia-di-gabbani_it_5cc1ef3ee4b0aa856c9ea862.

2. Yaqoob, J. (2014). Simon Cowell: Controversial salsa-dancing granny can win Britain's Got Talent – and she reminds me of mum. *Mirror*, 12 April. https://www.mirror.co.uk/tv/tv-news/britains-talent-paddy-nico-simon-3406432.

3. 이런 결론은 논란의 소지가 있을 것 같지만 실제로 다음 논문을 비롯한 수많은 연구들에서도 같은 결론을 내린다. Stewart, T.L., Chipperfield, J.G., Perry, R.P., and Weiner, B. (2012). Attributing illness to 'old age': Consequences of a self-directed stereotype for health and mortality. *Psychology and Health*, 27(8), 881–97.

4. 실험에 대한 보다 상세한 설명은 다음 책을 참조하자. Langer, E.J. (2009). *Counter Clockwise: Mindful Health and the Power of Possibility*. New York: Ballantine. 후속 연구에 관한 논의를 포함한 세부적인 정보는 다음 연구를 참고했다. Pagnini, F., Cavalera, C., Volpato, E., Comazzi, B., Riboni, F.V., Valota, C.,... and Langer, E. (2019). Ageing as a mindset: A study protocol to rejuvenate older adults with a counterclockwise psychological intervention. *BMJ Open*, 9(7), e030411.

5. Levy, B.R., Slade, M.D., Kunkel, S.R., and Kasl, S.V. (2002). Longevity increased by positive self-perceptions of aging. *Journal of Personality and Social Psychology*, 83(2), 261.

6. Levy, B.R., Zonderman, A.B., Slade, M.D., and Ferrucci, L. (2009). Age stereotypes held earlier in life predict cardiovascular events in later life. *Psychological Science*, 20(3), 296–8.

7. Levy, B.R., Ferrucci, L., Zonderman, A.B., Slade, M.D., Troncoso, J., and Resnick, S.M. (2016). A culture-brain link: Negative age stereotypes predict Alzheimer's disease biomarkers. *Psychology and Aging*, 31(1), 82.

8. Levy, B.R., Slade, M.D., Pietrzak, R.H., and Ferrucci, L. (2018). Positive age beliefs protect against dementia even among elders with high-risk gene. *PLoS One*, 13(2), e0191004.

9. Levy, B.R., Slade, M.D., Kunkel, S.R., and Kasl, S.V. (2002). Longevity increased by positive self-perceptions of aging. *Journal of Personality and Social Psychology*, 83(2), 261.

10. Kuper, H., and Marmot, M. (2003). Intimations of mortality: Perceived age of leaving middle age as a predictor of future health outcomes within the Whitehall II study. *Age and Ageing*, 32(2), 178–84. 단기적인 효과를 뒷받침하는 실험적 증거도 제기되었는데, 사람들은 자신이 광고 속 연기자들과 같은 세대에 속한다고 동일시할 때만 연령차별적인 광고에 영향을 받았다. Westerhof, G.J., Harink, K., Van Selm, M., Strick, M., and Van Baaren, R. (2010). Filling a missing link: The influence of portrayals of older characters in television commercials on the memory performance of older adults. *Ageing and Society*, 30(5), 897.

11. Stephan, Y., Sutin, A.R., and Terracciano, A. (2016). Feeling older and risk of hospitalization: Evidence from three longitudinal cohorts. *Health Psychology*, 35(6), 634; Stephan, Y., Caudroit, J., Jaconelli, A., and Terracciano, A. (2014). Subjective age and cognitive functioning: A 10-year prospective study. *American Journal of Geriatric Psychiatry*, 22(11), 1180–7.

12. Mock, S.E., and Eibach, R.P. (2011). Aging attitudes moderate the effect of subjective age on psychological well-being: Evidence from a 10-year longitudinal study. *Psychology and Aging*, 26(4), 979. 주관적인 나이와 심리적 안녕감, 신체 건강 사이의 연결 고리를 보다 자세히 살펴본 연구로는 다음 논문들을 참조하자. Stephan, Y., Chalabaev, A., Kotter-Gruhn, D., and Jaconelli, A. (2013). 'Feeling younger, being stronger': An experimental study of subjective age and physical functioning among older adults. *Journals of Gerontology Series B: Psychological Sciences and Social Sciences*, 68(1), 1–7; Westerhof, G.J., Miche, M., Brothers, A.F., Barrett, A.E., Diehl, M., Montepare, J.M.,... and Wurm, S. (2014). The influence of subjective aging on health and longevity: A meta-analysis of longitudinal data. *Psychology and Aging*, 29(4), 793; Wurm, S., and Westerhof, G.J. (2015). Longitudinal research on subjective aging, health, and longevity: Current evidence and new directions for research. *Annual Review of Gerontology and Geriatrics*, 35(1), 145–65; Terracciano, A., Stephan, Y., Aschwanden, D., Lee, J.H., Sesker, A.A., Strickhouser, J.E.,... and Sutin, A.R. (2021). Changes in subjective age during COVID-19. *Gerontologist*, 61(1), 13–22.

13. Davies, C. (2010). Martin Amis in new row over 'euthanasia booths'. *Guardian*, 24 January. https://www.theguardian.com/books/2010/jan/24/martin-amis-euthanasia-booths-alzheimers; https://www.manchester.ac.uk/discover/news/writing-is-not-for-the-

old-says-amis-yes-it-is-says-james.

14. 'Martin Amis always had a fear and loathing of ageing'. *Evening Standard*, 13 April 2012. https://www.standard.co.uk/news/martin-amis-always-had-a-fear-and-loathing-of-ageing-6791926.html

15. Rosenbaum, R. (2012). Martin Amis contemplates evil. *Smithsonian*. https://www.smithsonianmag.com/arts-culture/martin-amis-contemplates-evil-17857756.

16. Higgins, C. (2009). Martin Amis on ageing. *Guardian*, 24 January. https://www.theguardian.com/books/2009/sep/29/martin-amis-the-pregnant-widow.

17. Levy, B. (2009). Stereotype embodiment: A psychosocial approach to aging. *Current Directions in Psychological Science*, 18(6), 332–6.

18. Touron, D.R. (2015). Memory avoidance by older adults: When 'old dogs' won't perform their 'new tricks'. *Current Directions in Psychological Science*, 24(3), 170–6.

19. Robertson, D.A., King-Kallimanis, B.L., and Kenny, R.A. (2016). Negative perceptions of aging predict longitudinal decline in cognitive function. *Psychology and Aging*, 31(1), 71; Jordano, M.L., and Touron, D.R. (2017). Stereotype threat as a trigger of mind-wandering in older adults. *Psychology and Aging*, 32(3), 307.

20. Westerhof, G.J., Harink, K., Van Selm, M., Strick, M., and Van Baaren, R. (2010). Filling a missing link: The influence of portrayals of older characters in television commercials on the memory performance of older adults. *Ageing and Society*, 30(5), 897.

21. Robertson, D.A., Savva, G.M., King-Kallimanis, B.L., and Kenny, R.A. (2015). Negative perceptions of aging and decline in walking speed: A self-fulfilling prophecy. *PLoS One*, 10(4), e0123260.

22. Levy, B.R., and Slade, M.D. (2019). Positive views of aging reduce risk of developing later-life obesity. *Preventive Medicine Reports*, 13, 196–98.

23. Stewart, T.L., Chipperfield, J.G., Perry, R.P., and Weiner, B. (2012). Attributing illness to 'old age': Consequences of a self-directed stereotype for health and mortality. *Psychology and Health*, 27(8), 881–97.

24. 이를테면 다음과 같은 연구들이 있다. Levy, B.R., Ryall, A.L., Pilver, C.E., Sheridan, P.L., Wei, J.Y., and Hausdorff, J.M. (2008). Influence of African American elders' age stereotypes on their cardiovascular response to stress. *Anxiety, Stress, and Coping*, 21(1), 85–93; Weiss, D. (2018). On the inevitability of aging: Essentialist beliefs moderate the impact of negative age stereotypes on older adults' memory performance and physiological reactivity. *Journals of Gerontology: Series B*, 73(6), 925–33.

25. Levy, B.R., Moffat, S., Resnick, S.M., Slade, M.D., and Ferrucci, L. (2016). Buffer against cumulative stress: Positive age self-stereotypes predict lower cortisol across 30 years. *GeroPsych: The Journal of Gerontopsychology and Geriatric Psychiatry*, 29(3), 141–6.

26. Levy, B.R., and Bavishi, A. (2018). Survival advantage mechanism: Inflammation as a

mediator of positive self-perceptions of aging on longevity. *Journals of Gerontology: Series B*, 73(3), 409–12.

27. https://www.newscientist.com/term/telomeres. 다음을 보라. Levitin, D. (2020) *The Changing Mind*, 325. London: Penguin Life.

28. Pietrzak, R.H., Zhu, Y., Slade, M.D., Qi, Q., Krystal, J.H., Southwick, S.M., and Levy, B.R. (2016). Negative age stereotypes' association with accelerated cellular aging: Evidence from two cohorts of older adults. *Journal of the American Geriatrics Society*, 64(11), e228.

29. Tamman, A.J., Montalvo-Ortiz, J.L., Southwick, S.M., Krystal, J.H., Levy, B.R., and Pietrzak, R.H. (2019). Accelerated DNA methylation aging in US military veterans: Results from the National Health and Resilience in Veterans Study. *American Journal of Geriatric Psychiatry*, 27(5), 528–32.

30. Levy, B.R., Slade, M.D., Pietrzak, R.H., and Ferrucci, L. (2018). Positive age beliefs protect against dementia even among elders with high-risk gene. *PLoS One*, 13(2), e0191004.

31. Callaway, E. (2010). Telomerase reverses ageing process. *Nature*, 28 November. https://www.nature.com/news/2010/101128/full/news.2010.635.html; Ledford, H. (2020). Reversal of biological clock restores vision in old mice. *Nature*, 2 December. https://www.nature.com/articles/d41586-020-03403-0?fbclid=IwAR2hB3VaqEpokcSQwoGkG5W6Jjfprw90pKfTz_A4zav2V7xkrNYlMnTs06w.

32. Knechtle, B., Jastrzebski, Z., Rosemann, T., and Nikolaidis, P.T. (2019). Pacing during and physiological response after a 12-hour ultra-marathon in a 95-year-old male runner. *Frontiers in Physiology*, 9, 1875.

33. Cited in this review paper: Lepers, R., and Stapley, P.J. (2016). Master athletes are extending the limits of human endurance. *Frontiers in Physiology*, 7, 613.

34. Ibid.

35. Harvey-Wood, H. (2000). Obituary: Penelope Fitzgerald. *Guardian*, 3 May. https://www.theguardian.com/news/2000/may/03/guardianobituaries.books.

36. Wood, J. (2014). Late bloom. *New Yorker*, 17 November. https://www.newyorker.com/magazine/2014/11/24/late-bloom.

37. Sotheby's (2020). Getting to know Picasso ceramics. https://www.sothebys.com/en/articles/picasso-ceramics-7-things-you-need-to-know.

38. 'In pictures: Matisse's cut-outs'. BBC News, / October 2013, https://www.bbc.co.uk/news/in-pictures-24402817.

39. Weiss, D. (2018). On the inevitability of aging: Essentialist beliefs moderate the impact of negative age stereotypes on older adults' memory performance and physiological reactivity. *Journals of Gerontology: Series B*, 73(6), 925–33.

40. Shimizu, A. (2019). For Hiromu Inada, an 86-year-old ironman triathlete, age really is just

a number. *Japan Times*, 5 April: https://www.japantimes.co.jp/life/2019/04/05/lifestyle/
hiromu-inada-86-year-old-ironman-triathleteage-really-just-number/.

41. Office for National Statistics (2018). Living longer: how our population is changing
and why it matters. https://www.ons.gov.uk/peoplepopulation andcommunity/
birthsdeathsandmarriages/ageing/articles/livinglongerhowourpopulationischangingandwhy
itmatters/2018-08-13#how-do-changes-in-the-uk-population-compare-with-the-rest-of-the-
world.

42. https://www.who.int/news-room/fact-sheets/detail/dementia.

43. Kaeberlein, M. (2018). How healthy is the healthspan concept? *GeroScience*, 40(4), 361–4.

44. Levy, B.R., Pilver, C., Chung, P.H., and Slade, M.D. (2014). Subliminal strengthening:
Improving older individuals' physical function over time with an implicit-age-stereotype
intervention. *Psychological Science*, 25(12), 2127–35.

45. 다음 논문의 '논의' 부분을 참조하자. Robertson, D.A., King-Kallimanis, B.L., and
Kenny, R.A. (2016). Negative perceptions of aging predict longitudinal decline in cognitive
function. *Psychology and Aging*, 31(1), 71–81.

46. Sarkisian, C.A., Prohaska, T.R., Davis, C., and Weiner, B. (2007). Pilot test of an
attribution retraining intervention to raise walking levels in sedentary older adults. *Journal
of the American Geriatrics Society*, 55(11), 1842–6.

47. 이를테면 다음과 같은 연구들이 있다. Stephan, Y., Chalabaev, A., Kotter-Gruhn, D.,
and Jaconelli, A. (2013). 'Feeling younger, being stronger': An experimental study of
subjective age and physical functioning among older adults. *Journals of Gerontology Series B:
Psychological Sciences and Social Sciences*, 68(1), 1–7; Brothers, A., and Diehl, M. (2017).
Feasibility and efficacy of the AgingPLUS Program: Changing views on aging to increase
physical activity. *Journal of Aging and Physical Activity*, 25(3), 402–11; Nehrkorn-Bailey, A.,
Forsyth, G., Braun, B., Burke, K., and Diehl, M. (2020). Improving hand-grip strength
and blood pressure in adults: Results from an AgingPLUS pilot study. *Innovation in Aging*,
4 (Suppl 1), 587; Wolff, J.K., Warner, L.M., Ziegelmann, J.P., and Wurm, S. (2014).
What do targeting positive views on ageing add to a physical activity intervention in older
adults? Results from a randomised controlled trial. *Psychology and Health*, 29(8), 915–32;
Beyer, A.K., Wolff, J.K., Freiberger, E., and Wurm, S. (2019). Are self-perceptions
of ageing modifiable? Examination of an exercise programme with vs. without a self-
perceptions of ageing-intervention for older adults. *Psychology and Health*, 34(6), 661–76.

48. 이 연구에 관해서는 전에도 글을 쓴 적이 있다. Robson, D. (2017). The amazing fertility
of the older mind. BBC Future, 28 August. http://www.bbc.com/future/story/20170828-
the-amazing-fertility-of-the-older-mind.

49. https://www.tuttitalia.it/sardegna/73-nuoro/statistiche/popolazione-andamento-
demografico.

50. Kirchgaessner, S. (2016). Ethical questions raised in search for Sardinian centenarians' secrets. *Guardian*, 12 August. https://www.theguardian.com/world/2016/aug/12/ethical-questions-raised-in-search-for-sardinian-centenarians-secrets; https://www.bluezones.com/exploration/sardinia-italy.

51. Ruby, J.G., Wright, K.M., Rand, K.A., Kermany, A., Noto, K., Curtis, D.,... and Ball, C. (2018). Estimates of the heritability of human longevity are substantially inflated due to assortative mating. *Genetics*, 210(3), 1109–24.

52. 이를 주제로 내가 제작한 짧은 다큐멘터리는 다음 사이트에서 볼 수 있다. https://www.bbc.com/reel/playlist/elixir-of-life?vpid=p08blgc4.

53. North, M.S., and Fiske, S.T. (2015). Modern attitudes toward older adults in the aging world: A cross-cultural meta-analysis. *Psychological Bulletin*, 141(5), 993.

54. Levy, B.R. (2017). Age-stereotype paradox: Opportunity for social change. *Gerontologist*, 57 (Suppl 2), S118–S126.

에필로그

1. Anzilotti, E. (2017). This hospital bridges traditional medicine with Hmong spirituality – and gets results. Fast Company. https://www.fastcompany.com/3068680/this-hospital-bridges-traditional-medicine-with-hmong-spirtuality-and-gets-results.

2. Quoted in Colucci-D'Amato, L., Bonavita, V., and Di Porzio, U. (2006). The end of the central dogma of neurobiology: Stem cells and neurogenesis in adult CNS. *Neurological Sciences*, 27(4), 266–70.

3. Schroder, H.S., Kneeland, E.T., Silverman, A.L., Beard, C., and Bjorgvinsson, T. (2019). Beliefs about the malleability of anxiety and general emotions and their relation to treatment outcomes in acute psychiatric treatment. *Cognitive Therapy and Research*, 43(2), 312–23.

4. Burnette, J.L. (2010). Implicit theories of body weight: Entity beliefs can weigh you down. *Personality and Social Psychology Bulletin*, 36(3), 410–22; Burnette, J.L., and Finkel, E.J. (2012). Buffering against weight gain following dieting setbacks: An implicit theory intervention. *Journal of Experimental Social Psychology*, 48(3), 721–5; Burnette, J.L., Knouse, L.E., Vavra, D.T., O'Boyle, E., and Brooks, M.A. (2020). Growth mindsets and psychological distress: A meta-analysis. *Clinical Psychology Review*, 77, 101816.

5. 다음 논문의 보충자료를 참조하지. Yeager, D.S., Johnson, R., Spitzer, B.J., Trzesniewski, K.H., Powers, J., and Dweck, C.S. (2014). The far-reaching effects of believing people can change: Implicit theories of personality shape stress, health, and achievement during adolescence. *Journal of Personality and Social Psychology*, 106(6), 867.

6. Kross, E., and Ayduk, O. (2017). Self-distancing: Theory, research, and current directions. *Advances in Experimental Social Psychology*, 55, 81–136.

7. Streamer, L., Seery, M.D., Kondrak, C.L., Lamarche, V.M., and Saltsman, T.L. (2017).

Not I, but she: The beneficial effects of self-distancing on challenge/threat cardiovascular responses. *Journal of Experimental Social Psychology, 70,* 235–41.

8. Diedrich, A., Hofmann, S.G., Cuijpers, P., and Berking, M. (2016). Self-compassion enhances the efficacy of explicit cognitive reappraisal as an emotion regulation strategy in individuals with major depressive disorder. *Behaviour Research and Therapy, 82,* 1–10.

역자 후기

흔히 우리는 자신의 눈과 귀를 지나치게 신뢰한다. 직접 보고 듣는 것이 진실이고 또 전부라고 믿는다. 그도 그럴 것이, 우리가 받아들이고 이해하는 세상은 분명 우리가 지각하는 현실을 바탕으로 이루어진다. 외부 세계에 존재하는 모든 것은 전기적 신호로 변환되어 감각 기관을 통해서 우리의 내부로 들어오고, 뇌는 그 정보를 해석하여 주변에서 일어나는 일들을 지각한다. 간단한 인풋과 아웃풋의 원리인 셈이다. 하지만 정말 그뿐일까? 앞의 문장에서 가장 핵심이 되는 단어는 사실 "감각"도, "지각"도 아닌, "해석"이다. 감각과 지각 사이, 우리의 뇌는 입력된 감각 정보를 곧이곧대로 받아들이는 대신에 능동적으로 개입해 나름의 해석을 덧붙인다. 물체 뒤에 가려진 신체의 일부, 불규칙한 소음 속에 섞여 드문드문 들려오는 친구의 목소리, 자연광 속에서 볼 때와 가로등 불빛 아래서 볼 때의 친구의 옷 색깔 차이. 이처럼 물리적인 감각 정보는 세상에 대한 하나의 커다란 그림을 그리기에는 불완전한 도구이기 때문이다.

그렇다면 뇌 입장에서 해석 과정을 가장 효율적으로 해낼 수 있는 방법은 무엇일까? 이전의 경험으로부터 학습한 사전 지식과 현재 자신이 처한 상황을 바탕으로 감각 기관으로 들어온 정보가 무엇일지 미리 예측하는 것이다. 이렇게 하면 정보를 굳이 매번 세세하게 검토하지 않더라도 빠르게 파악하고 그에 대응하는 일이 가능해진다. 그리고 바로 이 과정에서 때로는 미묘하고 때로는 터무니없이 커다란 정보의 왜곡이 일어난다. 『기대의 발견』은 뇌의 예측이 이렇듯 지각에 영향을 줌으로써 일어나는 범상치 않은 감각의 왜곡과 그 여파 및 활용 방안에 관한 책이다.

착시 현상, 플라세보 효과, 피그말리온 효과, 자기 충족적 예언은 심리학을 전공하지 않았더라도 일반 상식으로 알고 있는 사람들이 많다. 그런데 이 모두가 사실은 같은 현상을 가리키며 "기대 효과"라는 일상적이고 단순한 원리가 이들을 관통하고 있다는 것을 아는 사람은 많지 않다. 이상하게 건강한 식단으로 식사를 하고 나면 속이 허하다든지, 누군가는 하루가 50시간은 되는 것처럼 일정을 꽉꽉 채우고도 활력 넘치게 사는데 나는 숨만 쉬어도 피곤하다든지, 어떤 할머니는 백 살 가까운 노인인데도 믿기 어려울 정도로 정정하다든지 하는 현상들도 다 같은 원리에서 비롯되었다는 것 역시 이 책을 읽기 전에는 아마 대부분이 몰랐을 것이다. 이처럼 다양한 예시들을 통해서 우리가 생활 속에서 흔하게 경험하는 일들 가운데 많은 수가 기대 효과의 결과라는 통찰을 전해줌으로써 독자 스스로 자신의 믿음에 담긴 힘을 깨닫게 한다는 것이 이 책의 가장 큰 특징이다.

기대 효과는 뇌과학, 약학, 심리학, 사회학, 생리학 등 다양한 분야의 실험 연구 결과에 기반한 그 무엇보다 직관적이고 과학적인 개념인데도 자신이 믿는 대로 세상이 바뀔 수 있다는 말은 어쩐지 대단히 미신적으로 들린다. 아마도 한때 선풍적인 인기를 끌었던 자기계발서들이 뚜렷한 근거를 제시하지 않고 저자의 단일 사례에만 의존하여 막연한 소망적 사고를 주장한 탓이리라. 반면 과학적인 연구 결과들은 어디까지나 이론적인 설명에만 머무르다 보니 읽는 이의 마음을 움직이고 행동을 변화시켜 실질적인 도움이 되지 못하는 경우가 많다. 『기대의 발견』은 양측의 단점을 보완하고 장점만 살려 통찰력 있고, 논리적이며, 실용적이고, 무엇보다 재미있다. "이런 것도 기대 효과의 결과였다니!" 하면서 깨닫는 재미, 읽다가 논리적으로 궁금해지는 부분들이 생길 때면 곧바로 관련 실험 결과가 제시되어 지적 욕구가 충족되는 재미, 연구 내용들을 실질적으로 어떻게 적용하면 그 좋다는 기대 효과의 힘을 맛볼 수 있는지 배우는 재미, 그리고 저자의 글 솜씨에 몰입하는 재미까지. 연초에 번역 의뢰를 받고 연말에 교정을 볼 때까지 읽고 또 읽었지만 나는 여전히 이 책이 재미있다. 독자 여러분에게도 그 재미가 오롯이 전달될 수 있도록 신경을 많이 썼으니 부디 즐겨주기를 바란다.

여기까지 읽었다면 이제 여러분은 자신의 인생에서 주체적인 행위자의 역할을 행사할 준비를 모두 마친 셈이다. 근거 있는 기대 효과를 통해 미래를 건설적으로 개척해나가기를 기원한다.

2022년 12월

이한나

인명 색인